从上到下：

◇图 1：省政协副主席蔡志君讲话

◇图 2：省社会科学院院长、教授吴大华讲话

◇图 3：县委书记刘云成致辞

◇图 4：县委副书记杨秀明主持研讨会的开幕式

◇上图：蔡志君向论文一等奖获得者颁奖

◇中图：吴大华、刘云成向论文二等奖获得者颁奖

◇下图：颁发论文优秀奖

◇左上图：李渭研究院代表致贺词

◇右上图：黄万机先生向研讨会赠联 (1)

◇左下图：《田秋传》《田秋诗文校注》作者签名赠书

◇右下图：黄万机先生向研讨会赠联 (2)

◇左上图：2017 年 12 月 5 日 田秋思想研讨会会场

◇右上图：分组研讨 （1）

◇左下图：分组研讨 （2）

◇右下图：分组研讨 （3）

◇上图：2017 年 3 月贵州省社科院考察思南历史文化

◇下图：2017 年 12 月 5 日 田秋思想研讨会与会专家合影

从上到下：

◇图 1：会场

◇图 2：会场一角 (1)

◇图 3：会场一角 (2)

◇图 4：会场一角 (3)

田秋思想研讨会论文集

贵州省社会科学院文化研究所
中共思南县委宣传部 编

中央民族大学出版社
China Minzu University Press

图书在版编目（CIP）数据

田秋思想研讨会论文集 / 贵州省社会科学院文化研究所，中共思南县委宣传部 编. -- 北京 : 中央民族大学出版社，2019.3 重印

ISBN 978-7-5660-1571-6

Ⅰ. ①田… Ⅱ. ①贵… ②中… Ⅲ. ①田秋—人物研究—文集 Ⅳ. ① K827=48

中国版本图书馆 CIP 数据核字（2018）第 254376 号

田秋思想研讨会论文集

编　　者　贵州省社会科学院文化研究所　中共思南县委宣传部
责任编辑　舒　松
封面设计　潘红周
出 版 者　中央民族大学出版社
　　　　　北京市海淀区中关村南大街 27 号　邮政编码：100081
　　　　　电话：68472815（发行部）　传真：68932751（发行部）
　　　　　　　　68932218（总编室）　　　　68932447（办公室）

发 行 者　全国各地新华书店
印 刷 厂　北京建宏印刷有限公司
开　　本　787×1092（毫米）　1/16　印张：21.125
字　　数　300 千字
版　　次　2019 年 3 月第 2 次印刷
书　　号　ISBN 978-7-5660-1571-6
定　　价　68.00 元

编委会

内容简介

田秋(1494—1556)，字汝力，号西麓，贵州思南人，明代进士，官至广东布政使。自明朝永乐十一年(1413)贵州建省至嘉靖的百余年间，全国13省有12省都有乡试科场，唯独贵州科考仍归并于云南省。千里迢迢，道路崎岖，行旅艰难，这对贵州选贤育才带来很大不利。田秋力主贵州开设乡闱，明世宗嘉靖九年(1530年)，他向皇帝上《开设贤科以宏文教疏》，奏请在贵州开设考场、开乡试。嘉靖十四年(1535年)，获得朝廷批准。后人因此誉之为“贵州科举教育之父”。

2017年12月5日，由中共思南县委、县政府与省社会科学院共同主办，省社会科学院文化所、省社会科学院易学与国学研究中心、思南县委宣传部联合承办的“田秋思想学术研讨会”在思南举行，贵州省政协副主席蔡志君出席开幕式并讲话，省社会科学院院长吴大华、县委书记刘云成致辞。来自全国各地的专家、学者代表130余人与会。大家围绕田秋生平、田秋教育思想、田秋文学思想、田秋与贵州文化、田秋与地方旅游文化融合发展等方面开展讨论。本书为部分参会优秀论文选编。

目录

第一部分　田秋生平

黔中砥柱，教育先贤——田秋

田永红

在明代社会发展史上，田秋是一位做出重大贡献的重要人物，是思南乃至贵州人值得永远骄傲的人才。田秋（1494—1556），字汝力，号西麓，贵州思南府城人。7岁能文，13岁考取秀才，16岁考取举人，20岁考取进士，嘉靖元年（1522）初授福建省延平府推官，后授直隶河间府推官。嘉靖九年（1530）升朝廷礼科左给事中，再升福建布政司右参政、四川按察使。嘉靖十九年（1540）升任广东左布政使。著有《西麓奏议》，并创作了许多诗词。

笔者分四部分与大家一起探讨田秋：田秋家世背景及生平简介；田秋的家风教育；田秋对贵州教育发展的贡献；田秋忠君爱民的家国情怀。

一、田秋家世背景及生平简介

田秋的曾祖父田永富（其墓在思南复烤厂后山），于明洪武三十年（1397），受思南宣慰使田大雅之邀，带着大儿子田万邦从江西庐陵县什香南园（今江西省吉安市桐坪镇什香南园，地基尚存，在一片香樟、杂木森林之中）起程前往思南，去那里传授儒家文化。那年田永富45岁。来到思南后，他娶罗氏，生田万钟（其墓在思南昔乐溪），工诗文楷书，以毛诗教授于乡30年。田万钟生三子：显祖、显德、显文。田永富之弟永贵留在老家，其后裔还生活在什香南园，我去考察时，其后人大部分我都见过，他们还邀请我到家住宿、喝茶。

田秋是显文（其墓在思南县邵家桥镇的“三星伴月”）的第三个儿子，出生于弘治七年（1494）中和山麓，即今思南县人民法院旁边，当时叫西麓园，至今西麓井尚存。（嘉靖）《思南府志》附图中著有中和山下“田宅，亚魁，进士坊”字样。于1556年在家逝世后，田秋被葬于今关中坝街道办事处江东社区的田家坝，今西剑高速公路收费站东站。20世纪70年代，一个姓王的人，打地基时将墓挖了，至今土坎上还有糯米石灰块。田秋是思南城里人，在他62年的人生中，除了在外为官20余年外，所有的时间都在思南城生活。

田秋自幼聪明伶俐，勤奋好学，四五岁已读书数卷，日记数言，七岁能作文章。城北李公来访田秋之兄长田谷，得知田秋聪慧，智力超人，感到惊奇，当即唤来田秋，对其所读书卷多处测试。田秋面无难色，对答如流。当时思南知府罗璞闻之甚奇，亦登门试之，果然如此。罗当场将其爱女许配给田秋为妻（后因罗女夭折未果）。13岁廪于思南府学，成为一名少年秀才。正德五年（1510），以易中云南庚午科乡试，年方十七便做了举人。次年，娶妻张氏。正德九年（1514）登进士。因为两兄在外为官，父母年老无人照顾，便请假回家，敬奉双亲，研读经文，抚育子侄。

初授福建延平府（今南平市）推官，管理刑狱。在任期间，平易近人，对疑案难案详查细考，故每事如就，很有成效。嘉靖三年（1524）冬，其父田显文以82岁高龄谢世，田秋返家奔父丧。途经乌江潮砥，便在滩头石壁上，即兴书下“黔中砥柱”四字。嘉靖六年（1527）起服到部，补授直隶河间府（今河北省河间市）推官。到任声愈风厉，守愈峻严，洗冤昭雪，伸张正义，惩恶治邪，不惜伸法。百姓安乐，士民歌颂。

嘉靖七年（1528）田秋调入京城，授户科给事中。嘉靖九年（1530）升礼科左给事中。田秋在二科，秉笔上疏，敢于直谏。奉命清查御马监、太常寺、光禄寺等朝廷内务机关及相关人员编制和经费开支，裁汰冗滥，缩资节用，成绩卓著。在此期间，田秋为开发贵州文教向皇帝呈上了《请开设贤科以宏文教疏》。嘉靖十年（1531）春，充荣府州，封副使。是年七月奔母丧，直至三年服满。其间，删定（嘉靖）《思南府志》，同时，辅导儿子田时中、田时龙，侄儿田时雍、田时霖等读书。时中、时雍于嘉靖十三年（1534）云南乡试并举。古时一门同科两举实属罕有。又越三年，迫于禁例，嘉靖十五年（1536）四月，田秋到京，补吏科给事中。五月升户科都给事中。嘉靖十六年（1537），升福建布政司左参政（从三品），总督粮储。嘉靖十八年（1539），升任四川提刑按察使（正三品）。此时，四川积案成山，由于田秋勤于查访，正直果断，明辨是非，恶者惩处，冤者平反，并令府、州、县、厅照例行事，很快积案了结。嘉靖十九年（1540）升任广东右布政使（正二品）。赴任时便道过家，喜逢次子田时龙中贵州乡试第一名（亦称解元）。到任后，即督粮支援蔡办洲兵部尚书平琼州乱。嘉靖二十年（1541）夏，前往总督府毛尚书处，参加研究地方事务的会议。途中惊闻儿子田时中、田时龙赴京会试，不仅双双落第，俱命丧京邸。田秋不胜悲愤，于是上疏致仕（退休），皇帝不允，再疏告疾，得准返里，从广东回黔途中便至江西庐陵原籍祭祖，著有祭文，曰：“物本乎天，人本乎祖。唯我高祖积善累人，发祥衍庆，大庇云礽自曾祖（田永富）始迁思南定居，奕世子孙昌隆，仕途礽美，小孙尤倍承祖泽，奋身科甲，扬列中外，垂二十年，虽木本水源之念切，而仕途暂驰。”至此，田秋屡荐不起。

在《广东布政使田公行状》中有关于田秋由广东辞官返里时“仓卒求归，不持一物”的记载。这说明田秋淡泊名利，为官清廉。退居家乡以后，他依然以平常心处理人际关系，不干涉当地政务，慨然以传播儒家文化为己任，在思南“建先祠，置义田，以赡族之不能婚葬者”，又“修桥梁，治药饵，惠济无穷”。乡人尚鬼，信浮屠，惑不可解，田秋力挽陋俗，倡导儒家礼仪文化，拯救灾民，赈济贫困，使之安度晚年。

此外，田秋还著有《西麓奏议》一书并创作了许多赞美家乡的诗文。嘉靖三十五年（1556），田秋走完了他人生的最后里程，后人将其葬于思南城河东三公里处的田家坝（今田秋小学后山），遗址尚存。

现在从（嘉靖）《思南府志》、（道光）《思南府续志》及相关资料中搜集到了田秋的《万圣山》《三台山》《椅子山》《香炉滩》等11首诗作。从这些诗作中就可以看出田秋是一个大写的人，一个感情丰富的政治家，他怀有一颗赤子之心，满腔热血倾诉了乡土之情，他借助这些深含哲理的诗作，歌咏家乡山川之美，直抒胸臆。

如《万圣山》：

青崖斗绝竞崔嵬，曾为邦人捍大灾。
今日承平皆陇亩，千家东面看楼台。

万圣山，又名万圣岭、万圣屯，位于思南城东，乌江岸边。思南八景中的两景即“圣岭春耕”“仁寿秋高”均在此山中。府志记载：“万圣山……四面斗绝。红巾之乱，郡人避兵其上，多得全活。”所以有诗中之说，“曾为邦人捍大灾”。该诗似乎在写万圣岭之险、之美，细读之，让人联想到诗人怀着感恩之心，感谢万圣岭为邦人阻挡了一次大灾难。红巾军攻下思南山城，烧杀抢掠，所有财物无一幸免，而因有了万圣岭，人却幸免于难。这样的山之险、美，才是真正有意义的、实在的，令人歌颂、敬佩的。

又如他的《三台山》：

帝遣台星此降灵，芙蓉三朵插天青。
移家未得亲猿鹤，目逆时时到草亭。

三台山，在思南城南三里处，思南八景之一的“三台积雪”是也。山巅有三峰，诗中喻为“芙蓉三朵”，接着又写到，搬了家没有听到猿叫鹤鸣，然而，留恋的目光却时时落在魂牵梦绕的三台山的草亭上。

又如《椅子山》：

中天积翠郡城东，棨戟森严卫学宫。
绝顶浮屠谁与建，人文从此更豪雄。

椅子山，位于思南城东，山上建有象征文化昌盛的中天塔，思南八景之一的“雁塔标霞”是也。作为乐观主义者精神，诗人从《椅子山》上的中天塔，想到森严壁垒的卫学宫，想到开启人智的学校，想到有了教育，家乡的人文从此会更豪雄。这是诗人的预测，也是对思南人文兴盛的希望。

《迎春·藏春二洞》诗，诗人更是站在一个较高的角度俯视这个俗气与高雅并融的世界，诗是这样写的：

好风吹我到蓬莱，白石苍崖绝藓苔。
眼界明时尘俗小，烟云豁处壮怀开。
洞中仙子谈丹诀，坐上飞琼惜俊才。
说与旁人谁得言，直须潦倒共樽杯。

诗人既乐观又练达，似乎在与洞中仙子谈人生，谈对眼前世界的认识，既抒发了胸中之情，又富有哲理。“眼界明时尘俗小，烟云豁处壮怀开”一句是这首诗的高潮，也是这首诗的诗眼。如果有一双明亮的眼睛，还有坦荡的心怀和远大的理想，那么你就不会被浮云遮住了视线，不会被眼前的尘俗绊住你前进的脚步。这是诗人站得高看得远的一种眼界，也是对世人的警劝。

二、田秋的家风教育

田秋的父亲田显文，字子学，号朴菴，是明代思南府城一位著名的郎中，一个开明的社会绅士。性孝友，质朴坦实，事母兄恭，处家严肃，常常资助乡邻，与之关系融洽。生有三子（田谷、田稠、田秋），皆以“居家应谨身节用，入官当忠君爱民”躬自训迪，田显文不仅是这样说的，而且能够言传身教，以身作则。所以，三个儿子俱以家训成才。田谷任云南曲靖通判；田稠为四川芦山县教谕；田秋初授福建省延平府推官，后授直隶河间府推官，后升礼科左给事中，再升福建布政司右参政、四川按察使、广东布政使。

田谷为新津尹时，常寄俸银给父亲作为生活费用，对此，田显文说：“谷也，我食。秋宜效力明君，秋乃出，先生弗禄也，以性所志。”意思是说，我的生活费用可以由大儿子田谷负责，而田秋只要把精力用在为国家工作上就可以了。田秋多次拿钱给父亲，父亲都拒绝了。田显文终生以采药行医为计，救死扶伤，治病救人，是他的终生追求。家里虽没有多少余钱，但是只要谁有困难求上门来，他都会满足对方的要求，即使对方有欺诈行为但若确实有困难，他也不计较。

父亲为儿子们立了训，并且以身作则，将田氏家训注入后代的血液之中，使之变成行动的指南。田秋家风教育还体现在他的《西麓训子》文章上，《西麓训子》是田秋临终前，专门为三儿子田时都写的一篇家训，教育儿子如何为人处事和读书，是一篇轨物范世的生动教材，也是宝贵的乌江文化遗产。

嘉靖二十年（1541），田秋在广东布政使工作岗位上，听到大儿子田时中、次子时龙会试下第，连丧于京邸，疮巨痛深，方寸迷乱，疏请乞致仕，乃得准家居。回家后，他像父亲一样，乐善好施，修饰先墓，创建宗祠，买祭田，以供粢盛置邸舍，以供祭物。暇则修桥梁，治药饵，以惠民。耕凿之外，别无经营，以自封植。后来，他反思总结自己在遵从父训，求学、为官的几十年的人生轨迹中，得出的两条经验：

一是为官要清正廉洁。他在文章中语重心长地告诉三儿子田时都：“居官持廉多深刻，吾廉而不刻也。”“平生耻攀权要与谒贵。致仕以来，未尝入官府干挠公事。居官总二十年，历俸未及九，性甘淡素，居官且不当利权。在广东仓惶就道，不持一物……”

二是读书不是只为了功名利禄、升官发财，而是要“明义明理”，提高自身素质，懂得做人的道理，塑造高尚的人格魅力。他在《西麓训子》中说：“读书，不止于应举取科第，内则以之涵养气质，薰陶德性，外则资之。以抚世酬物，若修身慎行，不辱先人，虽不能大有成名，亦为贤子。”身为400多年前的封建官僚，田秋在读书问题上有如此高的境界，确实难得，而且还将心得写入家训，教育子女。由此可见，好的家训、家风是不受时代局限的。

言传身教，以身作则，是田秋家庭教育的成功之处。田秋懂得做人做官先从孝做起。他20岁登进士，年轻有为，照例朝廷就会给他官做。可是此时的田秋却不急于做官，而首先考虑的是父亲已经72岁，母亲65岁，双亲都年事已高，身边需要人照顾。田谷、田稠两位兄长都在外做官，他们风华正茂，正是为国尽忠之时。自己年少，孝养双亲正是其职，于是他决意做官先从孝做起，便毅然上疏归家。从此，田秋一意敬奉双亲，亲手为双亲煮粥、煎药，时时嘘寒问暖。为了便于父母呼唤，又靠近双亲卧室辟室就寝。空闲之余，他继续研读经论，抚育子侄。

田秋牢记父训“居家应谨身节用”。他居家八载，衣不作帛，行不驱车，布衣徒步。田秋之举，后来成为思南人教训子女的范例。直至嘉靖元年（1522），长兄田谷从云南曲靖府通判致仕回乡，并催促田秋入京待授。父亲也催他赴京候任，并说，今有长兄在家，你就不必再牵挂我们了。田秋遵父兄之嘱，辞别双亲兄长，直抵京师待任。

三、田秋对贵州教育发展的贡献

田秋对贵州历史发展的贡献，首先表现在力争开闱兴教上，该举推进了科举制度和学校教育在贵州地区的发展。就以开闱乡试来说，自唐宋以来，科举制就一直以其巨大的社会导向影响着全国各地区文化教育的发展。科举制贯彻遵循“平等竞争、择优取士”原则，在一定程度上为人们提供了公平竞争的机会和平台。由于它能够一举改善读书人的政治地位及经济待遇，实现中国儒家知识分子“朝为田舍郎，暮登天子堂”的人生追求，用现在时髦的话说，实现人生美丽的梦想，因而可以激发人们特别是底层之人的奋斗精神和挑战精神，在一定程度上给社会发展带来生机和活力。

然而，自贵州建省（1413）到嘉靖前期（1530）的100多年里，科举制在贵州发展一直较缓慢，影响力较小。从永乐到嘉靖十三年（1534），贵州生员的科考一直附于四川、湖广、广西、云南等省。贵州各地到湖广武汉、云南昆明，少则两千余里，多则三四千里。山岭险阻，沟壑纵横，交通不便。

来自乌江的学子田秋最有发言权。他跋山涉水远赴云南参加乡试的艰难困苦足可感天动地，也足可写一部辉煌的苦难史。为了改变贵州这一落后局面，田秋决定以身说法，伏阙上疏，为贵州自举乡试据理力争。嘉靖九年（1530），田秋向嘉靖皇帝呈上不朽的《请开贤科以宏文教疏》。其曰：“贵州一省，远在西南，未设乡试，须附云南科举，盖因永乐设省，制度草创，且以远方之民，文教未尽及也。今涵濡圣治，百五十余年，远方人士正如在山之木得雨露之润，日有生长，固非昔日之比。开科盛举，正有待于今日。贵州至云南，相距两千余里；思南、永宁等府卫至云南有三四千里。而盛夏难行，山路险峻，瘴毒浸淫，生儒赴试，其苦最极。其间有贫寒而无以为资历者，有幼弱而不能徒行者，有不耐辛苦而返于中道者，有中冒瘴毒而疾于途次者。此皆臣亲见其苦，亲历其劳，今幸叨列侍从，乃得为陛下陈之。边方下邑之士望天门于万里，扼腕叹息欲言而不能言者亦多矣。臣尝闻国初两广亦共一科场，其后各设乡试，渐增解额，至今人才之盛埒于中州。臣以为人性之善，得于天者，本无远近之殊，特变通鼓舞之机，由于人者有先后耳。黔省设科之后，人益向学，他日又安知不如两广之盛大乎？开科之后，请于旧额之上，量增数名，以风励远人，使知激劝，则远方幸甚。”

在田秋的大力推动下，贵州地方官奏请了30多年的开闱乡试，终于提上了大明朝廷的议事日程。嘉靖十四年（1535），朝廷正式批准贵州开科。嘉靖十六年（1537），贵州首次乡试在贵阳隆重举行。田秋特地捐资购地，将所收租谷用作考生的试卷费，表示对家乡开闱乡试的支持和庆贺。

田秋认为，有了乡闱，还得有参加乡闱的学子，学子须得接受学校教育。可是当时贵州学校教育的现状不容乐观。据有关文献记载，贵州建省以前，有官学3所（包括思南府学）。从永乐年间建省至嘉靖中期，贵州有官学20余所。可见，这百余年间，贵州官学从3所发展到20余所，平均5年才建1所，这一发展速度远远落后于其他地区。不仅师资匮乏，校舍简陋，而且，教育体系很不健全。据文献记载，贵州建省以后，明政府在贵州的教育对象主要是土司子弟和卫所官兵。从永乐到嘉靖年间，贵州只有府学、卫学，广大州县地区基本没有设学，且“学制缺而不全，各州县卫有未设学官者，有学无官而附试他庠者”。在明代，官学具有较完整的教学设施和正规的教学秩序，集教学、督学、举试、藏书、教化于一身，既是文化教育的中心，又是思想教化的场所。对贵州而言，学校还是传播中原文化的主要载体。学校教育的严重滞后不仅制约了贵州人口素质的提高和区域文化的进步，而且也严重阻碍了贵州民族地区的经济发展和社会变迁。

田秋深深懂得“学校之兴，人才所系”的道理。贵州社会经济要想有所发展，必须改变只有府卫学，没有州县学的局面。为了化育人才、造福桑梓，田秋慨然以帮助贵州兴学立教、移风易俗为己任。他认为：“人才之用，虽有多寡之殊，而赋予之自天，原无彼此之异。特以教化之所及，有先后浅深，而人才系之焉耳！”地方文化的发展，关键在于培养人才，而培养人才关键在于兴办学校，推广教育。为了推动贵州少数民族地区教育的发展，田秋利用庙堂之高，在担任礼部左给事中、侍经筵官期间，向嘉靖皇帝上了《请建婺川、安顺、印江学疏》，请求在贵州少数地区广设州县学校。

田秋在疏文中提出，明朝建立以来，中原地区的学校教育取得了较大发展，“山陬辟县，莫不有学”。但就贵州而言，由于“制度草创，止有府卫建学，而州县尚无。百年以来，休养生息之余，似乎富而未教，一方山川之秀，诚为郁而未舒”。贵州开闱乡试以后，各族人民读书求学的积极性大为高涨。“迩者以台谏进言，礼官上请，准于贵州设科取士。远方士子，莫不感戴天恩。垂白父老，拭目以观文教之兴；椎髻夷酋，皆有遣子入学之志。”为了满足各族人民的教育需求，推进向学之风的形成，田秋建议朝廷在少数民族地区的贵州婺川、安顺、印江等地建立学校。“婺川县为黔南古邑，擅砂场之利，有鱼稻之饶，商贾辐辏，民庶殷实，士生其间者，类多向学，而登科第者往往而有。”

在田秋的艰苦努力下，朝廷接受了田秋的疏请，加大了对贵州教育的投入，自嘉靖十九年（1540）建立婺川县学起，明政府在贵州各州县相继设立了儒学校。嘉靖、万历年间，贵州学校教育出现了又一个发展高峰。据有关研究资料记载，明代贵州的 11 所县儒学，有 9 所设立于嘉靖中期以后。到明朝末年，贵州的府州县卫司学发展到了 50 余所，形式多样、门类较为齐全，初步建立起了学校教育体系。

嘉靖十六年（1537）以后，贵州参加乡闱的人数不断增长，到万历年间发展到 7000 余人。应考人数的增多，极大地刺激了府州县卫司学和书院的发展。据史载，开闱乡试后，贵州新建府州县学 16 所，占总数的 28%；新建书院 29 所，占总数的 75% 以上。

学校教育的兴旺，不仅推动了贵州科举制度的进一步发展，而且极大地提升了贵州的政治价值和人文精神。贵州增加了学校和自设科场，既为贵州学子创造了接受教育的机会，还为中下层知识分子开辟了一条仕进之路，缓和了当时贵州的社会矛盾，又解决了贵州治术人才匮乏的问题，巩固了明王朝在贵州的统治基础。科举取士在一定程度上遵循了公平竞争和量才录用的原则，为广大社会成员提供了改变自身政治地位的机会，大大激发了贵州各族人民的奋斗精神和挑战精神。好学之风的形成，学术文化的进步，为贵州经济社会的发展注入了生机和活力。到了明代末，贵州有进士 137 人、举人 1759 人，就连偏远的思南府明清时期考取进士者已达 34 人，举人 360 余人，贵州俊杰之士联袂而起，他们或以吏治政绩，或以学术成就，或以收徒授业，开启民智，或以文章书画卓立于世，体现了贵州各族人民昂扬向上的人文精神。

四、田秋忠君爱民的家国情怀

“忠君”在田秋身上的体现是，他在官不谋私己，一心为朝廷谋事，为国分忧，有浓浓的国家情怀。用现在的话说，“忠君”就是与党中央保持一致，国家利益至上，一切服从大局。

嘉靖七年（1528）田秋授福建延平府（今南平市）推官，管理该府刑狱。在任期间，平易接近百姓，对疑案难案详查细考，故每事如就，很有成效；在任直隶河间府推官时，声愈风厉，守愈峻严，洗冤判案，伸张正义，惩恶治邪，不惜伸法。百姓安乐，士民歌颂。

嘉靖皇帝非常赏识他，嘉靖九年(1530)调田秋入京城，授户科给事中，后升礼科左给事中。历史把田秋推到了风口浪尖，既让田秋饱受磨难，命悬一线，又让他纵横捭阖，大展身手。从为人到为官，从品质到智慧，他的光芒冠绝当时，照耀千古。然而，事情并非人们想象的那么一帆风顺，嘉靖皇帝新登基，百废俱兴。刘瑾初除，气焰犹炽，朝廷内外，大事小务，大臣不敢问，小臣不敢言，明哲保身，但求无过，深怕得罪刘瑾余党，惹来杀身之祸。然而，皇帝下旨对光禄、太常两寺进行调查，田秋毅然决然接受任务。随着进一步深入调查，田秋发现，太常寺管理下的御马监大小官员，从征入的白银，或经管的盐行里，大肆敛财，还滥支经费，从中渔利，侵吞国资。田秋将调查情况写成奏疏，向嘉靖皇帝具实报告了寻查光禄、太常两寺的情况。皇帝立即下旨，裁减吃空饷人员7万人，减去供粮7万石。并批示“御马监用财无节，酌嬴缩为之程，岁省费巨万计”。历史学家称之为清百年之弊窦，而苏万姓之膏脂也。大家可否知道，光禄、太常两寺的大小官员大多数为皇亲国戚，田秋的这一举动，无疑是在太岁头上动土。搞不好，身家性命都难保，而田秋为了国家利益，在所不辞。

据（道）光《思南府续志》记载，田秋“建白最多，革内府监局冗食，议郊坛迁塚事，奏停云南差镇内臣，清光禄不经之费，裁太常寺冗役”。《黔诗纪略》也载：“西麓在谏垣最有声。云南差镇内官肆虐，首奏劾停之。内府监多冗食，太常寺多冗役，光禄多不经之费，悉请裁汰。御马监用财无节，酌嬴缩为之程，岁省费巨万计。议郊坛不应侵民冢，土地坛不当合祭，皆引议侃侃。”为了整顿吏治，田秋还奏请朝廷采取相应措施，以防冗员再度泛滥。追琢至行与勇于改革，使田秋名震朝野，成为嘉靖前期裁革冗滥动议最多的谏臣之一。

嘉靖十六年(1537)，升福建布政司左参政，总督粮储。嘉靖十八年(1539)，升任四川提刑按察使。此时，四川积案成山，由于田秋勤于查访，正直果断，明辨是非，恶者惩处，冤者平反，并令府、州、县、厅照例行事，很快积案了结。尤其是大灾之年，不顾布政使的反对，以老百姓生死为重，开仓放粮，拯救百姓，这正好模范地践行了“忠君爱民”的家训。

田秋为民分忧，这表现在：

一是疏通乌江航运，为川、黔人民办了一件大好事。连接川、黔的乌江，素有天险之称，河床狭窄、乱石密布、急流汹涌，船毁人亡的悲剧时时发生，从思南至涪陵的348公里路程中，大小险滩一百多处。其中潮砥、新滩、龚滩均为断航滩，号称三大“滩王”，上下不通舟楫。思南至文家店尚能行船，但上至雷洞暗流数十里，舟楫绝迹。“乌江滩连滩，十船九打烂”，因此自古以来，古道整治与纤道开凿从未停止。

田秋在外为官，经常往返于乌江，知其航道无人整治，船难以直航，而贵州恰恰不产盐，人民食盐只有依赖于四川，川盐入黔大都依靠乌江航运，由于航运艰难，运输成本高，黔人难以承受，造成官、民、商三方不利。于是在明嘉靖十八年（1539），田秋任四川按察使时上疏朝廷，述说贵州建省以来，江流阻塞，食盐不能进入境内，不利于人民生活，也不利于朝廷税收，建议整治乌江航道，明王朝准奏。事后，利用在川任按察使之机，多方促成川黔巡抚合作整治乌江航道，并呼吁商贾大力资助。由此乌江航道很快得以治理，川盐入黔畅通，运量增大，运价减少，盐价相对降低，使官府获千百之税，民获廉价之盐，商获千百之利。从此，乌江沿岸走向了前所未有的文明繁荣。

二是为思南府政治社会稳定奔走呼号。嘉靖年间，四川饥民流入思南，间有劫掠，影响了贵州少数民族地区的社会安定。为此，田秋曾上《陈愚见以备遗策疏》，请求中央政府在思南地区设立兵备副使，以加强贵州的地方建设。田秋说，思南地接川东，中间山溪平壤，连延千里。川东人口殷繁，艰于生计，一遇灾荒，流民入思南境者，络绎道途，布满村落，不下数万。盗贼若乘机起事，将害及桑梓。“请于邻近知府或本处两司，推举素有才望官一员，量升副使职衔，授以抚民之任，驻扎思南府，整饬提备，抚绥安插。边郡储备素少，原无军卫城池，乞于太仓之钱粮运二三万两前去赈济备警，精选民兵听用。若有不逞之徒乘机骚动者即行剪扑。土、流巡捕官下乡扰害者，严行禁治。”又请求在思南建府城垣，均得到批准。通过建立府署，设置武装，思南政治渐趋稳定，经济逐步发展起来。

三是田秋退居家乡以后，依然以平常心态处理人际关系，不干涉当地政务，慨然以传播中原文化和修撰全国较早的（嘉靖）《思南府志》为己任。在思南“建先祠，置义田，以赡族之不能婚葬者”，又“修桥梁，治药饵，惠济无穷”。乡人尚鬼，信浮屠，惑不可解，田秋力挽陋俗，倡导儒家礼仪文化。

在田秋的引领下，思南政治经济不断发展，社会文化不断进步。（嘉靖）《思南府志》中所描述的“儒教渐兴，人文日盛，登科入仕者，盖彬彬矣”，应是当时思南府文化教育发展的生动写照。而思南之所以能够昂首崛起，成为乌江明珠、黔中首郡，在很大程度上得益于田秋博大的人文关怀。

家风教育重在践行

——论田秋家风与其家国情怀

田　牛①

摘　要：在中国的传统文化中，家风教育尤显重要。作为贵州士绅阶层的政治精英，田秋不仅显赫当朝，而且名垂黔中。在为官生涯中，良好的家风教育为田秋树立了处世为人的标杆，使之滋生了为乡为国的情怀，也为现在践行社会主义核心价值观提供了一些参考。本文针对田秋的家风教育以及在这种家风下所滋生出的家国情怀进行了分析研究。并由田秋家风践行所得到的启示简要谈了家风传承、践行对于当今防腐抗变、培育和践行社会主义核心价值观的重要性。

关键词：贵州思南　田秋　家风教育　家国情怀

中国传统文化倡导，修身、齐家、治国、平天下。家风敦厚尤显重要。家风，是国家繁荣民族兴旺的内在文化因子。好的家风能教育出廉洁奉公一心为民为国的好干部，能培养出诚实守信奉献社会的企业家，能造就出爱岗敬业无私奉献的好医生等，古今如此。明代思南田秋的家风，就是这样的好家风，它滋养着田秋及其后代的家国情怀，让现在的人们还能够在这种好的家风中涵养爱家乡、爱祖国的情怀，自觉践行社会主义核心价值观。而且，从田秋家风教育过程中，可以看出，好的家风教育，重在践行。

一、家风教育

田秋家风教育体现在其父的“居家应谨身节用，入官当忠君爱民”家训和他的《西麓训子》文章及与父亲田显文的家风践行活动中。尤其是田秋居官20年，谨记父训，作为贵州士绅阶层的政治精英，他不仅以学识渊博、刚直敢言而卓声当朝，而且还以身居庙堂，心系桑梓而名重黔中，为传承和弘扬家风教育树起了标杆。

田秋的父亲田显文，字子学，号朴菴，是明代思南府城中一位著名的郎中，一个开明的社会绅士。性孝友，质朴坦实，事母兄恭，处家严肃，常常资助乡邻，关系融洽。生有三子：田谷、田稠、田秋。皆以“居家应谨身节用，入官当忠君

① 田牛：香坝镇综合办公室。

爱民”躬自训迪[①]，言传身教，以身作则。所以，三个儿子俱以家训成才。田谷任云南曲靖通判；田稠为四川芦山县教谕；田秋初授福建省延平府推官、直隶河间府推官，后任礼科左给事中，再升福建布政司右参政、四川按察使、广东布政使。

田谷为新津尹时，常寄俸银给父亲作为生活费，对此，田显文说：“谷也，我食。秋宜效力明君，秋乃出，先生弗禄也，以性所志。”[②]意思是说，我的生活可以由大儿子田谷负责，而田秋只要把精力用在为国家工作上，田秋多次拿钱给父亲，父亲都拒绝了。采药行医，救死扶伤，治病救人，是田显文的终身追求，家里便没有多少余钱，但是只要谁有困难求上门来，他都会满足要求，即使有欺诈行为但确实有困难，他也不计较。

父亲为儿子们立了训，并且以身作则，将田氏家训注入后代的血液之中，变成了行动的指南。田秋家风教育还体现在他的《西麓训子》文章上。《西麓训子》是田秋临终前，专门为三儿子田时都写的一篇家训，教育儿子如何为人、处世和读书，是一篇轨物范世的生动教材，也是宝贵的乌江文化遗产。

嘉靖二十年（1541），田秋在广东布政使工作岗位上，听到大儿子田时中、次子时龙会试下第，连丧于京邸。疮巨痛深，方寸迷乱，疏请乞致仕，乃得准家居。回家后，他像父亲一样，乐善好施，修饰先墓，创建宗祠，买祭田，以供粢盛置邸舍，以供祭物。暇则修桥梁，治药饵，以惠民。耕凿之外，别无经营，以自封植。[③]后来，他反思总结自己遵从父训，求学、为官的几十年的人生轨迹，得出两条经验：

一是为官要清正廉洁。他在文章中语重心长地告诉三儿子田时都：“居官持廉多深刻，吾廉而不刻也。”“平生耻攀权要与谒贵。致仕以来，末尝入官府干挠公事。居官总二十年，历俸未及九，性甘淡素，居官且不当利权。在广东仓惶就道，不持一物……”[④]

二是读书不只为了升官发财，而且要“明义明理”，提高自身素质，塑造高尚的人格魅力和品德。他在文章中说：“读书，不止于应举取科第，内则以之涵养气质，薰陶德性，外则资之。以抚世酬物，若修身慎行，不辱先人，虽不能大有成名，亦为贤子。”作为四百多年前的封建官僚的田秋，在读书问题上还有如此高的境界，确实难得，而且，还写入家训，教育子女。由此可见，好家训、家风是不受时代所限的。

田秋像父亲一样，不仅是这样说的，而且也是这样做的。言传身教，以身作则，是田秋家风教育的成功之处。田秋懂得做人做官先从孝做起。他 20 岁登进士第，年轻有为，照例朝廷就会给他派官。可是此时的田秋却不急于做官，而首先考虑的是父亲 72 岁，母亲 65 岁，双亲都年事已高，身边需要人照顾。田谷、田稠两位兄长都在外做官，正是他们风华正茂、为国尽忠之时。自己年少，孝养双亲正

① 均引自（嘉靖）《思南府志》（点校本），思南县志办 1991 年内部版。

② 均引自（嘉靖）《思南府志》（点校本），思南县志办 1991 年内部版。

③ 均引自田秋《西麓训子》《田氏家谱》内部版。

④ 均引自田秋《西麓训子》《田氏家谱》内部版。

是我职，于是他决意做官先从孝做起，便毅然上疏归家。从此，田秋一意敬奉双亲，亲手为双亲煮粥、煎药，时时问寒问暖。为了便于父母呼唤，又靠近双亲卧室辟室就寝。抽空继续研读经论，抚育子侄。

而且，田秋牢记父训“居家应谨身节用”。他居家八载，衣不作帛，行不驱车，布衣徒步。田秋之举，后来成为思南人教训子女的范例。直至嘉靖元年（1522），长兄田谷从云南曲靖府通判致仕回乡，并催促田秋入京待授。父亲也催他赴京候任，并说，今有长兄在家，你就不必再牵挂我们了。田秋遵父兄之嘱，辞别双亲兄长，直抵京师待任。

二、家风滋养的家乡情怀

田秋牢记父亲的“入官当忠君爱民”的教导，爱民的家风在田秋身上得到充分反映，田秋身居庙堂却心系桑梓百姓，在整个贵州都是有名的。首先，他为贵州开科取士立了汗马功劳。自唐宋以来，科举制就一直以其巨大的社会导向影响着全国各地区文化教育的发展。然而，贵州自建省到嘉靖前期的一百多年里，科举制在当地的发展一直比较缓慢，影响力较小。从永乐到嘉靖十三年（1534），贵州生员的科考一直附于四川、湖广、广西、云南等省。贵州各地到湖广武汉、云南昆明，少则两千余里，多则三四千里。山岭险阻，沟壑纵横，交通不便。

他经历过跋山涉水远赴云南参加乡试的艰难过程。为了改变贵州这一落后局面，田秋决心以身说法，伏阙上疏，为贵州自举乡试据理力争。嘉靖九年（1530），田秋向嘉靖皇帝呈上不朽的《请开贤科以宏文教疏》。其曰：“贵州至云南，相距两千余里；思南、永宁等府卫至云南有三四千里。而盛夏难行，山路险峻，瘴毒浸淫，生儒赴试，其苦最极。其间有贫寒而无以为资历者；有幼弱而不能徒行者；有不耐辛苦而返于中道者；有中冒瘴毒而疾于途次者。此皆臣亲见其苦，亲历其劳，今幸叨列侍从，乃得为陛下陈之。边方下邑之士望天门于万里，扼腕叹息欲言而不能言者亦多矣。”

在田秋的大力推动下，贵州地方官奏请了三十多年的开闱乡试，终于提上了大明朝廷的议事日程。嘉靖十四年（1535），朝廷正式批准贵州开科。嘉靖十六年（1537），贵州首次乡试在贵阳隆重举行。田秋特地捐资购地，将所收租谷用作考生的试卷费，表示对家乡开闱乡试的支持和庆贺。

田秋深深懂得“学校之兴，人才所系”。贵州社会经济要想有所发展，必须改变只有府卫学，没有州县学的局面。为了化育人才、造福桑梓，田秋慨然以帮助贵州兴学立教、移风易俗为己任。他认为：“人才之用，虽有多寡之殊，而赋予之自天，原无彼此之异。特以教化之所及，有先后浅深，而人才系之焉耳！”[①] 地方文化的发展，关键在于培养人才，而培养人才关键在于兴办学校，推广教育。为了推动贵州少数民族地区教育的发展，田秋利用居庙堂之高的机会，在担任礼

① 引自《请建婺川、安顺、印江学疏》，见（道光）《思南府续志》（点校本），思南县志办 1991 年内部版。

部左给事中、侍经筵官期间，继续向嘉靖皇帝上了《请建婺川、安顺、印江学疏》，请求在贵州少数民族地区广设州县学校。

在田秋的艰苦努力下，朝廷接受了田秋的疏请，加大了对贵州教育的投入，自嘉靖十九年（1540）建立婺川县学起，明政府在贵州各州县相继设立了儒学校。嘉靖、万历年间，贵州学校教育出现了又一个发展高峰。据有关研究资料载，明代贵州的十一所县儒学中，有九所设立于嘉靖中期以后。到明朝末年，贵州的府州县卫司学发展到了50余所，初步建立起了形式多样、门类较为齐全的学校教育体系。

贵州参加乡闱的人数不断增长，到万历年间发展到7000余人，有进士137人、举人1759人，就连偏远的思南府明清时期考取进士者已达38人，考取举人360余人，贵州俊杰之士联袂而起，体现了贵州各族人民昂扬向上的人文精神。

家风在田秋身上的反映，还表现在他为家乡经济发展积极出力。连接川、黔的乌江，素有“天险”之称，河床狭窄、乱石密布、急流汹涌，船毁人亡的悲剧时有发生，从思南至涪陵的348公里中，大小险滩一百多处。向有“乌江滩连滩，十船九打烂”的说法。田秋在外为官，经常往返于乌江，知其航道无人整治，船难以直航，而贵州恰恰不产盐，人民食盐只有依赖于四川，川盐入黔大都依靠乌江航运。由于航运艰难，运费成本高，黔人难以承受，造成官、民、商三方不利。于是，在明嘉靖十八年（1539），田秋任四川按察使时上疏朝廷，述说贵州建省以来，江流阻塞，食盐不能进入境内，不利于人民生活，也不利于朝廷税收，建议疏浚乌江航道，明王朝准奏。事后，利用在川任按察使之机，多方促成川黔巡抚合作整治乌江航道，并呼吁商贾大力资助。由此乌江航道很快得以治理，川盐入黔畅通，运量增大，运价减少，盐价相对降低，使官府获千百之税，民获廉价之盐，商获千百之利。从此，乌江沿岸走向了前所未有的文明繁荣。

三、家风滋养的国家情怀

“忠君”的家风在田秋身上的反映，还表现在他在官不谋私利，一心为朝廷谋事，为国分忧，有浓浓的国家情怀。用现在的话说“忠君”，就是与党中央保持一致，国家利益至上，一切服从大局。

田秋初授福建延平府（今南平市）推官，管理该府刑狱。在任期间，平易近人，对疑案难案详查细考，故每事如就，很有成效。在任直隶河间府推官时，声愈风厉，守愈峻严，洗冤毁案，伸张正义，惩恶治邪，不惜伸法。百姓安乐，士民歌颂。

嘉靖皇帝非常赏识他，嘉靖七年（1528）调田秋入京城，授户科给事中。嘉靖九年（1530）升礼科左给事中。从河间到朝廷，历史把田秋推到了风口浪尖，既让田秋饱受磨难，命悬一线，又让他纵横捭阖，大显身手。从为人到为官，从品质到智慧，他的光芒冠绝当时，照耀千古。然而，事情并非人们想象得那么一帆风顺，嘉靖皇帝新登基，百废待兴。加之，刘瑾初除，气焰犹炽，朝廷内外，大事小务，大臣不敢问，小臣不敢言。明哲保身，但求无过，深怕得罪刘瑾余党，惹来杀身之祸。当时，皇帝下旨对光禄、太常两寺进行细致调查，田秋毅然决然接受任务。随着调查进一步深入，田秋惊讶地发现，御马监大小官员，从征入的白银，或经管的盐行里，大肆敛财，还滥支经费，从中渔利，侵吞国资。田秋将调查情况写成奏疏，向皇上据实报告了寻查光禄、太常两寺的情况。皇帝立即下旨，裁减吃空饷人员七万人，减去供粮七万石。并批示“御马监用财无节，酌赢缩为之程，岁省费巨万计”。历史学家称之为清百年之弊窦，而苏万姓之膏脂也。

据（道光）《思南府续志》记载，田秋“建白最多，革内府监局冗食，议郊坛迁塚事，奏停云南差镇内臣，清光禄不经之费，裁太常寺冗役”。《黔诗纪略》也载：“西麓在谏垣最有声。云南差镇内官肆虐，首奏劾停之。内府监多冗食，太常寺多冗役，光禄多不经之费，悉请裁汰。御马监用财无节，酌赢缩为之程，岁省费巨万计。议郊坛不应侵民冢，土地坛不当合祭，皆引议侃侃。”为了整顿吏治，田秋还奏请朝廷采取相应措施，以防冗员再度泛滥。追琢至行与勇于改革，使田秋名震朝野，成为嘉靖前期裁革冗滥动议较多的谏臣之一。

嘉靖十六年（1537），升福建布政司左参政，总督粮储。嘉靖十八年（1539），升任四川提刑按察使。此时，四川积案成山，由于田秋勤于查访，正直果断，明辨是非，恶者惩处，冤者平反，并令府、州、县、厅照例行事，很快积案百了。

另外，田秋廉洁奉公，“居官总二十年，历俸未及九，性甘淡素，居官且不当利权。在广东仓惶就道，不持一物”，田秋在明朝嘉靖年间任给事中，官位六品，当时的月薪只有十石米，折合铜钱两百贯，再没有任何其他收入来源，若能全部足额拿到，维持一家人的生活虽不富裕，勉强还过得去，但往往不能足额拿到，所以生活不是很富裕。然而，给事中的权力很大，但田秋没有利用职权去谋求私利，就是任了广东布政使后，身为一方诸侯，权力很大，然而他还是“不持一物”归家。这样清正廉洁的官员，就是放在现在也是值得学习的榜样。

正是历史上有许多像田秋家风这样不断被传承的好家风，滋养着人们的家国情怀，让现在的人们能够在实际行动中自觉践行社会主义核心价值观。反观一些不良家风，既会害人害己，不得善终，又会破坏社会秩序影响国家稳定。如中国古代历史中的赵高、董卓、李林甫、秦桧、严嵩等，虽然都位极人臣，但由于受不良家风的影响，干尽陷害忠良、贪污腐败、误国误民的事情，最终被钉在了历史的耻辱柱上，为国家、人民所唾弃。前段时间，在热门电视剧《人民的名义》中，赵立春赵瑞龙父子在虚构的“汉东市”构建腐败利益链，其行为令人发指，引人深思。俗话说，“艺术来源于生活”，在现实生活中，自十八大以来，我国众多“大老虎”案中，“家族共腐败、父子齐上阵”的现象也确实屡见不鲜，这不仅给党和国家造成巨大的损失，也损害了人民群众的切身利益。如果这些家庭能够形成一股良好的家风，父母在教育上以身作则，言传身教，以完善道德修养为荣，以人民利益为重。贪腐之风必然会得到有效的遏制。

总之，从田秋家风教育及家风践行中，可以得到这样的启示：家风，是每一个公民为人处世安身立命的精神给养。好家风，能让人们以国为家，爱岗敬业、诚实守信，在实际行动中践行核心价值观；好家风，能让人们为了自己的梦想、为了国家的繁荣不懈努力迎难而上。让人们在田秋家风教育中汲取营养，用实际行动践行核心价值观，让家国情怀在家风中延续传承。

田秋思想与当代价值研究

黎 斌

摘 要：田秋是明代贵州的先贤。本文采取文献法、旁证法、关联研究法、直接与间接研究结合法、田野调查法等多维研究方法，对田秋的思想进行了比较系统的研究。主要研究成果：（1）田秋的思想源于正统儒学；（2）田秋有着丰富而独特的思想，这些思想主要体现在哲学、伦理、政治、教育、易学、文学六个方面；（3）教育思想是田秋思想的重要组成部分，主要体现在“教化”“请学”“建学”等方面；（4）田秋的思想影响深远，具有重要的当代价值；（5）受田秋思想启发，得出了四点政策建议。

主要新发现和新观点：（1）田秋重视教育，并侧重于教育制度；（2）田秋主张儒学，强调正统儒学教育；（3）田秋不仅有其丰富而独特的教育思想，还有其丰富而独特的哲学、政治、儒学、文学、易学等思想；（4）田秋不仅是一位教育家、诗人、儒者、孝子、清官，更是一位爱国者。田秋之功重在教育，田秋思想贵在“教化”“忠孝”；（5）田秋人文精神集中体现在“爱国爱民，心系教育，勤政廉政”；（6）田秋关于思南是“西南剧郡”的思想，具有重要的文化品牌建设价值。

关键词：田秋思想 当代价值 研究

一、引言

田秋作为贵州历史上的先贤，有着丰富而独特的思想。过去人们大多只关注其教育思想，而对其哲学思想、儒学思想、政治思想、易学思想和文学思想等，却很少问津。

对于田秋思想，过去学术界虽然有所研究，但总体上研究较少，大多是一些零星研究和单项研究，在系统研究方面还处于“空白”。主要原因：一是田秋的多数著作已失传，无法直观地管窥其思想；二是一些学者所采用的研究方法有限，局限于文献研究法。一旦文献缺乏，便制约了研究；三是田秋的思想涉及易学，这对缺乏易学修养的学者来说，更是难上加难。在此，笔者作为一名易学研究者，力求创新研究方法，综合文献法、旁证法、关联研究法、直接研究与间接研究结合法、田野调查法等多维研究方法，从田秋的现有著述、诗赋、碑文、题字等，以及其师友、弟子、追随者的相关文献中系统梳理田秋的思想，以期填补当前这块研究的“空白”。

二、田秋的生平与著述

田秋（1494—1556），字汝力，号西麓，贵州思南府（今铜仁市思南县）人，是明代贵州教育先贤，贵州科举考试之父，贵州文教的振兴者，著名教育家、思想家和诗人。田秋于弘治甲寅七年（1494）生于思南府城（今思南县城原老法院办公楼处），于明正德五年（1510）以易中庚午科云南乡试举人，正德甲戌九年（1514）进士，登唐皋榜，从此步入仕途。历任福建延平府推官、直隶河间府推官、吏科左给事中、户科左给事中、广东左布政使等职。嘉靖丙辰三十五年（1556）十二月，田秋在家病故，享年63岁，葬于思南府昔乐溪（今思南县昔乐溪）。田秋逝世后，家乡诸生为了纪念他，在云南总督舒凤翼、贵州抚院王有能的奏请下，获准在贵阳明远楼建了田秋祠。

田秋有《西麓奏议》传世。此外，据《思南府志》记载，田秋还撰有《陈愚见以备遗策疏》《请开贤科以宏文教疏》《思南府儒学记》《请建婺川、安顺、印江学疏》《侍御申公祐传》等。

三、田秋的思想

（一）思想渊源

田秋生活在明代初、中期，这一时期是儒学、理学、易学比较盛行的时期，同时也是王阳明心学形成、发展的时期。作为官宦弟子和朝廷官员，其思想大多源于这一时期的儒学、理学、易学和心学。田秋早期思想（从政之前）主要是受正统儒学和易学的影响。步入仕途后，虽受心学的一些影响，但主要还是秉承正统儒学。

田秋思想的形成大体经历了三个阶段：首先是家庭教育阶段（13岁以前）。《西麓训子》曰：“吾初承父兄之教，十三岁廪于学。”可见，田秋13岁之前，接受的是家庭教育，接受的是其父亲、兄长的教育。其次是学校教育阶段（13—21岁）。《西麓训子》曰：“吾初承父兄之教，十三岁廪于学，十七岁荐于乡，十八岁下第，始毕姻，二十一登进士第。”从中可以看出，田秋在13岁至21岁期间，主要接受的是学校教育。再次是仕途教育阶段（21—48岁）。此阶段，田秋在思想上秉承了正统的儒学与易学。

综上，田秋的思想主要源于正统儒学与易学，受理学思想影响较小。

（二）哲学思想与特点

1.“人性之善得于天”的“天本体”观

田秋的哲学世界观是以“天”为本体的。“天”是田秋哲学的出发点和最终归宿，是其最高范畴。他在其《请开贤科以宏文教疏》中云：“臣窃以为人性之善得于天者，本无远近之殊。特变通鼓舞之机，由于人者，有先后耳。”在这里，田秋认为人的善性得于先天，每个人先天的善性都是一样的，只是后天接受教育的机会和程度不同，每个人的善性因此就有差别了。

此外，田秋在其《请建婺川、安顺、印江学疏》中也云："窃惟人才之用虽有多寡之殊而赋于之。自于原无彼此之异，特以教化之所及有先后、深浅，而人才系之焉耳。"在这里，田秋认为，人才先天彼此无差异，只是后天教化的先后、深浅，使之作用呈现出了差异。田秋以"先天"为体，以"后天"为用，体现了一种唯物世界观。

2. "教化"的易学变化观

田秋认为，万物是变化的，人性也是变化的，人的善与恶，人才的多与少，人才作用的大与小，关键在于"教化"。田秋强调"教化"对于人才培养的重要性，他认为人才来自后天的"教化"，人才作用的大小也与"教化"密切相关。田秋认为"教化"是君王的第一要务，教化可以带来许多好处，他说："再照学校教化之本源，教化王者之先务，教化行则风俗美，可以措刑罚，可以寝干戈……然事关教化，未可委之乏用也。"此外，田秋在其《思南府志·序》中亦云："人物以证教化，见仪表也。"他认为，一个人的教化情况体现在其仪表。田秋的"教化"思想，体现了一种哲学发展观。

3. "忠孝廉"的道德认识论

田秋对"忠、孝、廉"的推崇，源于他对"三本"的理解。他在其《侍御申公祐传》中云："先民有言，父生之，君治之，师教之，天下之三本也。"对此，他围绕"父母、君王、教师"三本，致力于践行"忠、孝、廉"三德。

首先，在"忠"德上，田秋之"忠"主要包括两层含义：一是忠诚于国家。他在其《侍御申公祐传》中云："噫！以公之前事观之，则仗节死义之忠，固有素抱，不持取决于土本矣。"他在文中对申祐的忠义壮举十分赞赏，从一个侧面也反映了田秋对国的忠义、忠诚。二是忠于职守。田秋在任官为政时，严格要求自己"居官持廉皆深刻"（《西麓训子》），对此，他"请开科""请建学""查腐败""重边防""疏交通"，最终因"佐郡有声"获得了皇帝的敕命，因"谏垣有声"（《黔诗纪略·田布政秋》）、"谋断之忠"（《广东布政使田公行状》）而赢得了后人的赞颂。

其次，在"孝"德上，田秋认为"孝"是"忠"的基础，"孝"为根本，做官要先从"孝"做起。田秋之"孝"包括"自孝"和"他孝"两层内涵。一方面，他认为"百善孝为先"，自己要带头敬孝。他中进士在户部"观政"（实习政务）时，为了孝敬年迈的双亲，毅然决定推迟拜官，疏请返家尽孝，并在此后的八年间，一意敬孝双亲，为双亲煎药煮粥，后来成了家乡远近闻名的"孝子"。另一方面，他极力阻止社会出现有伤孝道的行为，敦促社会广泛"尽孝"。他在京城做"谏官"时，对城中大规模肆意迁冢、有伤孝道的行为，大胆疏请阻止，这体现了他对"孝"德社会价值的理解与重视。

此外，在"廉"德上，田秋认为"居官持廉皆深刻"，即做官不仅要勤政，而且要力求做到深刻。他在任礼科左给事中时，对朝中的腐败现象，敢于直谏，奉命清查御马监、太常寺、光禄寺等部门的经费开支。据《广东布政使田公行状》记载："公始而奉敕清查御马等监，则裁缩至七万，夫食至七万石，寻奉查光禄、太常仓厨，力役裁去二千四百余夫。"可见，田秋以自己的实际行动践行了其"居官持廉皆深刻"的廉德思想。

综上，田秋哲学思想的主要特点有：（1）以正统儒学作为自己哲学思想产生的背景；（2）有着唯物世界观；（3）有着易学变化观；（3）基于儒学的道德认识论。

（三）儒学思想与特点

田秋一生十分重视儒学，他积极请学、建学，主张正统儒学。曾撰写《思南府儒学记》。他在传记中歌颂忠臣，在诗赋中歌颂儒子、节妇，在训子中采用儒学。儒家思想的精华是"孝悌忠信、礼义廉耻"，田秋的思想尤其突出"忠孝廉"。

1."仗节死义""正当输忠""系心北上"的忠义思想

田秋在其《侍御申公祐传》中曰："先民有言，父生之，君治之，师教之，天下之三本也。"并对文中主人公申祐舍身救皇帝的忠诚行为大加赞赏，他说："噫！以公之前事观之，则仗节死义之忠，固有素抱，不待取决于土本矣。夫岂猿鹤沙虫同时俱化者比哉！"

田秋对国家的忠诚，还体现在他的奏疏上。他在《请开贤科以宏文教疏》中曰："臣请开科之后，二省各于旧额之上量增数名，以风励远人，使之激劝，则远方幸甚。"在《请建婺川、安顺、印江学疏》中曰："乞敕下礼部，果如臣言照州县建学立师，庶菁莪之化不问于一方，遐远之才咸沾乎乐育，边方幸甚！生民幸甚！"在《陈愚见以备遗策疏》中也曰："臣待罪言官，有此一得之愚谨以上，赐采纳施行，则天下幸甚，生民幸甚。"可见，田秋在做谏官时，胸怀天下，胸怀边疆，胸怀生民，积极向皇帝建言献策，兴办教育，巩固边防，体现了他对国家、对人民的一片忠诚。

田秋晚年仍"系心北上"，系心国家，并希望修志为国家做点力所能及的事。他在其《思南府志·序》中曰："秋也，才浅力薄，学疏识陋，况岁月既深，系心北上，于是录也。"

2."我以少年孝养，非我职乎""而轻发朽骨，伤孝子之本意""古之孝子固有冒百刃而赴亲之难者"的孝道思想

田秋"孝忠得于性"，一生不仅在思想上主张和倡导孝道，孝字为先，而且还以自己的实际行动诠释了孝道。据《广东布政使田公行状》记载："公观政户部，喟然叹曰：双亲暮年，二兄外官，彼之老成，正当输忠。我以少年孝养，非我职乎。"田秋为了能让两位年富力强的兄长更好地效忠国家，自己主动地承担起孝养双亲的义务。

田秋不仅自己践行孝道，还积极倡导孝道。他在京城做礼科左给事中时，对城中屡屡大量迁坟这种浪费而伤孝道的做法十分反对，因而上疏皇帝曰："都城村万家鳞次怀土，重迁天人常情，而轻发朽骨，伤孝子之本意"。此外，田秋在《侍

御申公祐传》中云："古之孝子固有冒百刃而赴亲之难者。"他对古时候孝子"冒死救亲"的行为十分赞赏。

3."居官持廉皆深刻"的廉政思想

"廉"是儒家思想内容之一。田秋一生不仅主张"廉洁"，而且还以实际行动诠释了自己的这一思想。田秋在其《西麓训子》中云："居官持廉皆深刻。"他教导子孙们要勤政、廉政，并要力求做到深刻。田秋本人在廉政方面以身作则，为官清廉。据《黔诗纪略》记载："西麓（田秋）在谏垣有声。云南差镇，内官恣虐，首奏劾停之。内府监多冗食，太常寺多冗役，光禄多不经之费悉请裁汰，御马监用财无节酌嬴缩为之程，岁省费巨万计。"田秋在朝廷做谏官期间，作为一名五品小官，不惧权贵，直言敢谏，对一些部门和官员的浪费、腐败行为进行了大胆上疏，并收到了良好的惩治效果，以实际行动捍卫了自己的反腐倡廉思想。

田秋儒学思想的主要特点：（1）重视儒学；（2）倡导正统儒学；（3）以行动践行儒学；（4）重儒学之"忠孝廉"。

（四）政治思想与特点

1."郡学泮宫""开科""建学"的政治制度思想

明朝中后期由于宦官专权、吏治腐败等，统治危机层出不穷。对此，在朝知识分子纷纷出谋划策，以兴利除弊。田秋主张"郡学泮宫"，希望通过振兴文教、培养人才来兴利除弊，维护明王朝的统治地位。他在其《思南府儒学记》中云："古者，自国郡以至闾巷，莫不有学，而天子辟雍，诸侯泮宫，其大者也。自罢侯置守，则郡学即泮宫之制欤！"在这里，田秋认为郡学是维护国家统治的一项重要制度。

基于这一思想，面对当时郡学"制度草创"，田秋向皇帝疏请在贵州"开科"，在各郡县"建学"，完善国家政治制度。对此，他先后撰写了两篇疏文，即《请开贤科以宏文教疏》《请建婺川、安顺、印江学疏》，请求在贵州"开科"，在各州县"建学"，后均得到了皇帝的批准，贵州自此得以独立开科，各郡县得以建学。

2."死义之忠""正当输忠""谋断之忠""克懋忠尽""系心北上"的政治追求思想

作为一名儒者，田秋秉承儒家先贤的教诲，并将这些教诲落实到他的政治思想中。他在《侍御申公祐传》一文中，不仅认为"父生之，君治之，师教之"是天下之"三本"，而且对文中主人公申祐舍身救皇帝的"死义之忠"十分赞赏，同时也表达了自己为国家尽"死义之忠"的意愿。

田秋之"忠"，不仅是自己的一种政治追求，而且还积极协同家人向国家输忠。《广东布政使田公行状》记载了田秋在户部实习政务时，为了使自己经验丰富的两位兄长安心地为国家输忠，自己主动疏请推迟拜官，返乡承担孝养年迈双亲的义务。在这里，田秋以自己的高尚行为间接地向国家输送了忠诚。

田秋在做官期间，更是以自己的实际行动诠释了对国家忠诚的政治思想。他疏请"开科"和"建学"，谏言惩治官场腐败，献策巩固边防，整治乌江航道，发展边疆经济等，诸举无不诠释了这一思想。田秋的“输忠”得到了明王朝和社会的认可，《礼科左给事中田秋敕命》云：“联恒以非人为优，尔礼科左给事中田秋，奋登甲第，佐郡有声，乃兹简抡人居，禁密官箴，克懋忠尽著闻。”《黔诗纪略·田布政秋》亦云：“西麓（田秋）在谏垣有声。”

田秋晚年仍不忘为国家“输忠”“尽忠”，他力所能及地积极撰修《思南府志》，并希望此举能为国家治理带来帮助。他在志序中还表达了“系心北上”、为国尽忠的意愿。

3.“教化”“振德”“敬孝”的匡世观

明代，从正德年间起，国力日渐衰弱，至嘉靖年间，社会矛盾日渐尖锐。作为当时的一名官员和儒者，田秋清醒地认识到了时世的危艰，他的匡世主张更多地体现在“教化”“振德”“敬孝”等方面，并希望通过教化，使人们“向学”、从善、振德、敬孝，营造一种有利于国家稳定的社会人文环境。

关于“教化”，田秋在其《请开贤科以宏文教疏》中云：“臣窃以为人性之善得于天者，本无远近之殊。特变通鼓舞之机，由于人者，有先后耳。”在其《思南府志·序》中云：“人物以征教化，见仪表也。”在其《请建婺川、安顺、印江学疏》中云：“窃惟人才之用虽有多寡之殊而赋于之。自天原无彼此之异，特以教化之所及有先后、深浅，而人才系之焉耳。”在其《西麓训子》中云：“读书，不止于应举，取科第，内则以之涵养气质，薰陶德性，外则资之以抚世酹物，若修身慎行，不辱先人，虽不能大有成名，亦为贤子。”在这里，田秋认为，人的天性是善的，每个人的差别不大，但后天的教化至关重要，教化使人心向善，使人有一个良好的仪表；教化出人才，使人有能力“抚世酹物”，匡正世道。

关于“振德”，田秋在其《思南府儒学记》中云：“今日庙貌一新，堂序改色，固庆学之有成。他日继侯而守者，尚克益砥砺而振德之。不惟泮水青衿之才，皆岩廊公辅之极，亦且以风定四国，约其夸毗，消其顽戾。俾淳庞载振，俾邹鲁化行，俾我思永有弦歌之声，斯则学道之有成。”在这里，田秋认为，文庙的装修一新，有益于“振德”；有益于辅助国家，改变风俗；有益于限制谄媚之风，消除顽固的恶习；有益于孔孟教化的推行；有益于思南士人学业有成。

关于“敬孝”，如前所述，田秋不仅在其《侍御申公祐传》一文中阐述了他的“敬孝”思想，而且，还以自己的实际行动诠释了他的这一思想，践行了自己的“匡世观”。

田秋政治思想的主要特点：（1）主张以儒家思想治国；（2）重视以教育维护政治统治和社会秩序；（3）侧重于用儒家的“忠”“孝”思想治国；（4）侧重于从教育制度上治国安民。

（五）教育思想与特点

田秋一生热心教育事业，致力于请学、建学，开发贵州文教，从制度上解决贵州教育问题。

1. 强调“教育”为本，重视教育与人才

田秋认为教育是“本”，是“三本”之一，这在其《侍御申祐传》中已有所提及。

同时，他认为，教育对于国家治理、社会治理非常重要，在其《思南府志·序》中云："昔者，先王之御世也。立典式而观民。职方之典，孔子述焉，大都为民治设也……人物以征教化，见仪表也。"

田秋除重视教育外，还十分重视对人才的培养，并认为人才来自教化、教育和培养。他在其《请建婺川、安顺、印江学疏》中云："窃惟人才之用虽有多寡之殊而赋于之。自天原无彼此之异，特以教化之所及有先后、深浅，而人才系之焉耳。自古圣王皆致谨于庠序之教有由然也。"他在其《请开贤科以宏文教疏》中云："远方人才，正如在山之木，得雨露之润，日有生长……"此外，田秋在其《椅子山》《香炉滩》《吊节妇石氏》等诗赋中也表达了他对教育的重视。

2. 积极"请开闱"、请学、建学，从制度上振兴文教

一方面，他积极"请学"，建议在贵州独立开科。贵州在明代独立开科前，其科举考试依附于云南布政司。田秋在做"谏官"期间，认为国家应在全国广泛设立学校，使全民都能接受教育。同时，应在各省独立开科，以方便考生科考。此外应增加科考名额，以激励学子，振兴文化教育。对此，如前所述，他撰写了《请贤科以宏文教疏》，积极倡议在贵州独立开科，并最终得到了批准。《广东布政使田公行状》云："贵州并云南科，途远赴试，跋涉甚艰，请另开选闱，且增科额，碑记复囊，液疏之功，公之有功于英才也。"

另一方面，田秋还倡导"建学"，在州县兴建学校，从制度上解决教育场所和设施问题。他在《请建婺川、安顺、印江学疏》中云："臣秋谨题，为乞恩建学，以新化机，以广文教事……"田秋的建学主张，最终也得到了皇上批准，这为贵州州县教育的兴盛奠定了基础。

3. 主张儒学正统教育，强调"孝忠"

田秋尽管生活在儒、释、道、易、理等诸学兴盛时期，但从其著述和相关文献中可以发现，田秋对儒学情有独钟。对此，他在请学、建学中积极倡导正统儒学。他在《思南府儒学记》中云："宜令郡县皆立学，礼延师儒讲论圣道。"在《请开贤科以宏文教疏》中云："生儒赴试，其苦最极。"在《香炉滩》一诗中云："欸乃沧浪歌儒子。"在《吊节妇石氏》中云："儒家诗礼应无忝。"

此外，田秋主张重点学习儒学的"孝忠"。儒学内容丰富，田秋尤其倡导"孝忠"。如前所述，田秋还以自己的言行诠释他的"孝忠"思想。

4. 在学习态度上，主张读书不应为了名利，而重在修身、振德、涵养气质和"抚世酬物"

田秋在其《西麓训子》中云："读书，不止于应举，取科第。内则以之涵养气质，薰陶德性，外则资之，以抚世酬物。若修身慎行，不辱先人，虽不能大有成名，亦为贤子。"在其《思南府儒学记》中云："他日继侯而守者，尚克盖砥砺而振德之。"田秋认为，读书不只是为了考试和取得文凭，更重要的是为了修身养性，提高素质，用所学知识回报国家和社会。田秋一生积极请学、建学，忧国忧民，淡泊名利，廉洁奉公，以自己的实际行动诠释了自己的学习看法和主张。

田秋教育思想的主要特点：（1）教育思想源于正统儒学。（2）重视教育，重视人才，积极“请学”“建学”。（3）在教学内容上，提倡正统儒学，侧重于儒学中的“孝”“忠”“德”。（4）在学习态度上，主张读书不仅在于考试，还在于涵养气质，薰陶德性，并借此立身、利国；主张淡泊名利，为国为民。

（六）文学思想与特点

田秋不仅是一位教育家、政治家，而且还是一位诗人，至今流传于世的诗作有10多首，这些诗作被辑入《嘉靖、道光、民国思南府、县志》《黔诗纪略》中。田秋的诗作虽然不多，但其文学思想却较独特而丰富。明朝中前期，在文学领域盛行着一股复古思潮，田秋没有受这种思潮的影响，他在诗文创作上立足于叙事、咏史、怀古。

田秋毕生勤奋学习，勤政廉政，热心教育事业，秉持忠孝，忧国忧民，乐善好施。同时，他淡泊名利，“余事为诗”。据《广东布政使田公行状》记载，他“诗文自娱，琴鹤怡情”。田秋的诗有七律，也有五言，涉及的内容也较广泛，有山水记游之作，也有怀古咏史之篇，还有抒写归隐情怀的作品，更多的是忧国忧民、尊师重教、崇文尚德的诗篇。

田秋忧国忧民，他将这种情怀写入了诗中，在其《万圣山》一诗中，他写道：“青崖斗绝竞崔嵬，曾为邦人捍大灾。今日承平皆陇亩，千家东面看楼台。”据（嘉靖）《思南府志·山川》记载：“万胜（圣），在府治前一里，一名顿（屯）岭，四面斗绝。红巾之乱，郡人避兵其上，多得全活。”对此，田秋在诗中回忆了这段历史，并抒发了对乡民安全的忧虑，以及对和平的热爱。

田秋尊师重教，他在诗中灌注了对文化的重视、对教育的关心。在其《香炉滩》中他写道：“滩心洲屿平如砥，齿齿白石清可扪。欸乃沧浪歌儒子，凄凄芳草怨王孙。”田秋在这首诗中，以“欸乃沧浪歌儒子，凄凄芳草怨王孙”之千古绝句，充分地表达了他对儒学、儒子的崇拜，以及淡泊名利的情怀。

田秋崇文尚德，他在《吊节妇石氏》一诗中写道：“盛年夫丧洗红妆，白首同归志愿偿；双璧不殊龙剑合，贞松羞共野桃芳。儒家诗礼应无忝，宦族绮纨谁与香；采史今朝旌礼下，若堂封畔吐虹光。”田秋在这首诗中描述了一个年轻妇女盛年丧夫的悲凉故事，抒发了自己崇文尚德的情怀。

田秋文学思想的主要特点：（1）好诗赋，主张以诗“言志”“体情”；（2）诗体内容属抒情诗，诗体形式为中国传统诗之格律诗（五言、七律），以咏史诗、怀古诗山水田园诗，侧重于歌颂儒学之“忠孝”；（3）在诗风上，反对形式主义、摹仿主义和主观主义，主张情志并举、任法自然、率性而真的诗风。

（七）易学思想与特点

田秋是一位易学爱好者。据《广东布政使田公行状》记载：“公田氏，讳秋，字汝力，号西麓……十七正德庚午科以易中云贵乡式……虽筮仕而才，猷老练，每事如就，路轻车当道荐剡交上。” 这说明田秋从小就热爱易学，并以优异的易学成绩中举。此外，田秋在《思南府儒学记》中云："议既克协，乃卜吉于神，度材于所，潺工于国，布日于民，民乃太和会绳，绳子来，罔或告劳，启蜇八日而戒，事盖龙见而就绪焉。"田秋在这里记述了修建"思南府儒学"的情景，也记述了易学的应用情况。

田秋易学思想的主要特点：将易学与儒学融合起来，并注重易学的运用。

四、结论与政策建议

通过前面的研究，可以得出如下结论：（1）田秋不仅是一位教育家，一位儒者，一位孝子，一位清官，更是一位爱国者。田秋之功重在教育，田秋思想贵在"忠孝"。（2）田秋的思想均源于正统（传统）儒学，而非理学、心学。（3）田秋有丰富而独特的思想，这些思想广泛体现在哲学、儒学、政治、教育、易学、文学六个方面。（4）田秋人文精神贵在"爱国爱民，心系教育，勤政廉政"。（5）田秋的思想有着深远的历史影响，具有重要的当代价值，包括人文精神价值、文化教育价值、文化旅游价值等。（6）田秋关于思南是"西南剧郡"的思想，具有重要的文化品牌建设价值。

鉴于田秋丰富而独特的思想，同时鉴于当下教育改革和传承、弘扬中华优秀传统文化的大好形势，以及地方经济社会发展的需要，本文提出以下几点政策建议：（1）弘扬田秋人文精神。人文精神反映一个群体的精神追求和精神风貌，对当代社会治理和经济社会发展具有巨大的推动作用。当前，全国上下正在大力倡导人文精神，贵州省将"天人合一，知行合一"作为全省基本的人文精神，并于2017年1月出版了《天人合一 知行合一——贵州人文精神读本》。弘扬田秋"爱国爱民，心系教育，勤政廉政"的人文精神，具有十分重要的当代价值。（2）弘扬田秋文化教育思想。"文化是一个国家、一个民族的灵魂"，也是思南文化大县持续发展的关键所在。对此，一是应运用田秋"重视教育""全民教育"的思想，加强新形势下的教育改革和文化建设，"优先发展教育事业……落实立德树人根本任务，发展素质教育"；二是结合田秋的"忠孝"思想，践行社会主义核心价值观，结合"十九大"报告中"激励人们向上向善、孝老爱亲，忠于祖国、忠于人民"等精神，加强道德教育；三是应运用田秋"居官持廉皆深刻"等廉政思想和相关案例，加强新形势下的廉政教育；四是运用田秋优秀的传统文化思想，加强当代优秀传统文化教育。（3）结合田秋"西南剧郡"思想，打造好思南文化品牌。我们应跳出贵州看思南，跳出"夜郎"看思南，跳出"首郡"看思南，着眼于大西南，打造文化品牌。（4）保护、整合田秋文化资源，促进地方文化旅游。涉及田秋思想文化的相关载体，无论是实物载体还是非实物载体，都是十分宝贵的文化旅游资源，应保护好、整合好这些资源，以此促进地方经济社会发展。

由于田秋研究文献的缺失，未来这块研究的"空间"还很大，本文的研究还较粗糙，权且作为后续研究的一块"垫脚石"，希望能有益于后续研究者。

参考文献：

1.（嘉靖）《思南府志》上海古籍书店，，1962年1月据宁波天一阁藏本影印。

2.（道光）《思南府续志》，清道光二十年思南知府夏修恕等主修，四川省图书馆藏刻本。

3. 思南县志编纂办公室编：《嘉靖、道光、民国思南府、县志》，1991年。

4. 刘显世、吴鼎昌修，任可澄、杨恩元纂，贵州省文史研究馆点校：《贵州通志·前事志》，贵阳：贵州人民出版社。

5. 冯楠总编：《贵州通志·人物志》，贵阳：贵州人民出版社，2001年。

6.《黔诗纪略》，辛亥冬月筱石氏刊于京师。

7.（明）郭子章著，赵平略点校：《黔记》，成都：西南交通大学出版社，2016年。

8.（清）田雯：《黔书》。

9. 蒋南华、黎斌：《梵净武陵：中华文明之源初探》，贵阳：贵州人民出版社，2015年6月第1版。

10. 蒋南华，黎斌：《中华人文稽考》，北京：人民出版社，2017年。

11. 汪育江：《思南与乌江文化》（贵州省思南乌江博物馆编）；《田秋文史辑》（贵州省思南县文物局编）。

田秋的人格精神和现实意义

李文仪

摘　要：田秋有哪些人格精神？这些人格精神在现在有什么现实意义？本文旨在从史书记载中挖掘其背后隐藏的人格精神，以供今人学习和借鉴。

关键词：田秋　人格精神　现实意义

田秋，贵州科举教育之父，思南人的骄傲。他让一个个贵州学子不再冒生命危险，长途跋涉去外省就实现了“朝为田舍郎，暮登天子堂”的梦想；他让一座座学校落地贵州高原；他让蛮荒的贵州加快了走向文明的步伐。当循着历史的记忆，走向500年前的他，透过他那些永载史册的历史功勋，不难窥视到他那“志存高远的人生追求，不平则鸣勇于担当的男人本色，有的放矢精益求精的敬业精神，以及先天下之忧而忧，后天下之乐而乐的家国情怀”等人格精神，这些人格精神共同组成了一个大写的田秋，同时，深深影响着后世。

一、志存高远的人生追求

嘉靖甲申年孟春，刚过完年的田秋从思南坐船顺乌江而下前往福建省延平府上任（当时田秋为延平府推官），船到了潮砥滩前下船转滩。驻足乌江岸边，一边是悬崖绝壁，一边是乱石穿空，乱石中一条羊肠小道蜿蜒而过。小道边一巨石凸出山体约六尺，船夫把纤绳套牢石上，依靠绞力，使船能于惊涛中上通下达，化险为夷。而江水在此因为江滩阻挡变得汹涌澎湃，涛声隆隆，浪花飞溅。田秋看着看着，似有所悟，取笔在道旁巨石上浓墨手书“黔中砥柱”四个大字，并请人凿刻保存。这四个大字后来成了乌江岸上一道独特的风景。其实，这不过是田秋的借景抒情、托物言志之举。当“黔中砥柱”四个字落在石头上时，他也把这四个字深深地刻在了自己心里。立志做黔中的中流砥柱，甚至是朝廷的中流砥柱，这才是田秋毕生的追求，是他一生的精神支柱和做事的动力。可以说，正是这样志存高远的人生追求成就了田秋。

二、不平则鸣，勇于担当的男人本色

田秋的为官经历，前半程主要任礼科给事中、吏科给事中、户科给事中，后半程到地方主政。明朝时设六科给事中，掌侍从、谏诤、补阙、拾遗、审核、封驳诏旨，驳正百司所上奏章，监察六部诸司，弹劾百官，与御史互为补充。给事中与御史，都是言官，是直接向皇上启奏下情，提出建议的重要职位。田秋在这个职位上恪尽职守，勇于担当，总是“不平则鸣”，丝毫不考虑会给自己带来什么不利，甚至不惜冒被杀头的危险，连皇帝已经决定的事也要犯颜直谏。演绎了一曲曲“大明谏言官”的动人故事，做到了“文死谏”的谏官最高境界。

（道光）《思南府续志》说他“建白最多，革内府监局冗食，议郊坛迁塚事，奏停云南差镇内臣，清光禄不经之费，裁太常寺冗役，酌御马监财用赢缩，议天地坛合祭之非礼，疏请贵州开科”，等等。其中“革内府监局冗食，奏停云南差镇内臣，清光禄不经之费，裁太常寺冗役，酌御马监财用赢缩”这些事可都是夺人饭碗、断人财路，专门得罪人的事，动不动就会牵连到很多朝中大臣的切身利益。而一旦动了别人的“奶酪”，反过来可能就会对自己不利，但田秋还是义无反顾地做了。据《黔书》载：“御用御马，尚衣尚膳，诸监皆御物也，中官乾没，大臣不敢问，小臣不敢言。公裁缩丁至七万，夫食至七万石，光禄太常供庖厨力役，公往裁二千四百余。”面对皇帝身边的人，在“大臣不敢问，小臣不敢言”人们都当哑巴的情况下，田秋体现了一个乌江汉子弄潮儿的本色，“查御马监，将人员裁到七万，俸禄裁到七万石，又查光禄、太常寺，将人员裁到二千四百余人”。

减少一大笔支出，少花一大笔银子，皇帝当然很高兴。而接下来的事，田秋却让皇帝大大地不高兴了。

明代著名理学思想家、思南人李渭在郭子章所著的《黔书》序略中说：“世皇帝刚断督过，言臣人人不自保，固乃公所建白皆人人所忌畏，时者辟郊坛缮理，大臣议毁民室庐及骼胔，都庶蚴蟉于郊堧，盖謷謷也。公力争不可，世皇曰‘抗君违旨’，公危甚矣，卒得可竟安万姓心。”当时，嘉靖皇帝年轻气盛，刚愎自用，要在京郊重建一座宏大的天地坛，大臣们讨论要拆迁民众的房屋，迁动坟墓，北京的老百姓听说这个消息都聚集在宫墙外，忧愁哀叹。田秋在朝则据理力争，弄得嘉靖皇帝下不来台，斥责田秋“抗君违旨”，田秋仍不顾个人安危为民请命，最终嘉靖皇帝服软，停止了这一工程，还了一方老百姓的安宁。真是“舍得一身剐，敢把皇帝工程拉下马”。这种为了百姓利益，不顾个人安危的胆识与担当，让同朝为官的官员为之震撼，倍感钦佩。即使在现在，仍然是我们学习的榜样。

三、有的放矢精益求精的敬业精神

田秋的奏疏在当朝谏官中数量“最多”，而且能累奏累准，除了他的胆识与担当外，还得益于奏疏中所折射出的有的放矢和精益求精的敬业精神。田秋的奏疏曾被辑录为《西麓奏议》，成为后世提建议的范文，可惜现在已经散佚。纵观他仅存的几篇奏疏，无一不观点鲜明，举例典型，论说严密，措施具体。应该说，一个建议的成功与否，关键看它是否具有可操作性。前面说得再好，最后无法落实，还是空谈。这里仅以他影响最大的《请开贤科以宏文教疏》为例进行简明扼要的剖析。

1413年贵州建省，没有开设乡试，贵州生员考举人，必须到云南去考试。弘治七年（1494）与弘治十二年（1499），贵州地方长官两次上疏朝廷，要求在贵州开设科举，朝廷均以“旧制不可轻改”予以否决。嘉靖九年（1530），刚升任户科给事中的田秋就在贵州开科考的提议多次被否决的前提下，毅然再次向朝廷提出《请开贤科以宏文教疏》，要求准许贵州单独开设乡试科场。田秋开篇即阐述了在贵州开设科举的必要性，先是指出“两京十二省各设乡试科场……惟贵州一省，远在西南，未曾设有乡试科举，止附云南布政司科举”的不合理性，接着又指出贵州开科考的紧迫性：“……永乐年间初设布政司……迨今百五十余年，而亲承皇上维新之化，又八年于兹，远方人才，正如在山之木，得雨露之润，日有生长，故非昔日之比矣……正有待于今日也。”在这里，田秋不仅指出明朝建立已有150多年，皇上亲政已达8年，还有一个省未开科考是不正常的，还用“远方人才，正如在山之木，得雨露之润，日有生长，故非昔日之比矣”来给皇上戴了一个高帽：因为皇恩浩荡，皇上您“维新”政策如“雨露之润”，远方人才，才“日有生长”，让皇上开始有了认同感。在这里，田秋完成了从晓之以理到动之以情的过渡，接着，大打感情牌，用自己的亲身经历描述贵州生员到云南科考的艰辛：“且以贵州至云南相距两千里，如思南、永宁等府卫至云南，且有三四千里。而盛夏难行，山路险峻，瘴毒浸淫，生儒赴试，其苦最极。中间有贫寒而无以为资者；有幼弱而不能徒行者；有不耐辛苦而返于中道者。至于中冒瘴毒而次于途次者，往往有之。”看到这里，从小娇生惯养的皇帝该心软了：考个乡试还会丢命。接着，田秋又趁势用两广分科的事实针对“旧制不可轻改”的观点进行批驳：“国初，两广亦共一科场。其后各设乡试，渐增解额，至今人才之盛，埒于中州。臣窃以为人性之善，得于天者，本无远近之殊。特变通鼓舞之机，由于人者，有先后耳。今设科之后，人益向学。他日云贵又安知不若两广之盛乎！”看看吧，先例是有的，还说什么“旧制不可轻改”呢？两广能分科，云贵同样可以分科，总不能厚此薄彼吧？看到这里，皇上心里大概会说有道理吧。有道理是有道理，但皇上怕花银子啊。于是，田秋针对开科场是不是会增加财政负担的问题继续打消皇上的顾虑：“议者曰：科之不开，病于钱粮之少……盖贵州虽赴云南乡试，而举人坊牌之费，贵州自办也。鹿鸣之宴，贵州自备也。今所加者，不过三场供给试官聘礼耳。镇远、永宁等课税司，每岁不下数百两，思南府有棉花税，若设一税课司，委一廉干府官监收之，每岁亦可得数百两……只此数项，足够其费。”看到这里，皇上舒了口气：原来我不花一分钱就能当一回好皇帝呀，田秋啊，你咋不早说呢，“若设一税课司”也许我还能赚些钱，这事准了。

但田秋还没完，他要更进一步：“旧额二省共取五十五名，云南三十四名，贵州二十一名。臣请开科之后，二省各于旧额之上量增数名，以风励远人……”看到这里，恐怕嘉靖也要暗暗佩服：田秋，你太有才了，这时候还不忘提条件。行啦，反正“设一税课司”也需要几个人，那就增加几个吧！

谏疏至此完篇，情真意切，理据充分，名额、经费、具体操作方式，该为嘉靖考虑的都考虑到了。还有什么不准的道理呢？

于是嘉靖十四年（1535）准许开科，定额二十五人（比旧额增加了四名，田秋完胜），嘉靖十六年（1537）丁酉科贵州正式与云南分科，举行了第一次乡试。

所以，好的建议其实是站在接受者一方的角度来思考的，让接受者一方都认为是好的，建议就提成功了。这就需要建议者有足够的敬业精神，像田秋一样有的放矢、精益求精。

四、先天下之忧而忧，后天下之乐而乐的家国情怀

嘉靖十六年（1537），贵州首次乡试在贵阳隆重举行。田秋特地捐资购地，将所收租谷用作考生的试卷费，减轻了寒门学子的经济负担，让更多的贫困生员有了“鲤鱼跃龙门”的机会。

为了让更多的孩子有读书的机会，他又向嘉靖皇帝上了《请建婺川、安顺、印江学疏》，请求在贵州少数民族地区广设州县学校。在田秋的执着努力下，朝廷接受了田秋的疏请，加大了对贵州教育投入，自嘉靖十九年（1540）建立婺川县学起，明政府在贵州各州县相继设立了儒学校。更多学校的建立，改变了更多人的命运，也大大加快了贵州的文明进程。至明末，贵州已有进士137人、举人1759人，就是思南一府在明清时期也考取进士34人，考取举人360余人。贵州从此人才四起，直追中原。

作为贵州母亲河的乌江，虽有盐油古道之称，但也以滩多而闻名，有“乌江滩连滩，十船九打烂”之称。田秋利用在四川任按察使之机，在嘉靖十八年（1539），上疏朝廷整治乌江航道获准后，多方促成川黔巡抚合作整治乌江航道，并呼吁商贾大力资助。由此，乌江航道很快得以治理，川盐入黔畅通，运量增大，运价减少，盐价相对降低，使官府获千百之税，民获廉价之盐，商获千百之利。从此，乌江沿岸走向了前所未有的文明繁荣。

嘉靖年间，四川饥民流入思南，间有劫掠，影响了贵州少数民族地区的社会安定。为此，田秋上呈《陈愚见以备遗策疏》，请求中央政府在思南地区设立兵备副使，以加强贵州的地方建设。又请求在思南建府城垣，均得到批准。通过建立府署，设置武装，思南政治渐趋稳定，经济逐步发展起来。

田秋退居家乡以后，不干涉地方政务，平易近人，修撰贵州最早的府志——（嘉靖）《思南府志》以留住历史。还在思南仗义疏财、扶贫济困，既“建先祠，置义田，以赡族之不能婚葬者”，又“修桥梁，治药饵，惠济无穷”，以改变乡人的生活陋习。在田秋身体力行的影响下，思南政治经济不断发展，文化教育不断进步，呈现出“儒教渐兴，人文日盛，登科入仕者，盖彬彬矣”的可喜局面。

以上诸多事迹正如范仲淹在《岳阳楼记》所描述的“居庙堂之高则忧其民，处江湖之远则忧有其君”那样，田秋在朝时为民请命不惜犯颜直谏，居家时积极改变家乡面貌为朝廷分忧，完全是“先天下之忧而忧，后天下之乐而乐”的家国

情怀的真实写照。田秋这种家国情怀与他自小所受的教育密不可分。他生于书香门第，其曾祖田永富就是洪武初年受思南宣慰使田仁智之邀从江西庐陵至水德司讲学而定居思南的，祖父田万钟、父田显文也都在思南传播文化。田秋从小在温馨友爱的家庭氛围中成长，自幼受到良好的家庭教育和正统的儒家文化熏陶，入仕就谨记“居家应谨身节用，入官当忠君爱民”的父训。田秋中进士后居家尽孝8年，28岁入仕，48岁致仕，居官20年，中途又有9年时间在家。尽孝、忠君，爱民构成了他人生的主要信仰，也使他把对亲人的小爱逐步扩展到对家乡、对百姓、对国家的大爱。

现在，当我们站在21世纪的新时代，总结田秋的人格精神时，不难发现一个有趣的逻辑：良好的教育（特别是家庭的熏陶）造就一个良好的人格和远大的志向，良好的人格和远大的志向成就一番伟大的业绩。而一个受到良好的教育具有良好的人格和远大志向的人反过来又重视教育，让更多的人受到良好的教育，形成了一个良性循环，于是，社会进步了，这就是教育改变社会。现在，人们都爱说“知识改变命运”，可是，那些搞传销的、搞电信网络诈骗的人没有知识吗？有，他们一个个巧舌如簧似演说家，计算机熟练如网络高手，可是他们在危害社会。正如古人所说“君子挟才以为善，小人挟才以为恶。挟才以为善者，善无不至矣；挟才以为恶者，恶亦无不至矣”。他们“挟才以为恶”就是因为他们的人格中缺失了像田秋那种充满正能量的精神。

所以，在这个精神追求物质化、道德价值边缘化的时代，田秋的人格精神更显得弥足珍贵。即使地位不如田秋高，完成不了他干的那些大事，但是可以学习他的人格精神，学他毕生追求远大理想的恒心，学他敢于担当、敢于负责的精神，学他精益求精的敬业精神，学他的对百姓、对家乡、对祖国的大爱精神。

唯其如此，才是纪念田秋的最好方式。

注：文中未注明出处的资料除来自（道光）《思南府续志》（思南县志办点校本2002年3月再版本）外，其余来自田永红著《田秋在贵州历史发展中的地位和影响》一文。

田秋践行朴素世界观的五大不朽历史功绩

任若绵

摘　要：贵州名贤田秋孝义为先，淡泊名利。以在朝廷做谏官最为有名，以开发贵州文教最为有功，以乐于兴办公益、施惠于民最为有德。本文从笃孝义、敢谏政、倡科闱、赈灾民、弘文化等多个角度，阐释田秋朴素世界观的践行过程，讴歌其德旺黔中、名留青史的五大不朽历史功绩。

关键词：贵州　思南　名贤　田秋　世界观　践行

一、前言

500多年前的思南名人、贵州名贤田秋："性资严毅，仪状魁伟，言动毫不逾，闲频笑常自爱惜，孝忠得于性，成直戆率绪天赋，少年科第，不以贤智先人，黑发投闲，耻干谒于近贵，待人温良如玉，应事剖决如流……不持一物。乐引后进，礼惠高年。诗文自娱，琴鹤怡情。……有刚直之度，范行乡里。""家居，修饰先士，创建祠堂，买祭田，以供资盛，置邸舍以充祭物。暇则修桥梁，治药饵，以惠乡民。耕凿之外，别无经营，自封殊未常轻入官府，干挠公事。""进固有裨于社稷，退亦有益于生灵。""在国有谋断之忠，在家缵无前之绪。"

其生于仕宦书香门第，聪敏过人，7岁能做文章。17岁做了举人，正德九年（1514）登进士。历官至广东右布政使。著有《西麓奏议》，删修第一部《思南府志》。享年63岁。

他在几十年学习与社会实践中，融合家庭、地域、工作等方面以及经济、政治、法律、道德等意识形态，逐渐探索形成了自己的朴素世界观、人生观、道德观，并以各种方式努力践行着。他树立人生观规范自身行为；培育道德观修正与他人的关系。他笃孝义，敢谏政，倡科闱，赈灾民，弘文化。以敢做谏官、开发贵州文教最有勇气，乐于兴办公益最为卖力，施惠于民最为有德。

二、弘扬孝义

传统儒家道德观提倡温、良、恭、俭、让，其核心是仁和义。《易经·系辞》说：立天之道阴与阳，立地之道柔与刚，立人之道仁与义。大道之行，天下为公，各尽其力是儒家的道德理想。修身、齐家、治国、平天下是儒家进行爱国主义教育、实现其天下为公政治理想的基本途径。

饱受儒学熏陶的田秋就是这样形成了自己的朴素世界观、人生观和道德思想。他注重人格气节，崇尚仁义礼智信的人格价值，把人格气节与国家民族的兴衰存亡关联。

懂孝悌是其树立世界观、人生观的基础。

他是明朝黔东地区最有影响力的二品封疆大吏，平生立功、立德、立言。其曾祖父田永富受邀自江西吉安游学思南定居。祖父、父，均善诗文书法，教授于乡。长兄田谷，举人，官至曲靖府通判。次兄田稠，邛州学训导。天然书香环境，加之自幼聪敏，故少即有成。20岁即蟾宫摘亚魁。

自幼饱识的儒学，使他禀赋传统美德。虽中了进士，但回想古稀高龄的“双亲暮景。二兄外宦，彼之老成，正当输忠。我以少年孝养非我职乎！矧茕然在堂，心腹恋恋，敢忍拜官耶！”于是毅然选择做人做官先尽孝，遂疏养病抵家，烹药煮粥，以亲执职。暇则读书、读律。他牢记“居家应谨身节用，入官当忠君爱民”的父训，居家八载，衣不作帛，行不驱车，成为里人训子之范例。嘉靖元年（1522）田谷致仕回乡，催促他入京待授。加上其父极力做工作：“恩命之光荣，愈于膝下之承欢也。有离忧而亲心乐，汝不闻乎？”“谷也，食我，秋宜效力明君，以行所志。”于是他才舍亲北上。后，仍不忘“甲申十二月奔太参公讣音”，嘉靖九年（1530）奔母丧返里守孝，嘉靖十九年（1540）“使到原籍拜先人墓，置祭田，刻木本水源碑记，今世无忘焉”。

三、谏政倡廉

正确、科学的世界观可以为人们认识和改造世界提供正确的思路方向。谏政是他体现正确世界观的必然，是其公正不阿、一心为公道德思想的价值取向。其一生不畏权贵，谏坛声旺，“出淤泥而不染”。

《田秋行状》记载，他由广东辞官返里时“不持一物”，可见他淡泊名利。其言行毫不逾矩。平生耻攀权贵，虽官居高位，而不享特权，两袖清风。辞官回乡后，闭门山居，少涉城市，不轻入官府，不挠公事。他总是谦让，对登门求教于他的思南知府们说，我是百姓，你是父母官，朝廷既命你出守我邦，我相信你一定会治理好思南。知府们十分敬重他为官清廉，敢于直谏，都清清白白为官。

嘉靖元年（1522），他28岁被任命为福建延平府正七品推官，负责“掌勘问刑狱，理刑名，赞计典”。任间，对疑案难案详查细考，公正处治，深孚众望。嘉靖六年（1527）冬，被授直隶河间府推官。到任“声愈风历，守愈峻严，洗冤毁案，而不惜伸法，虽豪右罔避。”嘉靖七年（1528）被授户科给事中，嘉靖九年（1530）升礼科左给事中。他认真履行给事中侍从、规谏、拾遗、补阙，以稽察六部百司之事，还可封制敕、钞发章疏、稽察违误的职责。虽然只为从七品，但系皇帝内臣，辅助皇帝处理政务，监察六部，纠弹官吏，权颇重。

时，京中官署多为皇亲国戚所把持。“如御用御马，尚衣尚膳，正婵貂之利，弊也。……盖有大臣不敢问，小臣不敢言。”可他却敢于“开刀”，“始而奉敕清查御马等监，则裁缩至七万，夫食至七万石，寻奉查光禄、太常仓厨，力役裁去二千四百余夫。是清百年之弊窦，而苏万姓之膏脂也”。云南镇守使罗大监，以采珠至境，钱能逐煽，乱珠求代瓜瓞祸已矣。“中官相继，大抵袭钱，能之故智满壑溪之贪婪于地方，无力毫益而有骨髓害。内臣视云南为奇货而钻刺。”唯田秋秉笔上疏：“滇省为西南边陲，多民族杂居，如此搜刮，将逼民反，如不惩治，其后果不堪设想。”经田秋弹劾，镇守使被革职，“感家岁禄千百石，而请美田宅者复连篇”。朝廷要在京郊圈地另建一宏大天地坛，涉及迁村移冢，百姓哭泣不休。五品小谏官田秋便上疏谏阻：“都城村万冢鳞次，怀土重迁天人常情，而轻发朽骨，伤孝子之本意。意欲以致天地之享，反以伤天地之和。”皇帝下旨停建。

嘉靖十五年（1536）补吏科给事中，五月升户科都给中。“时皇修饰山陵，豫建寿宫，大臣进开矿之策，公陈不可之状者……都御使党以平送致矿石六十斤到部，煎银十五两。而解庄王恺称掘夫十名，工二十余目，防军百名，守亦二十余日，灯油槌凿，厂房，钪廪之费不下百两，是所出浮于所入。”于是田秋“复上疏乞罢，此谊诚一时之浮费，实杜万世之乱阶也”。十二月又升福建省布政司右参政。“公有程限朝到暮发，史胥毫不能染指，而风清弊绝。如泉州延平山溪阴达遥赋扰害，公握笏镇守，威信素著，成称获其渠魁，遂终不敢跳梁，后迁。”

嘉靖十八年（1539）升任四川提刑按察使。时，四川积案成山，但他明辨是非，恶者惩处，冤者平反，并令府、州、县、厅照例行事，很快积案百了。嘉靖十九年（1540）夏，升广东右布政使。他虽然入仕20年，实际上班时间只有9年。9年时间从正七品步入正二品，可谓春风得意、一帆风顺。

而嘉靖二十年（1541）夏，48岁的田秋“闻二男会试联丧京邸，不胜愦恸。遂上疏告疾，再疏得准”，毅然撒手二品高位，淡出仕途。

两子连丧，或车船事故，或水土不服，或落第无颜。不过，从他多次上疏建谏，做了大小臣子不敢做的事情来看，虽“赖圣明御报，得不谴诃勋”，一次次有惊无险，然皇帝的保护伞并不是无限期都撑着的，岂有不埋祸根之理？果然“中官益为切齿，而萋斐（谗言）之口，果进矣”。因此，更有可能是死于他的宿敌政客或宦官之手。自古政治斗争，皆把九族纳入生死黑名单，儿子自然首当其冲。

四、请闱开科

请闱开科是他树立世界观，践行人生观价值观最辉煌的一笔。

田秋最大业绩，也是和祖辈一样关心家乡文化教育，最早促成了在贵州设闱开科取士和兴办州县学校。

贵州于永乐十一年（1413）建省，此后的120余年间，因为没有乡闱，省内学子要想得到朝廷任用，必须去他省参加科举考试。不但跋涉艰辛，花费钱财，而且考上者很少。洪熙元年（1425），就试湖广一科，全部落榜。宣德四年（1429），试云南首科，贵州只考上1人。弘治十二年（1499），贵州总兵焦俊和监察御使张淳等上奏朝廷，请自开乡试取士，未果。嘉靖九年（1530），礼部田秋向朝廷上《请开贤科以宏文教疏》："两京十二省各设乡试科场以抢选俊才，惟贵州一省……未曾设有乡试科场……今涵儒圣智，百五十余年，正如在山之木得雨露之润，日有生长，开科盛举，正有待于今日。且以贵州至云南相距……且有三四千里者……中间有贫寒而无资者，有幼弱而不能徒行者，有不耐辛苦而返于中道者，至于中冒瘴毒而疾于途次者……边方下邑之士望天门于万里，扼腕叹息，欲言而不能言。"在奏疏中，他还以两广为例，说明云贵分别设科后，可以多出人才："臣尝闻国初两广亦共一科场，其后各设乡试……至今人才之盛，埒于中州。……今（分开）设科以后，人益向学，他日云贵，又安知不若两广之盛乎？"还希望朝廷对两省再增加名额"以风励远人，使知激劝"。

苏轼说："古之立大事者，不惟有超世之才，亦必有坚忍不拔之志。"正因为他一再上疏，嘉靖十六年（1537）终获准。明《世宗嘉靖实录》卷一七八载："嘉靖十四年八月庚子（1535年9月8日——笔者注）……给事中田秋建议欲于该省（贵州——笔者注）开科。下巡按御使王杏勘议，称便。因请二省解额，命云南四十名，贵州二十五名，各自开科。"

时已升任广东布政使的田秋，闻喜讯慨然捐俸购置学田，以租谷作考生试卷费。故贵州应试学子至清末废除科举制度这360余年里，从不自买试卷。

已经形成朴素世界观、人生观、价值观的田秋，对桑梓教育有更高层次的认识："治国之道，教化为先。教化之道，学校为本。"又上疏请求在婺川、印江、安顺等州县建学。疏曰："贵州一省，制度草创，只是府卫建学，而州县尚无。百年以来，休养生息之余，似乎富而未教，一方山川之秀诚为郁未舒。……迩者以台谏进言，礼官上请，准于贵州开科取士，远方士子无不感戴天恩，垂白父老拭目以观文教之新，椎髻夷犹皆有遣子入学之志。……婺川县为黔南古邑，檀砂场之利，有鱼稻之饶，商贾辐辏，民庶众实，士生其间者类多向学而登科第者往往而有，祇以离府五日山行，就学不便，是以闾阎俊秀虽不乏人，而庸致身终于无路。……婺川宜立县学一区；又安顺州设有普定卫，其地上通云南，下接湖贵，实西南都会之所，号为多才，科目相望，而该州亦未有学，臣愚以为安顺州亦宜建一学区；又印江县离府虽无百里之程，而有三江之隔，夏秋盛涨，未免病涉。且其邑多才，足以宜成一学。"句句都是肺腑之言。他还说：

"学校教化之本源，教化王者之先务，教化行则风俗美，可以措刑罚，可以寝干戈。贵州边陲之地，每逢有警，未免用兵而所费动以万计，今学宫斋号之设，师生廪饩之费未免动支钱粮。然事关教化，未可委之乏用也。""果如臣言照州县建学立师，庶菁莪之化不间于一方，遐远之才咸沾乎乐育，边方幸哉！生民幸哉！"他的奏疏获准。

同时，他和先辈一样，更重视确立教育理念。其在《西麓训子》中说："读书，不止于应科举取科第，内则以之涵养气质，薰陶德性，外则资之，以抚世酹物，若修身慎行，不辱先人，虽不能成大名，亦为贤子。"

此后，贵州各府学、卫学、县学、社学日益增设，参加科举考试的人数日益增多。到明朝末年，全省从16所官办学校发展到80所，全省考中举人者，共1738名。到了清代，全省录取的文举人达到3110名，武举人1704人。明代贵州独立开闱乡试前的一百六七十年间，贵州考中进士者仅27人，而明、清两代就培育了773个进士，5921个举人，有了状元、探花、榜眼等高才。尤其田秋故里今思南县更为突出，在明代云贵共科的最后一场乡试中，思南城内田时中、李渭、田时雍、敖宗庆四学子同科中举。且在明代人口不足7000人，至清代道光年间也仅8万人左右的思南府，明清两代百余科乡试中，就有10人名列榜首，33个进士，313个举人。《贵州名贤传·田秋传》说："从此贵州人才四起，直追中原。"明朝分巡思仁道田汝成说："西麓田子以间出之才，追琢至行，领袖后生，于是荐（缙——笔者注）绅之士彬彬焉，（思南——笔者注）冠于全省矣！"［（嘉靖）《〈思南府志〉序》］

《孟子·离娄下》说："爱人者，人恒爱之；敬人者，人恒敬之。"后人没有忘记他的功绩。《黔诗纪略》记："西麓乃请开闱贵州……一二十年后，文章风节，骎骎比中州焉。"《贵州名贤传·田秋传》亦说："若论起扶持贵州文教的功劳来，真要推田秋做首功呢！"明万历初举人邵鸿儒等联名呈书贵州抚按："先是滇黔两省共科考试，惟乡绅田秋搬移黔省，捐买试卷，捐置卷田，诸生载德难忘，请建立田秋牌位一座……配魁享祀，神人两祝。"皇上于万历四年（1576）正月初一获准，建牌位于贵阳明远楼。之后，"每科（考生）临场，祀魁公与案，台王公咸配享无穷"，成就了他"贵州古代科举教育之父"的历史地位。

五、安民赈灾

赈灾济民是他人生观、道德观的重要体现和举措。

嘉靖十五年（1536）田秋上疏："谙发大同边饷，省三军挟纩；请赈川陕之灾，饬万姓生存。"又疏曰："大臣过误重建者荷戈戟于穹，荒褫衣冠于草莽，溥罚者，奔起于车尘马足之下，凄楚于蛮烟瘴雨之中，巩乖和气而致浸灾以裁，冗兵冒死事者，优给抱疾者，有酾思则疏曰，平生无横草之功，而重禄及于疲癃，祖父负牖下之羞，而厚尝给于子孙，既多滥给禄正粮，请于延平而设县，治以控远，人靖于河间，少宽牧役以民困。"田秋知无不言也。

他曾见巡按四川监察御史戴金奏内开称"川东道，饥民流移满路"，布政使凌相奏称"四川各处，盗贼渐起"，于是他奏《陈愚见以备遗策疏》请设兵备副使于思南府以防不虞。大致内容为："臣原籍贵州思南府，与川东重庆、播州、酉阳等处接界……每遇荒年，川民流入境内就食。……贼首攻劫本府……遂至拥众数万，长驱入蜀。传闻今年流民入境者，较之正德六年尤多。其间乘时抢掠者，以渐有之。臣请推举素有才望官一员，量升副使职衔，授以抚民之任，驻扎思南府，整饬提备，抚绥安插。乞于太仓之银，量运二三万两，前去赈济，备警精选民兵听用。庶患可禁于未萌，事得立于豫定，而不蹈往年之覆辙矣。"

朝廷采纳其奏，并以施行。而后，他又疏请修思南府城垣。

嘉靖十八年（1539）升四川提刑按察使，掌一省刑狱。时，四川发生灾荒，灾民垂涎当粟。巡抚听信大富有灾必有乱、治乱必用兵、用兵必有粮之言，将大富粮库查封。灾民借贷无门，扶老携幼逃荒者挤于道，街头路边昏倒者到处可见。田秋心如刀割，毅然向巡抚提出开仓借贷拯救灾民："有粮不借，饥民难存，如不借贷，反激民变，不如趁早借贷，既保百姓生命，又保地方安定。"巡抚执拗不许。此刻"忠君爱民"的父训在田秋脑子里激荡。于是他果断行事："古有奉命者便宜行事，矧我守土官乎。"故他命令"揭封皮示，勤劝借贷，大姓帖然，而民亦存活"。

乌江，是贵州人民赖以生存的母亲河。但那时的乌江"水力甚遒……疏阻塞，盐利不得入贵，官民两病"。他便利用在四川做按察使的机会，多方促成川黔两省巡抚合作整治乌江航道，并传谕商贾，运盐入黔者赏。从而使官（府）获千百之税，民获廉价之盐，商获千百之利。

田秋乞归故里后，修建示祠。乡人尚鬼，信浮屠，惑不可解，他遵《朱子家礼》，尽力疏导，使民风为之一变。还修桥补路，制药品以惠乡民。置义田，扶贫困，赈济无力婚葬者。

《管子·牧民》说："惟有道者能备患于未形也。"嘉靖二十八年（1549），"铜平苗叛入寇印江思南，患在肘腋，时都请兵宪南渠林公，摄事艰危，万壮屡就，谒问计公，出赞其谋，罄私囊以助兵饷，犒耕牛以犒战卒，殆议高城深池，保障一方，今舍邸士民安枕而卧。卒酋数十年，不敢南向而窥，其隙者缄毫皆公也"。巡按赵公称赞他："举境内人才，疏公真谅之声，久著谏，垣惠爱之实，素洽阃广砥，行无求雅，重乡闾之望，闭门邻扫益，甘邱壑之穹，忧国土，诚每形辞色济时之略，具见生平。"巡按张公亦疏："修溅御苗先居民而勀力据守要害，赞郡长臣设谋。"都督潘亦疏："立朝著蹇谔之风边隅，盖希见之凤而云霄羽仪，众方拭目者也。"

六、修志弘文

田秋学问深厚，"虽筮仕而才，猷老练，每事如就，路轻车当道荐剡交上"，著有《西麓奏议》传世。弘文是他树立世界观、人生观的必然，是弘扬社会公德的最高境界。

虽然思南其名见于典籍已600多年，然第一部方志（嘉靖）《思南府志》，直到明嘉靖十五年（1536）才由田秋删定付梓完成。

初入仕途时，他就有为家乡修史立志的宏愿，他深知这是一件对于地方以及未来后世，都有无量功德的事情。他在《〈思南府志〉序》开篇道："志也者，识也，郡之史也，以弥物采域质所稽也，以撰风谣淳砻所识也，以永监观文献所属也。我有邦莫知克废也……秋自叨第以来，窃有志矣，而未之逮也。"

他很高兴成就这件"方册之布永矣"的千秋大业。他写道："天下平则文物盛，统势一则图志明，斯典也……昔者，先王之御世也。立典式而观民，因风宜而设教，是故陈诗纳价以察趋也。五土有辨以致化也，书用识之以永风也，九丘之篇邈矣。职方之典，孔子述焉，大都为民治设也。此意而湮，即记载之功盛矣。眩于观，详于末，文也。……地里辨方而黜附会，以资理也。建置原始而明制则，以示守也。田赋经国而昭民隐，以长爱也。祠祀以崇典，存慎也。官师以著鉴，定趋也。人物以征教化，见仪表也。拾遗广异杂识，备政稽也。”

这部巨著从搜集资料到“锓梓以传”历时两年，涉及地理、建置、田赋、祠祀、官师、人物、拾遗、诰敕八个方面，为后人从地理沿革、发展变迁、乡土人情、宗教礼仪、政治军事等各方面了解思南留下了珍贵的史实文献。明分巡思仁道的田汝成在《思南府志》的序文中给予了很高评价：“思南……与内郡比，百有余年，渐被文教……府故无志，田子喟然述作……阅田子所为志，知其有罜罜忧国之思焉。”“田子给事中时，尝建议于朝……是则田子有功于父母之邦也。志之作，宜首表焉。”知府洪玠在后序中亦高度评价：“思南……取科第，登仕版，可方中州之盛焉。顾惟郡志独缺，文献无征，识者不能无憾也。……西麓田公汝力，文与行符，言足信远，垂意于是志欠矣。……予观记载详明，删润严整，可以补一郡之旷典。”

田秋在思南土家族文化中当列开山鼻祖之位，赋诗较多，或遗踪吊古，或借景抒怀，或寄赠送别等。作品大多朴实明快，中多佳联妙句，对后人影响甚深。他写了一批哲理深隽的咏物诗，歌颂家乡山川。如《藏春洞》：

好风吹我到蓬莱，白石苍崖绝藓苔。
眼界明时尘俗小，烟云豁处壮怀开。
洞中仙子谈丹诀，坐上飞琼惜俊才。
说与旁人谁得信，直须潦倒共樽杯。

藏春洞是府城外一个景点，洞不甚宽，而壁石奇润，树林乔郁，娇花异卉，传说里面住有仙女。然诗人并非追述仙迹，而是告诉人们一个哲理：“眼界明时尘俗小，烟云豁处壮怀开。”

作者不是等闲文人，请闱开科和从官阅历，使其作品离不开广袤的社会生活。如《香炉滩》：

滩心洲屿平如砥，齿齿白石清可扪。
欸乃沧浪歌孺子，凄凄芳草怨王孙。

诗人似乎在写滩，实际整个笔墨落在了“凄凄芳草怨王孙”句上。据《思南府志》载：“思南宣慰使田宗鼎禁民居不得瓦屋，不得种稻，虽有学校，人才不得科贡，属官俱以喜怒予夺生杀之，日刑数人于香炉滩。”“怨王孙”就是指斥田宗鼎滥杀无辜，激起了公愤。

思南府城在乌江之滨，背靠五老、天马诸山，有万圣山巍然耸峙，有永胜关、武胜关、得胜关、太平关等关山形胜。他引以自豪，歌以咏之。《岩门山》写道：

登高极目尽清秋，万里云山在两眸。
地脉不因巴水断，风光更与圣山浮。
鸟鸣木落空林响，竹暝烟生别涧幽。
兴极马蹄随处到，恍疑身已在沧州。

诗人登高骋望，万里云山尽收眼底，乌江北流与巴蜀连通，万圣山在晴岚中浮动，显得巍峨壮丽。鸟儿在落叶的树木中鸣叫，使林木显得空旷；傍晚时分，竹林间夜雾袅袅，使山涧分外幽清。诗人游兴极浓，信马漫步，恍若置身隐士所居的“沧州”一般。此诗远景与近景配合，情怀博大中见精微，赋情于景，韵味极醇。李独清《读黔人诗绝句五十首》对田秋做了这样的评述：“得失指陈曾抗疏，忠肝古谊是诤臣。南荒胜迹供吟笔，借景抒情葆固贞。”

田秋是发掘家乡佳景秀色的有心人。其在《思南府志》中归结的“思南八景”，为地域文化传播和旅游兴盛增添了不可多得的文化内涵。

其擅长书法，他于“甲申岁孟春月（嘉靖三年——笔者注）”在乌江潮砥一巨石上镌“黔中砥柱”四字。石刻背对江心，楷书，长120厘米，高40厘米，每字方正30厘米。结构严谨，古朴苍劲，笔力厚重。既得颜氏气势，又具柳体骨架。平实中见心气，内敛中显张力。

为了彰显“卫辉李侯文敏以宗人厢经历领建今府文庙”之“德侯之举，侈侯之劳……言以志不朽”，“俾淳庞载振，俾邹鲁化行，俾我思永有弦歌之声，斯则学道之有成”，嘉靖元年（1522），他撰写了《思南府儒学记》。

他还撰写了《侍御申公祐传》，弘扬申祐“见义之勇，节死义之忠”。以文赞思南古城“虽守臣之功不可忘，而地险亦不可诬也”。且表心志：“安得长如宁守者，为我作长城哉。”以文吊升贵州按察副使、未任而卒的思南原知府葛正：“宏博之学，英迈之气，既美且茂矣；清理玉堂，翱翔凌历，亦达且遇矣。”赞其“昌平谏议，直气如生，梓里相望与之齐名，铜崖德水既高且深，循良遗爱与之俱存”，告慰“先生之得于天、得于人者，亦既厚矣，先生亦可以无憾矣。”

撰写《西麓训子》总结家训，传悌孝义，涵养气质，薰陶德性。他“性甘没素，居官且不当利权”。“读书……内则以之涵养气质，薰陶德性，外则资之。”“凡事难处者，可咨询请教，必不汝欺。”

七、延伸话题——传承与展望

为了传承田秋朴素世界观、人生观、道德观，弘扬其教育精神，2014年9月思南县田秋小学在其墓址旁建成。

学校着力构建“西麓文化”。校前“黔中砥柱”四个大字彰显“自强不息、厚德尚行”校训内涵；校歌《走进田秋》对学校强劲发展进行准确定位；校刊《西麓》记录着师生创造的奇迹。

校园里，《传承》主题浮雕让后人深感责任在肩。《三字经》《弟子规》《厚德载物》《黔中砥柱》等主题壁画，与矗立在广场中央的田秋塑像一脉相承，让后学们感受先贤的品格魅力，从小立德行，至诚善，敢于担当。

“门对大江雪鹭翩翩飞两岸；楼依峻岭童音袅袅绕三春。”学校以各种形式践行社会主义核心价值观理念，培育学生正确的世界观、人生观、价值观。在景观石上镌刻“感恩、尚德”等词句；成立西麓诗词楹联学会，创建西麓文化研究中心，让学生在名人名言、古典诗词文化的氛围中领悟做人做事的道理。2017 年 6 月 20 日，学校与县文艺界成功举办了纪念贵州乡试开科 480 周年“田秋诗会”，浓郁的先贤文化熏陶，实践了“无声胜有声”的教育理念。未来的田秋人一定勇于担当、敢于奉献，田秋小学是一颗传承田秋朴素世界观的璀璨明珠。

请闱开科置卷田，黔乡阁老功垂砥柱。
谏政济民修府志，朝野名贤德旺黔中。

参考文献：

1. 田秋：《西麓训子》。
2. 张钦辰：《广东右布政使田公行状》。
3. 汪育江：《田秋史资辑》《史说思南》《贵州思南》等。
4. 思南史学会：《历史的思南》。
5. 田永红：《思南人田秋：对贵州发展的贡献》。
6. 安元奎《再访潮砥》及安国士、戴歌、黄万机、张革生等相关文章。

田秋：铸就贵州科教人文丰碑

安万阳[①]

在明代贵州社会发展史上，田秋是一位功勋卓著、彪炳千秋的重要人物。田秋（1494—1556），字汝力，号西麓，明朝贵州思南府水德司人。7岁能文，13岁考取秀才，正德五年（1510）中举人，正德九年（1514）登进士第，初授福建省延平府推官，后授直隶河间府推官。嘉靖九年（1530）升朝廷礼科左给事中，再升福建布政司右参政、四川按察使、嘉靖十九年（1540）升任广东左布政使。田秋居官20年，谨记父训“居家应谨身节用，入官当忠君爱民”，他为官清正廉明，耻攀权贵，虽官居高位，而不享特权。作为贵州绅士阶层的政治精英，田秋不仅以学识渊博、敢于直谏而享誉当朝，而且还以身居庙堂，心系桑梓（整治乌江航道，促进经济社会发展；坚请开闱，重教兴学，推动了贵州教育文化事业发展）而名重黔中，被后人称为“贵州古代科举教育之父”。田秋出生于诗书世家，从小饱读诗书，文采斐然，著有《西麓奏议》等。

一、开闱兴教　提振贵州人文精神

田秋对贵州历史发展的贡献，首先表现在力争开闱兴教上。嘉靖十六年（1537），在田秋的力荐和贵州巡抚王杏的支持下，贵州经明朝廷批准，举行了第一次省级科举考试——乡试。贵州文人终于一展抱负，登上了全国政治、文化舞台，并开始逐步产生越来越大的影响，推进了科举制度和学校教育在贵州地区的发展，同时也成就了田秋为“贵州古代科举教育之父”的历史地位。

（一）力谏开科乡试　开启贵州教育先河

贵州自建省到嘉靖前期的100多年里，科举制发展一直较缓慢，影响力较小。明朝中央政府先是在永乐年间命令贵州读书人到云南参加乡试，后又命令到湖广参加乡试，宣德年间又命令到云南参加乡试，而贵州各地到湖广武昌、云南昆明少则两千余里，加之古代交通极为不便，严重阻碍了贵州经济社会、文教事业的发展。为了改变贵州这一落后局面，田秋决心以身说法，伏阙上疏，为贵州自举乡试据理力争。《黔诗纪略》载：“先是贵州未设乡闱，就试云南，近者二千里，远者三四千里。中隔盘江，夏秋有瘴。往试者不习水土，十病其九，士多裹足，

① 安万阳：思南县文体广电新闻出版旅游局。

文化不宣。西麓乃请开乡闱贵州。”

嘉靖九年(1530)，田秋，这位来自乌江之滨的土家学子用自身的经历和血泪写成一篇感人肺腑的奏疏——《请开贤科以宏文教疏》。其曰：“两京十二省各设乡试科场……惟贵州一省，远在西南，未曾设有乡试科举，止附云南布政司科举。盖因永乐设省，制度草创，且以远方之民，文教未尽及也。今涵濡圣治，百五十余年，远方人士正如在山之木得雨露之润，日有生长，固非昔日之比。开科盛举，正有待于今日。贵州至云南，相距两千余里；思南、永宁等府卫至云南有三四千里。而盛夏难行，山路险峻，瘴毒浸淫，生儒赴试，其苦最极。其间有贫寒而无以为资历者；有幼弱而不能徒行者；有不耐辛苦而返于中道者；有中冒瘴毒而疾于途次者。此皆臣亲见其苦，亲历其劳，今幸叨列侍从，乃得为陛下陈之。边方下邑之士望天门于万里，扼腕叹息欲言而不能言者亦多矣。臣尝闻国初两广亦共一科场，其后各设乡试，渐增解额，至今人才之盛埒于中州。臣以为人性之善，得于天者，本无远近之殊，特变通鼓舞之机，由于人者有先后耳。黔省设科之后，人益向学，他日又安知不如两广之盛大乎！盖贵州虽赴云南乡试，而举人牌坊之费，贵州自办也。鹿鸣之宴，贵州自备也。今所加者，不过三场供给试官聘礼耳。镇远、永宁等税课司，每岁不下数百两，思南府又有棉花税，委以府官监收之，每岁亦可得数百两。只此数项，足够其费。况且求人才大事，又可靳于区区之小费乎？开科之后，请于旧额之上，量增数名，以风励远人，使知激劝，则远方幸甚。”田秋在这篇奏疏里，先是痛陈贵州开设科场的必要性，又用亲身经历叙述了贵州考生到云南考试，一路风餐露宿，历经千辛万苦，其历史可以说是一部恢宏悲壮的命运抗争史；又以两广（广东、广西）设科举，人才匹敌于中原地区为例，进一步指出只要在贵州开科举，文教必将兴起，人才定能直追中原。最后结合贵州各地课税情况，认为以贵州布政使司的财税情况，完全可以自行承担开设科场的费用，那些认为贵州是边荒之地，不能支撑起开设科举经费的说法，甚是荒谬，阐述了贵州完全可以单独开科乡试。整篇奏疏行文严谨，水到渠成，言辞情真意切，说理有理有据，可称得上是一篇政论文。

在田秋的大力推动下，贵州地方官奏请了三十多年的开闱乡试，终于提上了明朝廷的议事日程。嘉靖十四年（1535）朝廷正式批准贵州开科，明朝廷“命云南四十名，贵州二十五名，各自设科”（《世宗嘉靖实录》）。嘉靖十六年（1537），贵州首次乡试于贵阳隆重举行。这在贵州历史上是值得大书特书的大事。田秋特地捐资购地，将所收租谷用作考生的试卷费，表示对家乡开闱乡试的支持和庆贺。

（二）倡导设教兴学 振兴贵州人才教育

田秋的历史贡献，不仅表现在力荐贵州开闱，极大地提升贵州的政治价值和人文精神，而且重教兴学，推动了贵州学校教育的发展。田秋认为“治国之道，教化为本；教化之道，学校为本”，将重教兴学的重要性提升到治国理政的高度，可见田秋的远见卓识。培养人才的关键，在于学校的教化。然而当时的贵州学校教育的状况不容乐观。据有关文献记载，贵州建省以前，有官学三所（包括思南府学）；从永乐建省至嘉靖中期，贵州有官学二十余所。可见，这百余年间，贵州官学从三所发展到二十余所，平均五年才建一所，这一发展速度远远落后于其他地区。不仅师资匮乏，校舍简陋，而且，教育体系很不健全。据文献记载，贵州建省以后，明政府在贵州的教育对象主要是土司子弟和卫所官兵。从永乐到嘉靖年间，贵州只有府学、卫学，广大州县地区基本没有设学，且“学制缺而不全，各州县卫有未设学宫者，有学无宫而附试他庠者”。在明代，官学具有较完整的教学设施和正规的教学秩序，集教学、督学、举试、藏书、教化于一身，既是文化教育的中心，又是思想教化的场所。对贵州而言，学校还是传播中原文化的主要载体。学校教育的严重滞后不仅制约了贵州人口素质的提高和区域文化的进步，而且也严重阻碍了贵州民族地区的经济发展和社会稳定。

作为来自贵州少数民族地区的政治精英，田秋深深懂得“学校之兴，人才所系”之道。贵州社会经济要想有所发展，必须改变只有府卫学，没有州县学的局面。为了培育人才、造福桑梓，田秋慨然以帮助贵州兴学立教、移风易俗为己任。他认为:“人才之用，虽有多寡之殊，而赋予之自天，原无彼此之异。特以教化之所及，有先后浅深，而人才系之焉耳！”地方文化的发展关键在于培养人才，而培养人才关键在于兴办学校，推广教育。为了推动贵州少数民族地区教育的发展，他向嘉靖皇帝上了《请建婺川、安顺、印江学疏》，请求在贵州少数地区广设州县学校。得到朝廷批准后，三地相继办起了学校。不仅如此，田秋还上疏朝廷，请求加大对贵州教育投入，明政府在贵州各州县相继设立了儒学校。嘉靖、万历年间，贵州学校教育出现了又一个发展高峰。据有关研究资料，明代贵州的十一所县儒学，有九所设立于嘉靖中期以后。到明朝末年，贵州的府州县卫司学发展到了五十余所，初步建立起了形式多样、门类较为齐全的学校教育体系。嘉靖十六年（1537）以后，贵州参加乡闱的人数不断增长，到万历年间发展到7000余人。应考人数的增多，极大地刺激了府州县卫司学和书院的发展，推动了贵州经济社会和文教事业的发展。

学校教育的兴旺，既为贵州中下层知识分子开辟了一条仕进之路，缓和了当时贵州的社会矛盾，又解决了贵州治术人才匮乏问题，巩固了明王朝在贵州统治的基础。科举取士在一定程度上体现了公平竞争和量才录用的原则，为广大社会成员提供了改变自身政治地位的机会，激发贵州各族人民的奋斗精神和挑战精神，以及昂扬向上、积极进取的人文精神。据记载，明朝中后期，贵州出现“人才日盛，科不乏人，近年被翰园台谏所选者，往往文章气节与江南才俊齐驱”的崭新气象，好学之风的形成，学术文化的进步，为贵州经济社会的发展注入了生机和活力。到了明代末，贵州有进士137人、举人1759人，就连偏远的思南府明清时期考取进士者已达38人，考取举人者有360余人。

因此，后人把田秋看作“贵州古代科举教育之父”。明万历四年（1576），为纪念为贵州教育做出重大贡献的功臣田秋，在贵阳明远楼建起田秋牌位，此后每次考试前，贵州考生都要向田秋敬香，以示感恩。《贵州名贤传》中的《田秋传》

评论说：“从此贵州人才四起，直追中原。若论起扶持贵州文化的功劳来，真要推田秋做首功呢！”

二、扬善除恶 展现亲民爱国风范

田秋为官20余年，谨记“居家应谨身节用，入官当忠君爱民”的家训，心系朝廷，为国分忧，为民谋福。田秋为官做事恪尽职守、清正廉明、刚正不阿，还不畏权贵弯腰，敢于直谏和裁汰冗滥，不仅积极参与国家政治改革，还勇于为家乡贵州的经济、文化建设建言献策、身体力行。嘉靖皇帝赞颂田秋“以谏为名，官守言，责实兼有之”。

（一）恪尽职守 不畏权势兴利除弊

明嘉靖以前，冗员造成冗费成为明政府的一大弊病，不仅加重明了政府的财政负担，而且导致吏治日趋腐败，出现了政治危机。明朝廷掀起了一场以整顿吏治、裁减冗员为主要内容的政治革新运动。时任给事中的田秋恪尽职守，敢于直谏弹劾、裁减冗员，多有建树。

嘉靖九年（1530）升任礼科给事中的田秋，奉旨清查御马监、太常寺、光禄寺等中央机关，精简夫员经费开支，成绩卓著。当时，像内府监、御马监、太常寺、光禄寺等京中官署多为皇亲国戚把持，他们倚仗权势，滥用人员、滥支经费，从中渔利。明知这些贪腐行为，可是大臣们不管不问，小官们敢怒不敢言，唯有田秋敢于直谏弹劾。田秋奉敕清查御马监，夫员裁至7万，夫食裁至7万石；巡查太常寺、光禄寺，力役裁去2400余夫。云南镇守以滇省离京遥远，鞭长莫及，而大施虐政，大肆搜刮民脂民膏。朝廷内的官员明知也不过问，听之任之。田秋得知后，秉笔上书称：“滇省为西南边陲，多民族杂居，如此搜刮，将逼民反，其后果不堪设想。”经田秋弹劾，云南镇守被革职查办，万民欢腾。在京做谏官时，朝廷要在京郊重建一宏大的天地坛，这一举动，涉及迁村移寨，掘坟挪棺，当地老幼闻之，哭泣不休。田秋闻讯而至，目睹现状，其心难忍。为解除百姓疾苦，于是上疏皇帝：“京都本有一天地坛，何需再建，建坛本欲致天地之享，强迁村寨，轻发枯骨，活人不安，死人不宁。如此惨状，反伤天地之和。”后来皇帝下旨停建。当时田秋仅是一个五品小谏官，可他做出了那些一二品官员们不敢做的事。真是功在当时，名留千秋。据（道光）《思南府续志》记载：“建白最多，革内府监局冗食，议郊坛迁塚事，奏停云南差镇内臣，清光禄不经之费，裁太常寺冗役。”《黔诗纪略》也载：“西麓在谏垣最有声。云南差镇内官肆虐，首奏劾停之。内府监多冗食，太常寺多冗役，光禄多不经之费，悉请裁汰。御马监用财无节，酌赢缩为之程，岁省费巨万计。议郊坛不应侵民冢，土地坛不当合祭，皆引议侃侃。”为了整顿吏治，田秋还奏请朝廷采取相应措施，以防冗员再度泛滥。追琢至行与勇于改革，使田秋名震朝野，成为嘉靖前期裁革冗滥动议较多的谏臣之一。

（二）疏浚乌江 促进地方经济发展

乌江是长江上游南岸最大的支流，发源于云贵高原，流经黔北及渝东南等地区，在涪陵注入长江，素有“天险”之称，河床狭窄、乱石密布、急流汹涌，船毁人亡的悲剧时有发生。从思南至涪陵的348公里中，大小险滩一百多处。其中潮砥、新滩、龚滩均为断航滩，号称三大“滩王”，上下不通舟楫。思南至文家店尚能行船，但上至雷洞暗流数十里，舟楫绝迹。“乌江滩连滩，十船九打烂”，因此自古以来，古道整治与纤道开凿也就从未停止。

田秋在外为官，经常往返于乌江，知其航道无人整治，船难以直航，而贵州恰恰不产盐，人民食盐只有依赖于四川，川盐入黔大都依靠乌江航运，由于航运艰难，运输成本高，黔人难以承受，造成官、民、商三方不利。明嘉靖十八年（1539），田秋任四川按察使时上疏朝廷，述说贵州建省以来，江流阻塞，食盐不能进入境内，不利于人民生活，也不利于朝廷税收，明朝廷采纳了田秋的谏言。事后，利用在川任按察使之机，多方促成川黔巡抚合作整治乌江航道，并呼吁商贾大力资助。由此乌江航道很快得以治理，川盐入黔畅通，航运周期缩短了，运量增大，运价减少，盐价降低，使官府获千百之税，民获廉价之盐，商获千百之利，官民商各得其利，皆乐之。乌江航道疏通，不仅促进乌江沿岸经济文化的繁荣，而且推动了社会文明的发展，呈现出前所未有的繁荣景象。

三、心系桑梓　谱写文史领域辉煌

（一）修撰府志　开启思南修志先河

嘉靖九年（1530），田秋升任礼科左给事中，因母亲去世，回家奔丧，守孝3年。嘉靖十二年（1533）服满，田秋无意再回京城做官，继续告假在家。田秋退居家乡后，依然以平常心态处理人际关系，不干涉当地政务。在思南“建先祠，置义田，以赡族之不能婚葬者”，又“修桥梁，治药饵，惠济无穷”。乡人尚鬼，信浮屠，惑不可解，田秋力挽陋俗，倡导儒家礼仪文化，传播中原先进文化。与地方官商议编修思南第一部地方志（嘉靖）《思南府志》。其创修的（嘉靖）《思南府志》，不仅凝聚了他对家乡的深情厚谊，也表现了田秋博大的胸怀和高尚的品质，更反映了思南历史沿革、经济社会、文化教育、民俗风情及社会变迁等，为研究思南乃至贵州历史文化发展留下了宝贵的第一手资料。在田秋的引领下，思南政治经济不断发展，社会文化不断进步。（嘉靖）《思南府志》中所描述的“儒教渐兴，人文日盛，登科入仕者，盖彬彬矣”，应是当时思南府文化教育发展的生动写照。

（二）学识广博　积淀丰厚的人文素养

田秋从小天资聪慧，勤奋好学，博闻强志，诗词歌赋，无一不晓。他不仅开启贵州人文建设之风，而且亲自拿起笔来进行文化建设和文学创作。从现有的文献得知，他著有《西麓奏议》一书，该书是一本奏议合集，同时也是散文体的文学著作，体现了其政治精英的气概和才华。像《请开贤科以宏文教疏》这样文采飞扬、感情充沛的文章，难道不是流芳传世的文学作品？

田秋留给我们的诗作虽说不多，但多以故乡的山水风光、文物景点为题，从而抒发了他对家乡美景的热爱，同时也表达了忧国忧民的情怀和立志报国的远大抱负。如：

香炉滩

滩心洲屿平如砥，齿齿白石清可扪。
欸乃沧浪歌孺子，凄凄芳草怨王孙。

登崖门山

云霁风清玉宇空，平看飞身俯琳宫。
偶然小憩登高足，前面长途正不穷。

椅子山

中天积翠郡城东，棨戟森严卫学宫。
绝顶浮屠谁与建，人文从此更豪雄。

诗人站在椅子山上，环视周遭，俯瞰山城，瞩目学宫（府文庙），联想到“浮屠卫学宫”“人文更豪雄”。短短几句话，寄托了他对思南文化发达、人才辈出的热切期望。

综上所述，值纪念贵州开科乡试480周年之际，在田秋故里——思南，举办“田秋教育思想”论文征集评选大赛，追溯田秋伟绩，激励斗志。学习当年的田秋身居庙堂，不鄙南荒，为家乡建设倾情奉献，关注家乡民生事业，为经济社会发展，多方奔走倡议，疏浚乌江航道，为黔省开闱兴教，播撒教化，使得贵州民智渐开，人文渐盛，才俊辈出，使得昔日被视为蛮荒之地的贵州后来，直居中原。为纪念田秋，弘扬田秋“情牵桑梓·心系教育”的人文精神，在田家坝设立了田秋小学，修建乌江文化园（其中以田秋文化园为主题），以此深度挖掘、研究、传承、弘扬田秋文化，打造思南文化品牌，增强干部群众的文化自信，提振干部群众实现文化跨越发展的精气神，有效融入“天人合一·知行合一”的贵州人文精神，让田秋精神在薪火相传中不断创新发展，铸就科教人文丰碑，着力打造“最美江城”“绿色明珠”，努力建设百姓富、生态美、文化兴、民风纯的精神文化家园。

贵州教育之父田秋

汪育江 ①

田秋是明代贵州名人，更是思南名人，是明代思南四杰之首（四杰：官至广东布政，发展贵州教育之父田秋；官至云南巡抚的敖宗庆；著名理学家李渭；都察院签都御使肖重望）。田秋性资严毅，言动毫不逾，忠孝德性，勤政清廉，关爱百姓，热爱家乡，少年科第，不以贤智先人，待人温良如玉，应事剖决如流。他一生，以在朝廷做谏官为最有名气，以发展贵州教育最有功绩。

田秋，字汝力，号西麓，今贵州省思南县人。明弘治七年（1494）生于思南府城内西门老宅。自幼聪明伶俐，勤奋好学，四五岁已读书数卷，日记数言，七岁能做文章。城北李公来访田秋之兄长田谷，得知田秋智力超人感到惊奇，当即唤来田秋，对其所读书卷多处测试。田秋面无难色，对答如流。当时思南知府罗璞闻之甚奇，亦登门试之，如然。当场罗以其爱女许田秋为妻（后因罗女夭折未果）。十三岁廪于思南府学，成为一名少年秀才。正德五年（1510）以易中云南庚午科乡试，年方十七做了举人；正德九年（1514）登进士第。历官福建延平府推官、直隶河间府推官、户科给事中，升礼科左给事中，吏科左给事中，升户科都给事中，升福建布政司右参政，升四川按察使，升广东右布政使。四十七岁致仕还乡，屡荐不起。嘉靖三十五年（1556）卒于正寝，享年六十有三。

对田秋学绩考

田秋二十一岁登进士第。进士是古代科举制度朝考通过者的统称。进士又分三甲，田秋登进士属哪甲，在史籍中没有明确记载。但在查阅有关田秋史料中确发现有多处间接记载，根据这些间接记载，得出田秋中的是进士一甲，名列第二，或称亚魁，亦称榜眼。所查对的史籍有：田秋为（嘉靖）《思南府志》写的序，序文的落款为“赐进士第徵仕郎礼科左给事中侍经筵官郡人西麓田秋书”。田秋自称“进士第”，这三个字，说明他中的是进士一甲（原因见后文），这是依据之一。（嘉靖）《思南府志》卷八第十页载有明嘉靖皇帝给田秋的饬命，敕命中称：“尔礼科给事中田秋，奋登甲第，佐郡有声……”敕命中亦称田秋登的是“甲第”，这是依据之二。古代科举制度，进士分三甲；一甲称进士及第，定额三名；二甲

① 汪育江：贵州省思南县乌江博物馆。

称进士出身，定额若干；三甲称同进士出身，定额若干。田秋自称是“进士第”，不是进士出身，或同进士出身。皇帝亦称他登的是“甲第”，两说一致，佐证了田秋登的是进士一甲。进士一甲三名：第一名称状元，亦称魁首；第二名称榜眼，亦称亚魁；第三名称探花。田秋是进士一甲第二名，在（嘉靖）《思南府志》中亦有间接依据。（嘉靖）《思南府志》中的《思南府境图》标明在府城西门城内，从上至下依次重叠“田宅、亚魁、进士坊”一图。图中这个“田宅”，就是田秋之宅。图正中标的“亚魁”，应是田宅大门上悬挂的一块匾额，该匾额佐证了田秋是登进士一甲第二名。“进士坊”是田宅大门前的一座牌坊，在（嘉靖）《思南府志》卷二第十五页记载称这牌坊是“嘉靖元年思南知府李文敏为正德甲戌进士田秋建”。田秋是思南府城内有史以来的第一个进士，亦是在修（嘉靖）《思南府志》时唯一的一名进士，图下边的“进士坊”应是知府李文敏为田秋建立之坊。

为何在该府志中没有直接记载田秋是进士一甲第二名榜眼呢？这只能从田秋平生淡泊名利分析。

（1）修（嘉靖）《思南府志》，田秋参与校补作序，他未将“榜眼”二字入志，但他作序的落款处写了“进士第”。（2）田秋四十七岁由广东布政使辞官后屡荐不起。（3）《田秋行状》中有田秋由广东辞官返里时“仓卒求归，不持一物”的记载。上述均说明了田秋一生淡泊名利。

《田秋行状》中称：“田秋，仪状魁伟，性资严毅，有刚直之度，言行毫不逾，孝忠得性，少年科第，不以贤智先人，待人温良如玉，应事剖决如流，平生耻攀权，虽官居高位，且不当权贵。广东致仕，仓卒求归，不持一物。辞官居家仍范行乡里，乐引后进，礼惠高龄。修桥梁，补道路，开药房，制药饵以惠乡民。置义田扶贫困赈济无力婚葬者。闭门深居，少涉城市，不入官府，不挠公事。常以诗文自娱，琴鹤怡情……”这应是对田秋一生做人的确切的评价。

田秋一生为官勤政清严，他说做了很多大事。做人先从孝做起。他以发展贵州文教，扶持贵州教育最有功劳；做谏官，敢于秉笔直谏最有名；心系民众，拯救灾民、赈济贫困最有德。热爱家乡，整治乌江，助贵州经济发展。

做官先从孝做起

田秋，出身于书香世家。明初，曾祖父田永富自江西吉安游学思南，从事教育工作，后定居思南，为发展思南教育做出了贡献。祖父田万钟，善工诗文、楷书，继承父志，教授于乡。父显文亦授学于乡。长兄田谷举人，官至云南曲靖府通判。次兄田稠，四川邛州学训导。田秋自幼生活在书香世家，深受儒学教育，秉承自古的传统美德，他自然就懂的做人做官先从孝做起。

田秋登了进士第，照例朝廷就会给他派官。可是此时的田秋却不急于做官，他首先考虑的是父亲已七十有二，母亲六十有五，双亲已进暮年，田谷、田稠两位兄长都在外做官，正是他们风华正茂、为国效忠之时。自己年少，孝养双亲正是我职，于是他决意做官先从孝做起，毅然以孝为由上疏得允归家。从此，田秋一意敬奉双亲，亲手为双亲煮粥、煎药，时时问寒问暖。为了便于父母呼唤，又靠近双亲卧室辟室就寝。抽空继续研读经论，抚育子侄。父亲对田秋也常勉励，“居家当谨身节用，入官当忠君爱民”。田秋将父亲的教诲牢记心里，居家八载，衣不作帛，行不驱车，布衣徒步。田秋之举，成为里人训子之范例。直至嘉靖元年(1522)长兄田谷从云南曲靖府通判致仕回乡，长达八年之久。长兄催促田秋进京待授。父亲也催他赴京候任，并说，今有长兄在家，你就不必再牵挂我们了。田秋遵父兄之嘱，辞别双亲兄长，直抵京师待任。

田秋居官二十载，历奉不足九年

初授福建延平府（今南平市）推官，管理该府刑狱。在任期间，平易近人，对疑案难案详查细考，公正处治，故每事如就，很有成效。嘉靖三年(1524)秋奔父丧。嘉靖六年(1527)起服到部，补授直隶河间府推官。到任声愈风厉，守愈峻严，洗冤毁案，伸张正义，惩恶治邪，不惜伸法。百姓安乐，士民歌颂。嘉靖七年(1528)田秋入京城，授户科给事中。嘉靖九年(1530)升礼科左给事中。田秋在二科，秉笔上疏，敢于直谏。奉命清查御马监、太常寺、光禄寺等中央机关有关夫员的经费开支，成绩卓著。在此期间，田秋为发展贵州文教向皇帝上了《请开贤科以宏文教疏》。嘉靖十年(1531年）春，充荣府州，封副使。是年七月奔母丧，直至三年服满，田秋无意再去做官。于是参与编修（嘉靖）《思南府志》，同时，抚子时中、时龙，侄时雍。时中、时雍于嘉靖十三年(1534)云南乡试并举，古时一门同科两举实属罕有。又越两年，迫于禁例，嘉靖十五年(1536)四月田秋到京，补吏科给事中，五月升户科都给事中。嘉靖十六年(1537)，升福建布政司右参政，总督粮储。嘉靖十八年(1539)，升任四川提刑按察使。此时，四川积案成山，由于田秋勤于查访，公正果断，明辨是非，恶者惩处，冤者平反，并令府、州、县、厅照例行事，很快积案百了。嘉靖十九年(1540)升任广东右布政使。赴任时便道过家，喜逢次子时龙中贵州乡试第一名（亦称解元）。到任后，即督粮支援蔡办洲司马平琼州乱。嘉靖二十年(1541)夏，前往总督府毛尚书处，会议地方事。途中惊闻子时中、时龙赴京会试，不仅双双落第，俱命丧京邸。田秋不胜悲愤，于是上疏致仕，皇帝不允，再疏告疾，得准返里。此后，屡荐不起。

开发贵州文教的功臣

明永乐十一年(1413)贵州建省至嘉靖年间，已逾百余年，别的省早有乡试考场，贵州却没有，仍附于云南，贵州学子要考举人必须远赴昆明应试，诸多因素导致贵州人才培养。田秋决心要发展贵州教育，培育贵州人才。他在朝廷做谏官期间，以亲赴昆明应试之苦，耳闻目睹贵州学子远赴昆明应试之辛劳为由，向皇帝上《请开贤科以宏文教疏》。疏中生动地叙述了他亲历赴云南应试之艰辛，亲见亲闻学子们远赴云南应试之种种困苦：“有贫寒而无以为资者，有幼弱而不能徒行者，有不耐辛劳而返于途中者，至于长跋涉中冒瘴毒而病于途中者往往有之……”逾几年，终于获准。《明世宗实录》卷一七八第三页载：“嘉靖十四年庚子（十二月）先是贵州乡试附云南，道路不便。给事中田秋建议欲于该省开科。下巡按御使王杏勘议，称便。因请二省解额，命云南四十名，贵州二十五名，各自开科。”于嘉靖十六年(1537)贵州举行了首科乡试，从此贵州省有了自己的乡试科场，田秋为发展贵州教育立了大功。

田秋并不满足于贵州有了自己的乡试科场，他继续为发展贵州出力。首先，他为鼓励学子上进，为首科所有考生义买试卷。之后，田秋深知要持续发展贵州教育，培育贵州人才，还有不少困难。他从贵州山区人民多贫困的实际出发，从长计议，决意解决贫困学子应试困难。于是他率先拿出一笔钱，并倡导士绅共同捐买了卷田，免除了应试贫困学子缺钱买卷之忧。故贵州乡试自明嘉靖十六年(1537)首科至清末废除科举制度，360余年，举行了百余场考试，贵州应试学子从不自买试卷，这是田秋为持续发展贵州教育立下的又一功劳。之后，田秋仍不断地为发展贵州教育、培育贵州人才而努力，他又为当时尚未建学的安顺州、婺川县、印江县上疏要求建学。田秋以当时实际状况，又一次如实地向皇帝上疏。在请求州县建学奏疏中称：当时贵州只有府卫建学，而州县还未建学，而州县距府卫较远，加之江河阻隔，如遇夏秋涨水，学子往返更团难。况地方多才，又因休养生息已久，富而不教，未免遗憾……经田秋上疏，三地州县终于获准建学。田秋为何如此重视教育，他认为治国之道，教化为本，教化之道，学校为先，将办学的重要性提到治理国家的高度。至今在思南民间仍流传着“家无读书子，官从何处来”“穷不丢书，富不丢猪”两句谚语，都反映了办学读书求知识的重要性。这应是田秋一心重视办学的思想在贵州扎下的根。有例可证：清末，今塘头镇苗民司有个王万杰，先是中了举人，后又留学日本，成了知名学者。他的父亲就是一位长工。这佐证了思南人深知读书求知的重要性。

田秋为贵州教育发展做出了重大贡献，后人对他的功绩亦没有忘记。明万历初有举人邵鸿儒等联名呈书贵州抚按，称：“先是滇黔两省共科乡试，惟乡绅田秋搬移黔省，捐买试卷，捐置卷田，诸生戴德，请建田秋牌位一座，恳设于明远楼，配魁享祀，神人两祝。”当时贵州抚按应诸生之请，上疏皇上，于万历四年(1576)五月获准在贵阳明远楼设立田秋牌位。之后，每科考生临场之前都要到田秋牌位前上香，以示感恩。如果没有当时思南田秋，就没有贵州教育的较早兴起和持续发展，没有田秋就没有贵州明清两代的七百进士、六千举人。

贵州人不能忘记这位为贵州教育做出重大贡献的功臣——贵州教育之父田秋。

热爱家乡心系贵州经济发展

田秋在外做官，常往来于贵州经济命脉——乌江航道，他发现乌江久无整治，多处航道阻塞，上下船只不能直通，船至滩头、滩尾，必须搬物易船，延误了航运周期，搬滩运物费用，增加了货物成本。贵州大量土特产品的外运，贵州大片地区所需的大综货物的输入主要靠乌江。特别是贵州自古食用川盐，川盐入黔，乌江是主要运输水道，由于航道受阻，船行困难，延长了周期，增加了运费，造成官民两病。田秋利用他在四川做按察使的机遇，努力促成了川黔两省抚按合作整治乌江航道的举措。田秋同时檄呼往来于乌江的商贾大力支助。由于他的不懈努力，得到了各方的支持，乌江航道得到了有效整治。由于航道畅通，缩短了运输周期，减少了运费，出入运量增大了，盐价降低了。民获廉价食盐、百货，官获得千百之税，商获得了丰利。这样官府、百姓、商贾各自得利，人皆乐之。这是田秋又一利国利民之举，为发展贵州经济做出的贡献，也是他热爱家乡的又一壮举，在乌江开发史上留下的功绩。

为官心系百姓

田秋在四川做提刑按察使期间，时遇天灾发生饥荒，灾民垂涎当粟。当时四川巡抚听其大户所言，说什么有灾必有乱，有乱必治乱，治乱必用兵，用兵必有粮为由，将大户粮食仓储查封。灾民借贷无门，怨声沸腾；扶老携幼逃荒者、街头路边昏倒者到处可见。田秋见状，心如刀割，毅然向巡抚提议开仓救民的建议。并说，物各有主，有借有还，有粮不借，饥民难存，如此做法，反激民变。如能尽快开仓借贷，既可保灾民存活，又能保地方安定。巡抚听不进去，执拗不许。此刻，父亲“忠君爱民”的谆谆教诲在田秋脑子里回荡。他想朝廷命他来这里，为的是安抚百姓，百姓都没有了，他还忠什么君。眼睁睁看着百姓受苦，乃至死去，见死不救，还爱什么民……稍后田秋又去说服巡抚，仍无果。于是田秋果断地对巡抚说：“古有奉命者便宜行事，矧我守土官乎。”于是田秋为了百姓生存，毅然下令揭下封皮，同时劝说大户开仓借贷，大户慨然从之。灾民向大户有序借贷，渡过了灾荒。田秋这一壮举，既保了灾民全活，又保了地方安定，这是田秋为官爱民的范例。

田秋在京做谏官时，朝廷要在京郊再建一宏大的天地坛，这一举，涉及迁村移寨，掘冢易灵。当地百姓闻之，哭泣不休。田秋闻讯而至，目睹现状，其心难忍。为解除百姓苦痛，于是上疏皇帝，其由，京都本有天地坛，何须再建，建坛本欲天地之享，天人之和，强迁村寨，轻发枯骨，活人不安，死人不宁。如此惨状，反伤天人之和。皇帝认为田秋说得有理，于是下旨停建。这是田秋为民做的又一件好事。

不惧权贵做好谏官

田秋在朝廷做谏官期间，京中府署多被皇亲国戚把持，他们仗势权贵，不是滥用人员，就是滥支经费，从中渔利，侵吞国资。朝中官员明知也无人敢问。田秋奉旨清查，他不惧权贵，秉公执法，将御马监夫裁至七万，减夫食七万石。寻查光禄寺、太常两寺，裁去力役两千四百余夫。云南镇守，以滇省离京遥远，鞭长莫及，而大施虐政，大肆搜刮民脂民膏。京中官员明知也不敢过问。唯田秋秉笔上疏称，滇省位居西南边陲，多民族杂居，如此搜刮，将逼民反，其后果不堪设想。一经田秋弹劾，镇守革职，万民腾欢。当时田秋不过小小五品官，却为民做了那些朝中高官都不敢做的事。真是功在当时，名留千秋。

田秋不仅是思南的名人，更是贵州的名贤。他以孝为先，为官清廉，他心系民众，整治乌江，特别是他对发展贵州教育不舍不弃的远见卓识，使贵州教育兴盛至今。田秋兴教精神常在，兴教功勋永存。

田秋是发展贵州教育的首位功臣，为发展贵州教育做了那么多的事，立下那么大之功。过去贵州人没有忘记他，当今贵州人更不可能忘记他，都尊称他为贵州教育之父！

本文只是根据有关史料，列举了田秋一生为国为民所做的一些主要事例，目的是共同传承田秋的教育思想和传承他的忠孝德性、勤政清廉、关爱百姓、热爱家乡的高尚美德。

参考文献：

1.《明世宗实录》。

2.《黔诗纪略》。

3.（嘉靖）思南府志》。

4.（道光）《思南府续志》。

5.《贵州名贤传·田秋传》。

6.《西麓训子》。

7.《广东布政使田公行状》。

贵州教育史上的四大先贤

李　俊[1]

如果从夜郎国之前有历史文献记录的牂牁古国算起，本着教育起源于社会生产和生活需要的教育史观[2]，文字产生以后的贵州教育至今已有2600多年的历史。在这也算漫长的文化教育史中，出现了众多的先贤。他们曾为贵州，乃至中国教育事业的发展做出了巨大贡献。先贤们在寻求个人生存发展空间、实践自身高远理想的同时，身上所体现出来的那种兼济天下的人生价值取向、富于创造性的开拓创新精神、回报桑梓的春晖情怀等，成为贵州社会宝贵的精神财富和不竭的发展动力。笔者认为，东汉的尹珍、明代的王阳明和田秋、清代的李端棻可谓贵州教育史上众多先贤中的杰出代表。

一、尹珍：开启贵州学校教育先河

东汉时期的尹珍，是有确凿史料和历史遗迹可引证的开启贵州古代文化教育的鼻祖，贵州私人办学第一人，也是贵州人引以为自豪的文化先驱。

尹珍（79—162），字道真，东汉牂牁郡毋敛县（今贵州独山、荔波一带）人，系汉武帝时期“募豪民，田南夷”时，自四川迁入黔南独山、都匀一带的尹氏后裔。[3]据《华阳国志·士女目录·文学》载：“荆州刺史尹珍，字道真，毋敛人。”又据《华阳国志·南中志》载：“明章之世，毋敛人尹珍，字道真，以生遐裔，未渐庠序，乃远从汝南许叔重授五经，又师事应世叔学图纬，通三才。还以教授，于是南域始有学焉。珍以经术选用，历尚书丞郎，荆州刺史，而世叔为司隶校尉，师生并显。”《后汉书·西南夷列传》亦载：“郡人尹珍，自以生于荒裔，不知礼仪，乃从汝南许慎、应奉学经书、图纬。学成，还乡里教授，于是南域始有学焉。珍官至荆州刺史。”由此可知，尹珍其人其事，是一个真实的历史存在。身为蛮荒之人的尹珍深感家乡文化教育非常落后，不辞辛劳跋山涉水远赴京都洛阳，拜经学大师许慎学习儒家经典，又拜在应奉门下学习图纬之术，勤奋钻研，日益精进。学成以后，尹珍不忘改变桑梓文化教育落后的面貌，回到家乡牂牁郡创办学馆，

① 李俊：贵州师范大学教授，贵州师范大学文化教育传播研究中心主任、文学院副院长。

② 孔令中：《贵州教育史》，贵阳：贵州教育出版社，2004年。

③ 王燕玉：《尹珍身世籍贯和遗迹考说》，载《贵州文史丛刊》，1980年。

传授儒学经典，从此以后，南蛮之地贵州就有了正规的学校教育。后来，尹珍又离开家乡到荆州跟从曾经的老师，现为司隶校尉的应奉，因才学被推举为尚书丞、尚书郎，最终官至荆州刺史。

据后世学者多方考证，尹珍回乡讲学地方很多，现在的贵州许多地方都有他教学授徒的遗迹。较为知名的是黔北正安县新州场的务本堂、绥阳县旺草里的尹珍讲堂。“务本堂”相传为当年尹珍创办的学馆名称，取孔子“君子务本，本立而道生”之意，相传此为尹珍讲学时的居所及终老之地，在务本堂后沙棠树下还有尹珍墓。明代万历年间遵义地方官首次修建务本堂。现存建筑为清代光绪年间复建，系省级文物保护单位，供后世瞻仰纪念。

尹珍不甘落后千里求学，热爱家乡、回报桑梓，兴教立学，开智蛮荒，献身教育，鞠躬尽瘁死而后已，不愧为贵州教育的先驱、文化的先贤、教师的楷模。为永世纪念这位文化教育先贤，民国三十年（1941）贵州省政府从正安县东北划出一部分土地，专门设立一个以尹珍的字命名的县——道真县。因为感念尹珍为贵州文化教育做出的巨大贡献，省内许多地方历代都建有专祠奉祀他。明代贵阳有名的文明书院、正学书院、阳明书院均设有尹珍专祠。清末至今，贵阳城东扶风山一直建有尹道真祠，与阳明祠毗邻而建，是贵州人心中的文化圣地。

二、王阳明：开创贵州教育新天地

明代中叶著名的思想家、教育家、军事家王阳明，被后世誉为“立德、立言、立功”的“真三不朽”的圣人。在其57年的人生中，有23年在从事兴教讲学、著书立说活动，其哲学、教育思想对后世影响巨大。他在贬谪于贵州龙场驿（今修文县）的3年里，居夷处困，创办龙岗书院授徒讲学，又主讲于贵阳文明书院，为贵州教育开创出一片新的天地。

王阳明（1472—1529），本名王守仁，浙江余姚人，自号阳明子，世人称其为王阳明。21岁乡试中举，28岁举进士。曾任刑部、兵部主事。正德元年（1506）因上疏营救言官戴铣等人而得罪了权阉刘瑾，被廷杖四十，贬为贵州龙场驿丞。1508年春，王阳明来到龙场就任。此时的贵州虽已建省95年，但文化教育事业的发展十分缓慢，仅在少数中心城市建有地方官学，广大山区、少数民族地区的文教尚为一片空白。王阳明谪居的龙场驿，属于水西安氏土司管辖的范围，生活着苗、彝、布依、仡佬等少数民族。此地虽距离省城贵阳80多里，但文教荒芜，方圆几十里没有一间学舍。

在当地乡亲及安氏土司的帮助下，王阳明在龙场创办了龙岗书院，传承孔子“有教无类”的教育思想，招收当地苗、彝、布依、仡佬等少数民族的子弟入学受教，并且在讲课时，龙场百姓不分男女老幼，皆可到龙岗书院来听讲。荒凉的龙场从此书声琅琅，大开文明教化之风。王阳明此举，首开贵州少数民族教育的先河。龙岗书院声名远播，贵阳、黔南各地，甚至湖广子弟也远赴龙场拜师。不久，王阳明应贵州提学副使席书之邀请，主讲于贵阳文明书院，首讲“知行合一”之说。

在龙岗书院创办及讲学文明书院之前，贵州仅有5所官办书院，之后贵州各地书院激增，出现了大办书院教育的热潮。有学者统计，明代贵州共建有书院38所，龙岗书院之前有5所，之后骤然增加了32所。[①]因此可以说，王阳明在贵州的书院讲学活动，极大地促进了贵州书院教育的发展，开一代教育新风。

王阳明自述，“贵州三年，苦难备尝”[②]，在克服生死杂念的过程中，摆脱外界物质及社会生活的困扰，潜心于五经、程朱、心性本体研究，“日夜端居澄默，以求静一”，“忽中夜大悟格物致知之旨”，“始知圣人之道，吾性自足，向之求理于事物者误也”。[③]这就是“龙场悟道”，它为王阳明的“心即理”“知行合一”“致良知”学说体系的创建奠定了理论基础，完成了从反对程朱理学到建立明代新儒学——心学的飞跃。王阳明将他悟道所得之心学在龙岗书院、文明书院等地向学生宣讲，在贵州培养了一大批心学传人，留下了宝贵的文献教育资源，成就了王学三大流派之“黔中王学”一门，诚可谓开创了贵州儒学教育的新风尚。

三、田秋：贵州科举教育之父

通过考试选拔官吏的科举制度发轫于隋，形成于唐，延续至1905年结束，历时1300年，对中国的政治、经济、文化、教育等影响深远。科举制度尽管自清中叶以来因走向八股文死胡同而饱受诟病，但它毕竟为广大的寒门读书人求取功名、进入官场和上流社会提供了一个相对公平的竞争机会，同时也是政府发现人才、选拔人才、造就人才的一种重要方式，极大地推动了以传播儒家文化为主的各级各类学校教育的普及与发展，提高了全民素质。隋、唐、北宋时期的贵州未见有参加科举考试的记载。贵州人的科考记录，始于南宋时期的播州（今遵义地区）“贡士”冉从周，他首中进士，时称“破荒冉家”，是贵州历史上的第一位进士。整个南宋时期贵州共出8名播州籍进士，有元一代进士仅杨朝禄1人。明代开国至1413年贵州建省期间，贵州生员分别到四川、湖广、云南等省去参加乡试，中进士者也仅有赵仕录1人。建省之后，很长一段时间贵州仍未单独开乡试，考生先是附试湖广，后又改为“就近附试云南”。生员到湖广的武昌要步行三四千里，到云南的昆明要步行两千余里，乡试日期又值8月酷暑，其间的艰辛就可想而知了。因而有许多家贫无路费者、身体病弱者未能参加乡试，生员大减。科举不兴带来了教育的不振和文化的荒敝。对此，贵州不少地方官员和朝廷有识之士早就提出在贵州单独设立科场。然朝廷以“旧制难改”“旧制不可轻改”或科考经费无法保障为由多次予以否决。直到嘉靖九年（1530），进士出身、时任给事中的贵州思南人田秋的奏折《请开贤科以宏文教疏》的出现，贵州单设科场之事才发生了根本的转折。

田秋（1494—1556），字汝力，号西麓，赴云南乡试中举，又赴北京会试中

① 张羽琼：《贵州古代教育史》，贵阳：贵州教育出版社，2003。

② 王阳明：《王阳明全集》，上海：上海古籍出版社，1992。

③ 王阳明：《王阳明全集》，上海：上海古籍出版社，1992。

进士，曾任推官、给事中等职，官至广东布政使。当时的全国两京十三省中，只有贵州省尚未单独开科取士。田秋曾赴云南乡试吃尽了苦头，早就对贵州未能单设科场之事愤愤不平，在京任礼科给事中期间，敢说敢为，据理力谏，披肝沥胆向嘉靖皇帝上《请开贤科以宏文教疏》，为贵州开闱乡试据理力争。此疏言辞恳切，理由充足，说理透彻，文采飞扬。从地方藩王世子入继大统的嘉靖皇帝朱厚熜，对于地方生员长途跋涉参加科考的辛劳和地方文教不兴的现实，应该是耳濡目染，有一些真切感受的。嘉靖帝随即将该奏疏交礼部复议后下到贵州巡按勘议。礼部负责管理全国的教育及科考，可以想见，在礼部工作的田秋一定向礼部的各级官员做了大量的说服工作，才使奏疏得以顺利通过。奏疏下到贵州省时，恰逢王杏任贵州的巡按御史，负责勘议贵州开闱乡试一事。王杏是王阳明的浙江籍私淑弟子，当时正与王阳明在贵阳的几个弟子筹办阳明书院，对于开科取试宏扬文教之事是鼎力相助的。他在 1533 年上疏朝廷，大力支持田秋的奏疏，并且还回顾了贵州开科取士的历史，将田秋在奏疏中所举的广西原附试广东、后来自行开考之事加以强化，分析了贵州开乡试的可行性。嘉靖皇帝将田秋、王杏的奏疏交礼部再一次讨论。田秋又做了许多说服性工作，使礼部再次上奏支持贵州单独开设乡试。最终，嘉靖皇帝于 1535 年 8 月批准：云南、贵州分别开设乡试，云南取 40 名，贵州取 25 名。嘉靖十六年（1537），贵州的首次乡试在贵阳隆重举行，贵州士子 1000 余人参加（自南宋以来最多的一次），礼部派官员入黔主持开考仪式。为表示支持与庆贺，田秋还捐资购地，每年以租谷来补贴贵州贡院的试卷费。

贵州单独开乡试的意义是非常重大的。首先是参加乡试的人数从 1537 年第一次开科的1000余人逐年增加（至明末已达到2000余人），让广大读书人在“读书—应考—入仕”的人生道路上看到了希望，从而推动了官学、书院与私塾的发展，有助于贵州文教的普及与提高。其次是录取举人的名额逐年增加了，从首次 25 名增加到后来的 40 名，使更多的贵州人有机会到京城会试，通过科举这一道路走出贵州，在全国生产影响，从而促进了贵州自身政治、经济、文化、教育等方面的发展。据史料记载，有明一代，贵州中进士者 121 名，其中单独开科取试前 160 多年只中进士 33 人，单独开科取士后的一百零几年就中进士 87 人。[①] 这些成绩的取得，以及单开科场对贵州中、晚明及清代文教的巨大影响，陈福桐先生在《六千举人七百进士》一文中说得很清楚，田秋是功不可没的。

笔者认为，自贵州单独开科取士以来，造就出“六千举人七百进士”这么多的高级知识分子，并以“三状元一探花”的科考成绩“平湖广四川超云南”而直逼中州[②]，田秋是第一功臣，称他为“贵州科举教育之父”也不为过。

四、李端棻：贵州现代教育的先驱

在清末洋务运动轰轰烈烈的机器轰鸣中，在“中学为体，西学为用”的教育

① 孔令中：《贵州教育史》，贵阳：贵州教育出版社，2004 年，第 65 页。

② 《明清各省进士状元分布》，网址：http://tl.cjdby.net.

呼声中，在变法维新的改革声浪中，“远在要荒”的贵州，官学、书院、私塾等各级各类学校里依然是一片诵读孔孟程朱的琅琅书声。“家无读书子，官从何处来？”读书人的最高理想依然是传统的应试入仕。甲午战争的惨败，如一记棒喝，敲醒了许多从科举进入旧体制、又从旧体制中站出来要求改革旧体制的高级官员，时任刑部侍郎的贵州人李端棻就是其中的代表人物。他于1896年6月向光绪皇帝上《请推广学校折》，提出设官书局、办大学堂和中小学堂、设藏书楼、创仪器馆、开译书局、立报馆、选派留学生等措施，为国家开辟了一条有别于科举取士的选人用人路线，符合当时引进西方新知识、新思想、开放舆论、派留学生等开启民智的世界文化教育潮流。

李端棻（1833—1907），字苾园，贵州贵阳人，同治二年（1863）举进士。曾任学政、乡试主考、会试副总裁、监察御史、刑部侍郎、礼部尚书等职。任广东乡试主考时，识拔梁启超为举人第八名，并以堂妹李慧茝妻之，传为佳话。在京官中，李端棻素以敢言善谏著称。1898年的戊戌变法前夕，李端棻向光绪皇帝上《变法维新条陈当务之急折》，并举荐康有为、梁启超、谭嗣同、严修等18名维新派人员，一时成为变法维新中的帝党官僚中枢，直接参与谋划变法；百日维新期间，光绪皇帝擢拔李端棻为礼部尚书，主持全国的教育改革，成为当时著名的维新派官员。戊戌维新失败后，李端棻被慈禧太后以“滥保匪人”之罪贬谪新疆，1901年赦归贵阳养老。维新变法虽然失败，一些成果却保留下来了，比如李端棻大力推行的建立京师大学堂、各省建立大学堂及中小学堂等教育改革举措。今北京大学（前身为京师大学堂）的校史馆第一馆便是“李端棻馆”。李端棻遭受人生重大打击之后回到贵阳，仍不改其志，积极投身家乡的教育事业，继续传播新文化、新思想，培养新式人才。他在贵阳度过的生命中的最后6年，也是其身体力行开启贵州现代教育先声的6年。

回乡的第二年，李端棻便受贵州巡抚之聘担任贵州经世学堂的山长（校长）兼主讲。他以卢梭的天赋人权说、孟德斯鸠的三权分立说、达尔文的进化论、赫胥黎的天演论等启导学生，其讲课内容的“中学”占十分之一，“西学”却占了十分之九。贵州教育界当时只知孔孟程朱，不知培根、卢梭等为何人。李端棻的讲学一时间在贵阳引起轰动，年轻学子趋之若鹜。不仅在学校，他贵阳王家巷的老宅里，经常是学子云集，谈笑风生。长期闭塞的贵州学界为之耳目一新，言西学维新者日渐增多。他的这批学生中，后来有许多成了贵州辛亥革命的主力军。李端棻认为，时势多艰，急需人才，要培养新式人才，必先有“新学”师资。1902年，他发起创办了贵阳公立师范学堂，并担任学堂副办。该校开设西方自然科学、外国史地、法律、日语等课程，还聘请了两位日本教师。这在清末的贵州教育界，是一件破天荒的大事。1905年，李端棻又与贵州名流任可澄、华之鸿等将原贵阳府中学进行全面的革新，改造扩建为贵州通省公立中学堂（今贵阳一中的前身），使之成为当时全省规模最大、课程最新的中学。1907年10月李端棻病逝，临终时留下遗嘱，将平时积蓄的一千两白银捐献给贵州通省公立学堂作办学经费。李端棻逝世后，梁启超撰写墓志铭，康有撰写祭文，颂扬这位为救亡图存而呕心沥血于中国教育改革的伟大先贤。

从尹珍到王阳明、田秋，再到李端棻，从筚路蓝缕到其兴也勃，再到现代转向，贵州历代文教先贤的脚步从未停歇过，贵州教育事业的发展也从未止步。尹珍、王阳明、田秋和李端棻这四位杰出的先贤属于贵州，更属于全国，也属于世界。他们留下的文化财富与精神力量，堪与万古青山、不废江河相比，在历史中永存，成为贵州文化教育事业生生不息的源头活水。

田秋籍贯考释

汪育江[①]

田秋是今思南县城人，古籍本已记载得十分清楚，但由于历史原因，被人误释。为了澄清这种不应有的误释，必须以史籍为依据，用史实证明田秋是今思南县城人。

误释出现在外县西麓广场的《田秋简介》中。

一天两位年轻人问我，田秋是哪里人。我反问道，你们知道田秋是哪里人吗？他们说，读小学时，老师就讲过思南城内的名人田秋。但是，前几天我俩因公去外县，发现那里建起了以田秋的号命名的“西麓广场”，还塑有田秋像。

我说这有什么不好，田秋是贵州名人，他孝敬父母，为官清廉，忠君爱民，热爱家乡，他是开发贵州教育的功臣，没有思南田秋，就没有贵州教育的较早发达，所以人们尊称田秋为贵州教育之父。德江县出于对田秋的尊重，宣传田秋，我认为他们做得好，说明人们没有忘记这位贵州教育之父。

此刻他们拿出在西麓广场拍的田秋塑像、《田秋简介》两幅照片给我，并说不仅广场上塑有田秋像，还在石头上刻有《田秋简介》，该简介中说田秋是今德江县人。

我细看了一下《田秋简介》，一下明白了。原来是简介撰文者将思南府辖水德司释为今德江县。

于是我对他们说，从广义来说，称田秋是德江县人也没有多大错，因现在的思南属地和德江属地，旧时同属安化县，安化县的前身是水德长官司。（嘉靖）《思南府志》载：“田秋，水德司人。”所以他们说田秋是思南府水德司（今德江县）人。不过，说是“今德江县人”，就不符合历史了。不过要具体说田秋是何处人，还应以他的出生地、成长地、家居地为据。

（嘉靖）《思南府志》之《思南府境图》中标记：在府城内西面从上至下依次重叠在一块标记有“田宅”“亚魁”“进士坊”。对这标记的解读为：顶端“田宅”二字，指的是田秋之宅，也就是田秋的出生之处。“亚魁”是田宅的一块匾额。殿试时登进士及第一甲第二名，称为榜眼，亦称亚魁。“进士坊”，是指田秋宅前的一座牌坊。（嘉靖）《思南府志》于嘉靖十六年（1537）成书时，田秋是思南城内历史上第一个进士，也是当时城内唯一的进士。《思南府志》又清楚记载，

① 汪育江：贵州省思南县乌江博物馆。

进士坊是思南知府李文敏于嘉靖元年（1522）为进士田秋建的。这三合一的重叠标记，足以佐证此宅是田秋之宅。田秋死后，葬于思南城郊3公里昔乐溪上田家坝。田秋父田显文墓在思南县城南5公里赵家坝后半月山腰，墓址仍存。曾祖父田永富墓在思南府城小岩关外复烤厂后，墓今仍存。田秋曾祖父田永富，原籍江西吉安府，明初应思南宣慰司使田大雅邀请来思南游学，后定居思南府城。既然是应宣慰司使邀请远道而来游学，必然是落脚于宣慰司治地思南城，绝不可能到一个偏僻之地大堡图（今德江县城）去游学定居，去世后又自大堡图抬至70多公里外思南葬于小岩关。

从德江西麓广场《田秋简介》所述可以看出，他们对田秋生平不够了解。对从水德司至安化县，安化县至德江县这一历史的变迁也不够了解。不是我在说，而是真实的历史在说，史籍在说，碑刻也在说。因此，必须从田秋历任官职和水德司至安化县，安化县至德江县历史变迁这两个方面来澄清这段历史，弄清田秋的籍贯。

那个西麓广场的《田秋简介》说："田秋，字汝力，号西麓，明贵州思南府水德司（今德江县）名门书弟，聪慧过人。明武宗十七正德庚年（公元1510年）中贵州云南乡试举人，九年（公元1514年）二十甲成登进士。明世宗嘉靖元年（1522年）任福建延平府堆官，六年（公元1527年）任直隶河推官，次年授户科给事，九年（1530年）授礼科左给事，十五年（公元1536年）任吏科左给事，福建布政司参政，十八年（公元1539年）6月，任总督毛尚书处会议地方事，悉知两子会试不第，相继丧于京城，悲痛欲绝，遂辞职还乡，于嘉靖丙辰（公元1556年）卒，享年六十三岁。"

以上是《田秋简介》对田秋历任官职全文照录，发现其错特大，漏特多，这说明他们对田秋不够了解。

为了证明他们因对田秋不够了解而出现错漏，现以田秋的《西麓训子》与田秋子婿张钦辰撰《广东布政使田公行状》为依据，以《田秋历任官职实录》为题著录，与《田秋简介》对照，错在哪里，漏了哪些。

《田秋历任官职实录》田秋：

吾初承父兄之教，十三岁廪于学，十七岁荐于乡，二十一岁登进士第。双亲暮年，二兄外官，正当输忠，少年孝养，非我职乎。家居八年，一意敬孝。至嘉靖壬午年（元年，公元1522年）素齐兄致仕，是年，辞亲至京，授福建延平府推官。丁亥（嘉靖六年，公元1527年），授直隶河间府推官。戊子（嘉靖七年，公元1528年）春授户科给事中。庚寅（嘉靖九年，公元1530年）升礼科左给事中。辛卯（嘉靖十年，公元1531年）充荣州府，封副使。丙申（嘉靖十五年，公元1536年）四月补吏科给事中，五月升户科都给事中，十二月升福建布政司右参政。己亥（嘉靖十八年，公元1539年）复升任四川按察使。庚子（嘉靖十九年，公元1540年）升广东右布政使。辛丑夏（嘉靖二十年，公元1541年）往总督毛尚书处，会议地方事，师次雷州，闻时中、时龙会试下第，连丧于京。疮巨痛深，弃官而归，再疏致士，得准家居，屡荐不起。

田秋。弘治甲寅（七年，公元1494年）生于思南府城，嘉靖丙辰（三十五年，公元1556年）十月二十四日，卒于正寝。享年六十有三。

将《田秋简介》与《田秋历任官职实录》对照，《田秋简介》错漏特多。特别是田秋生平三任高官，即丙申（嘉靖十五年，公元1536年）五月升户科都给事中，己亥（嘉靖十八年，公元1549）升任四川按案使。庚子（嘉靖十九年，公元1540年）升广东右布政使，这个《田秋简介》中全然没有写上。

《田秋简介》中写的“十八年（公元1549年）6月，任总督毛尚书处会议地方事”这一段非常模糊，读不懂在说什么。因为田秋升广东右布政使官职在该简介中找不到，此时的田秋，以什么身份去与总督毛尚书处议地方事呢？再说嘉靖十八年(1549)，田秋还在任四川按察使，他怎么去广东与总督毛尚书议地方事呢。嘉靖十九年(1550)田秋才升任广东布政使。嘉靖二十年(1551)田秋，才往总督毛尚书处会议地方事。该简介将时间也提前了两年。综上所述，说明该简介对田秋生平根本不了解。

《田秋简介》撰文者误读了历史，误在哪里？是误读了(嘉靖)《思南府志》载“田秋，水德司人”。误在“水德司”三个字上。他片面地认为水德司是安化县的前身，德江县的前身是安化县，所以就认为田秋既然是水德司人，也就是今德江县人，而没有全面地从史籍中了解，分析研究这段历史变迁的经过。

为了澄清这段历史，必须首先弄清水德长官司司治在何处，因何、何时将水德司改为安化县，改为安化县后，安化县治在何处。又因何故、何时将安化县治迁至大堡图。又是因何、何时将安化县属地分为思南、德江两县。

《明实录·神宗万历实录》、《贵州通志·前事志》、(道光)《思南府续志》，及明万历三十九年《修安化县治记》，清光绪八年《移建安化县碑记》等史籍都清楚记载了水德司——安化县——思南县、德江县这一历史。

《思南府境图》标记的水德司司治，就在思南府署下，地址就是今思南县总工会所在地。再根据《明实录·神宗万历实录》卷四一三页十一记载，吏部言“贵州思南府水德长官司正长官张辂年老乏嗣，本房子孙张治贵，二房子孙张治安争继，多年未有定一，据称贵非出嫡派，治安广行财郁，二房均难承袭，似以三房张相子孙择其长者袭之，以守先绪。但思南为黔中首郡，文风渐盛，华民日繁，以夷官治华民，体统实不相称，抚按二臣议以改土归流，深得用夏变夷之意，合无将水德长官司改为县治，恭请钦名定县名，礼部铸给信印，空臣部铨选知县一员，典史一员，原额钱粮治马差徭悉归县纳，其正长官张翗子孙择一人，降为土官县丞，副长官杨一龙降为土主簿，查照铜仁县例，量给夫马伞盖银两，俱不许管捕钱粮，所有吏目一应合裁革。制曰可。其县名与做安化”。以上所述清楚地记载了明万历间将水德司改土归流，定县名为安化的前因后果。改置安化县后，安化县治仍设在思南府城，县治在今思南县城安化街内。现在这条街一直沿袭安化县治所在地名，仍称安化街。更重要的是，当时水德司辖境是今思南、德江两县属地，水德司改土归流后的安化县仍辖今思南、德江两县境地。所以今德江县地只是当时安化县的一半，另一半是今思南县属地。安化县治在思南府城，自明万历三十三年（1605）至清光绪六年（1880），跨越两代，长达275年，之后安化县治才移至大堡图。迁移安化县治原由：清代咸同年间，贵州号军起义，声势浩大，先后聚兵数十万，纵横驰骋千余里，持续战斗十余年，沉重地打击了清王朝的势力，动摇了清王朝的统治。号军分青、红、白、黄四号，尤以白、黄二号势力最大，白号起义于思南鹦鹉溪汪家寨，黄号中一支主力起义于大堡图甘溪。号军被清廷镇压后，清廷为了加强对偏远地区的统治，将安化县治由思南府城移至大堡图。

从水德司至安化县治，自明初至清光绪六年（1880），500多年都在思南府城，即今思南县城。今思南存明万历《修安化县治碑记》，今德江县城存清光绪《移建安化县碑记》两碑，是水德司改安化县，安化移至大堡（今德江县城）的铁证。安化县治移至大堡图，仅30余年，就将安化县一分为二，分别改为今思南、德江两县。这就是水德司，安化县，至思南、德江两县历史变迁的全过程。澄清了这段历史，佐证了田秋是今思南县城人。

论田秋

方尔加

根据田永红、安民等的研究成果笔者认为《西麓祖请开贵州乡科疏》为穷乡僻壤的贵州争到了开科乡试的资格，但需要进一步挖掘的是，他为什么要上这个疏？上疏为什么能够说动朝廷？

1. 田秋热爱家乡

这个热爱不是浅层次的。很多人视家乡为穷山恶水，离开家乡以后，发誓不再回家乡。田秋热爱家乡是全身心的。田秋在京城做官，完全没有终于逃离穷窝窝心理，而是时刻思念家乡，时刻冥思苦索如何为家乡做事情。田秋对家乡的热爱之情渗透到他身上的每一个细胞，每一滴血液，融合到他的情感、思维方式、知识结构、习性、信念、荣辱观、美感之中。

如《万胜山》：

青崖斗绝竞崔嵬，曾为邦人捍大灾；
今日承平皆陇亩，千家东面看楼台。

田永红同志分析“曾为邦人捍大灾”一句，说这句诗似乎在写万胜山之险、之美，细读之，都让人联想到诗人怀着感恩之心感谢万胜山为邦人抗了一次大灾难，红巾军攻下思南山城，烧杀抢掠所有财物无一幸免，而因有了万胜山，人却幸免于难。

笔者分析“今日承平皆陇亩，千家东面看楼台。”是在赞美勤劳的乡亲们将穷山恶水改造成美好的田园。所以说这首诗既是在赞美山景秀美，又是在赞美乡亲们的勤劳智慧。

又如他的《三台山》：

帝遣台星此降灵，芙蓉三朵插天青。
移家未得亲猿鹤，目逆时时到草亭。

三台山，在府沿南三里，山巅有三峰，这就是诗中所写的“芙蓉三朵”。“移家未得亲猿鹤，目逆时时到草亭。”搬家后再也碰不到猿跳鹤翔，随地都好像看到家乡的草亭。

田秋对家乡的感情之深，绝对是语言难以表达的。现在，随着现代文明的发展，区域间发展日益不平衡，人们纷纷涌入沿海和大城市，对家乡的感情日益淡漠。如何适应时代的发展培养乡情这是一个新的难题。笔者的看法是对山水的感情实质上是对人的感情，人好山水才好。很多人不喜欢家乡其实是不喜欢人。

2. 田秋注重干实事，属于实学

嘉靖元年（1522），二十八岁的田秋被任命为福建延平府正七品推官，负责“掌勘问刑狱，理刑名，赞计典。”几件刑案下来，才干就得到了上司和同事的充分肯定。

三年守孝期满，又赶往吏部报到，当年冬天，被授予直隶河间府推官，虽然品级没有变化，但直接在天子门前，皇城脚下做事。其功过是非都会在第一时间进入嘉靖耳中。干的也是老本行。任上，田秋驾轻就熟，再一次证明了他的实力。依据他雷厉风行，做事干练，洞若观火，秉公审案，伸张正义的人品和作风，短短时间内，一大堆积案、冤案、无头案都有了结果。一时间，嗅觉灵敏的豪强劣绅纷纷龟缩，而掌握着他仕途命运的长官却刮目相看。

田秋在任给事中期间，曾大刀阔斧进行机构改革，精兵简政。“公顷始而奉敕清查御马等盐，则裁缩至七万夫，食至七万石。寻奉查光禄（光禄卿，掌皇帝膳食），太常（掌宗庙礼仪）庖厨力役，又裁去二千四百余夫。是清百年之弊窦，而苏万姓之膏脂也。”（《广东右布政使田公行状》）

在田秋的大力推动下，贵州地方官奏请了三十多年的开闱乡试，终于提上了明朝廷的议事日程。嘉靖十四年（1535），朝廷正式批准贵州开科。嘉靖十六年（1537），贵州首次乡试贵阳隆重举行。田秋特地捐资购地，将所收租谷用作考生的试卷费，表示对家乡开闱乡试的支持和庆贺。

田秋认为，有了乡闱，还得有参加乡闱的学子，学子又只能通过学校教育。可是当时的贵州学校教育的现状不容乐观。贵州建省以后，据有关文献记载，建省以前，贵州有官学三所（包括思南府学），从永乐建省至嘉靖中期。贵州有官学二十余所。可见，这百余年间，贵州官学从三所发展到二十余所，平均五年才建一所，这一发展速度远远落后于其他地区。不仅师资匮乏，校舍简陋，而且，教育体系很不健全。据文献记载，贵州建省以后，明政府在贵州的教育对象主要是土司子弟和卫所官兵。从永乐到嘉靖年间，贵州只有府学、卫学，广大州县地区基本没有设学。且“学制缺而不全，各州县卫有未设学宫者，有学无官而附试他庠者”。在明代，官学具有较完整的教学设施和正规的教学秩序，集教学、督学、举试、藏书、教化于一身，既是文化教育的中心，又是思想教化的场所。对贵州而言，学校还是传播中原文化的主要载体。学校教育的严重滞后不仅制约了贵州人口素质的提高和区域文化的进步，而且也严重阻碍了贵州民族地区的经济发展和社会变迁。

田秋深深懂得“学校之兴，人才所系”。贵州社会经济要想有所发展，必须改变只有府卫学，没有州县学的局面。为了化育人才、造福桑梓，田秋慨然以帮助贵州兴学立教、移风易俗为己任。认为“人才之用，虽有多寡之殊，而赋予之自天，原无彼此之异。特以教化之所及，有先后浅深，而人才系之焉耳！”因为地方文化的发展，关键在于培养人才，而培养人才关键在于兴办学校，推广教育。为了推动贵州少数民族地区教育的发展，田秋利用庙堂之高，在担任礼部左给事中、侍经筵官期间，向嘉靖皇帝上了《请建婺川、安顺、印江学疏》，请求在贵州少数地区广设州县学校。

田秋在外为官，经常往返于乌江，知其航道无人整治，船难以直航，而贵州恰恰不产盐，人民食盐只有依赖于四川，川盐入黔大都依靠乌江航运，由于航运艰难，运费成本高，黔人难以承受，造成官、民、商三方不利。于是在明嘉靖十八年（1539），田秋任四川按察使时上疏朝廷，述说贵州建省以来，江流阻塞，食盐不能进入境内，不利于人民生活，也不利于朝廷税收，明王朝准奏。事后，利用在川任按察使之机，多方促成川黔巡抚合作整治乌江航道，并呼吁商贾大力资助。由此乌江航道很快得以治理，川盐入黔畅通，运量增大，运价减少，盐价相对降低，使官府获千百之税，民获廉价之盐，商获千百之利，从此，乌江沿岸走向了前所未有的文明繁荣。

田秋曾上《陈愚见以备遗策疏》，请求中央政府在思南地区设立兵备副使，以加强贵州的地方建设。通过建立府署，设置武装，思南政治渐趋稳定，经济逐步发展起来。

田秋退居家乡以后，在思南“建先祠，置义田，以赡族之不能婚葬者”。又“修桥梁，治药饵，惠济无穷。”乡人尚鬼，信浮屠，惑不可解，田秋力挽陋俗，倡导儒家礼仪文化。

从田永红等同志的研究成果中看不到田秋对抽象的理论有什么兴趣。如果从学术的类别来划分，田秋应该属于实学。明代实学所要摒弃的是以下两种治学风习，即“八股之习”与“道学之习”。他们讲究“实用”，提倡“实学”“实行”“实政”，主张“实心”任事。他们抛弃道学家游谈无根的陋习，更多地注意那些有关国计民生的事情，诸如农田、水利、河漕、盐法等。

3. 田秋能够做成事，应该与不介入党争有关

如果卷入党争，即便提出了合理的解决问题的方案，即便工作中很有成就，也会遭到皇帝猜忌，遭到对立派别打击。明末熊廷弼、袁崇焕就是如此。田秋没有介入党争，所以成事的阻力相对小一些。

凡不合东林人士法眼者，就被视为小人，齐楚浙党不一定服气魏党，但一时走投无路，大多投靠魏忠贤门下。东林诸人，多数是知直不知曲的君子，对个人声名之看重甚于国家利益，争意气而不争是非，君臣之间尤喜意气用事。东林党代表人物杨涟等人，曾在辽东军事等问题上为熊廷弼说过好话，熊廷弼同后来所谓的“东林党六君子”也有不错的个人关系。这一切，都为其最终的杀身之罪埋下了祸根。魏忠贤便指使人诬陷熊廷弼也曾向杨涟行过贿，将熊廷弼行贿之事与“东林党案”硬扯在一起。“甚其罪”，“党同伐异，招权纳贿”，那就是罪加一等了。

明末的党争，是不折不扣的内耗、倾轧。这是一个政治黑暗的时代，一个派系利益至上的恶劣环境，而国家利益却被各派置于派系争斗之下。明末的党争，是明朝的政治毒瘤。熊廷弼们即使有守土之志和卫疆之才，却因大时代的环境所制难以施展。“无力回天”既是熊廷弼的悲哀，也正是那个时代的写照。

袁承焕在抗击清军（后金）的战争中先后取得宁远大捷、宁锦大捷，但因为不得魏忠贤欢心辞官回乡。崇祯皇帝即位后袁崇焕得以重新启用，于崇祯二年（1629）击退皇太极，解了京都之围后，魏忠贤余党以“擅杀岛帅”“与清廷议和”“市米资敌”等罪名弹劾袁崇焕，皇太极又趁机实施反间计，袁崇焕最终被朱由检以通敌叛国罪处以凌迟。

田秋入朝做官时，朝廷党争不断，可是田秋没有参与党争的记录，这是他为贵州争乡试点很快能够得到皇帝批准的原因之一。也是他改革弊政引起小人不满却没有遭受致命打击的原因之一。

浅析田秋《诫子书》的思想特质

钱 明[①]

与西方文化不同，中国人安身立命、心灵慰藉靠的不是“天国”，而是“家国”，故而家风、家教、家训、家规、家政、家礼、家族、家谱等在中国人的思想世界和生活世界中显得特别重要，被后人提及并使用得也特别频繁。可以说，家训和家教是把中国人的生命逻辑和基本信条——为己/为人/为政/为国/为天下——连接在一起的重要粘合剂。

本人对田秋知之甚少，只是为参加2017年12月5日在贵州省思南县举办的“田秋思想学术研讨会”才仓促阅读其原著，算是对田秋有了初步了解。后来我在读了编入此次研讨会论文集的55篇论文后，发现有27篇是专论或涉及田秋的教育思想与实践方面的论文，占了近一半，可见教育思想与实践在田秋思想中所占的比重是最重的，可以说田秋首先是个教育家，然后才是思想家和文学家。而田秋的教育思想与实践，我觉得又可分为科举教育与家庭教育两个方面。本文即拟以田秋的家训与家教为主题来谈点个人感想。

一

中国人写家训，大都浓缩了作者毕生的生活经历、人生体验和学术思想等方面的内容，不仅他的子孙从中获益颇多，就是今人读来也大有可借鉴之处。三国时蜀汉丞相诸葛亮被后人誉为“智慧之化身”，他的《诫子书》可谓是一篇充满智慧之语的家训，是古代家训中的名篇。诸葛亮的《诫子书》是在其54岁时写给8岁儿子诸葛瞻的，书中留下了千古警句：“非淡泊无以明志，非宁静无以致远。夫学须静也，才须学也，非学无以广才，非志无以成学。”早于诸葛亮《诫子书》的还有西汉东方朔的《诫子书》、东汉郑玄的《诫子书》（又名《戒子益恩书》）。田秋的《诫子书》（又名“西麓训子”）虽不能与这些千古名篇相提并论，但也有其自身的特点与价值。

田秋（1494—1556），字汝力，号西麓，贵州思南人。他是中国历史上不多见的少数民族（土家族）思想家之一。出身仕宦书香门第，幼读书用功，聪敏过人。

---

① 浙江国际阳明学研究中心主任，浙江省社会科学院研究员。

明正德五年（1510）十七岁时领云南乡荐，正德九年（1514）二十一岁时登进士第。嘉靖元年（1522）任福建延平府推官，嘉靖六年（1527）任直隶河间府推官，次年授户科给事，嘉靖九年（1530）授礼科左给事，嘉靖十五年（1536）任吏科左给事，户科都给事，福建布政司参政，嘉靖十八年（1539）升任四川按察使，次年再升任广东布政使。嘉靖二十年（1541）六月，惊悉二子会试不第，相继丧于京城的消息后，悲痛欲绝，辞职还乡。后在家乡办学，至嘉靖三十五年（1556）去世。田秋的最大功绩是最早提出在贵州兴办州县学校，并在贵州开科取士，[①] 成为继王阳明之后从根本上改变贵州地区教育文化落后面貌的代表性人物。

下面笔者就对《诫子书》谈点读后感，主要谈两点，一是《诫子书》本身的要旨或主要内容；二是通过与田秋同时代人的比较分析田秋家训的思想特质。

《诫子书》虽为田秋去世前两年写给其三子田时都，但其实是写给其所有后人看的，全文约1600字，内容主要分为三个部分：

一是向子孙后代讲述了思南田氏的家族史，以及自己为行孝道而放弃做官、居家侍养父母八年，后又因父母双亡而“无仕进意”的心路历程。最后，因“闻时中、时龙（田秋二子）会试下第，连丧于京邸，疮钜痛深，方寸迷乱，弃官而归。再疏请乞致仕，乃得准家居，修饰先墓，创建祠堂，买祭田以供祭用，盛邸舍以供祭物”。真真切切地彰显出一个孝贤之子的应有品质。

二是向子孙后代讲述了自己的成长史，比如“吾少颖敏，过目几于成诵，惜未经大儒指授，偶得科第。于道未闻，未成童而食廪，居恩至重，未尽身之节。少为父母所钟爱，乃以虚名奔走，竟逢属纩之日，此皆吾修身所终抱恨”；对自己未能尽忠尽孝抱有终生遗憾。同时还介绍了自己所担任过的各种职务，以及为官时或致仕后的个人表现和人格特征，比如“暇则修桥梁、治药饵以惠民，耕作凿井之外别无经营以自封。生平耻攀权要、干谒贵[②]。致仕以来，未尝入官府干挠公事。居官虽二十年，历俸未及九。性甘淡素，居官且不当利权”；向后人描绘了一个廉政惠民、厌恶权贵的活脱脱的清官形象。

三是向子孙后代讲述了何为贤孝之子的基本道理。比如“读书不止于应举取科第，内则以之涵养气质，薰陶德性，外则资之以抚世酹物。若修身慎行，不辱先人，虽不能大有成名，亦为贤子。居官持廉皆深刻[③]，吾廉而不刻也，宜有后人。……汝力弱不能别求庄地，虽劣亦免争竞也”；为后人树立了一个薰陶德性、修身慎行、抚世酹物的正直榜样。

---

① 按：明世宗嘉靖九年（1530），田秋上《开设贤科以宏文教疏》，奏请在贵州开设考场、开乡试。次年田秋上《请建务川、安顺、印江学疏》，获批后遂使三地相继办起学校。嘉靖十四年（1535）贵州开科之奏疏获朝廷批准。嘉靖十六年（1537）贵州首次开科，初定解额二十五名。自此贵州人才四起，直追内地。

② 按：有学者认为“干”为“于”字之误，非是。“干”为动词，意指做或行，“干谒贵”即做巴结有钱人之事。“攀权要、干谒贵”源自于成语“攀高谒贵”。

③ 此处之“深刻”，意指刻薄，而非指深入、透彻。

不难看出，田秋想留给子孙后代的，首先是一个励志奋斗的孝子贤孙的形象，同时也是一本思南田氏在读书、为官、做学问上的家族成功史。在田秋眼里，这些内容无疑是激励后人的最好的励志教材。当然，不仅田秋，几乎所有撰写过家训、家谱的古代哲人，用家族成员的成功史、奋斗史激励后人，乃是不变的手段和目的。

田秋的这篇《诫子书》还告诉人们：

第一，田秋是个大孝子。他 21 岁中进士后，一直居家赡养老人，直到 28 岁才在长兄、老父的催促下赴京候任。他在官二十余年，但真正领取俸禄的只有九年，多数时间是在家中尽孝侍老。

第二，田秋主张“廉而不刻”。“刻”在此处指的是“刻板”“刻薄”，“不刻”就是不刻板，通人情。说明田秋很有人情味，所坚持的是儒家的“中道”原则。他是在坚持原则、把握好“度”的前提下，赞成正常的人情往来。也就是说，对于朝廷高官内官等大权在握者，他不仅不讲情面，而且大胆上疏，并收到了很好的效果，但对于普通人，对于乡里人，他则通情达理，不刻板，从而保持了与家乡人的较好关系，并自认这是“宜有后人”的基本前提，而“有后人”乃是古代孝道的重要内容。

第三，田秋读书“未经大儒指授”。这说明，田秋基本上靠的是自学成才，所以他非常强调自得、自悟的重要性，而这点正好与阳明心学的主张相吻合。当然，这也反映了当时贵州地区师资力量缺乏、难有大儒名师指导，就连科举考试也得千里迢迢地到云南赴考的基本现实。这也是田秋要求其后代多多咨询请教家里亲人，而不像文教发达地区以师友为第一求教对象的重要原因。而对“友”的强调，则可谓文教发达地区之阳明学者的共同立场，由此亦可看出贵州与发达地区的差别。

二

王阳明的再传弟子、浙江绍兴人张元忭（1538—1588）比田秋小 40 岁，他也写过一篇著名的家训——《遗子说》。如果拿张元忭的《遗子说》与田秋的《诫子书》做一比较可以看出，张元忭写的家训看重的是官员的自省自律，而田秋写的家训则看重的是个人的德行操守。

张元忭在《遗子说》中告诫官员，与其“广买田宅以遗其子”，不如把优秀品德与渊博知识教于子。其《遗子说》载：“客有广买田宅以遗其子者，其言曰：‘不如是不足以遗吾子。’张子闻而诘之曰：‘子之父遗子几何？子之祖遗若父又几何？’客曰：‘吾祖所遗薄田敝庐耳，吾父始拓之，至予又拓之。’张子曰：‘若是，则安用子之汲汲焉为若子谋也？’客曰：‘夫人之子，亦安得人人贤且智，如吾父子之能自创立者？’张子逌然而笑曰：‘噫！子过矣，子过矣！子亦安可逆料汝之子之不贤且智，如若父与子之能自创立也，而汲汲焉为之谋邪？若子广田宅以遗若子，而逆待之以不肖，遗之虽厚，待之实薄矣。且子既以不肖待若子，又安望若子以贤且智自待，而终守子之所遗也。夫我则不然。我将以贤且智待吾子，即亡以遗吾子，视子之待若子，不已厚乎？’客默然而退。”[①]

尽管田秋、张元忭等当时著名的思想家都是在晚年或致仕以后开始重视家教，进而撰写家训的，但比较而言，张元忭提出了应该把什么样的“遗产”留给后代的严肃的社会政治问题，而田秋则以自己的成长经历告诫其子孙后代读书对于“涵养气质，薰陶德性”的重要性，以及应该如何为官做人的重要的个人修养问题，这可能也部分地反映了贵州与当时的发达地区在问题意识上的差异。

除此之外，通过与张元忭的《遗子说》的比较，还可以发现田秋《诫子书》的以下几个特点：

第一，田秋《诫子书》是写给自己家人的，而湛甘泉[②]、张元忭等当时的心学家所写的家训则主要是写给族人乃至天下人的。

第二，田秋写《诫子书》是在“预警”，即通过叙述自己的人生经历来激发后人的志气，而湛甘泉、张元忭等人则是在看到了后人、族人利用自己的地位和权力开始“变质”，以势欺人，给自己抹了黑后，才意识到了家训、家教的重要性。这说明，当时的贵州地区，主要的任务是发展和追赶，是激发志气，而地处经济发达地区、沿海地区的张元忭、湛甘泉等人则已面临了后人颓废懒散、族人仗势欺人的严重问题。前者是“预设”的课题，而后者则是现实的课题，故而田秋写《诫子书》的目的与湛甘泉、张元忭等人是不太相同的。

第三，田秋是从自己的成长经历出发，通过示范作用和榜样的力量，以身作则地启迪、教诲自己的子孙后代，而湛甘泉、张元忭等心学家则是想通过说“理”的方式，来对世人进行说教，以训诫和规范族人乃至天下人，在社会关切上，两者表现出一定的差异性。

第四，正是从子孙后代的立场考虑问题，田秋主张合理的、正当的家产、小产还是要“保守”的，但对于不合理的“利权”，即通过权力而获得的利益，则要求坚决予以拒之，而张元忭则主张与其“广买田宅以遗其子”，不如把优秀品德与渊博知识教于子，这同样也反映了田秋不刻板、通人情的行事风格。在贵州这样的经济特别落后的地方，田秋的做法和主张，笔者以为是有利于地方经济的发展的，这就如同在改革开放初期强调“让一部分人（合法合理地）先富起来”的政策一样，到了一定的发展阶段，就要强调共同富裕了。对于当时的贵州来说，迫切要解决的是有无问题，而对于当时的江南来说，则是要解决公平的问题。不同的发展阶段、不同的地区条件，就应当有不同的家教和家训。田秋了不起的地方，就是能做到因时而异、因地而异地提出具有针对性的教化思想和主张。他是想通过自己的示范效应和带头作用，提高家乡的文教水准和经济发展水平，所以他主张孝道、自得之学以及家中人的传帮带作用，同时又要求后人在不与人争利的前提下，保护好家产，并加以发展，以便通过这种示范效应，尽快地改变家乡的落

① 《张阳和先生不二斋稿》卷六《遗子说》，明万历二十一年张汝霖、张汝懋刻本。

② 关于湛甘泉的家训家教思想，笔者将有专论，兹不赘述。

后面貌。所以他主张把合理的财产留给后人，让他们珍惜保守，发展祖产，以带动整个地区的经济发展，使之跟上或赶上经济发达地区。

众所周知，家是最小国，国是千万家。家风的“家”，是家庭的“家”，也是国家的“家”。党的“十八大”以来，习近平总书记在不同场合多次谈到要“注重家庭、注重家教、注重家风”，强调“家庭的前途命运同国家和民族的前途命运紧密相连”。在这方面，包括田秋在内的古代家训提供了相当丰富的思想资源，如果拿田秋的《诫子书》、张元忭的《遗子说》等家训遗产来对照一下当下的官场现形，也许会让相当一批官员汗颜！也会让相当一部分年轻人自励自省！

第二部分　田秋教育思想

田秋"奏疏"为贵州始开科场前后及比较

胡启涌[①]

摘　要：怎样才能让贵州走出文教历史的冷官，改变尴尬处境；怎样才能让贵州拥有自己的科考园地，使黔地才俊走出大山。在这关键时刻，历史让思南人田秋上场。在明清两代，贵州籍士人出任六部正副职及省级封疆大吏者，都有数十人之多，这些皆是田秋"奏疏"后产生的蔚然大观。

"夜郎自大""黔驴技穷"，"播州，非人所居"（韩愈），"连峰际天兮飞鸟不通"（王守仁）等，让黔地一直处于历史的"白眼"里，特别是"三无"的俚语更具杀伤力，使人们对贵州产生了不好的印象。

为什么贵州远远落后于中原呢？贵州文史专家庞思纯写道："这不仅与地缘和原住民的文化素质有关，而且与历代中央王朝对南疆的忽视有关。而贵州经济、文化落后的原因，归根到底就是教育问题。"确实，在明朝中期以前的千年时光中，贵州文教的确在全国靠末。就举书院一例，在赵宋时期贵州才有一所书院，元代也只有几所官学。到明清时期，贵州则人才大爆发，呈现了六百进士、七千举人的蔚然大观。很明显地能看出，贵州文教的凋盛之界是明代中期，而将贵州文教由凋转盛的关键人物则是思南人田秋。

一、明代中期以前贵州未设乡试科场的尴尬

中国教育史的发展与科举制度息息相关，古代中国文士只有通过科举考试才能入仕。科举考试分为童试、乡试、会试、殿试。童试设在县、府，录取者称生员。乡试设在省府，考中者称举人。会试设在京城，考中者称贡士。殿试则是皇帝召集贡士亲试，录取分三甲：一甲有三名，即状元、榜眼、探花，赐进士及第；二甲若干名，赐进士出身；三甲若干名，赐同进士出身。明永乐十一年（1413），贵州始建行省，而明代中期以前的全国 13 个行省中，唯有贵州一省没设乡试考场，

① 胡启涌：贵州省凤冈县公安局，遵义市历史文化研究会理事，凤冈县作协副主席。在全国 20 多家媒体发表文章 100 余万字，出版作品集有《我走我路》、《凤冈儿女的抗战记忆》、《凤冈历史微澜》（与人合作）、《万古徽猷中华山》。

黔地士子考举人，只得跋山涉水，步行上千里到邻省参加科场考试。而乡试则是科举考试中关键的一环，因为十年寒窗，欲入仕途只有通过乡试才能有金榜题名的机会。所以，贵州未设乡试科场，可以说埋没了不少黔地人才，吃了历史的哑巴亏。

明弘治七年（1494），贵州巡抚邓廷瓒经营贵州，便力主教育，向朝廷递请奏折，拟在黔地开科取士，以促进黔地发展。但明朝廷则回答：“贵州人才未盛，旧制未可轻改。”这一“圣言”让后来主宰贵州的巡抚爷们，再未上疏朝廷议黔地教育改革一事。

为什么明朝廷不在贵州开科取士呢？专家刘学洙、史继忠在《历史的理性思维——大视角看贵州十八题》一书中分析透辟：“这（指贵州未设乡试考场一事）反映，明王朝重教化贵州少数民族以求安边，但并不指望贵州人才辈出并参加到国家统治层分享一份政治资源。”“（明朝）中央看不起贵州这个边远落后的地区，是强势中心主流圈对弱势边区的一种歧视思想。”对于建省不久的贵州，当时的明朝廷主要趋于军事统治，不重视教化治民，这使贵州教育在当时无奈地处于尴尬地位。

二、田秋的两本奏疏开启贵州乡试科场

怎样才能让贵州走出文教历史的冷宫，改变尴尬处境；怎样才能让贵州拥有自己的科考园地，使黔地才俊走出大山。在这关键时刻，历史让思南人田秋上场。

田秋，字汝力，号西麓，明弘治七年（1494）出生于贵州思南府水德江司（今德江县）。正德五年（1510），田秋考中举人。四年后田秋赴京，参加礼部会试，赐甲戌科（1514）同进士出身，时年二十岁。嘉靖元年（1522），田秋出任福建省延平府推官。嘉靖六年（1527），调任直隶河间府推官。嘉靖七年（1528）至嘉靖十五年（1536）五月，田秋先后任京城户科给事中、礼科左给事中、吏科左给事中、户科都给事中。在任给事中的八年中，田秋敢言直谏，是当时朝中陈述意见、有所倡议最多的大臣。嘉靖十五年（1536）十二月，田秋升至福建布政司右参政，后又升任四川按察使、广东左布政使。晚年田秋告老归乡，于嘉靖三十五年（1556）病逝故里，享年六十三岁。田秋深知贵州文教落后之苦，由于贵州当时没有设立贡院，每年乡试总是依附云南和湖广。贵州文教不宣，朝廷忽视贵州，黔地士人知学而无所施的历史问题引起了田秋的深深思考。

嘉靖九年（1530）在朝廷高居“给事中”要职的思南人田秋，给皇帝上了一道《请开贤科以宏文教疏》，指出“国家取士，两京（北京、南京）十二省各设乡试科场”。田秋在奏疏中饱含感情地写道：“贵州至云南相距且二千余里，如思南、永宁等府卫至云南，且有三四千里者。而盛夏难行，山路险峻，瘴毒浸淫，生儒赴试，其苦最极。中间有贫寒而无以为资者，有幼弱而不能徒行者，有不耐辛苦而返于中道者。至于中冒瘴毒而疾于途次者，往往有之。”田秋称：“科之不开，病于钱粮之少，臣窃以为不然。”田秋还指出，虽然贵州没设科场，但是每年的“举人牌坊之费”等开支还是由贵州出钱。在贵州设科乡试不过只多花“三场供给试

官聘礼”，关于怎样弥补这笔“多余”开支，田秋在奏疏中进一步阐述，“镇远、永宁等税课司，思南府的棉花税”收入就够了。奏疏中田秋满怀恳切地冀望中央准许在贵州单独开科，并请求增加贵州举人录取名额，“以风励远人，使知激劝”，鼓励僻远的贵州士人奋力进取。田秋此疏文引起了嘉靖皇帝的重视，当即准奏。

嘉靖十年(1531)，田秋鉴于“贵州一省制度草创，止有府学而州县尚无”的现状，痛感“百年以来，休养生息之余，似乎富而未教，一方山川之秀，诚为郁而未舒”，黔中士人“拭目以观文教之兴”，“皆有遣子入学”的强烈愿望。于是再奏一疏《请建婺川、安顺、印江学疏》。田秋在疏中写道：“婺川为黔南古邑，擅砂场之利，有鱼稻之饶，商业辐辏，民庶笃实，士生其间者类多向学，而登科第者往往而有，只以离府五日山行，就学不便，是以闾阎俊秀者虽不乏人，而奋勇致身，终于无路，臣愚以为务川县宜立县学一区。”写安顺时则道：“安顺州设有普定卫，其地上通云南，下接湖贵，实西南都会之所，号为多才，而该州亦未有学。臣愚以为安顺州亦宜建学一区”。说道印江：“印江离府虽无百里之程，而有三江之隔，夏秋盛涨未免病涉，且其邑多才，足以自成一学。”后来，婺川、安顺、印江建立州学府学，为全省各地的官学、府学、书院、私塾的兴起起到了引领作用。田秋两年奏疏都得到皇帝准奏，田氏之举可谓功在当代利在千秋。

三、贵州乡试考场从搁置四年到七年后开设

田秋的“奏疏”获奏后，但是嘉靖皇帝亲批的“红头文件”也没得到及时落实。嘉靖十年（1531）贵州巡抚刘士元，嘉靖十一年（1532）贵州巡抚徐问皆忙于平乱和稳定夷地，无暇顾及在黔省开设乡试一事。此事一直被无奈搁置到四年后的嘉靖十三年（1534），才在接任贵州巡抚的王杏手里得以解决。

王杏，浙江省奉化人氏，嘉靖十三年（1534）接任贵州巡抚。他上任后，即把搁置四年贵州开科取士一事再次上疏朝廷：“贵州自建省设学校养士以来，历百五十来年，文教茂往昔十倍。诸生就试云南，苦于道路。今于贵州城内西南隅择地可以营建贡院。计所需白金二千四百余两，检藩库羡银可办。”《贵州通志·宦迹志》中对王杏说干就干的精神多有记述，他花了三年的时间，终于在嘉靖十六年（1537）把在贵州开科行试的事落地了，使贵州才真正和全国其他 12 个行省平起平坐，拥有了自己渴望已久的乡试科场。

贵州建成乡试科场时，已距明开国有 169 年，距建省已有 124 年，明代只存在 276 年，可惜贵州建成乡试科场时，历史留给大明王朝的时间只有 107 年了。贵州建院虽晚，但大有后发赶超之势，在明景泰年间、成化年间，贵州举人名额皆呈上升势头，自嘉靖十六年（1537）开科行试到万历二十二年（1594）贵州巡抚又为贵州争取了 5 名举人名额，到崇祯年间，贵州乡试科举名额竟达 40 名。在明清两代，贵州籍士人出任六部正副职及省级封疆大吏者，都有数十人之多，这些皆是田秋“奏疏”后产生的蔚然大观。

四、从贵州开闱乡试前后的比较看历史对贵州的偏见和贵州的后发

历史长期忽略贵州与历代史学家"冷黔"不无关系，梁启超在《中国历史研究法》中一针见血地写道："（中国史学家）偏重中枢，致吾侪所认为极重要的史迹，有时反缺不载。试举其例：观巴、蜀、滇、黔诸地，自古本为中华民族文化所未被，其次第同化之迹，治史者亟欲闻也。而古代史上有两大役，实兹事之关键。其巴、蜀方面，为战国时秦司马错之定蜀。其滇、黔方面，为三国时蜀诸葛亮之平蛮。然而《史记》之述前事，仅得十一字。《三国志》之述后事，仅得六十四字。其简略不太甚耶？"历史确实如此，《明史·儒林传》中，无一位黔人入传。据清人黄大华所著《明宰相辅考略》，明永乐至崇祯末，历任内阁大学士共163人，贵州为无。再据陈夔龙《芭蕉亭杂记》载，从清顺治到光绪，全国有状元113人，而贵州仅2人。

诚然，从全国宏观的角度来看，作为边远后起的省份，与中原及两京比较有明显差距实属正常，只是由于历史地理等主客观原因，不少黔地人才被埋没了。《桃花扇》的作者孔尚任发现贵州才俊吴中蕃的例子最具说服力。在孔尚任未接触黔人黔诗时，把全国人才以十分为率区分多寡，他认为："吴越得其五，齐鲁燕赵中山得其三，秦晋巴蜀得其一，闽楚粤滇再得其一，而黔阳则全无。"给了贵州一个零蛋。后来他接触到黔人吴中蕃的《敝帚集》后，一下子改变观念，并主动为吴氏之集作序，序中大发赞辞，大赞吴诗"屈子之闲吟泽畔，子美之放歌夔州，其人似之，其诗似之"，还为吴诗鸣不平"有之而人不知，知之而不能采，采之而不得，等于无耳"。他还就贵州人才不被外界所知讲了三个方面的原因：一是贵州交通困难，"轮蹄之徙来，疲于险阻，怵于猛暴，惟恐过此不速"；二是贵州偏远落后，"视为鬼方，蛮触之域，恨不旦夕去之"；三是贵州少人才，"朴略无才华，不乐与荐绅游"。古人如此，今人亦然，贵州在全国的大环境中依然严重缺位：浩浩260万字的《中国移民史》，对移民大省的贵州只述有2000多字；41万字的《清代的边疆政策》对贵州只有略略一记；120万字的《中国通史》，写贵州史不到1000字……针对此类现象，著名学者钱理群感慨地在《贵州读本》中写道："这正是许多贵州有识之士痛心疾首的：人们对贵州岂止是陌生，更有许多误会与成见，并形成了有形无形的心理压力；而黔人的"自我陌生"则造成了文化凝聚力的不足，更是贵州开发中必须解决的精神课题。"

俱往矣，自田秋"奏疏"贵州开闱乡试后，教风顿兴，黔籍士子纷纷求学应试，争题龙榜。明嘉靖十六年（1537）贵州首次开闱，就录取了25名举人，之后逐科增多，最多时有40多名，这个数字比开科以前最高数额增加了一倍，极大地鼓舞了贵州士人学子。

从此，黔籍俊才纷纷登场：清平卫（今凯里）的心学大师孙应鳌，是王阳明的再传弟子，贵州开省以来著名的思想家和哲学家，"为贵州开省以来人物冠"，一生著有《淮海易谈》《四书近语》《督学文集》等名著。万历四年（1576），孙应鳌还给皇帝讲授《尚书·周书》中的《无逸》章。清初的周渔璜，参加编纂《康

熙字典》。安平县（今平坝）的陈法为清代著名的治水专家，其所著《河干问答》一书，对治理黄河、淮河水患极有价值。长顺的但明伦，他批《聊斋志异》被学术界推崇，至今犹兴。邱禾实是明朝贵州省进入翰林院的第一人。贵阳的周钟瑄，在开发台湾中多有建树。贵阳杨龙友在绘画方面与董其昌齐名，在诗歌方面则被公认为“崇祯八大诗家”之一。贵阳谢三秀之诗名响中原，为“天末才子”。独山莫与俦、江苏章为明代响当当的学者。郑珍、莫友芝、黎恂、黎庶昌等一批学者，开启了“贵州文化在黔北，黔北文化在沙滩”的神话。织金丁宝桢曾任山东、四川总督，是洋务运动的重量级人物。贵阳李端棻官至礼部尚书，支持康梁维新变法，为北京大学前身京师大学堂的首倡者。贵阳才华横溢的姚华，贵阳籍文状元赵以炯和麻江的夏同和，还有贵阳籍武状元曹维城。这份名单还可以列很长一串。

所以，明代中期是贵州古代教育蓬勃兴起的转折期，而田秋之“奏疏”无疑是贵州古代教育蓬勃兴起的转折点。自开科行试后，贵州教育自上而下全面铺开，形势喜人。据张羽琼先生《贵州古代教育史》载：“贵州建省以前，全省只有官学不到10所，建省后猛增40多所，至明代末年共建有府州县卫学60多所，其中司学有8所，府学有13所，县学有11所，州学有4所，卫学有24所。”这为清代进一步发展教育奠定了厚实的基础，甚至为“百日维新”变法后而出现的新学产生了深远而不可估量的影响。

参考文献：

1. 刘学洙、史继忠：《历史的理性思维——大视角看贵州十八题》，贵阳：贵州教育出版社，2004年。

2. 庞思纯：《明清贵州七百进士》，贵阳：贵州人民出版社，2005年。

田秋的教育遗泽

龙希成[①]

摘　要：本文从田秋“七岁能文”这一现象入手，探讨当今教育创新可以从发展儿童口头表达能力与书面表达能力入手，两者相辅相成能够促进儿童表达能力提升，同时论述向公众提供更多“变通鼓舞之机”是当今教育改革方向，重点之一是发展人脑与身体感官、动作相互配合的能力，还结合当今文化教育建设探讨了田秋 “教化行则风俗美”“文教之兴”等教育遗泽。

关键词：表达能力　变通鼓舞之机　教化　“文教”一体

一、引题

笔者的兴趣在研究如何推进贵州基础教育的改革创新。习总书记2017年10月19日上午在参加党的“十九大”贵州省代表团讨论时说“实现第一个百年奋斗目标，重中之重是打赢脱贫攻坚战”。在脱贫攻坚首要目标“两不愁、三保障”中，人的教育与人的吃穿、医疗、住房相比，前者的保障路径与后者应该有所不同，因为教育面对的是整个的人，其功能是要“推动人的全面发展”。为此，必须遵循习总书记对贵州同志的“希望”，创新发展思路，发挥后发优势，决战脱贫攻坚。推进贵州教育改革创新发展，首先当然是全面贯彻落实党的“十九大”精神，发展素质教育，推进教育公平，努力让每个孩子都能享有公平而有质量的教育。同时，在这个过程中，也要挖掘优秀传统文化蕴含的思想观念、人文精神，结合新时代要求继承创新，推动传统文化创造性转化、创新性发展。正是在这个意义上，要到四百多年前的贵州思南人田秋那里去寻找启示。

人们说要研究“田秋教育思想”，不错。不过，在笔者眼里，古人往往是知行合一的，尤重“行成、名立，而传闻于后世”。古人写作文体中有一种“行状”（也称“行述”“事略”），就是称述人的生平、事迹及其思想、风格和价值取向（我们今人往往称之为“道德”）的文体。柳宗元传记文《段太尉逸事状》就是选取段太尉一生中的三件逸事加以描述，彰显传主的个性特征；韩愈所作《柳子厚墓志铭》更是注重“状”柳宗元短短一生的行迹和节概。当然，现在研究田秋，所倚重的主要文献之一是明朝进士张钦辰作的《广东布政使田公行状》。希望从

① 龙希成：贵州省社会科学院副研究员。

田秋在其文章中表达的思想和旁人所记叙的田秋行迹中，寻找到对当今贵州教育改革创新的启示。

二、“七岁能文”可期

《广东布政使田公行状》说田秋“四五岁时，读书过目成诵，日记数言，七岁能文”，如此表现，作者张钦辰似乎是要说明田秋“生而颖异”。但作为研究教育的人，我要问：人必须天资颖异，才能“七岁能文”吗？

对这一点提出质疑的是陆定一。陆定一早在延安时期就担任过中共中央宣传部部长，20世纪50年代又相继当过中共中央宣传部部长、分管文教工作的国务院副总理，他提出这等质疑必有其道理。他在为《小学语文教学新体系》所作的序（载《人民日报》，1990年8月6日，第4版）中称，他查了《唐人说荟》（亦称《唐代丛书》《唐代之书》），知道一千多年前唐代有不少孩子，“六岁能文”；他反问：“六岁能文，我们（现在）一个也没有。难道中华民族智力退化了？”

陆定一当然不认为“中华民族智力退化了”。他认为唐代有不少孩子“六岁能文”，是因为古代的语文教育有很高的效率，而现在“教育的理论体系，实在糟糕”。

笔者认为应注重发展青少年的表达能力，包括口头表达能力和书面表达能力，而这两种表达能力是相互促进的。笔者在2014年到贵州省黔西南州普安县开展驻村帮扶过程中，发现在边远山区的孩子，相对于各科课程知识的学习，表达能力实在太弱，这个问题没有得到应有的重视，成为当前教育教学改革创新的一大问题。笔者也认为，在当前开展脱贫攻坚、“发展教育脱贫一批”进程中，如能投入相当力量着重发展孩子们的表达能力，不失为一项良策。为此，既要遵照习总书记所说的“贫困地区教育事业是管长远的，必须下大气力抓好”，也要认识到“提高教育，给钱拨款还是小事，教什么、怎么教才是大事，而如何教好小学生更是大事中的大事”（见李慎之《关于语文教育问题——致陆定一的信》）。

让我们聚焦到小孩子表达能力这个问题。笔者受到的第一个启发来自冰心。冰心说她四岁开始认字，七岁开始给大人们讲《三国》，十岁之前“自己偷偷地也写小说”，十岁时教师称她“吐属风流”。这一切是怎么做到的呢？其实，冰心四岁开始跟着母亲认字；但她对于文字，却不发生兴趣，而是要挣扎着跑到外面去玩儿（有了海和山作她的活动场地，对于认字，就没有了兴趣）。但在刮风下雨、无法出门的时候，她便缠着母亲或奶娘要他们“说故事”；更主要的是让舅舅给她“讲故事”。在舅舅忙于公务、不能给她讲故事时，七岁的冰心只得自己拿起《三国》来看，一口气看完《三国》后，又拿起《水浒传》和《聊斋志异》来看，并同时给父亲的朋友和同事们讲《三国》故事，并由此得到“讲书”的报酬——商务印书馆出版的林译小说，接着而来的则是冰心的自己写作和“吐属风流”。她也给弟弟们“说故事”，是把她“看过的新旧译著几百种的小说，人物布局、差来错去地胡凑，也自成片段，也能使小孩子们聚精会神，笑啼间作。一年中，讲过三百多段信口开河的故事。写过几篇从无结局的文言长篇小说”。再后来则是冰心正式向主流杂志写作投稿了（见北新书局1932年出版《冰心全集》自序——《我的文学生活》）。

笔者由此受到的启发是，听、读、讲、写“四位一体”对于青少年发展表达能力的重要性，其中当然也包括写作、“能文”。就是说，目前（也是一直以来）在中小学教学中看到的教师讲解课文、学生看书（有时也朗读课文、背诵课文）的方法，没能鼓励学生把自己读过、看过的书进行“讲”“说”，没有把自己所“讲”所“说”的进行记录、修改和写作，当然也就没有能发展表达能力，当然也就难以“能文”了。

其实，毛泽东也很注重把自己读过、看过的书进行“讲”“说”，他说：“我读过《岳传》《水浒传》《隋唐演义》《三国演义》和《西游记》等。……许多故事，我们几乎都可以背出来，而且反复讨论过多次。关于这些故事，我们比村里的老人们知道得还要多些。他们也喜欢这些故事，而且经常和我们互相讲述。我认为这些书对我的影响大概很大，因为这些书是在易受感染的年龄里读的。”（见《毛泽东一九三六年同斯诺的谈话》，第8—9页）文章只说毛泽东及其同学们“可以背出来，而且反复讨论过多次”，而且“比村里的老人们知道得还要多些”，而他们也“经常和我们互相讲述”。这里，背、反复讨论、互相讲述是关键。当然，在毛泽东的案例中讲的都是口头表达能力，未述及口头表达能力与书面表达能力、“能文”之间的关系。但实际上，从《毛泽东文集》可见，毛泽东的很多文章（书面表达）都是跟他的讲话、演讲、做报告等形式的口头表达相互促进、相互转换的。从冰心由“讲（说）”而“写”的案例和1988年版《中国大百科全书·语言文字》中对“文字”所下的定义（周有光撰，该书2002年版对这个定义只字未改）“文字：语言的书写符号，人与人之间交流信息的约定俗成的视觉信号系统。这些符号要能灵活书写由声音构成的语言，使信息送到远方，传到后代”可知，文字乃是“书写由声音构成的语言”的视觉信号系统，是听觉信号的视觉符号表达。

由此，我们得出结论：口头表达能力与书面表达能力之间是相互促进的关系，把口头表达的内容用文字书写下来，再进行一番整理修改的功夫，便是书面表达，亦即是“能文”；只要坚持先把所读之书进行“讲”“说”，就已经向书面表达、“能文”方向迈出了一大步；再把“讲”“说”口头表达的内容书写下来成为文字，再把文字进行一番整理、修改，便成为文章。这就是说，我们在培养小孩子的语文能力过程中，能够坚持采用口头表达与书面表达相互促进的教学方法，“七岁能文”是可以期待的。

更进一步，胡适在其《留学日记》自序中说：“我从自己经验里得到一个道理，曾用英文写出来：*Expression is the most effective means of appropriating impressions.* 译成中文就是：要把你所得的各种各类印象变成自己的，最有效的方法就是表达！”胡适说，你经过这一番“表达”（他也把*expression*说成“表现”“发挥”）之后，那些空泛的印象变真实了，模糊的认识变清楚明白了，那些知识才可算是“你的”了。而胡适的所谓“表达”，包括口头表达和书面表达，“它的方式有多种：读书做提要、札记，写信，谈话，演说，作文，都有这种作用”。就是说，“表达”（*expression*）、“发挥”有“帮助自己了解自己的功用”。可见，在胡适看来，“能文”之道在于把自己日常所得的各种各类印象（无论是读书所得的，还是耳闻目见的）“表达”出来。

与此同时，叶圣陶于 1924 年 5 月 20 日发表的《说话训练——产生与发表的总枢纽》更是对儿童的口头表达、“能言”进而“能文”的机制做了一番精深的探讨。他说，“不会说话”的弊病并不止于“不能透彻地表达出意思”，因为“胸中自有个完整的意思在”；但实际上，“不会说话”，也就是“不大会思想，不大会得到完整的意思”。“不会说话”与“不大会得到完整的意思”，循环无端、互为因果。叶圣陶的结论是，儿童的思想和情感的产生，有赖于“表达”。叶圣陶建议，要对儿童说话进行“特意训练”。这样的说话训练，能“促迫儿童的内面有所产生，合理而丰富地产生”，也就是“要他们磨炼思想、培养感情”；这样在适当的境界中，儿童们受着“合宜的暗示或指导，自然要把思想弄一个清楚明白，让情感发抒得真切浓厚”，而“他们的话语留下痕迹来就是文章”。这里，叶圣陶清晰地阐释了儿童的“说话训练”与“能文”之间的关系。叶圣陶还建议，对于儿童的说话训练，教师们宜多“开源”，“许多批驳订正的功夫，在此不妨省却”。这就是说，要促迫儿童“尽量地向外发表”了，这是他们“能文”的先决条件。

笔者的结论是，只要在对儿童的教育教学中坚持发展表达能力——先口头后书面，把他们所说的话记录下来再修改成文章——“七岁能文”是可以期待的。这一实验，可以在当今贵州的基础教育改革创新中大胆尝试。

三、提供“变通鼓舞之机”是教育发展方向

其实，对于人的天资禀赋，我们固然承认各有差异，但田秋本人并不注重所谓“生而颖异”。田秋在《请开贤科以宏文教疏》中说“人性之善，得于天者，本无远近之殊；特变通鼓舞之机，由于人者，有先后耳。今设科之后，人益向学，他日云贵又安知不如两广之盛乎？”笔者认为，田秋在这里提示了两点：第一，他认为“人性之善，得于天者”，无远近之殊，差别不大，都是可造之才，关键是要向社会大众提供更多的“变通鼓舞之机”，便会“人益向学”；第二，提供了“变通鼓舞之机”，“人益向学”之后，人才之盛是可以期待的。让我们分别阐释。

一方面，我们要承认，人的天资禀赋各有不同，甚至千差万别，正如习近平总书记 2014 年 9 月 9 日在同北京师范大学师生代表座谈时所讲的“世界上没有两片完全相同的树叶，老师面对的是一个个性格爱好、脾气秉性、兴趣特长、家庭情况、学习状况不一的学生”。但另一方面，也要承认，人人皆可成才，皆可尽展其才，最终能实现人生出彩。从这一点说，田秋说“人性之善得于天者”无远近之殊。他在《请建婺川、安顺、印江学疏》中进一步认为：“人才之用，虽有多寡之殊，而赋予之自天，原无彼此之异，特以教化之所及，有先后浅深，而人才系之焉耳！”

这里实际有三层意思：第一，人之天赋秉性，就其能成才这一点而言，“原无彼此之异”，都可以成才，人生出彩；第二，人人最终能否成才，则系乎“教化”，“教化”、教育是人成才的必由之路；第三，人才所受到的教化之“先后浅深”又反过来决定了“人才之用”有多寡之殊，就是说，能否实现党的“十九大”报告提出的“努力让每个孩子都能享有公平而有质量的教育”，决定了国家人才作用的发挥。

在这里，笔者认为，最核心的还是要提供“变通鼓舞之机”，它应该成为当前教育改革的方向，也就是要尽可能向每个孩子提供适宜的教育机会。先看田秋眼中的“教育机会”。面对所处的时代，面对家乡“远在西南”而“文教未尽及”的“远方之民”，他首先要做的就是争取让朝廷在贵州本省“设乡试科场”以抡选俊才，因为这些“远方之民”，虽然“文教未尽及”，但也涵濡“列圣休明之治教”百五十余年，又“亲承皇上维新之化”，他们正如“在山之木，得雨露之润，日有生长”，早已今非昔比了；同时，这些远方人才如果仍赶去云南进行科举考试，则两省相距有三四千里之遥，且“盛夏难行，山路险峻，瘴毒浸淫，生儒赴试，其苦最极”，故而“边方下邑之士，望天门于万里，扼腕叹息欲言而不能言者亦多矣”。所以有待幸在侍从之列的田秋为皇帝陛下将此情陈报。而如果能“各设乡试，渐增解额”，则能“风励远人，使知激劝”，而云贵人才之盛或可“埒于中州”、两广。现在当然可以批评科举考试，甚至如毛泽东所言“中国历史上凡是中状元的，都没有真才实学，反倒是有些连举人都没有考取的人有点真才实学”（见 1964 年 7 月 5 日《毛泽东与毛远新谈话纪要》），但对于“远在西南”而“文教未尽及”的贵州“远方之民”而言，当务之急是要国家在贵州设科取士，在贵州启塾兴校、建学立师，把贵州纳入国家统一文教科考体系，鼓励贵州边方生民能“知激劝”，努力“向学”，日渐月化，达至人才兴盛。

现在教育改革创新则要设法提供更多的“变通鼓舞之机”，而不是近似于科举考试的统一高考。首先要遵循习总书记关于教育工作的指示，学生的秉性兴趣虽各个不同，但教师却不能“把学生分为三六九等”，而一定要平等对待每一个学生，尊重学生的个性，理解学生的情感，包容学生的缺点和不足，善于发现每一个学生的长处和闪光点，让所有学生都成长为有用之才；甚至对所谓的“差生”乃至问题学生，教师“更应该多一些理解和帮助”，因为教师“在学生心目中具有重要位置，老师无意间的一句话，可能造就一个天才，也可能毁灭一个天才”。

其次，要加快发展职业教育，培养多样化人才，传承技术技能，弘扬劳动光荣、技能宝贵、创造伟大的时代风尚，营造人人皆可成才、人人尽展其才的良好环境，培养高素质劳动者和技术技能人才；同时，深化体制改革，创新职业教育模式，坚持产教融合、校企合作，坚持工学结合、知行合一，尤其要加大对农村地区、民族地区、贫困地区职业教育支持力度，使职业教育成为青年成功成才的重要途径，努力让每个人都有人生出彩的机会。

最后，笔者认为，长久以来，学校教育——老师讲、学生听，然后做作业和答试题，主要是耳朵听、眼睛看、脑子想——过程中，往往导致学生“被灌输”，属于一个局限于课堂、书本的封闭系统，对所学的知识学生容易忘记，也很难得到实在感。所以，我们提出学校教育要发展同学们手脑并用、感官齐使的能力，就是让人脑与身体各种感官、动作相互配合的能力。这个思想是从物理学家吴有训所讲“对于实验的技术，手眼的训练”要“特加留意”的思想而来，他在1940年4月《关于理学院的一些看法》中提出，好些大学理学院“开了一些高调而空虚的功课”，若仅从“课程的名称”上看，中国的大学程度似已高于世界上任何大学，但“教者只是糊涂地教，学者只是糊涂地听，均在似懂非懂的微妙境地”，这对具有“谈玄”习尚的中国人“非常适合口味”，但这就“把科学的实验性完全忽略”了，“对科学仍是隔靴挠痒”。

当然我们的思想不限于吴有训所讲的“手眼的训练”、科学“实验的技术”，而是更进一步受到曾任美国哈佛大学校长达40年之久（1869—1909）的艾略特（Charles W.Eliot，1834—1926）所说“人的感官训练应成为教育的主要目标之一（*The training of the senses should always have been a prime object in human education*）”的启发。胡适《留学日记》1916年3月6日记载了“伊丽鄂（现译“艾略特”）论教育宜注重官能之训练”，他说“目之于视，耳之于听，口之于言，手之于众技”，皆属人之天赋材性，而“教育之宗旨”就在发展这些“人身所固有之材性”。胡适还认为“吾国旧教育之大病，在于放弃官能之教练，诵读习字之外，他无所授”。

我们认为，发展人脑与身体感官、动作相互配合的能力，可出三方面成果：一是美，二是发现规律，三是创造、制作。绘画、声乐、器乐、舞蹈、摄影、看电影……无不靠人的敏锐觉察（a keen perception）与视官、听官等身体感官和动作的协调合作，美育即在其中矣。即便体育运动，除“更快、更高、更强”外，主要还是展示身体动作的美。吴有训所讲科学“实验的技术”当然也靠艾略特所讲的精确观察与手工熟练（accurate observation and manual dexterity），它是验证知识、发现知识、创造知识的必经之路。

不过，按照1976年诺贝尔物理学奖得主丁肇中的说法，“会动手的人”并不一定就会做实验，因为实验的过程“需要有小心具体的计划。特别重要的，是要有一个适当的目标，以作为整个探索过程的向导。至于这目标怎样选定，就要靠实验者的判断力和灵感。一个成功的实验需要的是眼光、勇气和毅力”。但丁肇中重视动手、手脑并用，他说：“在今天，王阳明的思想还在继续地支配着一些中国读书人的头脑。因为这个文化背景，中国学生大部偏向于理论而轻视实验，偏向于抽象的思维而不愿动手。”

不消说，人脑与身体感官、动作相互配合的能力为我们创造和制作美好产品、提供最佳服务所必备。习总书记希望同学们“热爱劳动”，无论是体力劳动、脑力劳动还是运用科学原理和技术开展的复杂劳动，都涉及人脑与身体感官、动作的相互配合。能做得一手好菜，色香味俱佳，属于美好人生的一个方面。笔者曾在昆明一家超市看见卖鱼阿姨能动作娴熟地帮顾客捞鱼、称鱼、切鱼、包装鱼，我说这“动作娴熟”应让整日在学校守着课本和作业的学生习得；不是让他们日后也去卖鱼，而是借此进行“手眼的训练”。

李克强总理 2017 年 6 月 1 日在德国发表演讲称德国“发明创造众多，工匠精神蜚声世界，是公认的创新强国”。笔者认为工匠精神、发明创造也体现在德国拥有多达 1300 家、占全球近一半的“隐形冠军”企业，这得益于德国职业工人拥有人脑与感官、动作相互配合的能力、习性和传统，其中也有科技应用中的精确观察与手工熟练。中国推进大众创业、万众创新，当然需要发展这种能力、习性和传统。

四、“教化行则风俗美”

田秋在《请建婺川、安顺、印江学疏》说：学校，教化之本源；教化，王者之先务；教化行，则风俗美，可以措刑罚，可以寝干戈”。这实际上是在阐释文化具有以文化人的功用。党的“十九大”报告提出要发展面向现代化、面向世界、面向未来的，民族的科学的大众的社会主义文化，激发全民族文化创新创造活力，建设社会主义文化强国；这实际上也是基于文化具有“引领风尚、教育人民、服务社会、推动发展”的作用。田秋关心的是“教化行”，可以美风俗、措刑罚、寝干戈，说“贵州，边陲之地，每遇有警，未免用兵，而所费动以万计”，而习近平主席 2014 年 3 月 27 日在联合国教科文组织总部演讲中首先援引教科文组织总部大楼前石碑上的一句话“战争起源于人之思想，故务需于人之思想中筑起保卫和平之屏障”，说明现在要通过跨国界、跨时空、跨文明的教育、科技、文化活动，让和平理念的种子在世界人民心中生根发芽，让我们共同生活的这个星球生长出一片又一片和平的森林，因为“文明交流互鉴，是推动人类文明进步和世界和平发展的重要动力”。其实，中华文化具有强大的感召力和吸引力，也是因为其中的“以德服人、以文化人”，因为文化“有感染力，能够温润心灵、启迪心智”，谈文艺，就是谈社会、谈人生，最容易相互理解、沟通心灵。

五、“拭目以观文教之兴”

田秋给朝廷上疏，希望在贵州开科设乡试，为的是“宏文教”，说贵州一省“远在西南”，而远方之民“文教未尽及也”；他写《请建婺川、安顺、印江学疏》也是要“广文教”，称“垂白父老 ，拭目以观文教之兴；椎髻夷酋，皆有遣子入学之志”。明朝郭子章所作《布政使田秋传》述及朝廷于永乐年间“初设贵州，制度草创，且以远方文教未洽，故附乡试于云南”。是的，在中华传统文化中，文教并称，虽然现在政府的教育部门和文化部门分设。孔子是中国文化中的名人，也是大教育家。其实，即便到了 1949 年 9 月 29 日，《中国人民政治协商会议共同纲领》第五章也是专讲“文化教育政策”，文化教育并称。现在强调文化自信、建设文化强国，把“发展教育事业”置于保障和改善民生、加强和创新社会治理项下，在此基础上我们不妨有“文教一体”的思路，也就是从开发人的潜能、发展人的表达、传承古今中外文明成果并以之服务社会的思路，实现田秋所称的人民群众“拭目以观文教之兴”的愿景。

明代贵州首次开科问题综论

王 力[①]

摘 要：在解决了相关的政治、文教、经济问题后，贵州于嘉靖十六年首次开闱乡试。方志及乡试录等史料显示，虽然当年贵州有“凯口苗乱”，但并未对考试产生实质影响。其贡院建设、试题设计及考务管理皆中规中矩。从前后若干科的纵向对比中可以看出，开科后贵州士子中进士的比率总体呈上升趋势，表明开科对提升地区文化形象具有正面影响。

关键词：明代 贵州 乡试 开科

随着地域文化研究及科举学研究的深入，区域科举史的研究也渐为学界重视，正如李兵所言：“这些研究成果不仅可以使一些宏观性问题的研究更加深入、全面，而且还能使一个区域的科举发展演变史、科举人才的地理分布以及科举经费、科举习俗等更加清晰地呈现出来。”[②]嘉靖十六年（1537）八月，作为明朝第13个行省的贵州举行了建省以来第一次乡试，标志着当时所有行省都具有了独立开科的资格，也成为贵州历史上一个重要的事件，诸多史籍皆有记载，当今学界也有不少论著论及此事。但尚未有文章细述此科的具体情状及其在贵州科举史上的独特意义，本文将运用方志及乡试录等一手资料，试对其做出多角度的分析，不足之处尚祈方家指正。

贵州建省较晚，纳入科举版图的时间也晚，自永乐十一年（1413）建省至嘉靖十六年（1537）开科，中间有124年的漫长等待。其过程经历了几个阶段：（1）被允参加考试，洪熙元年（1378）时朝廷命“贵州所属有愿试者于湖广就试”[③]，议事者似乎对贵州有无应试者并不确定，语气中有怀疑意味。《皇明贡举考》云：“想未有愿试者，到此始令就试也”[④]，亦从侧面印证了这一点。（2）被允附云南参

① 王力：贵州民族大学文学院副教授。

② 李兵：《清代两湖南北分闱再探》，载《历史档案》，2013年第1期。

③ 《明宣宗实录》卷九，明仁宗洪熙元年九月乙卯，台北“中央研究院”历史语言研究所影校本，第245页。

④ 张朝瑞：《皇明贡举考》卷一之“取士之地”，见鲁小俊、江俊伟校注《贡举志五种》，武汉：武汉大学出版社，2009年，第39页。

加乡试。宣德二年，“上命就试云南”[①]。与就试湖广相比，这一政策有两大进步：一是考点更近，二是地方政府开始以行政方式有组织地争取考试权利。（3）上疏力争开科。贵州官员前赴后继不断上奏朝廷，力陈开科之利，史籍所记就有邓廷瓒、张淳、焦俊、钱钺、汤沐等人多次题请，但得到的批复只有两种，一是驳回申请，二是以增加云贵解额来安抚。直到贵州进士田秋上《请开贤科以宏文教疏》，在各项条件都已成熟的情况下，成为压起杠杆的最后一根稻草，终于获得朝廷首肯。[②]

一、影响开科的因素及其改善与解决

从历次的申请和批复来看，影响开科的因素有如下几项：（1）政治影响。主要涉及朝廷的边疆治理问题。（2）地方的文教水平。包含学校设置的普及程度、生员数量、考生的应试水平之类。可据以考查者有举人的会试成绩、乡试中试者所治专经是否五经俱全等。（3）地方经济能否应付考试开支。包括地方财政是否有财力建造贡院和支付考务费用等。

主管科举的礼部在批准贵州开科之前的部分回复涉及政治影响问题，无论是“旧制不可轻改”[③]，还是“今若再另开科，重增解额，诚恐南北直隶、浙江等布政司一概比例奏请，竞事纷更”[④]，都未直接回答贵州是否有能力开科的具体问题。贵州官员不断奏请，礼部则在进行了唯一的一次调研后，很快改变口风，大赞贵州“文教渐洽，遐方绝域，人才日盛”，且“省城南隅空闲分司，堪立贡院”，“财力未为不敷”[⑤]，官方态度的变化说明朝廷已重视贵州开科的政治影响，为开科奠定了良好的舆论基础。

随着建省日久，贵州的文教水平方面也不断提高。弘治十二年（1499）贵州巡按张淳的奏疏中便提道“贵州学校至二十四处，生徒至四千余人，前科赴云南乡试者逾四百之上，且每科中经魁并前列者往往有之”[⑥]。从现存的乡试录看，云

---

① 《明宣宗实录》卷二十八，宣德二年六月己未，台北“中央研究院”历史语言研究所影校本，第741页。

② 关于这段历史，学界多有论及，如刘范弟《贵州首次乡试述略》（《贵州文史丛刊》1997年第4期）、安国士《田秋与贵州开科乡试》（文史天地2003年第8期）、段志凌和赵文红《明代云贵乡试合科始末》（《临沧教育学院学报》2003年第4期）、张思源《独立开科前的明代贵州科举》（《兰台世界》2011年第28期），论述最详者则是汪维真《明代乡试解额制度研究》第五章“云贵乡试的合分及其解额的变动”（社会科学文献出版社2009年版，第194—256页）。

③ 《明孝宗实录》卷一五三，弘治十二年八月戊子条，台北“中央研究院”历史语言研究所影校本，第2703页。

④ （嘉靖）《贵州通志》卷五《公署》，天一阁藏明代方志选刊续编，上海：上海书店，1990年，第633、第635页。

⑤ 俞汝楫：《礼部志稿》卷七十三《科试备考·解额·贵州设科解额》，文渊阁四库全书本，第220—221页。

⑥ 《明孝宗实录》卷一五二，弘治十二年七月丁丑，台北“中央研究院”历史语言研究所影校本，第2690—2691页。

贵合闱时期贵州士子一般能保证每科一人以上进入前五名，如弘治十二年（1499）的第四名周希谦（兴隆卫学生，治《春秋》）、正德二年（1507）的第五名张嵩（宣慰司学生，治《春秋》）、嘉靖元年（1522）的第五名何清（普安州学生，治《礼记》）、嘉靖十年（1531）的第五名孙衣（清平卫学生，治《礼记》）、嘉靖十三年（1534）的第三名谢宠（永宁宣抚司学生，治《礼记》）①，说明贵州士子在考试中具备一定的竞争力。

经费方面，独立开科自然要地方政府承担相关开支。两省合试期间，贵州也承担一定费用，弘治七年（1494）时朝廷奏准“云南贵州乡试进呈录称云贵乡试录。贵州量助钱粮，以备云南供给”②。可知当时格局为云南主持，贵州给予经费补助。嘉靖九年（1530）田秋的题请中就提道“贵州一省远在西南，科场附云南，生儒赴试最苦，议者皆病于用拙。故不敢辄议开科，不知贵州虽附试云南，而举人坊牌之费、鹿鸣之宴皆自办也。今所加者，不过三场供给试官聘礼耳。镇远、永宁等税，岁不下数百两，只此足用。”③由这则资料来看，两省合科时并非各承担一半费用，而是贵州只承担中试者的部分费用。坊牌费是官府赏赐给考中举人者建立牌坊的费用，鹿鸣宴是地方长官为中试者举行的庆功宴，二者都产生于发榜之后，可知考试之前的许多费用皆由云南政府承担。独立开科要增加的开支项目是试官聘礼，田秋认为单是镇远、永宁等地每年数百两的税收已足够开支。需要指出的是，田秋只提到了举人坊牌之费、鹿鸣之宴、试官聘礼三种费用，事实上明代的乡试费用远超三种，并非田氏不懂，实为淡化困难所采取的宣传策略而已。沈榜的《宛署杂记》中所记万历十九年（1591）顺天乡试费用颇详，其大类即包括“乡场修理贡院，上下马宴，品物盒担，内供给饮馔品物，正补办家火，赁办厢长家火”④等，总计费银三千两百六十五两六钱二分六厘四丝七忽，贵州考生人数不及顺天，但首次开科尚需营建贡院之费，所费又远超修理贡院。礼部委托贵州方面进行勘察，预算“建立场屋、号房与前后厢房、厅堂、考官、巡按二司止宿处所，受卷、弥封、誊录、对读、收掌试卷、巡绰、搜检、供给等所，巡风官军贴宿等房，合用木料、周围墙垣、木石、匠作工食共该白银二千四百一十九两三分。聘取考官礼物、铺陈、全用器皿什物并供给、生员及各供事官员廪给、下程吏承门厨、各色匠作、

① 分别见于《弘治十二年云贵乡试录》《正德二年云贵乡试录》《嘉靖元年云贵乡试录》《嘉靖十年云贵乡试录》《嘉靖十三年云贵乡试录》《嘉靖十六年贵州乡试录》《嘉靖二十五年贵州乡试录》《嘉靖三十一年贵州乡试录》《嘉靖三十四年贵州乡试录》《嘉靖四十年贵州乡试录》《万历四年贵州乡试录》。《嘉靖十年云贵乡试录》见于屈万里编《明代登科录汇编》，台北：台湾学生书局，1969年；其余见于《天一阁藏明代科举录选刊·乡试录》，宁波：宁波出版社，2010年。

② 《正德会典》卷七十七《礼部三十六·学校二·科举·乡试·事例》，文渊阁四库全书本，第744页。

③ 《黔记》卷三十《文武科第表》，万历刻本。

④ 沈榜《宛署杂记》卷十五《经费下·乡试》，北京：北京古籍出版社，1980年，第154—162页。

皂隶、监军饭食、小录红卷纸笔、朱靛等项，共该白银一千二百五十九两六钱九分”[①]，共需三千六百七十八两，而当时贵州丰济库积余银两仅为三千二百五十七两有零，尚不敷本省之用，况言其他。而吴维岳《贡院记》云：“算所需金：营建，三千四百有奇；校试，一千二百有奇”[②]，总数达四千六百余两，所缺更多。但贵州官员充满信心地表示“合用钱粮，动支库贮无碍银两，亦应够用，则于钱粮未为不及也”[③]。同时，部分乡贤的捐资也起到了重要的补充作用（如田秋捐资购田地，以租谷充作试卷费）。在各方努力下，经费问题最终得以顺利解决。

二、考试场所的建设

乡试考试场所即贡院，其建造要解决两个问题，首先是场地，其次是经费。早在弘治十二年（1499）贵州巡按张淳上疏时就提及场地问题，“本城内旧有公馆一座，地势轩敞，少加葺补，堪作试院”[④]。贵州方志中都将贡院的建造归功于监察御史王杏，正是他在嘉靖十四年（1535）上疏奏请建设，后来则又主持了贡院的筹划。贡院将地址选在了治城的西南角，有研究者认为明清贡院的选址多考虑如下因素：“占风水之吉地”“择交通之便利”“借城中之活水”“借旧时之公署”“与商市之结合”[⑤]。从（嘉靖）《贵州通志》中的地图看，贵州贡院紧临贵阳城的西南城门，紧临城门则便于士子出入，可谓“择交通之便利”，南面临河，若无城墙围绕，当是三面环水，可谓“借城中之活水”，且“贡院建在城南，其水小河穿桥，西出富江，环城东注；其山笔峰峭直，天马排空。皆苍翠可掬，诚焕然嵬然矣”[⑥]。

贵州贡院的基本布局如下：“中为明远楼、至公堂，后为天监堂。堂之东西为誊录、受卷、弥封、对读四所。堂之后为内帘，有门，扁曰桂香；深处有堂，扁曰文衡。左右列屋为考官阅卷之所。至公堂左为监临，右为提调、为监试，前为文场。场之前为门三重。供给所在三门外，而延会、搜检、巡绰则又居于天开文运门内之左右。”[⑦]若以功能做区分，牌坊、大门、二门、三门及延会、搜检、巡绰所属于候场区域，“天开文运门”便是上书“天开文运”四字的牌坊，是士子排队点

① （嘉靖）《贵州通志》卷五《公署》，天一阁藏明代方志选刊续编，上海：上海书店，1990年，第631—633、第635—636页。

② （万历）《贵州通志》卷二十一《艺文志》第18册，日本藏中国罕见地方志丛刊，北京：书目文献出版社，1990年，第504页。

③ （嘉靖）《贵州通志》卷五《公署》，天一阁藏明代方志选刊续编，上海：上海书店，1990年，第631—633、第635—636页。

④ 《明孝宗实录》卷一五三，弘治十二年七月丁丑，台北“中央研究院”历史语言研究所影校本，第2690—2691页。

⑤ 马丽萍：《明清贡院建筑》，南京：东南大学出版社，2013年，第34—45页。

⑥ 王来贤：《新修贡院号舍记》，见《黔记》卷十七《学校志下·贡院》，万历刻本。

⑦ （嘉靖）《贵州通志》卷五《公署》，天一阁藏明代方志选刊续编，上海：上海书店1990年，第631—633、第635—636页。

名等候的聚集场所。号舍与明远楼属于考试区域，前者是一人一间的考试答卷之所，后者则是官员瞭望监控之处。至公堂及外提调、外监试两厅，誊录、受卷、弥封、对读四所皆归外帘办公区，天监堂和考官阅卷之所都属于内帘办公区。吴维岳《贡院记》赞其格局规整，“贡院广堂崇楼，与帘内外；雠文供事诸廨舍，邃后轩前，左右翼次并如格。而石梁横门，堂宾笔嶂，尤擅具瞻之雅。”无论是建筑布局还是功能区域的划分，都与他省贡院相似，无怪乎当科主考涂勋在乡试录序中赞其“整整如故事”。其特殊之处在于号舍不用砖石，而以木制，在贵阳这种林木众多的地区，以木建房有取材的便利，一般也比砖石更节省费用，但其缺点也比较明显，木头会随天气变化而变形，火灾的隐患也很大，一旦失火易致人员伤亡。当科并未发生火灾，考试正常进行，但至万历二十二年（1594）时，地方官达成意见，认为木制号舍有其缺陷，应当以砖石易之。因为木制号舍不仅“每年一修，费夥而工巨”，而且“试毕收藏，复虞火患，收藏所不尽者，悉为假馆者薪之”。① 号舍只在考试时才会使用，木制者易于拆卸，倒也有方便之处，但一来贮存需要空间，看管需要人工，二来也有防火之累，三来贡院有住宿区，有时会承担往来接待的任务，成为非考试时段的官方招待所，那些没拆完的木制号舍有时会被住宿的人当柴烧。因此号舍以木建造实为权宜之计，并非长策。嘉靖十六年（1537）时号舍的数量史无明文，万历二十二年（1594）修整后“计所得号舍则一千五十余间”，而嘉靖十六年（1537）、嘉靖二十五年（1546）、嘉靖三十一年（1552）、嘉靖三十四年（1555）、嘉靖四十年（1561）、万历四年（1576）的考生数分别为800人、1100人、1200人、1200人、1000人、900人②，以常情推测，号舍数量应多于当科考生数量，那么嘉靖十六年（1537）至万历二十二年（1594）间贵州贡院号舍的数量可能在900—1300人。

三、考试题目

此科的两位主考官员都是福建人，主考是晋江人涂勋，时为江西广信府弋阳县儒学教谕，副主考是闽县人王诰，时为江西建昌府广昌县儒学教谕，分别为嘉靖十年（1531）和嘉靖七年（1528）的贡士。试题严格按照朝廷规定，第一场考四书题三道五经题各四道，第二场考论诏诰表各一道、判五道，第三场考策论五道。

据《嘉靖十六年贵州乡试录》记，其四书题为“事君敬其事而后其食”“舜其大孝也与，德为圣人，尊为天子，富有四海之内，宗庙飨之，子孙保之”“乃

① 王来贤：《新修贡院号舍记》，见《黔记》卷十七《学校志下·贡院》，万历刻本。

② 分别见于《弘治十二年云贵乡试录》《正德二年云贵乡试录》《嘉靖元年云贵乡试录》《嘉靖十年云贵乡试录》《嘉靖十三年云贵乡试录》《嘉靖十六年贵州乡试录》《嘉靖二十五年贵州乡试录》《嘉靖三十一年贵州乡试录》《嘉靖三十四年贵州乡试录》《嘉靖四十年贵州乡试录》《万历四年贵州乡试录》。《嘉靖十年云贵乡试录》见于屈万里编《明代登科录汇编》，台北：台湾学生书局，1969年；其余见于《天一阁藏明代科举录选刊·乡试录》，宁波：宁波出版社，2010年。

若其情，则可以为善矣，乃所谓善也”，分别出自《论语·卫灵公》《中庸》《孟子·告子上》。五经题中“易”题为“直其正也，方其义也，君子敬以直内，义以方外，敬义立而德不孤”“刚上而柔下，雷风相与巽而动，刚柔皆应”“易无思也，无为也。寂然不动，感而遂通天下之故”“天地设位圣人成龙”。“书”题为“食哉惟时，柔远能迩，惇德允元，而难任人，蛮夷率服”“终始惟一，时乃日新”“不作无益害有益，功乃成，不贵异物，贱用物，民乃足，犬马非其土性不畜，珍禽奇兽不育于国，不宝远物，则远人格，所宝惟贤，则迩人安”“克知三有宅心，灼见三有俊心，以敬事上帝、立民、长伯”，分别出自《虞书·舜典》《商书·咸有一德》《周书·旅獒》《周书·立政》。“诗”题为“六月食郁及薁，七月亨葵及菽。八月剥枣，十月获稻。为此春酒，以介眉寿。七月食瓜，八月断壶。九月叔苴，采荼薪樗，食我农夫。九月筑场圃，十月纳禾稼。黍稷重穋，禾麻菽麦。嗟我农夫，我稼既同，上入执宫功。昼尔于茅，宵尔索绹。亟其乘屋，其始播百谷”“乐只君子，民之父母。乐只君子，德音不已”“芃芃棫朴，薪之槱之。济济辟王，左右趣之”“武丁孙子，武王靡不胜。龙旂十乘，大糦是承。邦畿千里，维民所止。肇域彼四海”，分别出自《豳风·七月》《小雅·南山有台》《商颂·玄鸟》。“春秋”题为“郑伯以璧假许田”“公及齐侯宋公陈侯卫侯郑伯许男曹伯会王世子于首止”，“冬十有一月，晋侯使荀庚来聘，卫侯使孙良夫来聘，丙午及荀庚盟，丁未及孙良夫盟”“春，齐国书帅师伐我”，分别出自《桓公元年》《僖公五年》《成公三年》《哀公十一年》。“礼记”题为“天子祭天地、祭四方、祭山川、祭五祀，岁遍”“师也者，教之以事而喻诸德者也。保也者，慎其身以辅翼之而归诸道者也”“将适公所，宿斋戒，居外寝，沐浴。史进象笏，书思对命。既服，习容观玉声，乃出，揖私朝，辉如也，登车则有光矣”“礼乐之情同，故明王以相沿也。故事与时并，名与功偕”，分别出自《曲礼下》《文王世子》《玉藻》《乐记》。

第二场中“论”题为“先王以道治天下”；“诏诰表”题为“拟汉定振穷养老之令诏”“拟唐加左仆射房玄龄太子少师诰”“拟宋作迩英延义二阁写《尚书》‘无逸’篇于屏群臣贺表”；“判语”题为“官员赴任过限”“入户以籍为定”“禁止师巫邪术”“承差转雇寄人”“诈欺官私取财”。

第三场“策”题因其过长，兹不尽录，值得注意的是其第五道是一个关于贵州的时务策，其内容为：“问事之在天下，有可支持于一时而难免祸于将来，名为治平无忧，而实有大可虑者，不可不逆为之所也。试以贵州言之，夫环贵州皆苗夷也，苗夷为中国患久矣，但人情狃于暂安，而不知难以长治。今当思所以制御之可也，不知制御之方果何在与？昔人有蛮夷畏爱至为立庙者，有一介闻谕即时引还者，有抚绥劳来得远人心者，有谕降大酋人无二心者，不知今亦可以为昔人之所为与？又或者谓上策莫如自治，不知自治之方果安在与？抑其任当在将领，其责当在土官，其具当在兵与食，此尤所宜急者，不可不有以处之也。诸生有志用世，其为我推本末，计久远，执事者愿与有闻焉。”题目以居安思危的态度提出如何治理贵州少数民族的问题，在控制与自治之间应如何抉择？在发生凯口苗乱的当年以此发问，可谓紧扣地方政务。此类题目并非当科才有，现存云贵乡试录中即可见类似的地方时务策，如弘治十四年（1501）云贵合试的策论第三道问云南政事，正德二年（1507）云贵合试的策论第五道问云贵之教化，嘉靖十三年（1534）云贵合试的策论第五道问治滇之道，但此题的意义在于其为第一道专论贵州的时务策，此后接续不断，今可见者有嘉靖二十五年（1546）第三道、嘉靖三十一年（1553）第五道、嘉靖三十四年（1556）第五道、嘉靖四十年（1562）第五道、万历元年（1573）第五道、万历四年（1576）第五道[①]，这也是独立开科所带来的影响之一。

四、录取情况的的纵向比较

这一科中式人数为25人，具体情况见下表：

名次	姓名	参试身份	所治经书	科举成绩及影响
1	浦仲良	乌撒卫学生	礼记	贵州解元第一人
2	莫　侔	清平卫学生	诗	
3	陈嘉兆	思南府学生	书	
4	刘时举	铜仁府学生	易	《人物志》有传
5	王　炯	清平卫学生	春秋	进士
6	李文弼	普定卫学生	诗	
7	陈嘉略	安庄卫学生	书	《人物志》有传
8	黎　宇	宣慰司学生	易	
9	姚大英	乌撒卫学生	春秋	《人物志》有传
10	闻　贤	永宁宣抚司学增广生	诗	进士
11	狄应期	兴隆卫学生	书	《人物志》有传
12	王　珮	宣慰司学增广生	易	《人物志》有传
13	胡志学	永宁宣抚司学生	诗	
14	刘志美	普定卫学生	书	
15	蒋宗鲁	普安州学增广生	易	进士，《人物志》“总部”有传
16	桑育贤	永宁宣抚司学生	礼记	
17	潘维岳	宣慰司学生	诗	《人物志》有传
18	胡　资	安庄卫学生	书	
19	雷鸣阳	永宁宣抚司学增广生	易	
20	姜　潮	思州府学训导	诗	
21	项文纪	普定卫学增广生	书	
22	张友仁	宣慰司学生	易	
23	张鹤年	普安州学生	诗	
24	潘静深	普安州学生	易	
25	陆天衢	都匀府学生	诗	《人物志》有传

① 分别见于《弘治十二年云贵乡试录》、《正德二年云贵乡试录》《嘉靖元年云贵乡试录》《嘉靖十年云贵乡试录》《嘉靖十三年云贵乡试录》和《嘉靖十六年贵州乡试录》、《嘉靖二十五年贵州乡试录》、《嘉靖三十一年贵州乡试录》、《嘉靖三十四年贵州乡试录》、《嘉靖四十年贵州乡试录》、《万历四年贵州乡试录》。《嘉靖十年云贵乡试录》见于屈万里编《明代登科录汇编》，台湾学生书局1969年版；其余见于《天一阁藏明代科举录选刊·乡试录》，宁波出版社2010年版。

说明：

1. 是否有传是衡量士人影响的一个角度，此科举人传记皆未入《明史》，故以地方志考查之。上表中《人物志》指民国《贵州通志·人物志》，为贵州诸志中传记资料最丰富者。

2. 表格信息参考天一阁藏《嘉靖十六年贵州乡试录》。

25人中卫学生有10人，说明当时军籍考生所占比重仍较大，成绩也相对优异。就所治专经看，治《易》者7人、治《书》者6人、治《诗》者8人、治《礼记》者2人、治《春秋》者2人，说明是科考生所治五经俱全。25人中进士者3人，比率为12%，并不及此前宣德十年（1435）、正统三年（1438）、正统六年（1441）、景泰元年（1450）、天顺三年（1459）中举者最终中进士的比率，因此并不能得出此科举人在会试中成绩明显进步的结论。

单就考试成绩而言，开科前后的录取率是考察其长期效应的一个方面。当科的考生数为800余人，中试25人，录取比例在3.1%左右，与之前之后若干科相比，略低于合闱时期，而又略高于之后的大部分考试。具体情况列表如下：

科 份	参试人数	中试人数	录取比率（%）	资料来源
嘉靖十年	两省共1400	55（贵州21人）	3.9	《嘉靖十年云贵乡试录·序》："合千四百有奇……凡五十五人。"
嘉靖十三年	两省共1500	55（贵州21人）	3.67	《嘉靖十三年云贵乡试录·序》："所选士一千五百有奇，三试之，取中式者五十有五。"
嘉靖十六年	800	25	3.1	《嘉靖十六年贵州乡试录·序》："所选士八百有奇，三试之，获俊者二十五人，遵制数也。"
嘉靖二十五年	1100	30	2.7	《嘉靖二十五年贵州乡试录·序》："士凡千一百有奇……取士三十人。"
嘉靖三十一年	1200	30	2.5	《嘉靖三十一年贵州乡试录·序》："所选士千二百人……"
嘉靖三十四年	1200	30	2.5	《嘉靖三十四年贵州乡试录·序》："所选士一千二百人……所得士三十人。"
嘉靖四十年	1000	30	3	《嘉靖四十年贵州乡试录·序》："所选士一千有奇……得俊三十人。"
万历四年	900	30	3.3	《万历四年年贵州乡试录·序》："所选士九百有奇……拔其优者三十人。"

之所以低于以前，应是分闱以后考生数增幅大于解额增幅所致，此前贵州的参试人数基数较低，从以前合试的情况看，即便云贵考生人数均等，贵州人数最多也仅有750人，考虑到赴考难度不同，贵州的实际人数应该低于平均数。前述

张淳奏疏所云弘治十一年（1498）贵州考生人数为400余人，较之开科时的800余人，几乎相差一半，而当年贵州额数为19名，与本科之25名仅差四分之一左右，因此导致录取率下降。而此后诸科的增减情况却又与前相反，录取率下降也属正常。

单以举人录取率计算难以看出贵州考生在全国的竞争力变化情况，更有分析价值的是举人考中进士的比率。若以此科为分野计算此前此后的每科平均中进士数，则可得出如下结论：

	会试次数	进士总数	平均每科中试人数
开科前 （宣德五年至嘉靖十四年）	38	30	0.79
开科后 （嘉靖十七年至崇祯十六年）	36	75	2.08

从更长的时间看，清代共举行会试112科，贵州进士总数622人，平均每科5.55人，虽然有人口基数变大、乡试解额增加、会试分南北中卷等因素的作用，但可以看出，开科后贵州士子中进士的比率总体呈上升趋势，或许从侧面表明独立开科对提升地区文化形象具有正面影响。

五、贵州时局及朝野各方反应

据《黔记》所记，嘉靖十五年（1537）冬的闰十二月，省城贵阳发生了火灾，因为缺乏详细的记载，难以确知其破坏程度，但从后来吴维岳和王来贤关于贡院的记述看，至少贡院这个开科的核心场所并未遭到破坏，这也避免了贵州首次独立乡试便出师不利。

嘉靖十六年（1538）对贵州影响最大的地方事件就是“凯口苗乱”，即在都匀凯口屯发生的少数民族动乱事件。据《世宗嘉靖实录》记载：“贵州都匀界中夷酋王阿向者世据凯口囤，屡为不靖，官司不能制。至是发兵攻平浪，抚镇官招之不下，事闻，诏集兵剿之。于是巡抚陈克宅调土汉官军三万，以去年十月中集囤下，其地绝险，贼即其要害，立弩楼叠石防守，攻三月有余不克。”① 阿向是当地的苗王，其先世为土官，其官被王仲武的先人所夺，后来阿向不愤就与王仲武争印煽乱，并与其侄子阿四一起占据了凯口屯。官府多次征讨皆因地形险峻而失败，后来用逐个消灭和离散其援兵的战略，并采用雨夜偷袭的战术破其据点，终于将其剿灭。但巡抚陈克宅对苗民采用的高压政策使阿向的世仇王仲武借机起事，“仲武因诸夷失业，阴遣人招复，旋科索之，诸苗怨望，私推阿向余孽王聪、王佑、

① 《世宗嘉靖实录》卷一八七，嘉靖十五年五月甲戌，台北“中央研究院”历史语言研究所影校本，第3960页。

朱免等为主谋，纠合黑苗，复攻据前屯”①。苗民来势极猛，“乘雨夜袭破诸营，生执参将李宗佑，指挥陈佐、周钟，并百户军舍等三十余人”，导致镇压阿向动乱有功的总兵杨仁、巡抚陈克宅俱被革职，后来在都御史汪珊的指挥下，集众多汉土兵于屯下，全力进剿方平其乱。

此事在《明实录》、《明纪》、《明鉴》及贵州明清多部通志中均有记载，就民国《贵州通志·前事志》所引情况看，又有焦维章《平凯记》、田汝成《炎徼纪闻》诸作有记，但时间不一，阿向起事之始即有嘉靖十四年（1536）、嘉靖十五年（1537）、嘉靖十六年（1538）之说，但从《世宗嘉靖实录》“嘉靖十六年六月丁卯”条来看，当时“诏贵州总兵官李彰等统湖广保靖宣慰司土兵一万及酉阳、清浪等处土、汉官军五万讨之”，应该在当年六月时此事仍未平定。而从实录的“嘉靖十六年九月乙巳”条所记的“贵州凯口苗平，赏都御史汪珊等银币有差”及《嘉靖十六年贵州乡试录·序》“又以凯口弗靖，偕都督佥事李璋暨诸文武戮力底定，疆埸敉宁，士得忻踊赴试”之语来看，至迟在当年九月底以前乱已被平，但很有可能八月仍在乱中。

乡试在八月举行，而考生往往要提前赶到省城，在动乱未息的月份赴试，人身和财产安全会受到威胁。值得庆幸的是，战争地点并不处于贵州最重要的交通干线——黔滇线上，多数考生仍可正常赴考，这对贵州考务形象的塑造有相当积极的影响，万一出现考生大面积弃考的情况，则可能因首次开科人数偏少而引发礼部对贵州应否开科的怀疑，从而影响到此后诸科的举行。事实上，凯口苗乱所直接影响到的仅有都匀府南部的几个地方，如平洲六洞司、丰宁司、独山州等，涉及的学校很少。而都匀府虽然距动乱处不远，但其位于凯口、平浪的北边，入省城不用经过此两处，因此可能并未受到实质性的影响。府学生陆天衢以第二十五名中试，也从侧面证明都匀府确有生员赴考。

就朝野各方的反应来看，朝廷方面的反响是例行公事式的，主要是因为在礼部看来，这不过是选士地点的一个小小调整，合闱分闱皆其职责所在，并无特别意义，况且此前已有湖广、广东广西的分闱及辽东改附顺天的前例，所以后来的国史中仅有简略的记述。记述较多的是当年的乡试录，主考涂勋和副主考王诰分别撰写的《嘉靖十六年贵州乡试录·序》和《嘉靖十六年贵州乡试录·后序》中盛赞开科之事，称其“猗欤盛哉！百七十余年旷典也”，黔士之文则“大抵皆中闳外肆，膏沃光烨，而穷理博古，识时务之学，无不具也”，并特别指出此科诸事“类皆草创，无不整整如故事”，这既是套话，也是实情，但其目的却在颂扬皇上文德之隆，“皇上主一所敬，尽制尽伦，以锡极于四方，四方象之，越十五年矣，千万里外无不于变震叠”。

影响最大的当然是贵州官民，对官员而言，不仅是多年争取得来的胜利，更是现实可见的政绩，其记述多充满兴奋之情。吴维岳《贡院记》云“岁临丁酉，火丽金方，运属贵州”，认为这年是贵州的幸运年份，而“放榜会有龙见之祥”

① 《贵州通志·前事志》（点校本）第二册，贵阳：贵州人民出版社，1987年，第249—250页。

则被颂扬为独立开科试士的“翱翔豹变，彬彬以升”所致，身为浙江人的吴维岳亦于嘉靖十六年（1432）参加当地乡试，“时竞传言贵州开科事，辄内喜”，这种喜悦或有读书人相惜的情感在内。而吴氏同时也认为开科是贵州划时代的盛事：“贵士生今日，共际熙运，沐浴润泽，专途而进，恢誉四方，固宜争相濯磨，自庆遭逢踰两生甚远，而思勗成于济济峩峩之列也哉！”郭子章《黔记·大事记》中嘉靖十六年仅记事两件，其中之一便是“秋八月，省城龙见”，除去其中的谀圣意味，这种呈报祥异的行为本身也包含着对朝廷的感激和对贵州前途的憧憬。清代的贵州方志则皆以开科为地方文教盛事，言及者必颂其大振士心之功。而此后贵州与他省科举成绩的差距日渐缩小，不唯乡试解额加增，会试中试者也越来越多，至清末终于出现以赵以炯、夏同龢两位状元为代表的大批优秀科举人物，后世所有成绩的取得与开科的激励作用是分不开的。

承“黔中砥柱”古辉煌　谱首郡教育新篇章

安　铀[①]

在距贵州省德江县城东30公里乌江潮砥滩边一巨石上，横书阴刻“黔中砥柱”四个大字，每字约0.3平方米，其前后有竖书小字题款，每字5厘米，前款为“甲申岁孟春月吉旦”，落款为“西麓田秋题”。四周刻有一条长方形单线边框，字体全系楷书，拙朴苍劲。

上述石刻为贵州省教育先贤明代田秋的唯一石刻手迹，被列为省级文物保护单位。说起田秋，还需在史海钩沉。

据史料记载，田秋（1494—1556），字汝力，号西麓，明朝贵州思南府水德司（今思南县）人。出身仕宦书香门第，幼读书用功，聪敏过人。明武宗正德五年（1510）十七岁时中云南乡试举人，正德九年（1514）二十岁时入朝考取进士。明世宗嘉靖元年（1522）任福建延平府推官，嘉靖六年（1527）任直隶河间府推官，次年授户科给事中，嘉靖九年（1530）授礼科左给事中，嘉靖十五年（1536）先后任吏科左给事中、户科都给事中、福建布政司参政，嘉靖十八年（1539），升任四川按察使，次年再升任广东布政使。嘉靖二十年（1541）六月，惊悉两子会试不第相继丧于京城的消息后，万分悲痛之中辞职还乡。后在家乡办学，嘉靖三十五年（1556）去世，时年六十三岁。著有《西麓奏议》和许多诗词。

田秋是明时思南进士中的高官厚爵，值得一提的是，他为贵州教育做出了巨大的贡献。

从唐朝始，开科取士就影响着全国各地文化教育的发展。“春风得意马蹄疾，一日看尽长安花”写出了登科的喜悦；范进中举，喜极而疯。科举制一举改善读书人的政治地位及生活水准，“万般皆下品，惟有读书高”是当时人们的普遍观念。科举促进了当时社会一定的发展和进步。

可是在“夜郎自大”的贵州，科举制的发展就不可与两湖、两广等相提并论了。因为贵州属于荒蛮地区，山高水远，沟壑纵横，交通不便，人们的生产力生活水平较低。少数民族遍布，语言不一，教育进程一直比较缓慢，影响力较小。史料记载，从明朝永乐到嘉靖十三年（1534），贵州生员的科考一直附于四川、湖广、广西、云南等省。贵州各地到湖广武昌、云南昆明，至少千里之遥，更不用

---

① 安铀：思南县文家店中学。

说宋濂在《送东阳马生序》所述的“当余之从师也，负箧曳屣，行深山巨谷中，穷冬烈风，大雪深数尺，足肤皲裂而不知。至舍，四支僵劲不能动，媵人持汤沃灌，以衾拥覆，久而乃和。寓逆旅，主人日再食，无鲜肥滋味之享。同舍生皆被绮绣，戴朱缨宝饰之帽，腰白玉之环，左佩刀，右备容臭，烨然若神人；余则缊袍敝衣处其间，略无慕艳意。以中有足乐者，不知口体之奉不若人也”之“求学之坚、求师之难”，仅仅参加考试之地就拒人于千里之外。

而在当时的明朝，没有现在便捷的航空、铁路及高速公路，除了河运，只有建设得并不标准的驿路，经常行走的赶马人翻越一座哀牢山都要十天半月，作为来自乌江河岸的土家书生田秋对于远赴云南参加乡试最有切身感受，他风餐露宿、跋山涉水赴云南参加乡试，见证了贵州莘莘学子参考之艰辛。为了能改变贵州这一落后现状，在嘉靖九年（1530），田秋以身说法，伏阙上疏，为贵州自举乡试全力争取。他向嘉靖皇帝呈上不朽的《请开贤科以宏文教疏》。其曰：“贵州一省，远在西南，未设乡试，须附云南科举，盖因永乐设省，制度草创，且以远方之民，文教未尽及也。今涵濡圣治，百五十余年，远方人士正如在山之木得雨露之润，日有生长，固非昔日之比。开科盛举，正有待于今日。贵州至云南，相距两千余里；思南、永宁等府卫至云南有三四千里。而盛夏难行，山路险峻，瘴毒浸淫，生儒赴试，其苦最极。其间有贫寒而无以为资者；有幼弱而不能徒行者；有不耐辛苦而返于中道者；有中冒瘴毒而疾于途次者。此皆臣亲见其苦，亲历其劳，今幸叨列侍从，乃得为陛下陈之。边方下邑之士望天门于万里，扼腕叹息欲言而不能言者亦多矣。臣尝闻国初两广亦共一科场，其后各设乡试，渐增解额，至今人才之盛埒于中州。臣以为人性之善，得于天者，本无远近之殊，特变通鼓舞之机，由于人者有先后耳。黔省设科之后，人益向学，他日又安知不如两广之盛乎？开科之后，请于旧额之上，量增数名，以风励远人，使知激劝，则远方幸甚。”

田秋的《请开贤科以宏文教疏》，叙述议论结合，倾情诉请，言辞谆谆，为大明朝廷重视，其请被提上了大明朝廷的议事日程。嘉靖十四年（1535），朝廷正式批准贵州开科。嘉靖十六年（1537），贵州首次乡试于贵阳隆重举行。

因为田秋的执着，黔中得以开闱乡试；也因为田秋的执着，贵州教育得以快速发展。

“十年树木，百年树人”，几百年前的田秋就有先知。他发现，由于他的上疏，朝廷在贵州开闱乡试，但是，还得有参加乡闱的学子，才能不负朝廷的开闱之举。可是，学子又只能通过学校教育，而当时的贵州学校教育的现状不容乐观。

一段时间内，贵州仅有官学20余所。教育发展速度落后，师资匮乏，校舍简陋，办学规模小，设施不全。只是部分人得到真正的教育。针对这种情况，朝廷的天恩不能泽及黔中万民。教育的落后制约了贵州人口素质的提高和区域文化的进步，影响了贵州民族地区的经济发展和社会变迁。

鉴于此，田秋利用担任礼部左给事中、侍经筵官的有利条件，向嘉靖皇帝上了《请建婺川、安顺、印江学疏》，请求在贵州少数民族地区广设州县官学。

他在疏文中总结了贵州教育在朝廷重视之下的发展情况，同时提出了普及教育的重要性和必要性。如："婺川县为黔南古邑，擅砂场之利，有鱼稻之饶，商贾辐辏，民庶殷实，士生其间者，类多向学，而登科第者往往而有。"

在他的努力下，明朝廷又接受了他的疏请，加大了对贵州教育校舍、师资等相关资源的投入，自嘉靖十九年（1540）建立婺川县学起，明政府在贵州各州县相继设立了儒学校。到明朝末年，贵州的府州县卫司学发展到了50余所，初步建立起了形式多样、门类较为齐全的学校教育体系。至此，贵州教育出现了大发展的良好局面。

由于田秋的建议，贵州开科，贵州教育大发展，人才大量涌现。据资料记载，到了明代末，贵州有进士137人、举人1759人，同时贵州逐渐全面融入以中原为引领的人文生活。

田秋，嘉靖皇帝赞颂他"以谏为名，宦守言责实兼有之"。作为思南人，捐资购地、变卖谷物，行于贵州教育，情系乡梓办学。

在田秋身体力行的引领下，思南政治经济不断发展，社会文化不断进步。（嘉靖）《思南府志》所描述的"儒教渐兴，人文日盛，登科入仕者，盖彬彬矣"，应是当时思南府文化教育发展的生动写照。而思南之所以能够昂首崛起，成为乌江明珠、黔中首郡，在很大程度上得益于田秋博大的人文关怀。

思南县位于铜仁市西部，地处武陵山腹地，为乌江流域的中心地带，东与国家级自然保护区梵净山毗邻，南与石阡县接壤，西与遵义共界，北经乌江至涪陵可达重庆。全县地域面积2230.5平方公里，总人口68万，是一个汉、土家、苗、仡佬、蒙古等18个民族聚居之地。

思南历史悠久，源远流长。汉末置县，元设宣慰司，明清建府，民国设专员公署。司、府、署历经1700多年。得乌江航运之便，自古商贾云集，经贸繁荣，是乌江中下游地区商品集散地、政治经济文化中心，为贵州开发较早的县份之一，素有"黔东首郡"之称。

思南因江而起，因江而兴，悠悠乌江水，孕育了思南深厚的教育文化底蕴。隋唐时代，即开设学塾，元代增设私塾并设儒学书院。思南人才辈出，明清两代共考中进士36人、举人321人，近有旷继勋、肖次瞻等革命先烈。

思南县委、政府历来高度重视教育工作，全面贯彻党的教育方针，大力实施"科教兴思，人才强县"战略，不断深化教育教学改革，全力推进教育"9+3"、新"两基"工作，注重统筹各级各类教育规模、质量、结构、效益的协调发展，努力促进教育公平，实现城乡义务教育基本均衡发展。

思南中学是贵州省高级中学中首批省级重点中学、首批省级示范性中学、首批省级课改实验校本校。创建于1904年4月，时名思南府官立中学堂。现是中南大学、北京交通大学、大连理工大学、中国地质大学、西南政法大学、国防科技大学多所名校优质生源基地，是名副其实的思南教育龙头。

她古朴、典雅，文化底蕴深厚，教学设施齐全，教师安居乐业。近200名教职工中就有国字号教师10多人，省、市、县特级教师、优秀教师、省级骨干教师等70多人。

建校百年来，为祖国培养了近5万名毕业生，莘莘学子遍及世界各地。特别是2000年以来，保持了连续14年高考成绩居铜仁市第一的记录。2009年创高考7人考取清华、北大的记录，高考本科上线率一直保持在95%左右，重点大学上线率一直保持在50%左右。先后荣获全国教育系统先进集体、全国教科文卫体先进基层工会等，受到各级表彰130多次。

思南中学“与时俱进，敢为人先”“任重道远，立志成才”“稳健求实、厚积薄发”继往开来，为提高山区思南的教育教学质量“开拓进取，求实创新”竖起了一面鲜艳的模范旗帜。

塘头中学因为卓著的业绩成为全省办在农村乡镇的省级二类示范性高中；思南民族中学、许家坝中学也成为铜仁地级示范性高中；思南中等职业学校2008年通过省级重点中等职业学校评估验收，2010年3月被教育部批准为国家级重点中职学校，2012年被列入全国342个“国家级中等职业教育改革发展示范学校”；初级中学思南三中、唐乔中学及塘头小学都已具备相应的办学规模。

据2016年统计，全县共有各级各类学校345所（含教学点），其中：幼儿园95所（含民办65所）、小学208所（含初级小学及教学点）、特殊教育学校1所、初级中学30所、九年一贯制学校4所（含民办1所）、高中6所（含民办1所）、中职学校1所。全县学生总数128351人，其中：学前教育21741人、小学47149人、特教185人（小学生165人、初中生20人）、初中32638人、高中22825人、中职3813人。全县教职工总数9033人（公办7780人、民办1253人），其中：幼儿园教育职工1431人（含兼任教师315人，民办园教职工899人），小学教职工3413人（含兼任教师397人）、特殊教育教职工35人、初中教职工2215人（含兼任教师370人）、九年一贯制学校教职工222人（含民办学校教师67人、特岗教师13人）、高中教职工1526人（含民办学校教师287人）、中职教职工191人。

虽然从数据显示思南教育业绩辉煌，可是笔者觉得在社会不断发展、进步的路上，思南教育的摊子较大，教育投入与我国东部发达地区相比，存在很大的差距，称为教育大县尚可，说教育强县则需要一段时间及具备更高的发展水平。

思南地处遵义、铜仁两个地级城市中心节点，杭瑞高速与沿榕高速在思南县城十字相交，贵州第一大江乌江穿城而过，规划建设中的石阡至湄潭、合兴至聚凤省际高速公路和遵义至吉首、涪陵至柳州铁路也将过境思南，思南县城距黔北机场仅16公里，思南通用机场建设已被列入省级规划。思南是铜仁西部区域中心，乌江流域的中心区域，已成为武陵山经济协作区、黔东经济圈、黔北经济圈的节点城市，黔东北大通道和乌江生态经济走廊的枢纽城市，环梵净山“金山角”文化旅游创新区的重要支点城市。

思南有贵州省最大的，同时也是地球上同纬度地区迄今发现的发育最好、生态环境保持最佳、保存最完整、出露面积最大的极具科普性和观赏性的连片喀斯特天然石林，还有温泉、腾龙峡风景区及全国第十七大湖泊白鹭湖等名胜。

思南区位条件优越，各项经济社会发展指标位居全市前列，资源优势突出，特别是在铜仁西部五县和乌江中心流域具有极强的辐射带动作用。2013年7月9日，铜仁市政府以“铜府呈【2013】101号”文件将思南撤县设市专题上报到省政府。2013年11月4日，省政府以“黔府呈【2013】59号”文件将思南撤县设市专题上报到国务院。2013年到2015年，思南县委、人大、政府、政协主要领导及分管负责同志与县民政局先后五次到省民政厅专题汇报思南撤县设市工作，得到了省民政厅领导和有关处室的大力支持和精心指导。

从思南发展情况看，思南撤县设市是“万事俱备，只欠东风”，指日可待。不能不让思南所有教育人大为欣喜，因为撤县设市后能让中小学全面教育得到更好的发展，但同时撤县设市更需要思南教育的办学、管理整体水平达到一个更高的高度。

思南县委、政府高屋建瓴，当然注意到了这一点，早在2013年，就决定打造思南县城乡学校发展“共同体”，建设全省首个县级教育园区。目前，县级教育园区正在如火如荼的建设之中，思南中学新校区将在2018年秋季投入使用。此外，正在加快推进乌江职业学院建设，全力打造乌江边上唯一一所大学。

智慧山水，学在思南，思南县教育部门也在同苏州帮扶市教育部门同步推进课改，抓实抓牢阳光体育运动、“4+2，2+1”活动、研学活动、“9+3”工作，比学赶帮，全面减负、提质、增效，践行新形势下的思南“教育梦”。

“乌江滩连滩，十船九打烂。”自古以来，古道整治与纤道开凿从未停止过。光阴似箭，流年逝水。中华人民共和国成立后，潮砥江心滩石被炸平，水位陡降，实现上下直通的同时，也荡平了一道亮丽的人文景观。曾经狮吼虎啸的壮观美景，也无法凸显。2013年7月，明正德年间田秋挥毫写下的“黔中砥柱”石头也因乌江沙坨电站库区蓄水被淹。2014年5月18日，中央电视台《远方的家》栏目组也只能在水中记录“黔中砥柱”的画面。

虽然贵州教育先贤田秋已逝远，石刻手迹“黔中砥柱”亦没于江中，但是沸腾的乌江永远不会忘记他推动贵州教育的初心，更不会忘记他助推思南教育的伟绩。

田秋曾经以其手迹“黔中砥柱”表明了他的人生追求，今朝乌江边的思南教育人正在他的光耀下铸就新的教育风流。

黔中千里乌江，不息奔腾浩荡；首郡田秋遗风，永远光芒绽放！

田秋教育思想的历史贡献及时代价值

李守明[①]

田秋（1494—1556），字汝力，号西麓，贵州思南府（水德江，今思南县城）人，出身仕宦书香门第。正德五年（1510）中云南乡试举人，正德九年（1514）考取进士，曾任户科给事中、福建布政司参政、四川按察使、广东左布政使等职。田秋为官20年，不仅居官廉洁奉公，直言敢谏，刚正不阿，功德卓著，政绩斐然，而且“情牵乡梓，心系教育”。在贵州奏请朝廷单独开科取士，朝廷两次拒批的时间节点上，直言敢谏，于嘉靖九年（1530）上《请开贤科以宏文教疏》，奏请在贵州设考场开乡试。嘉靖十四年（1535）明朝廷正式批准。嘉靖十六年（1537）贵州正式设考场开乡试，一改贵州有识之士近40年向朝廷疏奏未果的愿望。田秋还疏奏《请建婺川、安顺、印江学疏》等，推动贵州兴办州县学校，对于推动贵州教育文化事业的发展，做出了历史性贡献。

一、田秋上疏贵州开乡试科场的贡献

在我们中国选拔官吏的历史上，科举考试，是我国君主时代通过考试选拔官吏的制度，始创于隋炀帝大业二年（606），形成于唐，延续至清末，历时1300多年，对我国政治、经济、教育都产生过重大影响。[②]

明代贵州建省前，没有推行科举考试制度，朝廷开科取士没有名额。经黔北统治播州的杨价向宋朝上奏，结果获得岁贡3个名额。南宋嘉熙二年（1238）戊戌科，播州所贡的冉从周首中进士，这是贵州历史上的第一位进士。南宋时期贵州黔北共有8人中进士。至元代，由于教育事业呈下降趋势，中进士者仅有杨朝禄一人。[③]

贵州于明代初年才推行科举考试制度，生员附四川考试。永乐十一年（1413）贵州建省后，亦未设立乡试，洪熙元年（1425），朝廷诏令贵州生员就试湖广，宣德四年（1429），改附云南考试。洪武年间，中进士者仅有赵仕录一人。[④]由于贵州生员附邻省考试，路程近者两千里，远者三四千里，极为不便，对贵州经济社会、文化教育事业的发展影响很大。为此，贵州地方官吏不断向朝廷上奏，请求贵州

① 李守明：贵阳市政协文史和学习委员会原主任、贵州省史学会副秘书长。

② 孔令中：《贵州教育史》，贵阳：贵州教育出版社，2004年。

③ 孔令中：《贵州教育史》，贵阳：贵州教育出版社，2004年。

④ 孔令中：《贵州教育史》，贵阳：贵州教育出版社，2004年。

单独设立考场开科取士。弘治七年（1494），“贵州守城”上奏请求在贵州开科，“增解额以激人心”。朝廷以“旧制不可改”为由予以拒绝。弘治十二年七月（1499年8月），巡抚贵州监察御使张淳、镇守贵州总兵官东宁伯焦俊先后向朝廷上奏，请求在贵州单独设立科场，开科取士，朝廷仍以“旧制不可轻改”为由予以否决，不同意在贵州开科取士。[①] 读书人只能在省内参加府、县院试考秀才，要参加乡试考举人，先要到四川，然后去湖广，再到云南，长途跋涉，历尽艰辛，花费很多钱财，而考上者很少。洪熙元年（1425），就试湖广一科，全部落榜，没有一人考上。宣德四年（1429），又试云南首科，贵州只考上一人。[②] 这对开发贵州人才，发展贵州教育极为不利，影响了贵州人才开发和贵州经济社会、文化教育的发展。

直至嘉靖九年（1530），进士出身的贵州思南府城人田秋以亲身体验，又向朝廷呈送了《请开贤科以宏文教疏》，提出明朝两京（北京、南京）12省（当时全国包括贵州在内只有十三个省）“各设乡试科场以抡选俊才”，“惟贵州一省远在西南，未曾设有乡试科场，止附云南布政司科举”，以致贵州人才不能脱颖而出，“边方下邑之士望天门于万里，扼腕叹息，欲言而不能言者亦多矣”。并说明永乐年间，因为贵州初建省，“制度草创”文化也不发达，附外省乡试是必要的。嘉靖时期贵州建省已110余年，文化教育已有很大的发展，具备了单独开科取士的条件，“开科盛举，正有待于今日也”。他还列举了两广（广东、广西）亦共一科场，其后各设分乡试，渐增解额，至今人才之盛埒于中州。他说“人性之善，得于天者，本无远近之殊”，今设科之后人益向学，他日云贵又安知不如两广之盛乎？贵州距云南路途遥远，近者二千里，远者三四千里，交通困难；贵州附云南考试的经费实际上是贵州自己负担，贵州独立开考后经费增加不多，贵州完全可以自己解决。“旧额二省共五十五名，云南三十四名，贵州二十一名，开科之后，二省各于旧额之上量增数名，以风励远人，使之激劝，则远方幸甚。”明廷将田秋的奏章交礼部讨论，礼部的意见认为“云贵合试已久，贵州赴试生儒往返艰苦，单独开科势所不免”。朝廷还将田秋的奏章交巡按御使贵州巡抚王杏勘议，王杏支持田秋的建议，于嘉靖十二年（1533）向朝廷如实上疏。朝廷又将王杏的奏疏交礼部讨论，礼部认为：“贵州文教渐洽，人才日盛，科不乏人，近年被翰苑台谏之选者，往往文章气节与中原江南才俊齐驱。”[③]

贵州从弘治七年（1494）开始请求单独开科取士，经过有识之士40年的奏疏，尤其是田秋疏奏后，于嘉靖十四年（1535）八月批准，并于嘉靖十六年（1537）丁酉科与云南正式分开考试，以后科额也逐年有所增加。贵州开科考试，并增解额，是贵州教育史上的一件大事，这和田秋的努力是分不开的。田秋还带头出资并倡导士绅捐款买卷田，以解决历届儒生考试缺钱买试卷的问题，减轻了考生的负担。

① 林开良：《贵州教育溯源》，贵阳：贵州人民出版社，2006年。

② 林开良：《贵州教育溯源》，贵阳：贵州人民出版社，2006年。

③ 林开良：《贵州教育溯源》，贵阳：贵州人民出版社，2006年。

故明代首科至清末废除科举制度的360多年间，贵州历届考试乡试都不自买试卷。[1]这亦是田秋之功。

二、田秋推动州县兴办学校，影响了贵州与黔东

田秋不仅促成明朝廷在贵州开科考试，而且还积极推动贵州兴办州县学校，为促进贵州和黔东的文化教育发展做出了贡献。

嘉靖年间，田秋在京城等地做官，情系桑梓，心中不忘家乡的文化教育，他主张在贵州省州、县兴办学校，上奏写了《请建婺川、安顺、印江学疏》，推动贵州省府、州学、县学、卫学的兴办与学宫的设立。

田秋推动贵州省州、县兴办学校，旨在贯彻明廷重视文化教育的主张，使贵州跟上时代的步伐。明王朝在贵州建省后，为加强对贵州的统治，除武力征服外，还把发展教育事业作为巩固其统治的手段，特别是加强了对直接统治贵州的土司继承人和派驻贵州军队官兵及其子弟的教育非常重视。田秋抓住朝廷重视贵州教育的契机，针对贵州只有府学、卫学，没有州学、县学的问题，向朝廷呈交了《请建婺川、安顺、印江学疏》，曰："自古圣王皆致谨于庠序之教，有由然也。我太祖高皇帝即位之明年，即谕中书省臣以学校之事，必欲去元室之陋，回淳古之风……列圣相承，教法益备，虽山陬僻县莫不有学。惟贵州一省制度草创，止有府卫建学而州县尚无。百年以来，修养生息之余，似乎富而未教，一方山川之秀，诚为郁而未舒。兹幸圣人在御，百度惟新，鸿化溥洽，迩者以台谏进言，礼官上请，准于贵州设科取士，远方士子无不感戴天恩……臣生长其地，见得婺川县为黔南古邑，擅砂场之利 有渔稻之饶，商贾辐辏，民庶殷实；士生其间者类多向学，而登科第者往往而有，只以离府五日山行，就学不便。……臣愚以为婺川县宜立县学一区，又安顺州设有普定卫，其地上通云南，下接湖贵，实西南都会之所，号为多才，科目相望，而该州亦未有学，臣愚以为安顺州亦宜建学一区。又印江县离府虽无百里之程，而有三江之隔，夏秋盛涨未免病涉，且其邑多才，足以自成一学……果如臣言，照州县建学立师。庶菁莪之化不间于一方，遐远之才咸沾乎乐育，边方幸甚，生民幸甚！"[2]田秋的奏疏，言之有理，引起朝廷的重视，朝廷先后在贵州各府、州、县建了一批学校。据（民国）《贵州通志》统计，从明初至明末崇祯三年（1630），全省共建学校47处。清代贵州教育事业比明代有更大发展。明末清初，贵州全省府、州、县都设有学校，全省共计66所，其中清代所建学校有37所。

田秋《请建婺川、安顺、印江学疏》奏准后，三地文风大盛。婺川在明正统九年（1444）至清光绪十一年（1885）441年间，中进士4人，举人82人。申祐为甲科进士，正统九年（1444），年仅19岁，官拜四川道监察御使。明军在土木堡（今河北怀来县境）被瓦剌军围击，明军伤亡过半……为使英宗皇上安全，年

① 孔令中：《贵州教育史》，贵阳：贵州教育出版社，2004年。

② 《贵州通志·人物志》，贵阳：贵州人民出版社，2001年。

仅24岁的申祐穿龙衣出征诱敌遇难，史称“土木堡之变”。代宗景泰元年（1450），表烈士“人孰无死，惟死于国事者为至荣也，特追赠其文林郎”。明万历三十三年（1605），39岁的李英才中贵阳举人，见朝政腐败，社会动荡，立志培育子女成才，办起了家学，进行家教，五个儿子先后考取举人，人们称“一门五子登科”。其中，长子官至四川马湖府知府，四子官至思州教授，五子官至麻哈（今麻江）州正学、安顺府教授。①

安顺明初设立卫学，明中叶和清初设府学和县学、书院和义学，私塾出现于清代。万历三十一年（1603），安顺州升为安顺府，次年普定卫学升置安顺府学，随后府学、州学、县学逐步兴起。清康熙七年（1668）建先师殿、两庑、戟门、棂星门、明伦堂、启圣祠等一批文化设施，以后历届知府重修和增建，促进了安顺的文化积淀。安顺无论古代还是近现代，文风兴盛，商贾兴旺。明朝普定卫（治今安顺市）考取进士8人，举人143人；清朝安顺府普定县（治今安顺市）考取进士20人，举人169人。②近现代涌现出革命家王若飞，教育家黄干夫、黄齐生、任可澄等，商界巨富帅灿章等也出自安顺。

印江兴办县学，文风蔚然兴起。除兴办县学之外，康熙二十七年（1688）建有龙津书院（近奎书院，依仁书院）。印江在清朝考取进士3人。光绪十五年（1889）严寅亮中举后任清朝廷官学教习，兼国子监南学斋。严寅亮以书法著称于世，北京“颐和园”三字是严题写。印江成为书法之乡。当代出了一个外交部副部长戴秉国。

明清两代除在各府、州、卫、县兴办官学之外，还积极鼓励官办和私办书院，对办学有绩者，朝廷给予奖赏，或加官晋爵。清政府积极鼓励地方官吏、绅士办学。对办学有功者，官吏可以加封，绅商给予花红、匾额鼓励。为此，地方官吏和绅士积极办学，兴修书院。贵州全省府、州、厅、县都建有书院，全省共建书院130余所。此外，社学、义学和私塾创办形成风气。明弘治十八年（1505），仅贵阳城附近就有社学24处，习学儿童700人，近郊社学少数民族子弟入学者近百人。贵州兴办义学较为普遍。其中清代贵州各府、州、厅、县兴办义学共计240所。③

黔东受田秋教育思想和兴办学校的影响，绅士及有识之士兴办学校、书院、社学、义学较为普遍。贵州建立最早的书院是南宋绍兴年间黔东沿河司的鸾塘书院。明代于石阡建有明德书院，于铜仁建有铜仁书院，思南建有斗坤书院、为仁书院、大中书院。清康熙三十八年（1699）建有安化、龙泉、铜仁学校；嘉庆四年（1799年）建松桃厅学事。清代思南府所属州、厅、县建有14个书院。④在明清时期的科举制度中，现铜仁市下辖的10个区县中进士81人。其中铜仁县25人，思南县18人，德江县12人，印江县5人，石阡县14人，玉屏县6人，松桃厅1人。

① 《务川仡佬族苗族自治县志》，贵阳：贵州人民出版社，2001年。

② 《安顺市志》，贵阳：贵州人民出版社，1995年。

③ 孙令中：《贵州教育史》，贵阳：贵州教育出版社，2004年。

④ 孙令中：《贵州教育史》，贵阳：贵州教育出版社，2004年。

在明清统治者的提倡引导和田秋教育思想的影响下，黔东地区官绅创办学校、书院、书屋蔚然成风。继田秋之后的思南人李渭（1514—1598）在云南参政任上回乡，建立书院，传授王阳明“仁”学，开一方学风，培养了一批如江西赖嘉谟、徐云从、李家三子（李廷谦、李廷言、李廷鼎）、思南三贤（罗国贤、罗廷贤、罗明贤）和萧重望、胡学礼、冉宗礼、田惟安等弟子，其中赖嘉谟，萧重望中进士，分别官至四川左参政、都察院佥都御史；罗氏三贤和李廷谦中举人。[①] 李渭三子继承父业，著书立说，传教一方。田秋和李渭的教育思想影响了思南邻近的印江、婺川学风。据德江县政协文史资料和该县枫香溪镇新坪村李氏家谱记载，同治七年（1868），四川原候补参军、恩科进士李少坡见“家乡地方山川绵亘、文化未开，立志以己之力使地方日渐开化、人才辈出”。他出资约众督工，在当时思南府印江县袁家湾之东修建凭依书屋。书房共五间，房前屋后有古树六棵，树龄数百年，树干直径达 6 米，书屋墙右的枫香树最大，树干中空成洞，可容纳一张小方桌。每到春夏之季，古树郁郁葱葱，浓荫遮地，真是一个理想的学习环境。自凭依书屋修建后，少坡先生又在安衙铺（少坡先生居住地）修建“从忠书屋”，在上坝修建“养正书屋”。少坡先生不仅出资修建三座书屋，更重视选择良师，当年在凭依书屋教书的先生都具有进士、贡生、举人等学衔，其中有李少坡先生的好友明经进士陈小凡先生。名师出高徒。一次，陈先生所教的学生去思南府应考，8 人考中 7 人。因此凭依书屋名扬附近州、县，邻近各县学生县试不第者，纷纷负笈来此就读。就连四川酉阳、秀山和贵州的沿河等县的学生也纷纷来此寄读，甚至有父子同门者，真可谓极一时之盛。少坡先生还为书屋购买了学田 50 多丘，年收田租 40 余石，学田收租作为师资补贴及书屋维修之用。此学田的租谷自清同治年间一直收到民国二十九年（1940）。1941 年清查田亩时，袁家湾划归德江县管辖，凭依书屋学田在德江县境内，德江县将学田作无主处理。凭依书屋后改为袁场完小，现为袁场中学所在地；从忠书屋发展为鱼塘小学；养正书屋发展为上坝小学。[②]

嘉靖三年（1524）田秋奔父丧居德江守制期间，曾在乌江潮砥滩（现德江县境）一巨石上镌题“黔中砥柱”四字，激励后生奋进。嘉靖十年（1531）奔母丧，守制期间，主修《思南府志》，为研究思南、德江、印江、务川、沿河五县历史，提供了可贵资料。[③]

三、田秋教育思想的历史意义及时代价值

田秋作为明代的教育家和贵州文化教育的先贤，在他生活和为官的年代，在当时明朝统治及贵州建省的大时代里，从所见所闻的实践中，形成拥护朝廷，热爱家乡，“情牵桑梓，心系教育”，关心家乡人才培养的“乡愁”情怀，其历史

① 张新民等：《贵州：传统学术思想世界重访》，贵阳：贵州人民出版社，2010 年。

② 《历史经验与后发赶超——贵州建省 600 年论文集》，贵阳：贵州民族出版社，2014 年。

③ 《德江县志》，贵阳：贵州人民出版社，1994 年。

意义重大，时代价值深远。

（一）《请开贤科以宏文教疏》获准，在贵州单独开科取士，因而参加乡试的人数增加了，范围扩大了，给读书人创造了更多的登上政治舞台的机会。与此同时，录取举人的名额增加了，从与云南分设考场、单独开科取士第一次的25名，增加到后来的40名。从贵州建省至明末，全省中举人者，共计1738名，举人名额增多，使更多的人得以进京参加会试。开闱科考至明末107年，进京参加会试者即达75人。以后更是人才辈出，清朝267年，贵州中进士者，竟多达641人。[①] 更多的人通过科举走出贵州，在全国发挥影响，进一步增强了贵州和全国在政治、经济、文化等方面的交流，从而促进了贵州自身的发展。这与田秋紧跟时代步伐，与时俱进，坚持实事求是，敢进真言，摆事实，讲道理，据理力争的大无畏精神是分不开的。这种精神不仅在当时难能可贵，就是在当今也有其重要的现实意义。

（二）田秋不唯书，不唯上，重求实，向朝廷进言，争取明朝廷对贵州教育的重视，不仅促成贵州开闱取士，而且促进贵州州、县办学，普及贵州府、州、县、厅卫学的教育，这在当时对贵州省的兴学重教起到促进作用，对于当今科教兴国，科教兴黔，科教兴县也具有现实意义。回顾我国的历史，任何朝代，都将教育摆到重要位置，但有的地区发展快，有的地区发展慢，关键是如何抓住机遇利用政策，俗话说："会叫的孩子有奶吃"，对国家的政策该争的要争，该要的要要，并认真加以落实，效果是不一样的。

（三）田秋在朝廷和省外做官，"情牵桑梓，心系教育"的"乡愁"精神，是中华优秀传统文化美德的体现，是任何朝代都提倡的精神。一个人无论职位高低，职业异同，爱国情怀不能忘，热爱家乡、建设家乡的感恩"乡愁"不能舍，古人能做到，当代人更应顺应时代潮流，弘扬中华优秀传统文化和传统美德，力所能及地为家乡经济社会发展和科教文化事业贡献应有之力。

① 《贵州教育史》，贵阳：贵州教育出版社，2004年。

师德素养是教师职业理想的翅膀

——以田秋教育思想为启示

卢 娅[①]

摘　要：历史文化名人大多在过去的文化教育中做出了杰出的贡献，他们虽然已离我们而去，可他们卓越功绩早已名垂青史。如何让他们的教育理念在现在体现出更大的价值，成了现在所需探讨的重要问题。如何让地方教育越办越兴旺，成了现在每一个为人师者的重大责任。

关键词：师德素养　田秋　地方教育

“师德”，顾名思义，就是指教师的品德。“品德”，一词的内涵非常丰富，而为人师表者的品德，至少应包含高度负责的敬业精神，传授知识、培养能力的科学态度，对教育对象的真诚关爱。所谓师德素养，就是指对教师职业道德的综合素质评价，要从“德”中体会到献身教育事业的无比快乐和自豪。从偏重业务能力、专业文化的学习到认识到师德的重要性和必要性。教师的一言一行及教育质量将直接影响到学生今后综合素质能力的提高。人们将教师比作“园丁”，那是很贴切的，可以这样说，什么样的教师就培养什么样的学生，育人之本，关键在于师德。

一、田秋及其教育功绩

田秋（1494—1556），字汝力，号西麓，明朝贵州思南府水德司（今思南县）人。出身仕宦书香门第，幼读书用功，聪敏过人。明武宗正德五年（1510）十七岁时中云南乡试举人，正德九年（1514）二十岁时入朝考取进士。明世宗嘉靖元年（1522）任福建延平府推官，嘉靖六年（1527）任直隶河间府推官，次年授户科给事中，嘉靖九年（1530）授礼科左给事中，嘉靖十五年（1536）先后任吏科左给事中、户科都给事中、福建布政司参政，嘉靖十八年（1539），升任四川按察使，次年再升任广东布政使。嘉靖二十年（1541）六月，惊悉两子会试不第后相继丧于京城的消息后，万分悲痛，方寸迷乱，遂辞职还乡。后在家乡办学，直

① 卢娅：三道水乡幼儿园。

到嘉靖三十五年（1556）去世，享年六十三岁。

田秋居官廉洁奉公，直言敢谏，刚正不阿，功德卓著，政绩斐然。他革除滥支皇室膳食费的内府监，清理浪费资财的光禄寺，裁减太常寺过多的人役，酌削御马监冗重开支，规劝皇帝不要因兴建天地坛而劳民伤财。云南镇官大施虐政，朝廷鞭长莫及，京中官员不敢过问，他具奏弹劾，等等。田秋的最大业绩是关心家乡文化建设，最早提出在贵州兴办州县学校，在贵族开科取士。明成祖永乐十一年（1413）贵州建省，在以后的120年间，因为没有乡闱，很多读书人都要到千里之外的云南去应试，除少数富贵家庭之外，很多贫寒之士是无能为力的。因此埋没了很多人才。

田秋力主贵州开设乡闱，明世宗嘉靖九年（1530），他向皇帝上《请开贤科以宏文教疏》，奏请在贵州开设考场、开乡试。嘉靖十四年（1535），获得朝廷批准。嘉靖十六年（1537），贵州首次开科，初定解额25名。开科本省，节劳省费，向学者日益增多，从此贵州人才四起，直追中原。嘉靖十年（1531），他还上了《请建婺川、安顺、印江学疏》，也得到了批准，三地相继办起了学校，为贵州教育事业的发展做出了贡献。田秋能诗，擅长书法，思南潮砥有石临官道，高数尺，上镌“黔中砥柱”四字，为田秋于嘉靖三年（1524）所书。

二、田秋对地方教育的贡献

（一）田秋上疏开乡闱

嘉靖十六年(1537),贵州经明朝廷批准,举行了第一次省级科举考试——乡试,这是贵州文化教育史上的一件大事。促成这件大事的是明朝教育家、广东布政使、思南人田秋。他向明朝廷打报告，要求在贵州省单独组织科举考试，兴办州县学校，为贵州人才的大量涌现创造了有利条件，在贵州历史上写下了浓墨重彩的一笔。嘉靖八年（1529），时任吏部给事中（相当于中央组织部的处长），专门负责规谏、驳正和稽核六部百司之事的田秋，向嘉靖皇帝写了个报告——《请开贤科以宏文教疏》，列举了各种理由，要求在贵州省独立开闱乡试，认为“两京十二省，各设乡试科场以抡选俊才，登之礼部，为之会试……所以人才辈出……唯贵州一省，远在西南，未曾设有乡试科场，止附云南布政司科举”，以致人才不得脱颖而出。

据（乾隆）《云南通志》和《贵州通志·选举志》记载，宣德壬子（1432）科之前，每科乡试贵州不过取中1人而已，但云南此时每科取中举人之数，少则十几人，多则五十几人。壬子科以后，贵州虽然中举人数有所增加，最多时达21人（正德庚午科，1510年），但仍只能占云南的二分之一。这就使得明代贵州独立开闱乡试前的一百六七十年间，贵州考中进士的仅27人，而云南同期则高达92人，是贵州的三倍多。这期间，思南府辖二县四司考中进士的只有田秋和申祐两人。这种极为悬殊的差距，自然要引起贵州读书人的不满和有识之士的忧虑。田秋认为：“国初两广亦共一科场，其后各设乡试，解额渐增，至今人才之盛，埒于中州。臣窃以为人性之善，得于天者，本无远近之殊，特变通鼓舞之机，由于人者，有先后耳。今设科之后，人益向学，他日云贵又安知不若两广之盛乎？”意思是：（明朝）建国初期，广东广西也共同设置一个科举乡试考场，后来分开各自设置乡试考场，录取名额逐渐增多，到现在涌现的人才之多，和中原各省相等。我私下认为人性的善良与否，从父母那里遗传继承得来的本就没有远近的不同，只有从别人那里得到教育鼓励的机会有先后的差别。现在设置考场之后，人们会更加热爱学习，谁又能肯定今后云贵人才不如两广多呢？

他的大力主张，引起嘉靖皇帝的重视，命令巡按御史王杏调研后提出方案。终于，嘉靖十四年（1535），明朝廷“命云南四十名，贵州二十五名，各自设科”（《世宗嘉靖实录》）。嘉靖十六年（1537），贵州正式开始设置考场进行乡试。这在贵州历史上是值得大书特书的大事。

教育之不发达与政治开发的迟滞落后有很大关系。早在春秋战国时，云贵高原就建立了夜郎等国家，巴国、楚国、秦国对贵州地区也先后进行了开发建设，在此设立了黔中郡等地方政府；到了汉、晋、唐、宋、元等时代，贵州地区分属四川、湖广、云南等省级政府管辖，中央先后分别设立了郡、州、路、司、府等地方政府对其进行管理，而这些州郡路司长官职务多由当地土著民族首领担任，但他们大多不重视教育。如明朝初年贵州地区的四大土司之一——思南宣慰使田宗鼎的政策。就是：“虽有学校，人才不得科贡。”直到明代洪武年间，贵州各地仍分属湖广、云南、四川、广西四省，直到永乐十一年（1413），中央政府才在贵州、思南、思州三大土司的土地上，单独设置了省级政府——贵州承宣布政使司，贵州作为一个独立省份的基础才由此奠定。

这件事对于贵州人才的成长是一大福音。一方面，随着单独设省，中央政府加强了对贵州的统治，贵州和全国的联系更为密切，人员交往增多，汉族地区先进的生产技术和思想文化传入贵州更为便捷，为教育的发展奠定了较好的基础；另一方面，随着改土归流后各级地方政府的建立，大批汉族知识分子纷纷进入各地府、州、县当官，各级官学以及书院、私塾等公民办学校也纷纷建立，积极推动了教育事业的发展。在建省前，贵州地区仅有16所官办学校，到明朝末年，全省各类官学已发展到80所。贵州教育不发达的局面由此开始改观，为人才的成长提供了较为便利的条件。

（二）作为具有里程碑标志的大事，田秋上疏开乡闱的意义

首先，降低了普通老百姓送子读书的成本，提高了群众关注教育的积极性。谁都知道，读书、考试是有成本的，就是到了现在，基础教育已经高度普及了，但社会各界人士捐助贫困孩子读书的报道，仍然占据了报纸、电视、网络等新闻媒体的大量篇幅。在交通极为落后的古代，无力参加乡试的贫寒士子，能够得以就近参加考试，无疑是一大福音，这就使他们可以大幅度节约开支，减少长途跋涉的辛苦。同时，也使得贵州地区的群众送孩子接受教育的积极性大大提高。读书的人多了，参加乡试的人数自然就增多了。不管考取与否，这些人对地方教育、经济、科技的发展和文明程度的提高，都将起着巨大的推动作用。明朝分巡思仁道的浙江人田汝成曾说："西麓田子以间出之才，追琢至行，领袖后生，于是荐绅之士彬彬焉，冠于全省矣［（嘉靖）《〈思南府志〉序》］！"

其次，考取举人的数量有了较大增长，使更多的人得以进京参加会试。贵州首次开闱乡试录取举人25名，以后逐科增加，最多时达40名，这比开设乡闱前的最高数增加了一倍。从贵州建省到明朝末年，全省考中举人者，共1738名。到了清代，贵州全省录取的文举人更达到了3110名，武举人1704名。据（道光）《思南府志·选举志》记载，从明朝建国到贵州开闱乡试前的一百六十多年间，整个思南府只考中举人24名，而从单独开科取士到明末的一百零几年里，就出了85名举人，是前一百六十多年的三倍半。这样一来，取得到北京参加会试资格的人数也大大增加，中进士的人数也成倍增长。据（乾隆）《贵州通志·选举志》记载，明朝在开闱乡试前，贵州只出了33名进士，单独开科取士到明末，就出了87名进士，是前一百六十多年的两倍半。

再次，考中举人、进士的人多了，给贵州读书人创造了更多的登上政治舞台的机会。士人们考中举人、进士，标志着他们取得了登上政治乃至文化舞台的资格。特别是进士，更意味着从此可以走出贵州，有机会获得全国范围的政治、文化影响，能在更高的层面、更大的舞台上，为国家、民族的发展做贡献。贵州在明清涌现出来那么多的中央、省部级官员和文化人物，如兵部尚书田仰、大学士何腾蛟、四川总督丁宝桢、湖广总督张之洞、礼部尚书李端棻、大书法家严寅亮等名臣巨匠，他们大都是通过科举考试才得以展翅高飞的。

《黔诗纪略》中说："贵州始与云南分闱开科，揭榜之辰，黄龙见霄汉间，光烛地，在事官僚争额手相庆曰：'此科目之光，盛世之瑞也，诸生当有应者。'自是得人果盛于前。"这里所讲的"黄龙见霄汉间，光烛地"，大约是放榜这一天早晨，正好天上出现了黄色的云彩，并伴随有闪电照亮了大地，这本来是很正常的自然现象，那些迷信的封建官僚却争相拍着手互相庆贺说："这是读书人才兴旺的光彩，盛世的象征。"把人为事件与自然现象牵强附会起来，为重大的政治文化事件涂上一层神秘的色彩，这在科学水平不发达的封建时代是常有的事，但"从此贵州人才的出现超过了以往任何朝代"，却是谁也不能否认的事实，从另一个侧面说明了开科设闱这一重大事件的影响。

由于贵州教育上了一个大的台阶，嘉靖十六年（1537）以后，贵州人在全国的政治、文化舞台上的活动就有了良好的开端，并开始逐步产生越来越大的影响。此外，田秋还积极为贵州明清科举人才的纷纷涌现奠基培土，为加快贵州教育事业的跨越式发展做了许多工作。他关心鼓励学生，个人捐款为首次在贵阳参加考试的考生们交了试卷费；他扶持贫困学子，带头拿钱并倡导绅士们捐买了试卷田，解决了家庭经济困难学生交试卷费的困难，从此一直到清代最后一次科举考试，贵州士子都不用自己买试卷；他积极推动学校建设，向中央提出《请建婺川、安顺、印江学疏》，使这三地相继建起了公办学校；他教书育人，辞官回家后授课讲学、诲人不倦，家乡学生受益无穷，人才也逐日旺盛，从明代贵州开科到清朝末年的

368年里，仅思南府就有360人考取举人，登进士第者32人。

因此，后人把田秋看作“贵州古代科举教育之父”。明万历四年（1576），贵阳明远楼建起田秋牌位，此后每次考试前，贵州考生都要向田秋敬香，以示感恩。《贵州名贤传》中的《田秋传》评论说：“从此贵州人才四起，直追中原。若论起扶持贵州文化的功劳来，真要推田秋做首功呢！”

三、地方教育——以田秋小学为例

（一）扬先贤文化，树美丽学校

我校之所以命名为田秋小学，就是为了弘扬田秋先生的文化精神。同时，我校把办学目标定位为独具特色的“西麓文化”。

（二）用最真的情铸西麓品牌

田秋小学又名第七小学。这一点，在校标整体设计上得到了完美体现，“黔中砥柱”四个大字彰显着“自强不息、厚德尚行”的校训内涵；校歌《走进田秋》对学校强劲发展进行了准确定位；校刊《西麓》记录着师生在这里创造的奇迹；校服选用黄色作为主色调，来源于西麓文化和学校地域的特殊性。

《传承》主题浮雕让我们思绪万千，更感责任在肩。西麓文化广场精致的《三字经》《弟子规》《少年中国说》《厚德载物》《黔中砥柱》主题壁画，与矗立在广场中央的田秋先生雕像一脉相承，相得益彰，让学生们在品读经典之时，能感受先贤的品格魅力，从小就立德行，致诚善，敢于担当。土家元素文化墙展示了思南独特的地方文化，让孩子们对“黔中首郡，乌江明珠”有更深层次的理解，做到了解思南，热爱家乡。

拾级而上，潺潺的流水声会冲击视觉，有水的地方就有灵气，有灵气的地方就有生命。“上善若水、大爱无疆”八个红色大字与《和谐团队》《荣誉墙》《名人堂》交相辉映，印证着“没有爱就没有教育，没有兴趣就没有学习，教书育人在细微处，学生成长在活动中”的办学导向。

大美思南，地灵人杰。学校因地制宜，规划建设思南名人墙，融入红色文化，让学生认识名人，学习名人，争做名人；在车行通道，学校以各种形式宣传社会主义核心价值观理念，培育学生正确的世界观、人生观、价值观。在花草树木间摆放造型各异的景观石，并镌刻“起点”“感恩、尚德”等词句，妙趣横生。

四、当今师德素养的重要性

十年树木，百年树人，教育为重，德育为先。这是师德建设重要性的深刻体现。教师的工作性质决定了教师的职责。教育的育人功能决定了教师应是一个“学为人师，德为世范”的群体；是一群追求知识，献身教育的模范；是一批认真做人、做事、做学问的楷模。教师对国家、对民族、对未来有着巨大的责任，肩负着神圣的历史任务。建设一支高素质的教师队伍过程中，德育建设应该放在首位。可以说，教师是以人格来塑造人格，以灵魂来塑造灵魂。教师能否赢得学生尊重和爱戴，不是单方面因素决定的，而是涉及一个教师的方方面面，比如学识、能力、性情、言行举止、品德修养等。如果每一位教师都拥有良好的师德，用自己高尚的人格、优美的语言、规范的行为和真挚的情感去影响、启迪、塑造、感染身边的每一位学生，那么学生将沐浴在师德的阳光雨露中健康地、快乐地成长。教师不但要在教育教学上游刃有余，而且还要善于处理、协调跟学生以及同事之间的关系，营造融洽和谐的工作氛围，这样学生的性格会受到教师的良好影响，受益终身。

参考文献：

1. 张杰：《清代科举世家与地方教育——以北方地区为例》，载《中国文化研究》，2002 年第 3 期。

2. 张羽琼：《论田秋与明代贵州文化教育的发展》，载《贵州师范大学学报》（社会科学版），2007 年第 2 期。

3. 张羽琼：《贵州古代教育史》，贵阳：贵州人民出版社，2003 年。

4. 崔道贵、安国瑞等：《思南四千年纪事》，贵阳：贵州人民出版社，2012 年。

试论田秋教育思想的主要特点

周　文[①]

摘　要：在贵州的科举教育发展史上，田秋是一位值得大书特书的重要人物。他不仅心怀“以民为本，资助贫困”的教育情怀，重视“以身作则，言传身教”的教育方法，而且还推行“修身正己，重教兴学”的教育实践。对他的教育思想的梳理和研究，不仅可以进一步展现他修身、齐家、治国、平天下的家国情怀，而且还可以为当代的教育发展提供一些启示。

关键词：田秋　以民为本　以身作则　修身正己　重教兴学

在贵州的科举教育发展史上，田秋是一位值得大书特写的重要人物。田秋（1494—1556），字汝力，号西麓，明朝贵州思南府水德司（今思南县）人。历任福建延平府推官、直隶河间府推官、福建布政司参政、四川按察使、广东布政使等职。作为黔中在朝的政治英才，田秋以身居庙堂，心系桑梓而名重黔中，成就了他“贵州古代科举教育之父”的历史地位。对田秋生平及教育思想的梳理和研究，不仅可以进一步展现他修身、齐家、治国、平天下的家国情怀，而且还可以为当代的教育发展提供一些启示。

一、“以民为本，资助贫困”的教育情怀

“居家应谨身节用，入官当忠君爱民”，这是田秋为官与做人谨记的家训，也是他为贵州坚请开闱兴学的主要动力。正是他内心那种“忠君爱国，以民为本”的理念，铸就了他“以民为本，资助贫困”的教育情怀。

（一）以民为本，坚请开闱

“朝为田舍郎，暮登天子堂”，一直是中国古代儒家知识分子的人生追求。科举制贯彻“平等竞争、择优取士”的原则，在一定程度上为儒家知识分子提供了公平竞争实现这种人生追求的机会。然而，自永乐年间建贵州布政司到嘉靖前期的一百多年里，科举教育在贵州的发展一直比较缓慢，贵州学子一直是赴云南等地参加乡试。全国两京13省，只有贵州士子赴外省参加科举考试。贵州各地到武昌、昆明等地，少则两千余里，多则三四千里。且山岭险阻、沟壑纵横，交通

① 周文：就职于铜仁第一中学川硐新校区，西南大学历史硕士。

不便。尽管科举考试之途对于贵州士子们而言是如此艰难，但是为了参加科考，很多人也愿意长途跋涉、远赴他乡。赴试之时，又正值夏季，“溽暑瘴疠正甚，往者隐忧，居者积虑，构病遭劫，亡财伤身”[①]。每次开科，贵州都有不少士子跋山涉水远赴考场，然录取人数都很少。据史料载，宣德七年（1432）壬子科之前，每科乡试，贵州仅录取一人，而临省云南每科录取，多则五十几人，少则十几人。云贵同属西南边地省份，解额却如此悬殊，个中缘由与附试邻省的不便和科举名额的稀少有着莫大的关系。

作为贵州在朝的杰出代表，田秋经历过跋山涉水远赴云南参加乡试的艰难困苦，深知不能开闱乡试，不仅会在一定程度上浇灭众多贵州士子们参与科考的热情，而且还会限制贵州文化教育的发展。因此，心系百姓，始终惦念着广大贵州学士、才子的田秋，决定以台谏身份伏阙上疏，为贵州开乡试据理力争。据《黔诗纪略》载：“先是贵州未设乡闱，就试云南，近者二千里，远者三四千里。中隔盘江，夏秋多瘴。往试者不习水土，十病其九，士多裹足，文化不宣。西麓乃请开乡闱贵州。”[②]嘉靖九年（1530），田秋又向世宗呈上《请开贤科以宏文教疏》。疏文略谓：“贵州一省，远在西南，未设乡试，须附云南科举，盖因永乐设省，制度草创，且以远方之民，文教未尽及也。今涵濡圣治，百五十余年，远方人士正如在山之木得雨露之润，日有生长，固非昔日之比。开科盛举，正有待于今日。贵州至云南，相距二千余里；思南，永宁等府卫至云南有三四千里。而盛夏难行，山路险峻，瘴毒浸淫，生儒赴试，其苦最极。其间有贫寒而无以为资者；有幼弱而不能徒行者；有不耐辛苦而返于中道者；有中冒瘴毒而疾于途次者。此皆臣亲见其苦，亲历其劳，今幸叨列侍从，乃得为陛下陈之。边方下邑之士望天门于万里，扼腕叹息欲言而不能言者亦多矣。臣尝闻国初两广亦共一科场，其后各设乡试，渐增解额，至今人才之盛埒于中州。臣以为人性之善，得于天者，本无远近之殊，特变通鼓舞之机，由于人者有先后耳。黔省设科之后，人益向学，他日又安知不如两广之盛乎？开科之后，请于旧额之上，量增数名，以风励远人，使知激劝，则远方幸甚。”[③]

在田秋等众多贵州官员的努力下，终于，嘉靖十四年（1435），明朝廷“命云南四十名，贵州二十五名，各自设科”。嘉靖十六年（1437），贵州单独设科开闱，正式开始设置考场进行乡试。与此同时，在安顺、婺川、印江三处建起了学校，极大地促进了贵州边远山区的教育发展，从此贵州人才四起，直追中原。据史料记载，到明朝末年，全省从16所官办学校发展到各类官学80所，全省考中举人者，共1738名。到了清代，贵州全省录取的文举人更达到了3110名，武举人1704名。

（二）为民解困，资助贫困

“民惟邦本，本固邦宁”，早在先秦时期儒家思想家们就提出了一系列“亲民、

---

① 王杏：《请开科取士疏》，（民国）《贵州通志·学校志二》卷五十五。

② 《黔诗纪略》卷三，贵阳：贵州人民出版社，1993年。

③ 王治平：《最早开发贵州人才、兴办州县学校的明代进士田秋》，载《贵州文史丛刊》，1990年第3期，第86—88页。

爱民”的治国理政思想。隋唐时期，一些开明君主更是直言不讳道：“水可载舟，亦可覆舟。”“民如水，君如舟。”这说明国家要安定，不仅要深得民心，而且还要时时刻刻以民为本，为民解困。

作为受过传统儒家教育的田秋，更是时时以民为本，处处把老百姓的事放在心间，他深知得民心者得天下。尤其在贵州单独设科开闱，正式开始设置考场进行乡试后，为解决经费不足问题，一方面，他主张从税收中抽取一部分。他认为，“求才大事”，不应计较于“区区小费”。另一方面，他关心鼓励学生，个人捐款为首次在贵阳参加考试的考生们交试卷费。不仅如此，他常常扶持贫困学子，带头拿钱并倡导绅士们捐买试卷田，解决了家庭经济困难学生因缺钱交不起试卷费的问题，从此，一直到清代最后一次科举考试，贵州士子都不用自己买试卷。[①]这样一些举措，不仅促进了贵州好学之风的形成，推动了贵州学术文化的进步，而且还为贵州经济社会的发展注入了生机和活力。据史料载，到了明代末年，贵州出身的进士137人、举人1759人。而偏远的思南府在明清时期考取进士已达34人，举人360余人。

二、“以身作则，言传身教”的教育方法

“以身教者从，以言教者讼”是田秋教育后代所遵循的基本准则。正是他内心那种传统儒家知识分子所持的“治国必先齐家，齐家必先以身作则”的教育理念，形成了他“以身作则，言传身教”的教育方法。

（一）重视道德教育，并以身作则

君臣、父子、夫妇、长幼（兄长）、朋友，是中国古代“家国一体”的社会中需要调整的主要社会关系，即所谓“五伦”。而在五伦之中，又把君臣关系和父子关系视为较重要的人伦关系。处理君臣关系的基本准则是臣民对君主要绝对服从，即“忠”。处理父子关系的基本准则是子女对父母及长辈要尽顺从、敬养义务，即“孝”。在封建社会里，忠孝是处理人伦关系的最重要的道德规范，明代也概莫能外。而以忠孝为核心的道德教育，则是历朝历代统治者进行教育的重要内容。

作为受过传统儒家教育的田秋，更是把“忠孝”观念内化于心，落实于行，以为世人及子女之表率，以达影响于人、教育子女之目的，以求潜移默化、润物细无声之成效。在朝堂之上，他勤奋务实，以身作则，积极参与国家政治改革。把整顿吏治、裁汰冗员视为忠君爱国、维护王朝统治的有效行动。据《明史》载，李承勋继胡世宁为兵部尚书之后，虽然大刀阔斧裁减冗员，但却不敢动御马监。最后还是在田秋的奏议下完成了对御马监的裁减。“承勋因谏官李凤毛等言，先后裁27人，又革锦衣官500人、监局冒役数千人。独御马监未汰，复因给事中田秋奏，多所裁减。而请以腾骧四卫属部，核诡冒，制可。”[②]另据史料载，田秋还

① 安国士：《田秋与贵州开科乡试》，载《文史天地》，2003年第8期，第35—36页。

② 张羽琼：《论田秋与明代贵州文化教育的发展》，载《贵州师范大学学报》（社会科学版），2007年第2期，第119—123页。

曾上《陈愚见以备遗策疏》，请求中央政府在思南地区设立兵备副使，以应对四川饥民流入思南，间有劫掠，从而减少对贵州少数民族地区社会安定所带来的影响。田秋在《陈愚见以备遗策疏》中道：思南地接川东，中间山溪平壤，连延千里。川东人口殷繁，艰于生计，一遇灾荒，流民入思南境者，络绎道途，布满村落，不下数万。盗贼若乘机起事，将害及桑梓。“请于邻近知府或本处两司，推举素有才望官一员，量升副使职衔，授以抚民之任，驻扎思南府，整饬提备，抚绥安插。边郡储备素少，原无军卫城池，乞于太仓之钱粮运二三万两前去赈济备警，精选民兵听用。若有不逞之徒乘机骚动者即行剪扑。土、流巡捕官下乡扰害者，严行禁治。”① 又请求在思南建府城垣，均得到批准。在田秋的努力下，明政府通过在少数民族地区建立基层政权、设置武装等措施，不仅维护了西南少数民族地区的社会稳定和经济发展，还巩固了王朝的统治。

在家庭之中，田秋更是知“孝”守“节”，并率先垂范。据史料载，正德九年（1514）会试，二十岁的田秋榜上有名。此时，其父母年事已高，而家中长兄和次兄都远离父母。故而喟然叹曰：“双亲暮景。二兄外宦，彼之老成，正当输忠。我以少年孝养非我职乎！矧茕然在堂，心腹恋恋，敢忍拜官耶！”于是，以养病为由居家照管年事已高的父母。嘉靖三年（1524）二月，父亲逝世，守孝三年。嘉靖十年（1531）七月，在京得悉老母去世消息，急假回家，守孝三年。守孝期满，本无心做官的他，主纂修《思南府志》。后因迫于禁例，又于嘉靖十五年（1536）赴京。

（二）重视家庭教育，并言传身教

“国之本在家，家之本在身”，早在几千年前古人就已经意识到家庭是社会的细胞单元，家庭教育对人才的培养直接关系着国运。我国的家庭教育源远流长，有文字记载的家庭教育的历史就有三千多年，如先秦的礼法、汉代的家法、六朝以后的家训家规等都是重要的家庭教育内容。可见，历朝历代上到天子、百官，下到平民百姓，都十分重视家庭教育。

自幼受家庭父兄良好教育的田秋，读书用功，聪明过人，七岁能文。田秋在《西麓训子》中自述道：“吾幼承父兄之教，十三廪学，十七荐于乡，十八下第，二十登进士。”② 可见，田秋已深知，自己的成就，除了自身用功之外，还得益于良好的家庭教育。当他发现两子天资聪颖，是可造之材之后，他的精力和心思明显倾向于对两子的教育。在为母守孝期间，更是注入毕生心血，竭平生之所学，对子女躬身教育。据《广东右布政使田公行状》载：“以二子奇特，三年间惟草堂中同长男时中，次男时龙，并素斋兄之子时雍，日夜课业。”即使孝制期满后，也无外出做官之念。可见，田秋十分重视家庭教育，尤其对自己的子女更是言传身教。后来两儿时中、时龙丧身仕宦征途。据史料载，1541 年夏天率师雷州时，惊“闻二男会试连丧京邸”。这对田秋无疑是一次当头重击，他一生在子女身上

① 林开良：《贵州乡试开科与田秋》，载《贵阳文史》，2007 年第 1 期，第 18—19 页。

② （嘉靖）《思南府志·地理志》卷一。

所寄予的希望也随之破灭。于是，田秋毅然撒手二品高位，淡出仕途。

三、“修身正己，重教兴学”的教育实践

“修身、齐家、治国、平天下”，是儒家知识分子安身立命的重要准则，也是激发他们为国效力的主要动力。正是田秋内心所持的这种传统理念，促使他在贵州家乡进行“修身正己，重教兴学”的教育实践。

（一）注重自身修养，提升自身水平

“唯正己可以化人，唯正心所以修身”，是历朝历代大多儒家知识分子始终持有的“修身正己”之基本原则。要治国，必先正己；要正己，必先修身。只有不断地学习，逐渐地提升自己的修养和品德，才能成为他人的楷模。用自己良好的修养和品德去感化他人、影响他人，他人才会心悦诚服。最终，国家也才会得到善治。

受过良好儒家教育的田秋，自然深知其中之理。故而，不管是居庙堂之高，还是处江湖之远，他都十分重视提升自己的修养和品行。身在庙堂之上，他为官清正，忠孝至上。为官二十年，直言敢谏，廉洁奉公，待人温良如玉，应事剖析如流。朝野内外，兼称楷模。这从同僚们对田秋的评价可窥知。如都御史潘鉴在他的《题荐境内贤才事》中说：“贵州，原任广东布政使田秋，强仕年，急穷退。立朝著蹇谔之风，居家励廉静之节。”再如，贵州巡按监察御史赵大佑在《荐举境内贤才以备录用》一文中道：“原广东布政使司右布政使田秋，直亮之声，久著谏垣；惠爱之实，素孚闽广；议论慷慨，老不安于小成；蕴籍精深，才不拘于一节；居家既久，气概日新；砥行无息，雅重乡闾之望；闭门邪扫，益甘丘壑之穷……”即使赋闲在家，田秋也毫不松懈，一方面，他积极倡导中原文化，以改变家乡落后风俗为己任，把提升自身的修养与改变家乡落后的面貌相结合，在思南“建先祠，置义田以赡族之不能婚葬者”，又“治桥道，设药局以济乡之不能医药者。乡人尚鬼，信浮屠，惑不可解，西麓一遵朱子家礼为倡，陋俗为之一变”。故而，凡乡邻父老教育儿孙，无不常以田秋为楷模；凡乡邻父老无不对田秋之为人赞不绝口。另一方面，他也笔耕不辍，不断提升自己的文学修养。如：他的《迎春·藏春二洞》：“好风吹我到蓬莱，白石苍崖绝藓苔。眼界明时尘俗小，烟云豁处壮怀开。洞中仙子谈丹诀，坐上飞琼惜俊才。说与旁人谁得信，直须潦倒共樽杯。”该诗既抒发了胸中之情，又富有哲理。“眼界明时尘俗小，烟云豁处壮怀开”这句是这首诗的高潮，也是这首诗的诗眼。如果有一双明亮的眼睛、坦荡的心怀和远大的理想，那么你就不会被浮云遮住了望眼，不会被眼前的尘俗绊住你前进的脚步。

（二）重教兴学，化育安边

“治国以教化为先，教化以学校为本”，是明统治者一贯奉行的文教政策。“学而优则仕”，非科举不能入仕，而参加科举者必须是各级学校的生员，只有各级学校才能推选生员参加乡试。据史料载，“明制，科目为盛，卿相皆由此出，学校则储才以应科目者也”。科举是王朝选拔治术人才的手段，学校是培养治术人

才的场所，两者联系异常紧密。因此，学校教育发展与否不但关乎一个地区对中央王朝的认同程度，也在很大程度上决定着一个地区的经济发展和社会稳定。然而从永乐建省至嘉靖中期这百余年间，贵州官学从三所仅发展到二十余所，也就是平均五年才建一所，且师资匮乏，校舍简陋，教育体系很不健全。据历史文献记载，明王朝在贵州建省以后，所办之官学，其教育对象大多是土司子弟和卫所官兵。自永乐到嘉靖年间，贵州地区只有府学和卫学，而广大州县地区基本没有设学。且“学制缺而不全，各州县卫有未设学官者，有学无官而附试他庠者”。“无学宫，则不获观俎豆声容之盛而陶淑无由；附试他庠，则不免跋涉险阻之劳。”[①] 这出自嘉靖年间贵州巡抚王燕上疏朝廷的奏章。他在奏章中就明显地抱怨贵州学校数量太少，这样既不利于中原文化的传播，又难以培植各族人民的向学之风。

“学校之兴，人才所系”，作为来自少数民族地区的田秋，深知贵州社会经济要想有所发展，必须改变只有府卫学，没有州县学的局面，以惠及贵州各地的学子。为了化育贵州人才、造福桑梓，田秋慨然以帮助贵州兴学立教，移风易俗为己任。他认为：“人才之用，虽有多寡之殊，而赋予之自天，原无彼此之异，特以教化之所及，有先后浅深，而人才系之焉耳！”因为贵州文化的发展，关键在于培养人才，而培养人才关键在于兴办学校，推广教育。为了推动贵州地方教育的发展，田秋向嘉靖皇帝上了《请建婺川、安顺、印江学疏》，请求在贵州少数民族地区广设州县学校。据史料记载，“务川县为黔南古邑，擅砂场之利，有鱼稻之饶，商贾辐辏，民庶殷实，士生其间者，类多向学，而登科第者往往而有。只以离府五日山行，就学不便，是以闾阎俊秀，虽不乏人，而奋勇致身，终于无路。臣愚以为务川县宜立县学一区。又安顺州设有普定卫，其地上通云南，下接湖贵，实西南都会之所，号为多才，科目相望，而该州亦未有学。臣愚以为安顺州宜建学一区。又印江县，离府虽无百里之程，而有三江之隔，夏秋盛涨，未免病涉。且其邑多才，足以自成一学。再照学校，教化之本源；教化，王者之先务，教化行则风俗美，可以措刑罚，可以寝干戈。”在田秋的努力下，中央王朝接受了田秋的疏请，加大了对贵州地区的教育投入，自嘉靖十九年(1540)建立婺川县学起，明政府在贵州各州县相继设立了儒学校。嘉万年间，贵州学校教育出现了又一个发展高峰。据有关研究资料，明代贵州的十一所县儒学，有九所设立于嘉靖中期以后。

① 王燕：《请添设学校以宏教化疏》，见《民国贵州通志·学校志三》卷五十六。

田秋的教育思想及其对思南教育事业的发展启示

田光华

摘　要：对于贵州教育史的发展，田秋的贡献不可磨灭。虽然已经过去了几百年，但是田秋的教育思想对于思南教育事业的发展依然有深刻的启示意义，本文详细阐述总结了田秋的教育思想，并分析了田秋的教育思想对思南教育事业的发展启示。

关键词：田秋　教育思想　思南教育事业　发展启示

在我国古代，私塾是一种重要的教育形式，也是国家教育产业的补充。在教育事业中，地方文化名人往往决定着教育的成效。关于古代文化名人对于地方教育的影响，大量的学者进行了系统的研究，结论显示，地方文化名人有着独特的人格魅力，会对某个地方的价值观产生影响，他们的著作也常常是那个历史时期的瑰宝。

一、田秋其人

田秋，生于1494年，卒于1556年，字汝力，今贵州思南县田家坝人。田秋出身于一个书香门第，在家庭氛围的熏陶下，在幼年时期，他就非常喜好读书，到了青年时代，已经成为当地有名的才子。在正德五年（1510），中举人，正德九年（1514），登进士第，是贵州的精英才子。在明代贵州社会发展史尤其是教育发展史上，田秋是一位做出重大贡献的重要人物。田秋居官20年，谨记父训“居家应谨身节用，入官当忠君爱民”，清正廉明，平生耻攀权贵，虽官居高位，而不享特权。作为贵州士绅阶层的政治精英，田秋不仅以学识渊博、刚直敢言而卓声当朝，而且还以身居庙堂，心系桑梓而名重黔中。

二、田秋的教育思想总结

（一）注重人文精神的传递

对于贵州教育史的发展，田秋的贡献不可磨灭，其中最为突出的就是推动了科举制度的发展。从唐宋开始，科举制度就成为我国古代选拔官吏的重要手段，以其社会导向功能对各地的文化教育事业产生了深刻的影响。科举制度遵循“平等竞争、择优录取”的原则，为文人们提供了公平的竞争舞台。依靠着科举制度，贫寒学子可以鲤鱼跃龙门，一人得道，鸡犬升仙，于是乎，登科成了当时儒家知识分子的毕生所求，给社会文化事业的发展带来了全新的活力。在明朝，统治者们深谙“举贤任才，立国之本”的意义，经过了反复的实践，将科举制度列为明朝选拔知识分子的重要手段，并制定“科举之式”。在明朝，取士没有地域之分，无论南北，都平等对待。在宣德二年（1427），明朝将科举试卷分为南、北、中三卷，共录取 100 名，南、北、中录取名额分别为 55 名、35 名、10 名。在正统年间，增加了 150 个名额，各地比例不变。其中，南为淮河以南，北为淮河以北，中则包括云贵、凤阳等地区。在这一背景下，全国范围内形成一种分区域的考试格局，科举考试成了取士的唯一正途。

从当时贵州的文化发展情况来看，科举制度曾经起到了推动作用，但是，从建省到嘉靖前期的百余年时间内，贵州的科举制度发展十分缓慢，影响力也不大，虽然科举制度是当时中央选拔人才的主要手段，但是在贵州的推广度并不高。当时，贵州的考生想要参加科举，往往会附于云南、湖北、四川、广东等地，而贵州到达这几个地方，少则两千多里，多则三四千里。众多周知，贵州的地理环境十分险峻，交通不便，为了参加科举，贵州的士子只能够远赴他乡，不堪其苦，且科举举办于秋季，有相当一部分士子积劳成疾，再加上录取率并不高。根据乾隆年间《云南通志》《贵州通志》的相关记载，在宣德七年以前，每次乡试，贵州只有一人中选；反观云南，少则十几人，多则五六十人。云贵两地同属于西南省份，但是录取率却存在如此大的差异，虽然后来，贵州的乡试名额有所调整，从 5 名增加至 16 名，但是连云南的一半都不足，这不仅影响了贵州教育事业的发展，也动摇了政府在贵州的统治地位。因此，从弘治年间开始，贵州的一些官吏就多次向朝廷提出奏请。到嘉靖九年（1530），田秋为了促进贵州教育事业的发展，坚持奏请，要求增加解额，才得旨允行。

田秋是当时贵州地区的政治代表，他自己亲身体会过远赴云南参加乡试的困苦，他深知，如果无法开闱乡试，必然会影响贵州教育事业的发展，为了改变这一面貌，田秋多次奏请朝廷。在嘉靖九年（1530），田秋呈上《请开贤科以宏文教疏》，写道：

贵州一省，远在西南，未设乡试，须附云南科举，盖因永乐设省，制度草创，且以远方之民，文教未尽及也。今涵濡圣治，百五十余年，远方人士正如在山之木得雨露之润，日有生长，固非昔日之比。开科盛举，正有待于今日。贵州至云南，相距两千余里；思南、永宁等府卫至云南有三四千里。而盛夏难行，山路险峻，瘴毒浸淫，生儒赴试，其苦最极。其间有贫寒而无以为资者；有幼弱而不能徒行者；有不耐辛苦而返于中道者；有中冒瘴毒而疾于途次者。此皆臣亲见其苦，亲历其劳，今幸叨列侍从，乃得为陛下陈之。边方下邑之士望天门于万里，扼腕叹息欲言而不能言者亦多矣。臣尝闻国初两广亦共一科场，其后各设乡试，渐增解额，至今人才之盛埒于中州。臣以为人性之善，得于天者，本无远近之殊，特变通鼓舞之机，由于人者有先后耳。黔省设科之后，人益向学，他日又安知不如两广之盛乎？开科之后，请于旧额之上，量增数名，以风励远人，使知激劝，则远方幸甚。

在田秋的不断努力下，终于得旨，在嘉靖十四年（1535），奏请得以正式批准。田秋又以身作则，捐献大量的物资，用于考生试卷费用，以表示对自己家乡考生的支持。科举制度是中国古代最为重要的官吏选拔制度，对于广大的士子，一直有惊人的诱惑力。在乡试开闱之后，科举制度在贵州教育界的导向功能得以充分发挥，对于贵州社会文化产生的积极影响是不言而喻的。田秋非常重视人文功能的传递，他认为，教育的本质就是挖掘人才，在他的努力下，贵州教育事业呈现出了新的景象，不仅推动了贵州经济、文化、教育事业的发展，也为士子尤其是当时的中下阶层知识分子，开辟了新的人生道路，大大激发出了贵州人民奋斗的积极性。

（二）发扬百年树人的精神

田秋的又一个历史功绩，就是促进了贵州学校教育事业的发展，这与现代社会倡导的“十年树木，百年树人”思想是不谋而合的。当时的贵州，教育发展速度一直非常缓慢，在建省前，贵州有三所官学，到了嘉靖十年（1531），也仅有20多所，118年间，平均五年才兴建一所学校，这无疑严重制约了贵州教育事业的进步。在贵州建省的118年间，明朝政府的教育对象主要为官兵、土司子弟，各个州县很少设置官学。当时的官学集教学、藏书、举试、督学于一体，有着非常完善的教学流程，不仅属于教育中心，还是具有教化功能的场所。

要保证政治统治发挥出理想的作用，不仅需要社会支持，也离不开安定的社会环境。明朝政府为了实现这一目的，规定，科举是入仕的唯一渠道，参加科举的人员，则为学校生员，也就是说，只有学校，才能推荐士子参加乡试。科举是明朝政府选拔人才的重要手段，学校则是培养士子的场所，两者有着密切的联系，因此，明朝的学校教育不仅影响各个地区的声名，也关乎着社会的稳定性。

作为贵州教育界的精英，田秋深谙此道，他深知，要想让贵州的经济得到发展，必须依靠教育。为了培养人才，田秋毅然决然地承担起这一重任，要推动地方文化的发展，需要依靠人才，而人才的培养则要依靠学校，田秋向嘉靖皇帝奏请了《请建婺川、安顺、印江学疏》，希望能够在各个州县兴建学校。在《请建婺川、安顺、印江学疏》中，田秋提到，在明朝成立之后，中原学校的教育事业得到了突破性的发展，但是在贵州，只有府卫有学校，州县则没有。“迩者以台谏进言，礼官上请，准于贵州设科取士。远方士子，莫不感戴天恩。垂白父老，拭目以观文教之兴；椎髻夷酋，皆有遣子入学之志”，为了在贵州各地形成向学之风，应该在安顺、婺川等地兴建学校，在田秋的不懈努力下，他的建议被批准，明朝政府增加了对贵州的教育资金投入，在各个州县兴建学校，当时，贵州学校呈现出发展高峰，在明朝兴建的十一所儒学中有九所与田秋的奏请有关。

到了明朝末期，贵州共计有五十多所学校，形成了一种门类齐全、形式多样的教育模式。从教育形式上看，不仅有府州县学，还有卫所学；从类型方面看，有以传播儒家思想为主的儒学校，也有研究自然学科的专科学校，还有普及封建伦理思想的学校，为贵州教育事业的发展打下了坚实的基础。

（三）明确教育的本质目的

田秋勤奋务实，不仅参与到贵州教育事业的发展中，也积极参与国家的政治改革工作，他认为，教育的宗旨正是更好地报效国家。在嘉靖以前，明朝官员经费的冗余让人民苦不堪言，不仅给政府造成了严重的负担，也带来了卖官鬻爵之风，出现了政治危机，导致人民处于水深火热之中。在正嘉之交，明朝经历了剧变，开始推行“整顿吏治、裁减冗员”的改革政策，当时田秋担任给事中一职，在这一方面颇有建树。根据《明史》的记载，兵部尚书李承勋虽然耗费大量精力裁减冗员，但是却不敢对御马监动手。田秋立即奏议，在他的帮助下，顺利裁减了御马监。

在嘉靖年间，大量饥民流入思南，严重影响了贵州的安定。针对这一问题，田秋奏上《陈愚见以备遗策疏》，希望中央政府可以设置兵备副史，保证贵州的安定繁荣，田秋提道：“请于邻近知府或本处两司，推举素有才望官一员，量升副使职衔，授以抚民之任，驻扎思南府，整饬提备，抚绥安插。边郡储备素少，原无军卫城池，乞于太仓之钱粮运二三万两前去赈济备警，精选民兵听用。若有不逞之徒乘机骚动者，即行剪扑。土、流巡捕官下乡扰害者，严行禁治。”朝廷很快批准了田秋的奏请，建立了基层政权，维护了贵州的稳定。

在田秋等人的推动下，贵州经济、文化、教育事业渐开，文化教育更是呈现出扶摇直上的发展趋势。到了明朝中期，贵州各界都形成了崇尚读书、注重礼仪的风俗。中原文化在贵州得到了传播，改变了少数民族的思想观念，强化了中央政府集权，促进了民族地区经济的发展。

三、田秋教育思想的启示

田秋是贵州思南的历史文化名人，对于贵州的发展做出了不可磨灭的贡献，也推动了教育文化事业的发展，对于教育界的启示是非常深刻的。进入了现代社会，经济高度发达，回忆曾经的历史名人，不应该简单地追求过去的辉煌，而是要忆苦思甜，思考怎样挖掘历史名人文化价值，更好地为教育事业服务。

以思南为例，笔者认为，可以以田秋文化作为切入点，打造本土教育品牌，修复田秋出生旧址，让人们可以追寻到他的成长足迹。同时，修建文化博物馆，将田秋生平事迹、著作呈现出来。还可以用名人姓名来命名街道，印刷田秋文化册子，让更多的人了解田秋、了解田秋文化及其对教育事业做出的突出贡献。

此外，还可以将田秋文化融入校园之中，促进校园文化的发展。思南之所以成为贵州省的教育大县，与田秋的努力有着密不可分的关系，在如今的社会，要继承名人的传统，推动教育事业的发展。让学生感受名人文化魅力。在课堂上通过讲述思南本地名人事迹、故事等，增强学生的本地文化自豪感，提升他们的自觉成材动力。最后，教师应多读一些关于田秋等名人的书籍，学习他们关心家乡教育、无私为教育事业奉献的高尚品德。另外，在教研会上多组织一些关于田秋等文人名人的研讨会，通过讨论，使教师了解名人更多的光辉事迹，进一步增强职业自豪感、使命感。

四、结语

田秋对于贵州教育事业发展的贡献是不言而喻的，他深居庙堂、开启后学、播撒文化，在贵州形成了向学之风，让贵州经济步入了全新的发展阶段。正是得益于田秋等人的努力，贵州地区的经济、文化焕发出全新的生机。截止到目前，贵州建省已经超过600年，应该铭记历史，牢记田秋等历史名人做出的贡献。

参考文献：

1. 李兴祥：《明代贵州民族地区教育发展模式探微——以王阳明为考察对象》，载《贵州民族研究》，2010年第1期。

2. 宋荣凯、朱慧敏：《论王守仁对明代贵州书院教育的贡献》，载《怀化学院学报》，2010年第3期。

3. 吴展渊：《明代贵州基层社会变迁与改土归流——兼论民族沟通机制的建立及意义》，载《黔南民族师范学院学报》，2009年第5期。

4. 郑晶燕：《儒学在古代贵州地区传播方式初探》，载《理论与当代》，2007年第6期。

5. 欧阳红：《从明清时代贵州教育思想看中央政府对贵州教育的重视》，载《中共贵州省委党校学报》，2007年第2期。

6. 谭佛佑：《论明代贵州置省前后文化教育事业的发展及其归因》，载《贵州文史丛刊》，2005年第3期。

7. 张羽琼：《论明代贵州社学的兴起》，载《贵州文史丛刊》，2004年第1期。

8. 温春来：《行政成本、汉夷风俗与改土归流——明代贵州贵阳府与新贵县设置始末》，载《中山大学学报》(社会科学版)，2004年第5期。

9. 张羽琼：《论明代贵州书院的发展》，载《贵州社会科学》，2002年第5期。

田秋对西南文化教育的贡献

向笔群 ①

摘　要：田秋是一个最早促进贵州教育考试的古代先贤，他的主要贡献在于推动了贵州的开科考试。他重视教育，特别是晚年回乡从事教育，传播文化，促进西南地区教育的发展与文明开化。

关键词：田秋　文化教育　西南文化教育

田秋（1494—1556），字汝力，号西麓，明朝贵州思南府水德司（今思南县）人。明武宗正德五年（1510）17 岁时中云南乡试举人，正德九年（1514）20 岁时入朝考取进士。明世宗嘉靖元年（1522）任福建延平府推官，嘉靖六年（1527）任直隶河间府推官，次年授户科给事中，嘉靖九年（1530）授礼科左给事中，嘉靖十五年（1536）先后任吏科左给事中、户科都给事中、福建布政司参政，嘉靖十八年（1539）升任四川按察使，次年再升任广东布政使。嘉靖二十年（1541）六月，辞职还乡。后在家乡办学，继续致力于家乡的文化教育，奉献自己的人生余热。

谈及田秋的文化地位，不在于他担任什么官职，后人们记住的是他对贵州科举考试所做的贡献。事实上，作为教育家，他对思南乃至大西南的乌江流域文化教育的发展都起到了引领作用。当下，思南作为乌江流域的教育大县，重视文化教育的传统，与田秋的教育思想密切关联。或可以这样说，他在促进西南文明开化方面起到旗帜的作用。

据史料记载，田秋是思南第一个考上进士的学人，当时思南还处在地方土司的管理之下，素有“汉不入境，蛮不出峒”之说。作为一个土生土长的思南人，竞登进士第，对当时思南学界有多大触动可想而知。在他走入仕途之后，以曾经的科举考生的亲身感触，向朝廷上疏，请求在贵州开科考试，无疑开贵州文化教育的先河。晚年回归故里，致力于文化教育，传播当时先进的汉族文化，促进思南及周边区域的教育发展。他的影响力已经不再是贵州之思南，而是扩展到当时酉阳土司地域与四川的重庆等地。

---

① 向笔群：铜仁学院人文学院教授，硕士研究生导师。

一、考上进士，开思南重视教育的先河

思南府是贵州建府较早的地方之一，同时也是贵州地方比较重视教育的县份之一，历史上思南的府学、县学就是典型例证。如今闻名遐迩的思南中学，成为铜仁市高中教育的半壁河山，每年考上重点大学及名校的学生比比皆是。这与思南历史上长期重视教育有关。田秋这位从思南走出的教育先贤，成为一代代思南人的典范。

1514年，20岁的田秋入朝考试，考取进士。田秋的成功，轰动思南府乃至整个贵州，一个穷乡僻壤学子考上进士的人，相比一般的“官二代”“富二代”，需付出多大的艰辛可想而知。思南当时交通不便，除了乌江，陆路交通十分困难。水运有一定的优势，但要从乌江流域走向外面世界，显然是一件非常不容易的事情。在“万般皆下品，唯有读书高”的时代，考上进士获取功名，是多少学子梦寐以求的人生盛事。一个刚满20岁的学子考上进士，在口语传播的时代，影响力多大，通过人们口口相传，让整个思南府乃至乌江流域的人们都知道田秋之名。他甚至已被人们传得神乎其神。人们一方面为自己土地上能够出现进士而自豪，另一方面也让一些有志于报效国家的学子看到希望。田秋不单是考上进士而已，他已经成了思南府的标杆，成为很多人心里的偶像。让人们看到通过读书可以改变人生，进入上流社会，搏取功名，而且还会名留青史。据有关资料统计，继田秋之后，明清两朝，思南考上进士的人数有20多人，这不能不说，是一个奇迹。田秋作为思南考上进士的第一人，对后世的影响不单是激励人们考上进士那么简单，关键是带好了头，给人们带来读书的希望。无论是明清，还是民国，特别是中华人民共和国成立之后，思南的思南中学与思南师范，成为思南重视教育的载体，延续了思南重视文化教育的传统，这两个学校培养了数以万计的国家建设者，成为贵州省文化教育史上的美谈，这与田秋的影响分不开。作为教育家的家乡一般都有重视教育的传统，如孔子的故乡曲阜也是如此。尽管田秋与孔子所处的时代不同，但是他们对教育文化的影响如出一辙。

毋庸置疑，田秋作为思南的教育先贤，是思南文化教育的榜样。

二、推动贵州开科考，开贵州科举考试的先河

田秋对教育文化的贡献，应该是推动贵州科举考试。

明成祖永乐十一年（1413）贵州建省，在以后的120余年间，因为没有乡闱，很多读书人，都要到千里之外的云南，除少数富贵家庭之外，很多贫寒之士是无能为力的。因此埋没了很多人才。可以想象，思南除了河运较为发达以外，陆路交通不畅，特别是位于云贵高原的贵州，山路崎岖，沟壑纵横，一般人要走出思南可想而知。贵州建省以后，明朝中央政府先是在永乐年间命令贵州读书人到云南参加乡试，后又命令到湖广参加乡试，到宣德年间又命令到云南参加乡试。而贵州各地到湖广武昌、云南昆明少则两千余里，多的“如思南、永宁等府卫至云南，且有三四千里者”。由于古代交通不便，考试时间又在八月，“盛夏难行，山路险峻，

瘴毒浸淫，生儒赴试，其苦最极。中间有贫寒而无以为资者，有幼弱而不能徒行者，有不耐辛苦而返于中道者。至于中冒瘴毒而疾于途次者，往往有之……（以致）边方下邑之士，望天门于万里，扼腕叹息欲言而不能言者亦多矣”（《请开贤科以宏文教疏》）。据（乾隆）《云南通志》和《贵州通志·选举志》记载，宣德壬子（1432）科之前，每科乡试贵州不过取中一人而已，但云南此时每科取中举人之数，少的十几人，多的五十几人。壬子科以后，贵州虽然中举人数有所增加，最多时达 21 人（正德庚午科，1510），但仍只能占云南的二分之一。明代贵州独立开闱乡试前的一百六七十年间，贵州考中进士的仅 27 人，而云南同期则高达 92 人，是贵州的三倍多。这期间，思南府辖两县四司考中进士的只有田秋和申祐两人。

明世宗嘉靖九年（1530），田秋向皇帝上《请开贤科以宏文教疏》，奏请在贵州开设考场、开乡试。嘉靖十四年（1535），获得朝廷批准。嘉靖十六年（1437），贵州正式开设考场进行乡试。贵州首次开科，初定解额25名。明朝廷“命云南四十名，贵州二十五名，各自设科”（《世宗嘉靖实录》）。田秋一生，办了很多大事，其中以开发贵州文教为最有功劳。

开科本省，节劳省费，向学者日益增多，从此贵州人才四起，直追中原。嘉靖十年（1531），他还上了《请建婺川、安顺、印江学疏》，也得到了批准，三地相继办起了学校，为贵州教育事业发展做出不可磨灭的贡献。首先表现在力争开闱兴教上，推进科举制度和学校教育在贵州地区的发展。自唐宋以来，科举就一直以其巨大的社会导向力影响着全国各地区文化教育的发展。[①]

贵州首次开闱乡试录取举人 25 名，以后逐科增加，最多时达 40 名。从贵州建省到明朝末年，全省考中举人者，共 1738 名。到了清代，贵州全省录取的文举人更达到了 3110 名，武举人 1704 名。据（道光）《思南府志·选举志》记载，从明朝建国到贵州开闱乡试前的 160 多年间，整个思南府只考中举人 24 名，而单独开科取士到明末的一百零几年里，就出了 85 名举人，是前 160 多年的 3.5 倍。思南府从明代贵州开科到清朝末期，中举者就达 360 人，登进士者 32 人。[②]

田秋对振兴贵州教育，开发贵州人才，是倾注了心血的。此后，明朝政府下令，府、州、县、卫所，都要兴办官学，各地又纷纷办起了儒学、书院、社学和义学。从此，更是文教大兴，读书的人多了，出的人才也多了起来。[③]

在贵州开科乡试，无疑具有以下意义。一是减轻了学子负担，提高了学子的安全度。如果到云南参加乡试，一般家庭负担不起盘缠，同时赴试途中安全也是一个考验。在资讯不发达的时代，人们的交流与通信受到了极大的挑战。作为一个从贵州走出去的学子，田秋自己最有发言权，如果不是自己的亲身体验与传统知识分子所具有的良知，也不会为贵州广大的学子考虑。作为一个从科举考试走

---

① 田永红：《思南人田秋：对贵州发展的贡献》，载《贵州民族报》，2013 年 6 月 17 日。

② 张羽琼：《论田秋与明代贵州文化教育的发展》，载《贵州师范大学学报》（社会科学版），2007 年第 2 期。

③ 安国士《田秋与贵州开科乡试》，载《文史天地》，2003 年第 8 期。

出去的贵州人，乡土情结不能不说占据他的心灵，他有传统学人的家国意识。二是贵州科举考试制度日臻完善，从贵州的开科考试，一直到科举制度的罢黜，贵州科举考试的香火不断，每年都有考上进士的学子。不难看出，贵州开科考试为贵州学子进入制度阶层搭建了成长的平台。三是对贵州地区的文明开化起到促进作用。由于在贵州可以参加科举考试，不少贵州人认识到读书的价值，不少地区的人们对教育文化十分重视，接受外来文化的熏陶，使汉学在贵州少数民族地区兴起。

三、晚年回乡兴办教育，推动西南文化教育的发展

嘉靖二十年（1541）六月，田秋辞职还乡。后在家乡办学，继续致力于家乡的文化教育事业。

关于田秋辞职回乡的原因有很多，有的人认为他是因为他的儿子科举考试失利而回乡。28岁，年富力强，势头正好，嘉靖二十年（1541）夏天率师雷州时，惊“闻二男会试连丧京邸”。家中遭遇灭顶之灾，他引以为“奇特”的两个儿子时中、时龙丧身仕宦征途。①

家里的突然变故，对田秋的打击非常大。但是，作为学人，他没有颓废，没有因此一蹶不振，相反还是回到家乡推动文化教育工作发展，对思南的文化教育起到了承上启下的作用。47岁的田秋回到了故乡，之后致力于家乡的文化教育，促进乌江流域少数民族的文明开化。同时，主持编修（嘉靖）《思南府志》，为当地文化历史的传承呕心沥血。

《酉阳直隶总志》中曾经记载，不少酉阳学子到思南学习，而且有数人还考中了进士。显然，田秋在思南兴办教育是对西南少数民族地区教育的一种促进。这在很多有关田秋的教育思想中没有谈及。

可见，历史上的田秋对思南政治经济文化的发展、文化的交流与史志的编纂都具有划时代的意义。

① 赵永：《如何利用历史文化名人的价值发展地方教育——以田秋对思南教育发展的贡献为例》，载《安顺学院学报》，2016年第4期。

田秋教育思想研究

韦小宁[①]

田秋，字汝力，号西麓，明代思南府人，正德九年（1514）进士，历任福建延平府推官、户科都给事中、侍经筵官等职，后以广东左布政使致仕。

田秋平生敢言，出仕以来多有建白。其中最著名、最为后人称道的是他奏请朝廷为贵州单独开科取士。贵州自明代建省以来，与云南合开乡闱，贵州士子须亲至云南昆明考试，其间“盛夏难行，山路险峻，瘴毒浸淫，生儒赴试，其苦最极。中间有贫寒而无以为资者，有幼弱而不能徒行者，有不耐辛苦而返于中道者，至于中冒瘴毒而疾于途次者，往往有之”[②]，制约了贵州文化教育事业的发展。田秋于嘉靖九年（1530）上疏《请开贤科以宏文教疏》，请求在贵州开乡闱。嘉靖十四年（1535）朝廷奏准。贵州于嘉靖十六年（1537）丁酉科始单独开科．此外，朝廷依他建议，将贵州取士名额从21人增至25人。此后贵州人文蔚起，科甲鼎盛，田秋实立首功。

一、田秋教育思想探析

田秋的教育思想，笔者认为主要有以下几点：

（一）教育平等思想——贵州独立开科取士的哲学基础

田秋的教育平等思想，包括两个方面的内容：一是教育对象的平等。田秋认为人性本善，得自上天的部分是平等的。二是教育机会平等。既然人人都有同等的潜在天赋，就应当有权利获得同等的受教育机会。

明代全国两京13行省，其他“两京十二省各设乡试科场”[③]，独贵州依附云南，两省合开乡闱，这是对贵州的不公平待遇。之所以如此，是因为朝廷有人认为贵州开发较晚，人才匮乏，不足以独立开科取士。而田秋秉承春秋时期孔子提出的“有教无类”的教育思想，认为人性本善，而得自上天的人性或本性完全平等，只是后天教育的不同才导致了人与人之间的差别。他在著名的《请开贤科以宏文教疏》

① 韦小宁：硕士研究生，铜仁学院国学院教师，主要研究铜仁地方文化。

② 思南县志编纂委员会办公室：《嘉靖、道光、民国 思南府、县志》（点校本），1991年内部发行，第349页。

③ 南县志编纂委员会办公室：《嘉靖、道光、民国 思南府、县志》（点校本），1991年内部发行，第349页。

中，为说服嘉靖皇帝及朝廷各部说道：

臣以为人性之善，得于天者，本无远近之殊，特变通鼓舞之机由于人者有先后耳。①

既然人与人之间的本性相同，自然也应当有平等地接受教育的权利，故他呼吁朝廷应当给予贵州学子以同等的待遇。贵州学子既然有同等的天赋，也有权利接受同等的教育，也应当能与其他 12 个行省一样，有权利独立开科取士。这是他认为贵州不应当附云南乡试，要求朝廷为贵州开科取士的教育哲学基础。

在国家层面的取士问题上是如此，在基础教育领域，他也持有同样的观点。他在呼吁在婺川和印江县建立县学的《请建婺川、安顺、印江县学疏》中写道：

窃惟人才之用虽有多寡之殊，而赋予之自天原无彼此之异，特以教化之所及有先后、浅深，而人才系之焉耳。②

这里同样是认为得自上天的人性，没有彼此远近之差别，只是教育的不同，才导致了人才的先后、水平的高低。所以应当为婺川和印江学子单独建立县学。

他认为，只要在人才培养和人才选拔方面都能给予贵州学子以同等的教育待遇，相信贵州学子也能取得与其他行省同等的教育水准，为国家选拔同样多的人才。他说道：

臣尝闻国初两广亦共一科场，其后各设乡试，渐增解额，至今人才之盛，埒于中州。……今设科之后，人益向学，他日云贵又安知不若两广之盛乎？③

只要能给予贵州学子同等的待遇，贵州也能如两广及中原各省一样，为国家造就同样数量和质量的人才。

（二）教育的政府责任

田秋认为，各地区人民本性相同，之所以出现人才的差异，主要是在于后天的教育，要为国家培育和选拔同等的人才，就需要中央和地方官员重视教育。他在《思南府儒学记》中说道：

① 思南县志编纂委员会办公室：《嘉靖、道光、民国 思南府、县志》（点校本），1991 年内部发行，第 349 页。

② 思南县志编纂委员会办公室：《嘉靖、道光、民国 思南府、县志》（点校本），1991 年内部发行，第 369 页。标点有改动。

③ 思南县志编纂委员会办公室：《嘉靖、道光、民国 思南府、县志》（点校本），1991 年内部发行，第 369 页。

古者自国都以至闾巷，莫不有学，而天子辟雍，诸侯泮宫，其大者也。自罢侯置守，则郡学即泮宫之制欤？我太祖高皇帝，用夏变夷，崇重学校，于即位之明年冬十月，谕中书省臣曰：“学校之教，至元其弊极矣，使先王衣冠礼乐之教，沦而为夷狄，上下之间，波颓风靡，故学校之设，名存实亡。况兵变以来，人习战斗，惟知干戈，莫识俎豆。恒谓治国之道，教化为先，教化之道，学校为本。今京师虽有太学，而天下学校未立，宜令郡县皆立学，礼延师儒，讲论圣道。使人日渐月化，以复先王之旧，以革污染之习。”至洪武八年，又诏郡县凡闾里皆启塾立师，守令以时程督之。列圣相承，罔不慎重。①

明太祖朱元璋和后继的诸位皇帝对教育高度重视，因此“贵阳八郡，虽僻在西南，距京师万里，而涵濡乐育之下，人才亦每辈出焉”②。

人才的培养，不仅需要中央王朝的重视，也需要基层官员的大力扶持，事实上，中央的政策，最终还是要地方来落实的。他说道：

然人才之产，如金在范，每视在位者之振作以为盛衰。③

人之自上天得来的天赋都是平等的，成不成才，完全在于中央及地方官员的培养与选拔。因此，知府李文敏下车伊始，即着手重修思南府儒学，对学生给予高度赞誉，并对后继者寄予厚望：

他日继侯而守者，尚充益砥砺而振德之。不惟泮水青衿之才，皆岩廊公辅之器，亦因以风定四国，约其夸毗，消其顽戾。俾淳庞载振，俾邹鲁化行，俾我思永有弦歌之声。④

（三）将教育落实到日常生活

田秋不仅重视学校教育，还注重将教育落实到日常生活，在平时培养完整人格。例如，乡贤御史申祐死于“土木堡之变”，有人认为当时人人都遭遇此大难，申祐也无处可逃，不得不死。而田秋在《侍御申公祐传》中对此说予以驳斥：

噫！以公前事观之，则伏节死义之忠，固其素抱，不待取决于土木矣！夫岂

① 思南县志编纂委员会办公室：《嘉靖、道光、民国 思南府、县志》（点校本），1991年内部发行，第362页。

② 思南县志编纂委员会办公室：《嘉靖、道光、民国 思南府、县志》（点校本），1991年内部发行，第362页。

③ 思南县志编纂委员会办公室：《嘉靖、道光、民国 思南府、县志》（点校本），1991年内部发行，第362页。

④ 思南县志编纂委员会办公室：《嘉靖、道光、民国 思南府、县志》（点校本），1991年内部发行，第363页。

猿鹤沙虫同时俱化者比哉？昔唐段太尉笏击贼泚而死，人且以为武人一时激发之行。德宗在奉天闻其死，辍朝至七日，当时宰相尚有难之者。及柳宗元上其逸事，而后太尉平时奉直守正、树立不凡之大节，始暴白于天下，异议至今斩然。矧公远方孤士，泯灭无闻，实攸宜也。[①]

田秋认为，根据申祐的生平事迹，如年幼之时从虎口救回父亲，为太学生时毅然为师申辩且愿代死。可见，死于君难，是其一直以来的志向和胸怀所决定的，并不是迫于时事，不得不死。他还举唐段太尉的例子，认为申祐死节一事与段太尉一样，他们平时人格涵养既久，临难自然能慷慨赴义。此外，田秋主张将教育所得落实到日常生活之中，日日涵养，才能持之以恒，终有所得。

（四）保障教育经费

田秋认为，教育是王政之根本，对政治和社会风俗有莫大的作用，甚至可以免去刑罚和战争，花费小而收益大：

再照学校教化之本源，教化王者之先务，教化行则风俗美，可以措刑罚，可以寝干戈。[②]

田秋认为，中央和地方官员重视教育，既要注重人才培育和选拔，更要注重教育经费的保障，要确保学校等基础设施及其他教育相关事业经费充足。所以他对重修思南府儒学的知府李文敏给予高度评价：

斯则学道之有成，匪直崇饰宫墙而已，实自今日李侯始之也。[③]

对于贵州开科所需经费，他提出了具体解决方案：

议者曰：科之不开，病于钱粮之少。臣窃以为不然。盖贵州虽赴云南乡试，而举人坊牌之费，贵州自办也。鹿鸣之宴，贵州自备也。今所加者，不过三场供给试官聘礼耳。镇远、永宁等税课司，每岁不下数百两。思南府又有棉花税，若设一税课司，委一廉干府官监收之，每岁亦可得数百两。只此数项，足够其费。况求才大事，又可靳于区区之小费乎。且历年抚按官亦屡有举奏，盖一方之至愿，

① 思南县志编纂委员会办公室：《嘉靖、道光、民国 思南府、县志》（点校本），1991年内部发行，第45页。

② 思南县志编纂委员会办公室：《嘉靖、道光、民国 思南府、县志》（点校本），1991年内部发行，第370页。

③ 思南县志编纂委员会办公室：《嘉靖、道光、民国 思南府、县志》（点校本），1991年内部发行，第363页。

上下之同情。其建置之地，区画之详，在彼必有定议，乞敕该部再加详议。[①]

贵州独立开科，必定增加相应的经费，如举人坊牌、鹿鸣宴、考官聘礼等费用，朝廷不为贵州独立开科，恐贵州教育经费之不足。田秋有鉴于此，提出了贵州开科所需经费的具体解决方案，以塞悠悠众口，确保贵州能独立开科。笔者认为，田秋的这一方案，对朝廷同意贵州独立开科有重大影响。可见田秋注重教育经费的保障。

对于基础教育经费，他认为虽然要动支官银，但事关教化，也不能短缺：

贵州边陲之地，每遇有警，未免用兵而所费动以万计，今学官斋号之设，师生廪饩之费未免动支钱粮。然事关教化，未可委之乏用也。[②]

二、田秋教育思想的家学渊源

田秋之所以能形成上述教育思想，与其家族注重家庭教育有关。田秋祖父名万钟，父名显文，皆为饱学之士。大学士李时撰《敕赠礼科左给事中田显文墓表》云：

万钟，先生之父也。工诗文楷书，以《毛诗》教授于乡三十余年。三子：显祖、显德，先生其季也。先生生有异质，年十二受学江右孙善述，日记千余言，为诗对，有奇语，孙器之。寻以家累弃举业，然居常手未尝释卷也。性孝友，质实坦夷，事母兄恭，处家严肃，凛不可犯，乡间无少长皆投洽，至有过则面折之。雅如约素，一衣履或十余岁如新。生三子：曰穀、曰稠、曰秋，皆躬自训迪。尝曰："居家当谨身节用，入官当忠君爱民。"三子俱以家学显。[③]

在父亲的亲自教导下，田秋兄弟"俱以家学显"。而在田秋年幼时，父亲田显文即教育他们要忠君爱民："居家当谨身节用，入官当忠君爱民。"田秋深受其影响，一生忠耿，为国为民，造福乡邦。

嘉靖壬子年（1522），田秋与兄田穀看到父亲已年高八秩，都弃官不做，回家奉养老父。田显文对田秋说："穀也食我，秋宜效力明君，以行所志。况朝廷县貤封之典以待臣下，若弗出，如八十之老何？"[④]田秋方遵从父命外出为官，报效君父。

① 思南县志编纂委员会办公室：《嘉靖、道光、民国 思南府、县志》（点校本），1991年内部发行，第349页。

② 思南县志编纂委员会办公室：《嘉靖、道光、民国 思南府、县志》（点校本），1991年内部发行，第370页。

③ 思南县志编纂委员会办公室：《嘉靖、道光、民国 思南府、县志》（点校本），1991年内部发行，第23页。

④ 思南县志编纂委员会办公室：《嘉靖、道光、民国 思南府、县志》（点校本），1991年内部发行，第23页。

田秋不仅受到了父亲的言传身教，还受到了母亲的影响，据朝廷颁予田秋母亲的敕命：

敕曰：人子之才，虽本于父训，而资于母德亦深矣。故宠荣之命，父母均焉。尔汪氏乃礼科左给事中田秋之母，夙著内仪，克成令子，揆诸慈范，宜赐宠褒。兹特封为孺人，茂服宠光，益绵寿祉。①

三、田秋教育思想的现代价值

田秋的教育思想，不仅对明清贵州教育事业产生了重大影响，在整个贵州古代教育史上都占有重要地位，对当今时代仍有较大的借鉴意义。

（一）民众要树立自信

田秋所提出的人性平等的教育哲学思想，对现在贵州的师生们仍是一个重大的鼓舞。既然人人得之于上天的天性都是一样的，我们就有基础取得和其他发达地区同等的成就。贵州师生都应当树立这一自信。

笔者近日看到思南中学2017年高考喜报：“我校1153人参加考试，第一批本科上线923人，总上线率达80.05%。其中：理工类有986人参考，一本上线800人，上线率达81.14%；文史类167人参考，一本上线123人，上线率达73.65%。一本共上线923人，一本总上线率首次突破80%大关。二本上线1146人，总上线率达99.39%。一、二本总上线率连续18年居全铜仁市第一。”

笔者深为思南中学所震撼，一个西部省份的县级中学，能取得这样优秀的成绩，足以令我们骄傲和自豪。这也证明了田秋所提出的人性平等的教育哲学思想的正确！

（二）国家要注重教育公平

对于田秋所提出的教育公平问题，至今仍是一个众说纷纭的话题，如高考分卷、分省录取、各种加分等。虽然从现实的角度来说很难做到完全公平，但是从理念的角度来说，国家有责任、有义务力争实现教育公平。既然同为共和国的公民，宪法也规定了人人平等，那就应不分城乡，人人都应该享有平等的教育机会。

（三）政府要切实解决教育经费问题

在笔者看来，思南及整个铜仁市都有尊师重教的历史传统，如铜仁市专门修建了川硐教育园区，投入巨资为铜仁学院、铜仁职院、铜仁幼专、铜仁一中等修建了全新的校园。新闻报道称思南中学也于近日整体搬迁至总投资约4.7亿元的新校区。可见铜仁市及思南县党委、政府对教育事业的高度重视。无疑这也是源自田秋注重教育经费保障的思想。学校硬件上去了，软件也要跟上，党委政府当继续加大教育投入，确保教育经费充足。

一代乡贤田秋的教育思想，值得继续深入研究和发扬。

---

① 思南县志编纂委员会办公室：《嘉靖、道光、民国 思南府、县志》（点校本），1991年内部发行，第72页。

试论“黔中砥柱”的精神内涵与社会价值

张金宁[①]

“黔中砥柱”是明代贵州教育先贤田秋留给后人的时代烙印和精神图腾。“以物言志，既是修身、齐家、治国、平天下的情绪积累，又是立功、立德、立言的情感寄托。既是对其自己人生价值的终极定位，又是其精神内驱力，体现了血性的乌江男人孜孜追求的精神面貌。”[②]随着时间的推移，“黔中砥柱”所承载的精神内涵逐渐转化成为乌江人民在改造客观世界的社会活动中应对困难和复杂局面的思维方式、行为态度、心理状态和神情气势。在新形势新常态下，探讨“黔中砥柱”所承载的新精神新内涵，具有较高的示范价值和教育意义。

一、“黔中砥柱”的基本特征

在马克思主义看来，精神内涵属于意识层面的概念，物质决定意识和精神，精神、意识是对物质世界的反映，个人精神生活的产生和发展离不开物质基础，社会精神生活的生产同样也离不开其所对应的社会存在。这是马克思主义关于意识、精神的基本认识。在马克思主义的全面生产理论中，精神生产也是一个重要组成部分，是社会精神生活中的重要内容，它在本质上是实践的。从这个角度审视田秋及“黔中砥柱”的精神内涵，可以把它视为一种精神实践的产物或精神生产的成果。探讨的切入点，应该首先从决定精神内涵的载体的本身出发，即对田秋其人的基本特征进行抽象分析。

（一）身份特征：亲民良吏

田秋（1494—1556），字汝力，号西麓，明朝贵州思南府水德司人。生于弘治七年（1494），正德五年（1510）中庚午科举人，正德九年（1514）甲戌科成进士，历任福建延平府直隶河间府推官，升户科给事中，官至广东布政使。田秋为官二十载，廉洁奉公，直言敢谏，刚正不阿，功德卓著，政绩斐然。据（道光）《思南府续志》记载：“建白最多，革内府监局冗食，议郊坛迁塚事，奏停云南差镇内臣，清光禄不经之费，裁太常寺冗役。”《黔诗纪略》也载：“西麓在谏垣最有声。云南差镇内官肆虐，首奏劾停之。内府监多冗食，太常寺多冗役，光

① 张金宁：铜仁市德江县潮砥镇人大办公室，德江县潮砥镇人大主席。

② 安民：《贵州教育先贤田秋》，载《德江报》，2014年9月25日。

禄多不经之费，悉请裁汰。御马监用财无节，酌赢缩为之程，岁省费巨万计。议郊坛不应侵民冢，土地坛不当合祭，皆引议侃侃。”《明史·清承勋传》载：“继胡世宁为兵部尚书之后，李承勋又革锦衣官五百人、监局冒役数千人。独御马监未汰，复因给事中田秋奏，多所裁减，而请以腾骧四卫属部核诡冒，制可。”明嘉靖己亥（1539）年，田秋任四川按察使时，上疏朝廷凿壅疏流，使川盐入黔量大价廉，官府获千百之税，民获廉价之盐，商获千百之利。田秋乞归故里后“建先祠，置义田，以赡族之不能婚葬者”“修桥梁，治药饵，惠济无穷”。嘉靖皇帝称赞田秋“以谏为名，官守言，责实兼有之”①。田秋之所以能够得到皇帝嘉奖并被后人传颂，首先得益于对自身身份角色的准确定位以及对自身职责的高度认同，能够按照角色要求和岗位要求，取得突出的工作成绩，成为在社会基层单位中贯彻落实朝廷政策的优秀分子，从而赢得组织和群众的认可与赞扬。就田秋自身的身份角色、职能定位、工作业绩等基本内容而言，他是当时优秀基层干部的典型代表，展现了一名亲民良吏的基层干部形象。

（二）行为特征：担当进取

田秋在工作上亲民务实，在思想上则担当进取，突出表现在力争开闱兴教上，推进了科举制度和学校教育在贵州地区的发展。贵州自建省到嘉靖前期的一百多年里，科举制在贵州发展一直比较缓慢，影响力较小。从永乐十一年（1413）到嘉靖十三年（1534），贵州生员的科考一直附于四川、湖广、广西、云南等省。考学艰难，田秋感同身受，决定为改变落后的科考现状挺身代言。嘉靖九年（1530），经过调研思谋后，田秋向嘉靖皇帝上呈《请开贤科以宏文教疏》。在田秋的争取推动下，几经周折终在嘉靖十四年（1535）批准贵州开设乡试科举。后田秋趁势争取，又向嘉靖皇帝上呈《请建婺川、安顺、印江学疏》，请求在贵州少数地区广设州县学校，朝廷接受了田秋的疏请，于嘉靖十九年（1540）建立婺川县学，到明朝末年，贵州的府州县卫司学发展到了50余所，初步建立起了形式多样、门类较为齐全的学校教育体系。从第一次乡试科举，到清代最后一次科举考试，贵州学子得益于田秋倡导的学田，无须自己掏钱购买试卷，解除了众多困难学子的燃眉之急。《贵州名贤传·田秋传》评论：“从此贵州人才四起，直追中原。如论起扶持贵州文化的功劳，真的要推田秋做首功呢！”后人因此尊田秋为“贵州科举教育之父。”②从1530年到1540年，田秋十年如一日致力奏请发展教育，推动了科考制度在贵州的发展，体现了基层干部的担当进取精神，以及把握时代发展变化主线的能力、毅力和执行力，具有示范标杆作用。

（三）思想特征：动力源泉

“黔中砥柱”四个字，看似稀松平常，但特定的历史环境、人物事迹、发展历程，具有了特殊的精神意义和社会价值，这是田秋等人表现出来的最为可贵的特质。田秋对于贵州来说，其功劳不仅在于推动贵州教育的发展，更在于其展现出来的

① 田永红：《思南人田秋：对贵州发展的贡献》，载《贵州民族报》，2013年6月17日。

② 张勇：《思南：千年古郡文星璀璨》，《铜仁日报》，2016年10月20日。

精神动力。贵州科场、学校的设立，“既为贵州学子创造了接受教育的机会，还为中下层知识分子开辟了一条仕进之路，既缓和了当时贵州的社会矛盾，又解决了贵州治术人才匮乏的问题，扩大了明王朝在贵州的统治基础。科举取士在一定程度上体现了公平竞争和量才录用，为广大社会成员提供了改变自身政治地位的机会，大大激发了贵州各族人民的奋斗精神和挑战精神。好学之风的形成，学术文化的进步，为贵州经济社会的发展注入了生机和活力。到了明末，贵州有进士137人、举人1759人，就连偏远的思南府明清时期考取进士已达34人，举人360余人，贵州俊杰之士联袂而起，他们或以吏治政绩，或以学术成就，或以收徒授业，开启民智，或以文章书画卓立于世，体现了贵州各族人民昂扬向上的人文精神”①。具体而言，田秋作为当时的先进个体，争做“黔中砥柱”的理想信念是促使其言行改变的重要因素，更是其立功、立德、立言的精神动力。这种动力，源于田秋的思想、理论、理想、信念、道德、情感、意志等精神因素，并通过他的所作所为，得以接续传承，得以激励放大，成为特定群体行为并产生群体效应，成为引领地方经济社会、文化事业激情发展的重要动力源泉。

二、“黔中砥柱”的精神内涵

精神内涵是对具象精神内容的共性提炼。“黔中砥柱”的精神内涵是田秋及后人在各自岗位上长期努力工作、艰苦奋斗，在积累生产、建设经验的同时，构筑和培育的一种优良传统的通称，是这一群体的灵魂，是具有原创意义的的奋斗成果和宝贵的精神财富。它是由生活在黔中大地上的先进群体的思维方式、工作方式、生活方式、交往方式等长期积淀而成的，是支配黔中大地先进人物的价值取向、行为方式、心理导向的精神力量，是黔中大地先进人物形成的历史深化积淀和现实存在的集中体现。“黔中砥柱”的精神内涵主要表现在五个层面。

（一）价值取向层面：信念坚定

砥柱，原为山名，以山在激流中矗立如柱，故名，喻义指能负重任、支危局的人或力量。田秋在潮砥乌江边高丈许山形河石上书写“黔中砥柱”，其意其境，以物言志，以物励人。查阅历史，堪称“砥柱”的，一是中流砥柱，一是黔中砥柱，中流砥柱为中原文化（或黄河文化）独有，黔中砥柱为黔中文化（或乌江文化）独有，都具有特定的意义，同为信念坚定的象征。人们常用“坚若磐石”来比喻一个人理想信念的坚定，“黔中砥柱”本身就是一座厚而大的石头，任“潮回喷怒雷”，凭多少风和雨，兀自耸立，无言以语，中流击水，风雨如磐，给人以磅礴气势，是一种坚定，更是一种坚贞！回望田秋，一生所干的值得骄傲的大事，一是作为良吏巩固着明王朝的统治基础，一是作为先贤让教育在贵州发扬光大。干好这两件事，都需要改革创新，而改革创新，必然会遇到阻力，甚至担负风险。化解阻力与风险的内在因素，在于有强大而坚定的理想信念。回顾党的历史，革命先驱李大钊在敌人的绞刑架前大义凛然、视死如归，就因为他坚信“试看将来

① 田永红：《思南人田秋：对贵州发展的贡献》，《贵州民族报》，2013年6月17日。

的环球，必是赤旗的世界”。革命先烈方志敏身陷囹圄不低头，严刑拷打志更坚，就是因为他断定“中国一定有个可赞美的光明前途”。正是这种坚定的理想信念，使他们具有共产党人坚贞不屈、气贯长虹的“硬骨头”精神。习近平总书记在谈到县一级党员干部时曾指出：“县一级阵地，必须由心中有党、对党忠诚的人坚守。当县委书记，要记住自己是中国共产党的县委书记，是党派你在这里当县委书记的”；“要把牢政治方向，强化组织意识，时刻想到自己是党的人，时刻不忘自己对党应尽的义务和责任”；“只有理想信念坚定，心中有党、对党忠诚才能有牢固思想基础”。[①] 习近平总书记的论述，点明了基层干部应具备的最核心最基本的政治素质。当前，我们建设“一区五地”，开展脱贫攻坚等工作，要有坚定信念，始终坚持党的领导，心中有党，对党忠诚，毫不动摇，在坚守的过程中把主体的行为和素质升华为一种精神。

（二）思维方式层面：勇立潮头

“黔中砥柱”石刻位于乌江航道的潮砥滩边，潮砥滩为乌江航道第一险滩、雄滩，雍正六年（1728），思南知府冯夔飏云：“计滩之险，过于瞿塘，滟滪滩上；东以石峡，水力甚遒。至滩头，巨石壁立，高可丈许。怒流建筑而下，跳珠喷玉，白波若山，潴为巨潭，深且无际，两岸嵯岈崎石，若堂、若国、若狮、若象，舟行至此，得闻轰轰雷鸣。”道光知县朱奕昭有诗曰：“海上潮从海底生，此间潮砥旧标名；排空雪浪兼天涌，逐日雷车拔地惊。沧海于兹分粟渺，江陵何事叱猿声；由来有本原如是，滚滚川流万古情。”黔中山石何其多，田秋独独选中潮砥滩边的一块石头！不难想象，作为时代弄潮儿，田秋深知潮头之上，必定波高浪急，风险巨大。没有强烈的顽强拼搏、奋斗不止的精神，没有敢于负责、敢于担当的气魄与胆略，就很难战胜各种激流和险滩。“没有金刚钻，不揽瓷器活。”田秋是自信的，他没有回避，没有躲闪。在骨髓里，田秋把勇立潮头作为一种思想觉悟，一种精神境界，一种能力素质，一种豪情气魄，干该干的事，干有意义的事，干前无古人的事！田秋勇立潮头的拼搏精神，在有着“岸上的男人，水里的汉子”之称的乌江人民身上得到体现。当前，深化改革，推进发展，加快建设“一区五地”，需要这种勇立潮头的浩气、超越前方的勇气、与时俱进的朝气，勇敢面对各方面的阻力和风险，不为任何风险所惧，不为任何干扰所惑，苦心练就硬功，艰苦不懈地探索，攻坚克难，激流勇进，有所突破，有所作为，最终绽放出勇立潮头的无穷魅力。

（三）行为方式层面：砥砺奋进

历史在时序中更替，梦想在砥砺中奋进。在乌江长大的田秋，饱阅乌江先民们把苦难当作磨砺，把险恶当作阅历，把艰辛当作享受。田秋作为乌江儿女，深知“逆水行舟用力撑，一篙松劲退千寻”的道理。考察田秋题写“黔中砥柱”的时间，为甲申年孟春，时田秋刚好30岁，正值其风华正茂，仕途辉煌，人生得意时。古话说三十而立，田秋立什么？他用实际行动诠释了立志做“黔中砥柱”的豪迈誓言。

① 习近平：《做焦裕禄式的县委书记》，《学习时报》，2015年9月7日。

为官期间，田秋不忧患难，不畏权豪，痛陈时弊，兴利除弊，竭力为明王朝做着“刮骨疗毒”的工作，把一次次与社会时弊的交锋当成人生的磨炼。在促进贵州教育发展上，一直争取，多次上疏，用十年时间完成了贵州科举、县学从无到有的长征。使后来众多学子终于一展抱负，浓墨重彩地登上了全国政治、文化舞台，并开始逐步产生越来越大的影响。田秋行且坚毅的作风，不得不承认与他在乌江边生活的阅历有关，与乌江生活环境有关，与乌江儿女的血性有关。田秋的所作所为，是乌江人民砥砺奋进的缩影，他推动、见证了贵州从荒凉走向繁荣，从贫瘠走向富裕，从封闭走向开放，从落后走向进步的光辉历程。习近平总书记指出：“每一代人有每一代人的长征路，每一代人都要走好自己的长征路。我们这一代人，继承了前人的事业，进行着今天的奋斗，更要开辟明天的道路。”[①] 五年一个刻度，五年一个跨越：奋力创建绿色发展先行示范区，全力以赴打造绿色发展高地、内陆开放要地、文化旅游胜地、安居乐业福地、风清气正净地，是我们这一代人的长征，需要我们砥砺奋进。

（四）作风锤炼层面：实事求是

田秋是一个实在人，作为谏臣，田秋每一道奏疏，始终立足实情，从实际出发提出需要解决的问题和对策，推动所奏之事向前发展。如《请开贤科以宏文教疏》中写道：“而盛夏难行，山路险峻，瘴毒浸淫，生儒赴试，其苦最极。中间有贫寒而无资者，有幼弱而不能徒行者，有不耐辛苦而返于中道者，至于中冒瘴毒而疾于途次者，往往有之。此皆臣亲见其苦，亲历其劳，今幸叨列侍从，乃得为陛下陈之。”事非经过不知难，没有翔实的调研，处于“旧制不可轻改”的时代，要请求朝廷在贵州单独设立科场开科取士，是非常困难的。田秋正是以这样一种实事求是的精神，打动了明王朝，终于在嘉靖十四年（1535）正式批准云南、贵州分别开设乡试科举。党的历史表明，无论在艰苦卓绝的革命战争时期，还是在社会主义建设时期，只要坚持实事求是，我们的事业就取得胜利，向前发展；如若偏离了实事求是，我们的事业就会遭受挫折。习近平总书记指出：“实事求是，是马克思主义的根本观点，是中国共产党人认识世界、改造世界的根本要求，是我们党的基本思想方法、工作方法、领导方法。”当前“一区五地”建设、脱贫攻坚工作，都是有严格标准、有时间限制的硬任务，需要实地调查研究，分析具体原因，拿出措施办法，实事求是地做好工作。

（五）修身自律层面：清正廉洁

“公生明，廉生威。”在群众眼里，自私自利、消极怠工、贪污腐化等行为是受到鄙视的；而清正廉洁、克己奉公、甘于奉献的精神是得到尊敬的。田秋作为谏臣，如果自己不清正廉洁，就难以做到忠君报国、刚正不阿，更谈不上“黔中砥柱”抱负的实现。事实上，田秋一生谨记父训：“居家应谨身节用，入官当忠君爱民。”清正廉洁，平生耻攀权贵，虽官居高位，而不享特权，作为贵州士绅阶层的政治精英，田秋不仅以学识渊博、刚直敢言而卓声当朝，而且还以身居庙堂，心系桑梓而名

① 习近平：《在纪念红军长征胜利80周年大会上的讲话》，2016年10月21日。

重黔中，不论在朝在野，终能守节明身。其因清正廉洁的高贵品格，成为数百年来，生活在黔中大地、乌江岸边的后人砺志守节、汲取力量的风范标杆和精神源泉。

三、“黔中砥柱”精神的社会功能

辩证唯物主义认为精神是具有反作用的，随着“田秋文化”，“乌江文化”研究的兴起，田秋及“黔中砥柱”精神逐渐引人注目，关注度不断提高，分析研究田秋及“黔中砥柱”精神的社会功能便具有重要意义。

（一）教育功能

田秋作为黔中大地士绅阶层的政治精英和历史代表人物，其精神内涵集中了黔中人民的精神特质，其典型价值对于过去、现在、将来具有重要的教育、示范意义。它的教育功能来源于其作为先进群体典型的三个相互关联的规定性特征：一是特殊性。田秋及“黔中砥柱”是独一无二的，是铜仁乃至贵州独有的，不能复制、迁徙、嫁接，具有特定地域、特定群体的特殊性。二是代表性。代表性是特殊性的延伸表现，代表性越强，典型性越高。从整体与部分的关系看，田秋所代表的是生活在黔中大地人民中的某一群体，“黔中砥柱”所彰显的精神是乌江人民全部精神中的一部分，而这一部分性，能够集中反映黔中人民的优秀特征和本质属性。三是超越性。田秋是历史上贵州民众、学子、官员中的普通一员，但又高于一般的民众、学子、官员，与普通民众、学子、官员相比，田秋在一定程度、一定范围内代表着贵州人民特定的价值取向。这三个方面的特性决定了田秋及“黔中砥柱”精神的典型性，因而具有重要的教育功能。

（二）凝聚功能

“黔中砥柱”作为一种精神力量，长期以来激励着黔中大地上的民众。试想，有谁不想成为家庭、社会、国家的砥柱呢？又有哪一个家庭、社会、国家不需要砥柱呢？时代呼唤“砥柱”，发展需要“砥柱”，做“黔中砥柱”，是每一个贵州人、每一个来贵州工作的人的愿景和期盼。正是这样的一种愿景和期盼，激励着在这一方水土上生活、工作、创业的人们，它凝聚凝结的不仅是一种不畏艰险、敢于担当、开拓进取的正能量，更是一种人生价值、思想觉悟、精神境界、能力素质、豪情气魄和创业情怀。正是这种凝聚功能的发挥，使人们拥有了面对困难的勇气和战胜困难的力量。

（三）塑造功能

“黔中砥柱”精神具有标杆引领作用，体现和代表着生活在黔中大地上人民的一种普遍心理和愿望，因此具有较强的塑造功能。它主要体现在两个方面：一方面，面向社会和群众塑造亲民良吏的形象。田秋所作所为上对得起家国天下，下对得起桑梓后代。人生天地间，有这样的价值，夫复何求？现在，“我是共产党员、国家工作人员，每月拿着国家发的工资和津贴，就要为党和国家多做事，从大的方面来说，要对得起党，对得起人民；从小的方面来说，要对得起这份工资，对得起自己的良心”[①]。另一方面，“黔中砥柱”精神作为一种符号，一种社会心理资源，是一种心理正能量，其展示出来的价值导向、认知主导、情绪疏导、行为规范等，本身就能够激励人、塑造人，能够提升思想认识、党性修养、精神状态和工作作风。

（四）推动功能

“黔中砥柱”精神的推动功能，体现在它是引领和推动铜仁发展的重要力量，这是精神力量反作用于物质世界的必然结果。“黔中砥柱”彰显出来的精神是中华优秀传统文化的一部分，其突出展现的担当精神，是砥砺奋进的精神力量。习近平同志指出：“是否具有担当精神，是否能够忠诚履责、尽心尽责、勇于担责，是检验每一个领导干部身上是否真正体现了共产党人先进性和纯洁性的重要方面。”敢于担当是领导干部的一种高尚政治品格，一种必备的履职能力，一种过硬的工作作风，一种良好的精神状态。要做好铜仁的事，关键在人，关键在党，关键在队伍。当前，奋力谱写“一区五地”建设新篇章，坚持党员干部特别是领导干部就必须勇于担当、率先垂范的原则。历史发展经验表明，事物的成功与发展，很大程度上取决于做事的人是否具有担当精神。“黔中砥柱”精神作为当下推动发展的重要精神力量之一，必将凝聚强大合力奋力谱写“一区五地”建设新篇章。

① 刘忠培：《党员，要对得起党和人民》，2016年06月24日就是网，www.qstheory.cn/laigao/2016—06/24/c_1119102851.htm。

论田秋与贵州单独开设乡试

安尊华[①]

摘　要：明朝科举制度走向正规化，成为国家的铨选制度。然贵州乡试久附外省，制约了士子考试，于国家人才之选拔亦不利。独立开闱乡试之疏屡奏而不济。田秋极力上疏，陈述贵州开设乡试的必要性、紧迫性、已具备的条件以及经费和场地的来源，指出开闱乡试有利于人才培养，提出增加名额等，获得明朝廷首肯。经礼部讨论和黔巡按王杏续疏，贵州终于获准单独开设乡试。田秋之功不可没。其献身教育的精神在当下仍具有积极的现实意义，它将激励着贵州人民奋勇向前。

关键词：田秋　贵州　单独乡试　功臣　积极意义

国家之兴在教育，教育之盛在人才。贵州教育发展至今，有无人才？当然有！贵州教育始自远古，自西汉之盛览开荒以来，三国时期有尹珍赴中原向许慎求学，学成归来教育蛮夷子弟。唐宋时期教育虽有所发展，但囿于经制与羁縻之政治管理，境内教育并未能出现较繁荣发展的态势。元朝的大统一有利于贵州与中原地区的经济文化交流，贵州教育有所发展。如贵阳设有顺元路儒学、文明书院，播州（今遵义）土司修建了学宫。这些扩大了儒学教育的范围和对象，促进了贵州学术文化的发展。但与中原文化相比，仍有很大的差距。

应当说，明代贵州教育以独立举办乡试为分水岭，此前在艰难困苦中缓慢发展。单独举行乡试后，教育发展才走上正轨，这为后来的教育奠定了坚实的基础，终于形成形式多样、门类较为齐全的地方教育体系。自明朝廷批准贵州开设乡试至今达 482 年，然其意义仍然巨大。贵州能单独开闱乡试，归功于田秋。田秋是促成开设乡试之功臣，其献身教育之精神值得传承，值得后学缅怀。由此，撰文以纪之。

一、明代教育行政管理制度的建立

元末明初，西南地区政局极不稳定。元朝残余势力梁王巴匝剌瓦尔密仍盘踞云南，借助云贵部分土司力量与明王朝对峙。为了尽早统一云南，朱元璋审时度势，结合民族关系，确定了“先安贵州，后取云南”战略。洪武十五年（1382），朱

①　安尊华：贵州省思南县人，博士，贵州师范大学教授，硕士研究生导师。

元璋设立贵州都指挥使司，“开一线以通云南”。永乐十一年（1413），明政府建立贵州布政使司，永乐十四年（1416），贵州按察使司设立。“三司”机构设立，贵州成为行省，与明中央政府的联系加强，为贵州经社会济与教育发展奠定了基础。

明代中央王朝重视对贵州的开发和管理。加上贵州各民族人民的辛勤努力，明代贵州教育发生了巨大变化，取得了一定的进步。明王朝崇儒兴学，在建省前，贵州的教育表现为官学的设立。建立行省后，贵州在各府州县卫司建立学府，教育子弟。另外，明代还建立书院、兴办社学、义学等，推动教育。随着府州县学校的大量兴办，明政府也在贵州逐步推进儒学教育的一体化管理。建省以后，贵州一直没有专管学务的机构，直到弘治年间，贵州的学校事务仍然由云南提学官兼管。弘治四年（1491），巡抚贵州监察御史汪律上疏云：“贵州学校以云南提学签事兼领，地远不能遍历。”此后，始在贵州提刑按察使司设提学副使一员专管学务。并于弘治十八年（1505）修建提学道署，府州县卫也开始设学官。提学道署和学官的设立，为贵州学校教育的发展提供了行政保障。

二、科举制度在贵州的发展

科举制度在隋唐时期建立，此期间贵州无人参加科举考试。到南宋时期，科举考试播州都没有名额，播州土司杨价曾上奏宋朝廷，陈述文教已开的情形，请求准予“贡士”，获批岁贡3人。南宋嘉熙二年（1238），播州贡生冉从周考中进士，他是贵州历史上首名进士，南宋贵州有8人中进士。皆在黔北，元朝仅杨朝禄1人中进士。

在明朝，科举与学校教育紧密相连。明代科举制度的定式颁行于洪武十七年（1384），规定每逢三年开科考试。科举考试分为乡试（又称乡闱、大比）、会试（又称礼闱）和殿试（又称廷试），以及预备性质的童试。[①]明代还规定考试文体为八股文，学校教育与科举考试。建省以后，明朝政府在发展学校教育的同时，十分注意利用科举制度巨大的政治功能和教育功能调动人们学习的积极性。不过就贵州省而言，科举制度的发展则十分缓慢。从明朝建立到嘉靖十三年（1368—1534），为贵州科举制的初步发展阶段。在这160多年间，贵州教育事业发展起来，为科举取士储备了一定的人才资源。统治者为了扩大统治基础，在贵州推行科举制度。但由于初入职方，贵州一直未取得单独乡试的资格，贵州生员参加科举考试，只得附于外省科考。

建省前，贵州生员的科考一直分附于四川、湖广、广西、云南等省。虽然建立行省，但贵州在很长时期内未能单独开科取士。洪熙元年（1425），下令附试湖广。

① 童试，又名儿童生试，是明代府、州、县学的入学考试。它属于一种预备考试，包括县试、府试、院试三级。县试由知县主持，被录取的人参加由知府主持的府试。府试被录取的人再参加由各省提学官在府、州巡回举行的院试。通过院试的人取得县学、州学、府学的就学资格，被称为生员，亦即秀才、相公。参见孙培青、杜成宪：《中国教育史》，上海：华东师范大学出版社，2009年，第253页。

宣德二年（1427）贵州布政司上奏明朝廷，因贵州距离湖广四十余驿，距离云南八驿，请求就近附试云南。朝廷同意，于宣德四年（1429），又诏令改试云南，并成为定制。该年己酉科云贵合试，共录11人，贵州仅普安州刘暄1人被录取。宣德七年（1432）录15人，贵州占5人。从正统年间（1436—1449）到明景宗景泰年间（1450—1456），明政府为了稳定西南局势，在科举名额上向西南地区倾斜，多次"诏云贵乡试不拘额"。成化十年（1474）云贵乡试共录40名，贵州占16名。科举考试期间，贵州生员赴湖广的武昌需步行三四千里，赴云南昆明约两千里，路途遥远，且乡试一般在八月举行，天气酷热，行程艰难，辛苦之状无法形容。

就乡试地点来看，除大部分生员附试云南外，永宁宣抚司儒学军民生员附试四川，直到正统八年（1443），贵州设立永宁卫学后，军生科考隶贵州，而科贡民生仍隶四川。荔波县学生员仍附试于广西（自清雍正年间改隶贵州）。从建省到嘉靖前期的100多年里，科举制度在贵州的推进步履蹒跚。从1368年到1530年，贵州省录取进士33名。作为封建王朝选拔人才的方式，科举制度是士子追求功名、实现抱负的主要途径。

三、贵州独立举办乡试的艰难历程

（一）酝酿与云南分闱乡试

贵州未能单独举行乡试，成为贵州生员参加科举考试的巨大瓶颈，对贵州文化教育和社会经济的发展亦产生极大的阻碍作用。为此，贵州地方官员和社会贤达十分关注，奔走呼号，多次条陈在贵州设立考场开科取士，以储备人才，为封建王朝效力。

弘治七年（1494）贵州巡抚邓廷瓒等曾上奏明朝廷，说明在贵州开设科场，可以"增解额以激人心"。礼部回复说，"旧制不可改"，贵州人才未盛，未批复该奏折。唯一的变动是把云南布政司乡试改为"云贵乡试"，次年乙卯科解额云南增加2名，贵州增加3名，共添5名，两省共计解额50名。① 弘治十二年七月（1499年8月）巡按贵州监察史张淳又上疏明朝廷，请求在贵州单独开科取士，并说贵州具备单独开科取士的条件、贵州附在外省考试的历程，如当时贵州"校至二十四处，生徒至四千余人，前科赴云南乡试者逾四百以上，且每科经魁并前列者往往有之"，开考所需的经费亦有来源，在于"镇远、永宁等处商税银至一千三百余两，赃罚等项又可二万五千余两，用之有余"，加上"上有公馆一座，地势轩敞，少加葺补，堪作试院"。就连考试的处所都腾出来了。可谓人、财、物皆备，然而明朝廷仍未为之动容，仅仅用"下有司知之"之语就打发了。② 这年八月，镇守贵州总兵官东宁伯焦俊亦上奏，陈述："贵州人才渐盛，请自开乡试取士，不必附于云南。"明朝廷仍回以"旧制不可轻改"，开科取士之议又搁浅。

此后，随着贵州学校教育的发展，参加科举考试的人数逐年增多。弘治十三

① 《明实录·贵州资料辑录》，第127页。

② 《明实录·贵州资料辑录》，第209页。

年（1500）巡抚钱钺等上奏朝廷，请求调整云贵两解额的比例，未获得批准。正德五年（1510）增加5名，云南3人，贵州2人。正德九年（1514）巡抚陈天祥，嘉靖元年（1522）、六年（1527）巡抚汤沐等奏，俱不报。嘉靖年间，贵州学校教育逐步发展，书院开始兴盛。地方有司虽持有乡闱之动议，但迄未实行。经贵州地方官吏的不断争取，贵州的科举名额不断增加，弘治年间增加到19名，嘉靖十三年（1534）增加到21名。

从宣德四年（1429）到嘉靖十四年（1535），云贵乡试采用合试方式，名额发生变化，贵州累计151名，而云南达到258人。贵州仅为两省名额的37%。可见，贵州乡试附于云南，中举的机会明显低于云南。参见云贵乡举合试解额表：

表1　明宣德四年至嘉靖十六年云贵乡举合试解额变化表①

年份	贵州	云南	合计	备注
宣德四年（1429）	1	10	11	
宣德七年（1432）	5	10	15	贵州1人中进士
正统六年（1441）	7	13	20	
正统十二年（1447）	10	15	25	
景泰元年、四年（1450/1453）			55	诏不拘额，多至55名
景泰七年（1456）	10	20	30	
成化四年（1468）	16	24	40	
成化十年（1474）	16	29	45	
弘治八年（1495）	19	31	50	
正德五年（1510）	21	34	55	
嘉靖十三年（1534）	21	32	55	上奏时列举的数目
嘉靖十四年（1535）	25	40	65	朝廷批准名额
嘉靖十六年（1537）	25			第一次单独乡试

注：嘉靖二十五年（1546）增至30名，万历二十二年（1594）增为35名，成定额。

（二）田秋上疏

独立开科取士一事，并未难倒黔籍有识之士。直到嘉靖九年（1530），贵州思南人，时任给事中的田秋，为了扶持家乡文教事业，伏阙上疏，坚请贵州开闱乡试，并请求增加名额。他向明朝廷陈奏《请开贤科以宏文教疏》，从与外省比较、贵州文教的发展、附考云南之艰辛、经费筹措有望、开科取士之重大意义等方面进行陈述。

其一，贵州与其他省份的差别和原因。田秋指出，明朝的北京、南京和12省都已经“各设乡试考场以抡选人俊才”，这些人才有机会参加会试，成为国家的栋梁。其结果，这些地方人才辈出，是自古以来最强盛的景象。同为行省的贵州却与它们大相径庭，无乡试考场，“惟贵州一省，远在西南，未曾设有乡试科场，止附云南布政司科举”。原因在于贵州在永乐年间初步建立省级行政机构，制度

① 参见郭子章：（万历）《黔记》，贵州省图书馆1966年油印复制本。

草创；贵州地处边远，文教开化程度不够。乡试附于湖广、云南等省份，是必要的，是符合当时贵州实际的。

其二，贵州省已经具备了单独开设乡试的条件。从永乐十一年（1413）到嘉靖九年（1530），建省已经100余年，贵州得到明朝廷的圣明教化，文化教育取得了很大的进步，人才辈出，今非昔比，正处于能够单独开科取士的大好时机。“远方人才正如在山之木，得雨露之润，日有生长，固非昔日之比”“开科盛举，正有待于今日也”。①

其三，贵州省单独开设乡试的必要性、紧迫性。贵州距离云南路途遥远，有1000多里，远的有3000多里，山路艰险，酷热难行，瘴毒侵袭，生员赴试，困苦最大。这些考生中，经费难支撑、体力难支撑，感染疾病，意志薄弱半途而废等情形时有发生。其中原因在于路程太远。从这些情形看来，设乡试考场十分必要。况且田秋曾亲自体验过考试的苦楚，而非空发议论。边远之士中，希望把设立考场以取人才的想法报告朝廷的大有人在，然而没有机会表达，只好扼腕长叹，遥寄希望于朝廷。“边方下邑之士，望天门于万里，扼腕叹息欲言而不能言者亦多矣。”这一情形则表明开科取士越快越好，具有紧迫性。

其四，贵州单独开设乡试，有利于人才的培养。他举出两广分开设立乡试后，乡试名额逐年增多，所选拔出来的人才已经足以与中原省份比美。他指出，人的本性没有多大差别。但是由于受到后天的影响不同，人与人之间出现了差别。对于人才的培育，有先有后。设立科举考场，可以激励人们倾向读书学习。如果贵州与云南分开乡试，今后怎么可能不及两广人才的兴盛呢？他批评科举未开设的原因在于钱粮不足的论调。从考试经费来说，贵州士子虽赴云南考试，但举人的坊牌费、鹿鸣之宴费由贵州自备。考试所缺的费用是三场供给考试官的费用。

其五，他列出解决考试所需经费的途径，镇远、永宁等处每年有数百两的课税，思南府有棉花税。办法是设立税收机构，委派廉洁干练的官吏监收，后者每年也可以得到白银数百两。两笔税收加起来，完全可以支付考试费用。为了寻求人才，为什么对区区几百两银而不忍割舍？况且历年皆有布政使、按察使等官员多数上奏陈情。设立科举考试场所是贵州省的最高愿望，官民同心，全民同德，贵州已属于完整的建置省，区划详细，行政设置方面已经完善。他请求皇上下令相关部门详加讨论。

其六，提出开设科举考场后，酌情增加贵州省的名额。增加数名，旨在鼓励贵州人民崇尚儒学，相互促进，使人才辈出，以济国家之用。

（三）讨论田秋奏折

明朝廷把田秋的奏章交给礼部讨论，礼部有所同情，认为“云贵合试已久，贵州赴试生儒往返艰苦，势所不免。但另设科场中间支费不赀，相应查勘”，但未下明确的结论。韩士英认为：“贵州屡恳开科，议者辄以旧治有碍，人材未成，钱粮不足，事竟中寝。考两广旧设一科及后另开，人才渐出，天地生财，国家养

① 田秋：《请开贤科以宏文教疏》。

士，岂以云贵异视乎？则旧治未有碍也。贵士不下三千余人，每科乡试五经皆全由春官登抚仕者先后弗绝。则人才未当乏也。省城南隅见有空，司堪为贡院合用，钱粮动支无碍，亦尽足用，则钱粮未为诎也。开科便于是。”[①]

（四）王杏上疏，陈述田秋奏折的核心内容，最终开设乡试事宜获得朝廷批复

明朝廷把田秋的奏章交给巡按御史贵州巡抚王杏勘议。嘉靖十二年（1533）王杏向明朝廷上疏，回顾贵州开科取士的情形，把贵州与广西做比较，指出广西先年附试广东，其后独自开考，并取得了成绩。至于贵州省，“永乐十三年贵州增设布政司以后，衙门渐次全设，所属府州卫遍立学校作养人才，今百五十年文风十倍，礼义之化骎骎与中原等，惟科场一事仍附云南，应试中途间有被贼触瘴死于非命者，累世遂以读书为戒。倘蒙矜悯，得于该省开科，不惟出谷民黎获睹国家宾兴盛制，其于用夏变夷之意未必无补”，换言之，开科取士，有助于教化贵州百姓。他还列举广西附试广东已久，后来在桂林开科取士；辽东旧时附试山东，后来改附顺天，“称前项事理委于文教，有关国体无碍”。奏议交给礼部讨论，礼部指出：“贵州文教渐洽，人才日盛，科不乏人。近年被翰苑台之选者，往往文章气节与中原、江南才俊齐驱。”[②]

经费方面有来源，考试院亦可建立，单独开科取士还可以免除考生的艰辛，激励他们奋发学习。“今贵州省城内西南隅择地可建贡院。所需白金二千四百余两，检藩库羡缗可办。夫士明既足以开科，而费复易措。别开科可免诸生跋涉，益感恩励学。”[③]嘉靖十三年（1534），王杏任贵州巡按御史，并负责勘议贵州开闱乡试一事。王杏入黔以后，积极支持贵州开闱乡试。一面与贵州有识之士筹资选址，建立贡院号舍；一面上疏朝廷，奏请准允贵州开科取士。

嘉靖十四年（1535）八月，王杏上奏，提议建立贡院、开设乡试。当时云南解额32人，贵州21人。王杏指出，云贵两省的人才成倍地增多，请求朝廷增加三五名，“尤足以昭一代文明之盛”。明朝廷同意王杏的请求，批准贵州与云南分别开设乡试。史载：“贵州乡试原附云南，道里艰阻，杏奏请开科于本省，从之。”[④]云南乡试准取40名，贵州乡试名额为25名。事隔两年后具体实施。嘉靖十六年（1537），贵州正式与云南分闱，单独举办乡试。[⑤]从此，科举制度在贵州逐渐发展起来，走上正轨。

---

① 郭子章：（万历）《黔记》卷三十。

② 郭子章：（万历）《黔记》卷三十。

③ 郭子章：（万历）《黔记》卷三十。

④ （乾隆）《贵州通志·名宦》。

⑤ 《贵州通志·选举制》记载贵州单独开科取士时间为嘉靖十六年（1537），这是第一次乡试。该科考试中，浦仲良名列第一名，成为贵州历史上第一名解元。

四、单独开科乡试之重大意义

从弘治七年（1494）贵州省开始向明朝廷上疏，请求单独设立乡试，几经努力，到嘉靖十四年（1535）终于获得批准，历时40余载，可谓来之不易。这是由贵州建省后，经济实力比建省前增强，文教事业发展较快，无论人力物力财力，都基本达到独立开科取士的条件决定的。这是客观因素。从主观因素上说，贵州省能够独立开科取士，得益于监察御史张淳、给事中田秋、按察使韩士英、巡按御史贵州巡抚王杏等人积极主动上疏明朝廷，一步一步地努力，竭力争取。特别值得一提的是田秋。

贵州单独乡试自嘉靖十六年（1537）年开始。独立开科取士，扩大了参加乡试的人员范围，为读书人创造了更多的机会。他们可能通过科举考试，进入王朝国家的政治生活中，为国家效力，亦可实现自身的价值。随着乡试录取名额的增多，越来越多的优秀士子考中举人，继而赴北京考中进士，提升了贵州人民的教育文化水平。仅明代，贵州士子考中进士103人，考中举人1773人（参见表2）。明代考中的进士、举人数目，若按府累计，排在前列的如下：贵州宣慰司215人，贵阳府205人，安顺府261人，思南府121人，铜仁府72人，黎平府63人。另，普定卫118人，清平卫63人，新添卫60人。这些进士、举人，在国内省内发挥积极作用，扩大了贵州的各种影响力，从侧面促进了贵州的经济社会和科学文化教育事业的发展。从此，贵州人民取得了与其他省份的人民相同的机会，可以通过科举考试，逐渐走出蛮荒之地，走上人生坦途，实现远大抱负，从而放眼全国，放眼世界。这是何等之壮举！

表2 明代各朝贵州进士、举人分布表[①] （单位：人）

朝代	进士	举人	备注
永乐（1403—1424）		4	
宣德（1426—1435）		11	
正统（1436—1449）	5	28	
景泰（1450—1456）	2	40	
天顺（1457—1464）	6	20	
成化（1465—1487）	8	124	
弘治（1488—1505）		109	
正德（1506—1521）	5	102	
嘉靖（1522—1566）	21	448	
隆庆（1567—1572）	3	60	
万历（1573—1620）	38	529	1620年八月光宗继位
天启（1621—1627）	2	106	南明宏光朝，举人人
崇祯（1628—1644）	13	192	分科未详、有误9人
合计	103	1773	

① 参见任可澄纂：《贵州通志·学校志》，贵阳文通书局铅印本，1948年。

科举制度面向社会公开招考、公平竞争的取士原则，以及及第后的功名利禄，不但对贵州各族人民产生了强大的诱惑力，极大地刺激了贵州社会各阶层人民读书求学的积极性，而且在客观上调动了贵州地方官吏、社会贤达出资办学的热情，诚如田秋所言："迩者以台谏进言，礼官上请，准于贵州设科取士。远方士子，莫不感戴天恩。垂白父老，拭目以观文教之兴；椎髻夷酋，皆有遣子入学之志。"[①]学校教育亦逐渐发展，社会各阶层具有了明确的价值追求。

开闱乡试以后，贵州人才资源得到进一步开发利用。科举取士为地方政府选拔了一批谙熟中原文化、精通儒家统治策略的政治精英，打破了长期由土司土酋掌控地方政治的历史，改变了封建统治阶层的文化构成，加强了封建王朝国家大一统的政治制度，在一定程度上实现统治阶级内部权力再分配。封建统治阶层文化素养的提高，有利于政治稳定和经济发展，为明清中央王朝在贵州相继推行改土归流准备了社会条件。

五、对田秋之评价

古希腊人攻下特洛伊，依靠的是努力。以田秋为代表的贵州名宦为了单独设立乡试屡次上疏明朝廷，不畏艰难，最终成功，同样依靠的是努力。田秋对于贵州教育曾做出过杰出的贡献，仅以他竭力推动贵州独立开设乡试一事而论，足以体现他作为一个大教育家的奉献精神。其功不可没，开设乡试之利在千秋。

田秋用生命的奉献诠释了他的无私精神。他既是一个真正的榜样，更是精神力量。近500年来，他的这种精神鼓舞了数以万计的莘莘学子，刻苦学习，奋发向上，为贵州之发展、民族之振兴、国家之富强而坚持不懈地努力。田秋业已是思南乃至贵州的一个文化符号。高山仰止，景行行止。田秋是伟大的教育家，其奉献精神将永远是贵州人民宝贵的精神财富，激励着我们奋勇向前！

① 田秋：《请建婺川、安顺、印江学疏》，见《黔诗纪略》卷三，贵阳：贵州人民出版社，1987年，第103页。

参考文献：

1.（嘉靖）《贵州通志》，民国二十五年影印本。

2.（嘉靖）《思南府志》，上海：上海古籍书店，1962年影印天一阁藏明刻本。

3. 郭子章：（万历）《黔记》，贵州省图书馆1966年油印复制本。

4.《明实录》，台北中央研究院史语所校勘1962年点校本。

5.（乾隆）《贵州通志》，文渊阁四库全书本。

6. 周春元等：《贵州古代史》，贵阳：贵州人民出版社，1982年。

7. 贵州省民族研究所：《明实录·贵州资料辑录》，贵阳：贵州人民出版社，1983年。

8. 王燕玉：《贵州史专题考》（修增本），贵阳：贵州人民出版社，1986年。

9.《黔诗纪略》，贵阳：贵州人民出版社，1987年。

10.（嘉靖·道光·民国）《思南府志》《思南府续志》《思南县志》，思南县志编撰委员会点校，1991年。

11.《黔书·续黔书·黔记·黔语》，贵阳：贵州人民出版社，1992年。

12. 孔令中：《贵州教育史》（点校版），贵阳：贵州教育出版社，2004年。

13. 孙培青、杜成宪：《中国教育史》，上海：华东师范大学出版社，2009年。

14. 张羽琼等：《贵州：教育发展的轨迹》，贵阳：贵州人民出版社，2009年。

论开闱乡试与贵州社会文化的发展

张羽琼

摘　要：明朝的乡试，是科举制度在各省直地区最直接的人才选拔活动，对各地政治经济和文化发展影响重大。贵州建省以后，乡试长期附于云南，直到嘉靖九年（1530），贵州思南人田秋向朝廷奏请以后，贵州自办乡试才最终得以实现。贵州开科以后社会文化迅速发展，说明加强制度创新和文化建设，是推进贵州经济社会跨越式发展的最有效途径。

关键词：明代贵州　田秋　开闱乡试　历史影响

科举制度是国家通过分科考试，在全国范围内大规模取士任官的制度。科举制度是传统文化的重要内容，对我国传统文化的发展产生过深远影响。特别是明太祖确立“科举必由学校”“学校储才以应科目”的选才、育才制度以后，科举制更是以其强大的社会导向功能影响着全国各地文化教育的发展。因此，研究贵州社会发展史，科举制度是一个绕不开的话题。480年前的贵州开科，是贵州社会发展史上的重大事件。而科举制度能够在贵州加快其发展进程，贵州思南人田秋功不可没。为正确认识和深入探索贵州社会发展的历史状况和发展规律，本文就贵州开科与明代贵州社会文化发展问题略做论述，以唤起学界对历史经验的更多关注和研究。

一、贵州开科：漫长而艰辛的过程

“科举”于大业元年（605）由隋炀帝创立。由于科举制度打破了血缘世袭关系和豪门世族对政治权力的垄断，中央政府得以网罗天下才俊，扩大统治基础，促进社会稳定。明朝建立以后，深谙“举贤任才，立国之本”的朱元璋，通过实践反复比较，最终将科举取士作为选拔人才的主要方式，并作为最有效的政治制度加以建设。洪武三年（1370）诏令：“自今年八月始，特设科举，务取经明行修、博通古今、名实相称者。朕将亲策于廷，第其高下而任之以官。使中外文臣皆由科举而进，非科举者毋得与官。”[①]洪武十七年（1384）又详细制定了号称“永制”的科举取士之式，命礼部颁行各省。“科目沿唐宋之旧而稍变其试士之法，专取

① 《明史·选举志二》卷七十，第四十五页，上海：上海古籍出版社，1986年。

四子书及《易》《书》《诗》《春秋》《礼记》命题。其文略仿宋经义，然代古人语气为之，体用排偶，谓之八股，通谓之制义。三年大比，以诸生试之直省，曰乡试，中式者为举人。次年以举人试之京师，曰会试，中式者，天子亲策于庭，曰庭试，亦曰殿试。分一、二、三甲以为名第之次。一甲止三人，曰状元、榜眼、探花，赐进士及第，二甲若干人赐进士出身，三甲若干人，赐同进士出身。状元、榜眼、探花之名制所定也。而士大夫又通以乡试第一为解元，会试第一为会元，二甲第一为传胪云。状元授修撰，榜眼、探花授编修，二、三甲考选庶吉士者，皆为翰林官。其他或授给事、御史、主事、中书、行人、评事、太常、国子博士或授府推官、知州、知县等官。举人、贡生不第入监，而选者或授小京职，或授府佐及州县正官，或授教职，此明一代取士之略也。”①

乡试是科举制度的第一个阶梯，是科举取士中竞争最为激烈的选拔考试。明代举行乡试的基本单位是两京十三布政使司。贵州科举在明代经历了一个渐进的过程。

洪武年间，贵州参加科举考试者寥寥无几。贵州建省以后，永乐十四年（1416），命贵州士子附云南乡试；洪熙元年（1425），令附试湖广；宣德四年（1429），命仍附云南乡试。此后，贵州乡试一直附于云南，直到田秋上疏以后，贵州附试云南的历史局面才彻底改变。据地方文献记载：“进士名科，始于唐，盛于宋。从周冉氏，首破天荒；犹道明、杨邦彦诸人，联翩继起。逮明，而赤水张谏、永宁赵维垣，掇高第，入词林，始彬彬矣。至于省试，则洪熙就试湖广，宣德改就云南。因巡按王杏，乡人田秋之请，嘉靖始于本省。贤有司奏增解额。科举之盛，炳焉与十五国同风。”②

贵州士子参加科考最早是在永乐年间。据清《续通考》记载：“云南乡试始于永乐六年（1408），至是贵州亦附焉。”③永乐九年（1411）永宁卫刘宏在云南乡试中举；永乐十二年（1414），播州宣慰司属地桐梓籍人廖沈在四川乡试中中举；永乐十五年（1417）永宁籍人魏真中举；永乐二十一年（1423）永宁籍人胡友谅中举。洪熙元年（1425），朝廷令贵州改试湖广。由于贵州去湖广武昌的路途较云南昆明远，宣德二年（1427），接受贵州官吏的奏请，令贵州改附云南乡试，此后成为定制。

明朝前期，贵州乡试的地点比较分散。贵州生员除大部分参加云南乡试外，永宁宣抚司儒学、永宁卫学附试四川，偏桥卫、镇远卫、清浪卫、铜鼓卫、五开卫等卫学附试湖广，荔波县学附试广西。宣德以前，就乡试解额来看，云南贵州差异较大。据地方史料记载，宣德七年（1432）以前，云南乡试解额贵州每科仅1人，而云南每科少则十几人，多则五十几人。在明朝，乡试解额制度作为开发人才资源的重要手段，其作用不仅体现在为朝廷选拔合格的统治人才，也体现在通过调

① 《明史·选举志二》卷七十，第四十五页，上海：上海古籍出版社，1986年。

② 刘显世等修，任可澄等纂：（民国）《〈贵州通志·选举志〉序》，贵州省图书馆藏文通书局1948年铅印本。

③ 刘锦藻编纂：《清续通考》，杭州：浙江古籍出版社，2000年。

整各地区的乡试解额差以维持区域间的平衡。尽管从宣德七年（1432）起，贵州乡试名额从5名逐渐增加到成化二十二年（1486）丙午科的16名，仍然不足云南的一半。云贵合科乡试，不仅压抑了贵州的选才育才，而且遏制了贵州的社会发展。就乡试解额而言，由于不能独立举办乡试，贵州的乡试解额永远都停留在地方积极争取一点，朝廷就增加一点，地方不争取，朝廷就墨守成规的局面。因此，地方官吏常常将争取贵州乡试解额作为自己重要的工作，不断向朝廷奏请增加贵州乡试解额。

要彻底解决乡试解额偏低的问题，必须打破乡试长期附于云南的传统，让贵州取得与全国十三省直同等举办乡试的资格。为此，贵州地方官吏从弘治、正德到嘉靖，前赴后继，持续30多年。首次奏请贵州自开乡闱的是邓廷瓒。据史载，弘治七年（1494），巡抚贵州右都御史邓廷瓒奏请："布政司生员旧于云南布政司乡试，其试录上名云南乡试录取，举人数通四十五名。今请于本处开科，以免合试，增解额以激人心。"① 朝廷以"贵州人才未盛，旧制不可轻改"为由未以允准。为了安抚贵州社会，朝廷将"云南乡试进呈录"改成"云贵乡试进呈录"，为贵州乡试正了名分。

弘治十二年（1499），贵州监察御史张淳奏请于本省设闱乡试。张淳在疏文中说："太祖文皇帝时，虽设都、布、按三司，亦未及开科，但应试生员，时改附云南，其额始自五名，累至十六名。弘治七年，以镇巡官会奏，又增三名，然尚附云南应试。窃见贵州校至二十四处，生徒至四十余人，前科赴云南乡试者逾四百之上，且每科中经魁并前列者往往有之。科场之费，则镇远，永宁二处商税银，岁至一千三百余两，赃罚等项又可二千五百余两，用之有余。况本城内旧有公馆一座，地势轩敞，稍加修葺，堪作试院，请各自开科为便。"② 镇宁贵州总兵官焦俊亦于同年八月上奏："贵州人才日盛，请自开乡试取士，不必附于云南。"③ 其后，贵州地方长官均多次请求开闱乡试，均未获准。如弘治十三年（1500）巡抚贵州右都御史钱钺、正德九年（1514）巡抚贵州左副都御史陈天祥、嘉靖六年（1527）巡抚贵州右副都御史汤沐等，多次上奏，力陈贵州开科之利，朝廷均以旧制不可轻改为由，驳回了官吏们的请求。直到嘉靖九年（1530），贵州思南人田秋利用礼科左给事中身份伏阙上疏，为贵州开闱乡试据理力争。贵州开科问题，才提上中央政府的议事日程。

① 《明实录·孝宗弘治实录》卷九十三，见贵州民族研究所《明实录·贵州资料辑录》，贵阳：贵州人民出版社，1983年，第558页。

② 《明实录·孝宗弘治实录》卷一五三，见贵州民族研究所《明实录·贵州资料辑录》，贵阳：贵州人民出版社，1983年，第578页。

③ 《明实录·孝宗弘治实录》卷一五三，见贵州民族研究所《明实录·贵州资料辑录》，贵阳：贵州人民出版社，1983年，第578页。

二、田秋及其《请开贤科以宏文教疏》

田秋（1494—1556），“字汝力，号西麓，明代贵州思南府水德司人。正德五年（1510）举人，九年（1514）进士，授福建延平府推官，复任河间府推官。升吏科左给事，转户科都给事中”①。历任吏科左给事中、户科都给事中、礼科左给事中、广东左布政使等职。

田秋一生为官清正廉洁、刚直敢言。任给事中期间，不矜宠利，不惮诛责，一心为天下倡言，以“建白最多”而政声卓异。特别是在任礼科左给事中期间，向朝廷上《请开贤科以宏文教疏》，坚请贵州开闱乡试。为明朝完善科举取士制度，维护贵州社会稳定做出了积极贡献。据史载：“先是贵州未设乡闱，就试云南，近者二千里，远者三四千里。中隔盘江，夏秋多瘴。往试者不习水土，十病其九，士多裹足，文化不宣。西麓乃请开乡闱贵州。”② 田秋疏文如下：

窃惟国家取士于两京十二省，各设乡试科场以抡选俊才，登之礼部，为之会试然后进于大廷，命以官职，真得成周乡举里选之遗意，所以人才辈出，视古为最盛者此也。惟贵州一省，远在西南，未曾设有乡试科场，止附云南布政司科举。盖因永乐年间初设布政司，制度草创，且以远方之民，文教未尽及也。迨今涵濡列圣修明之治教百五十余年，而亲承皇上维新之化又八年于兹，远方人才正如在山之木得雨露之润，日有生长，固非昔日之比矣。臣愚以为开科盛举，正有待于今日也。且以贵州至云南，相距且二千余里，如思南、永宁等府卫，至云南且有三四千里者。而盛夏难行，山路险峻，瘴毒浸淫，生儒赴试，其苦最极。中间有贫寒而无以为资者，有幼弱而不能徒行者，有不耐辛苦而返于中道者，至于中冒瘴毒而疾于途次者往往有之。此皆臣亲见其苦，亲历其劳，今幸叨列侍从，乃得为陛下陈之。边方下邑之士，望天门于万里，扼腕叹息欲言而不能言者亦多矣。臣尝闻国初两广亦共一科场，其后各设乡试，渐增解额，至今人才之盛埒于中州。臣窃以为，人性之善得于天者，本无远近之殊，特变通鼓舞之机由于人者有先后耳。今设科之后，人益向学，他日云贵又安知不若两广之盛乎！议者曰：科之不开，病于钱粮之少。臣窃以为不然。盖贵州虽赴云南乡试，而举人牌坊之费，贵州自办也；鹿鸣之宴，贵州自备也。今之所加，不过三场供给官聘礼尔。镇远、永宁等税课司，每岁不下数百两；思南府又有棉花税，若设一税课司，委一廉干府官监收之，每岁亦可得数百两。只此数项，足充其费，况求才大事，又可靳于区区小费乎！且历年抚按官亦屡有举奏，盖一方之至愿，上下之同情，其建置之地，区画之详，在彼必有定议，乞敕该部再加详议。旧额：二省共取五十五名，云南三十四名，贵州二十一名。臣请开科之后，二省各于旧额之上，量增数名，量增数名，以风

① 洪价修，田秋删定，钟添纂：（嘉靖）《思南府志·人物志》卷六（点校本），思南县志编纂委员会，1991 年。

② 唐树义、莫友芝等编：《黔诗纪略》卷三（点校本），贵阳：贵州人民出版社，1993 年。

励远人，使知激劝，则远方幸甚。①

田秋在疏文中尖锐地指出，贵州士人到云南参加乡试，往往要付出比常人更为辛苦和高昂的代价。贵州各地到昆明，少则两千余里，多则三四千里。赴试之期又在盛夏，“山路险峻，瘴毒浸淫，生儒赴试，其苦最极。中间有贫寒而无以为资者，有幼弱而不能徒行者，有不耐辛苦而返于中道者，至于中冒瘴毒而疾于途次者往往有之。”不仅路途遥远，而且录取名额又最为低下。田秋在疏文中还驳斥了不能开科是因为贵州拿不出乡试费用的荒谬言论，“议者曰：科之不开，病于钱粮之少。臣窃以为不然。盖贵州虽赴云南乡试，而举人牌坊之费，贵州自办也；鹿鸣之宴，贵州自备也”。贵州虽然不能自办乡试，但应该承担的乡试费用一概没有少。田秋指出，两京十二省均各设有乡试科场以抡选俊才，登之礼部，为之会试然后进于大廷，命以官职，只有贵州长期不设乡试科场，严重影响了贵州的社会稳定，“边方下邑之士，望天门于万里，扼腕叹息欲言而不能言者亦多矣”，而且有悖于以追求公平公正为主旨的科举取士制度。

田秋疏文中的“贤科”即明朝的乡试，每三年在各省省城举行一次，逢子午卯酉年为正科，遇庆典加科为恩科，考期亦在八月。中式之举人原则上即获得了选官的资格。凡中式者均可参加次年在京师举行的会试。乡试是各省人文教育活动中的重大事件，对各地政治经济、文化教育、民风民俗影响极大。为了贵州能够尽快自办乡试，田秋力排众议，甘冒时谤，坚请贵州开闱乡试并追加解额。田秋的奏疏从维护明朝政治稳定的高度条分缕析，引议侃侃，引起朝廷重视。礼部覆议后下贵州抚按勘议。

嘉靖十三年（1534），王杏任贵州巡按御史，并负责勘议贵州开闱乡试。史载：“王杏，奉化人，嘉靖十三年巡按。峻节凛然，摘伏如神，大猾敛乎。贵州乡试原附云南，道里艰阻，杏奏请开科于本省，从之。”② 王杏入黔以后，多方调查研究，认为贵州完全具备了设闱条件，积极支持贵州开闱乡试。在与贵州有识之士筹资选址，建立贡院号舍的同时，嘉靖十四年（1535），王杏上《请开科取士疏》，奏请准允贵州开科取士。文曰：

臣等勘得贵州虽与云南接壤，而山势险阻，道里遐歧，贼盗出没无常，秋夏岚瘴甚发。以致每科应试生员，跋涉冲冒，多所损伤，其于人情，甚为未便。况今文教渐洽，遐方绝域，人才日盛。每科应试之士，数逾七百，中式录文，五经具备，及举人进士，科不乏人。近年被翰垣台谏之选者，往往文章气节，与中原江南才俊齐驱。但贵州视江南稍狭，故学校之数差少。今于应试七百之中，取原

① 田秋：《请开贤科以宏文教疏》，（民国）《贵州通志·选举志一》，贵州省图书馆藏1948年文通书局铅印本。

② 鄂尔泰等修，杜诠等纂：（乾隆）《贵州通志·名宦》，贵州省图书馆1964年藏油印本。

定解额二十一人，则贵州一省，自可成录。况贵州虽附于云南，而举人坊牌之费皆省自办。鹿鸣之宴，该省自举。所议增设，止建立贡院，拜三场供给试官聘礼耳。今既查有省城南隅空闲，堪立贡院，估计用银二千八百余两，而在库堪动官银，实有三千一百之数。及增聘礼供给等费亦不过五百余两，财用未为不敷，况系圣朝兴文盛典，事理可行。①

经过四五年的酝酿，朝廷终于同意田秋的建议，决定从嘉靖十四年（1535）以后，由贵州独立举办乡试并增加解额。“嘉靖十四年八月，先是贵州乡试附于云南，道里不便。给事中田秋建议欲于本省开科。下巡按王杏勘议，称便，因请二省解额，命云南四十名，贵州二十五名，各自开科。”②自此，贵州社会各界翘首盼望的开闱乡试，终于得以实现。

嘉靖十六年（1537）丁酉科，贵州建省以来首次乡试在贵阳贡院隆重举行，贵州士子1000多人踊跃报名参试，朝廷特派官吏入黔，主持开考仪式。田秋闻讯特捐资购地，以租谷充作试卷费，表示支持与庆贺。贵州首次开科，取中举人25名。次年会试，贵州举人敖宗庆、王炯、蒋宗鲁、缪文龙四人中进士。其中蒋宗鲁、王炯即首次开闱乡试中选拔出来的人才。

贵州独立举办乡试，不仅是贵州社会建设的重大事件，也是明朝完善科举制度建设的重大事件。从此以后，明朝两京十三布政使司都独立举办乡试。贵州自办乡试，标志着明朝的科举取士制度经历了100多年的发展，最终走上了乡试、会试、殿试三级考试规范发展的道路。

在云贵乡试成为不可撼动的“祖宗之法”形势下，田秋敢于向传统体制挑战，用“开贤科以宏文教”的理论和实践，诠释了中国传统士绅的责任担当和家国情怀，为后世提供了加强制度创新，推进社会发展的历史借鉴。

田秋留存至今的文献虽然不多，但已足以体现其政治精英的气概和才华。《西麓奏议》（注：《千顷堂书目》题作《都监田公奏议》）反映了田秋黾黾忧国、勤奋务实的品格和作风。其删定的《思南府志》，不仅凝聚着田秋对父母之邦的深情厚谊，更反映了贵州“地方文化主体自我意识长期沉睡之后的存在性领悟与觉醒”③，成为后世研究西南民族地区历史文化发展的宝贵资料。为纪念田秋为推动贵州文化教育发展做出的巨大贡献，万历四年（1576），明朝政府应贵州人民所请，在贵阳贡院明远楼设立田秋牌位，供贵州学子世代祭祀敬仰。万历三十七年(1609)，明神宗以思南府属地先后出现田秋、李渭、敖宗庆、肖重望等四位著名人物，特敕于京城西街竖石坊一座，额曰：“西台四杰”，以表彰田秋对贵州

① 王杏:《请开科取士疏》，（民国）《贵州通志·选举志一》，贵州省图书馆藏1948年文通书局铅印本。

② 《明实录·世宗嘉靖实录》卷一七八，见贵州民族研究所《明实录·贵州资料辑录》，贵阳：贵州人民出版社，1983年，第746页。

③ 张新民:《贵州史学的兴盛与方志学的繁荣》，《贵州日报》，2003年9月25日。

文化教育所做出的历史贡献。

三、贵州开科与贵州社会文化的发展

科举制度作为中国明朝最重要的官吏选拔任用制度，自唐宋以来形成的公开招考，公平竞争的庶民化特征，到明代依然保持了对广大读书人的强大号召力。伴随开闱乡试的举行，科举制度在政治和教育方面的导向功能，对明代贵州社会文化的发展产生了相当大的影响。

首先，推动了贵州的教育发展。学校之兴，人才所系。在明朝，科举是政府选拔人才的手段，学校是培养人才的场所，两者联系异常紧密。学校教育的发展与否不但关乎一个地区的声名文物，也在很大程度上决定着一个地区的经济发展和社会稳定。长期以来，乡试地点的遥远和录取名额的低下，制约了贵州学校教育的发展。贵州开科以后，面向社会公开招考、公平竞争的取士原则，及第后的功名利禄，极大地刺激了贵州人民读书求学的积极性。正如田秋所言："迩者以台谏进言，礼官上请，准于贵州设科取士。远方士子，莫不感戴天恩。垂白父老，拭目以观文教之兴；椎髻夷酋，皆有遣子入学之志。"[①] 为了推动贵州教育发展，田秋以造福桑梓为已任，向朝廷上《请建婺川、安顺、印江学疏》，请求在贵州增设学校，化育人才。在田秋的推动下，朝廷加大了对贵州的教育投入。

贵州开科以后，向学之风，蔚然而成。贵州乡试人数逐年增长，万历年间发展到7000余人。随着读书人数的增多，贵州的地方官学和书院教育蓬勃发展起来。自嘉靖十九年（1540）建立婺川县学起，朝廷又在贵州相继设立了一批府州县儒学校。据有关研究成果，开闱乡试后，贵州陆续新建府州县学16所，占总数的28%；新建书院29所，占总数的66%。[②] 学校教育的发展，提高了贵州社会人口的总体文化素质，既为中央政府在贵州的科举取士提供了较为充足的人才储备，又为贵州民族地区社会发展创造了良好条件。

其次，造就了一批优秀人才。在明代，乡试解额不只是各省乡试录取的名额问题，也是各省政治、经济、文化总体实力的反映。贵州开科以后，贵州抚按大臣不断奏请增加解额。嘉靖二十三年（1544），徐樾任贵州提学副使。他认为贵州开闱乡试以来，考试生员人数大增，而科举名额依旧，抑制了贵州人才的选拔，"科目人才，往往辈出""尤解额未足以尽之者"，要求增加贵州的乡试解额。嘉靖二十五年（1546），贵州巡抚王学益根据徐樾的请求，向明廷上《请增解额疏》，王学益说：贵州自开闱乡试以来，贵州人士无不鼓舞思奋，力学攻文，贵州地处边徼，人才易弃难成，适当增加科举名额，可以推进贵州文化教育的发展。[③] 是年

---

① 田秋：《请建婺川、安顺、印江学疏》，见莫友芝等编《黔诗纪略》卷三（点校本），贵阳：贵州人民出版社，1993年。

② 张羽琼：《贵州书院史》，贵阳：孔学堂书局，2017年。

③ 王学益：《请增解额疏》，见（民国）《贵州通志·选举志一》，贵州省图书馆藏1948年文通书局铅印本。

丙午科，增加贵州解额5名，与前共为30名。科举名额的有限追加依然跟不上贵州学校教育的发展。贵州参试人数每科剧增，由于名额限制，许多优秀人才难以入选。万历二十二年（1594），巡抚林乔相上《请广额疏》，指出："分科之始，贵州生员通省止一千余人，今至七千有余，加以川湖五学，本省二学，若犹仍旧，实甚非所以广搜罗而鼓舞遐方之士也。况云贵人才本不相远，云南四十五名，贵州连外学三十名，多寡悬绝。学校渐增，解额依旧。每至乡场，弃璞遗珠，落卷台半，主司长叹，不忍释手。"① 在林乔相的疏请下，万历二十二年甲午科，贵州增加解额5名，共前为35名。以后，朝廷又多次为贵州增加解额，崇祯年间达到40名，这一数字比开闱以前的最高数额增加了一倍。

随着开闱乡试的推进，儒学文化逐渐得到贵州人民的认同，"修齐治平"成为贵州学子的价值追求。贵州开科以后，贵州境内父子同登进士者有普安蒋宗鲁及子思孝、清平李佑及其子大晋、普定梅月及其子惟和、铜仁陈珊及其子杨产等。在苗族、侗族聚居的黔东南地区，自兴隆卫人周瑛考中进士起，先后有熊祥、侯位、王炯、钱嘉猷、李佑、孙应鳌、李大晋、宋儒等19人考中进士，有钱润、时顺等282人考中举人。在布依族、苗族聚居的黔南地区，自平越卫人黄绂考中进士起，先后有杨遵、姚世熙、陈尚象、邱禾实等8人考中进士，有金溥等162人考取举人。若以开闱乡试为界，此前的160多年间，贵州只有30名进士，546名举人；而此后到明末的107年里，贵州就产生了75名进士，1190名举人。举人进士的成倍增加，反映了明代贵州文化实力的大幅提升。

在明代贵州的科举及第者中，政治德行、文章学术突出者比比皆是。如由进士官至尚书的有孙应鳌、熊文灿、王祚远、张佑辰等5人。孙应鳌作为明代贵州著名政治家、思想家、教育家，其道德文章被誉为"开省以来人物冠"。由进士而至巡抚的有乌撒缪文龙、思南敖宗庆等15人；由进士而官布政使的有潘润民、娄九德、程仁圻、洪汝勣、王觉莲、杨培等6人。其他如马廷锡、姚世熙、陈尚象、邱禾实、杨师孔、蒋杰、谢士章、何腾蛟、杨文骢等，或以吏治政绩，或以学术文章，或以诗词书画著称当世。他们在贵州乃至全国政治、文化上的贡献，体现了明代贵州自强不息、昂扬向上的精神风貌。

再次，促进了贵州的文化趋同。贵州开科以后，儒学文化以更强劲的势头向贵州传统文化的各个层面传播。"国家之尽力为黔也，重科举以进其良士，肆翦仪以除其顽苗，置守令以扶教化，宿生兵而弥其觊觎。"② 科举取士是中央政府用全国统一的语言文字和统一的考试内容，面向全社会各阶层公开招考政府官员，其庶民性特征和公平竞争、量才录用原则使贵州各族人民真正感受到"学而优则仕"的儒学理念。"朝为田舍郎，暮登天子堂"，追求知识可以改变社会地位，提高生活质量，于是大大提高了贵州人勤奋学习儒家文化的积极性。在各族人民运用

① 林乔相：《请广额疏》见（民国）《贵州通志·选举志一》，贵州省图书馆藏1948年文通书局铅印本。

② （民国）《〈贵州通志·风土志〉序》，贵州省图书馆藏1948年文通书局铅印本。

统一的语言文字和考试内容去参加科举选拔的过程中，儒学文化扩大了在贵州的传播对象和传播范围，促进了贵州民族地区与内地的文化趋同。

大量的地方志曾记载，明中期以后，贵州少数民族地区社会风气有较大改观。例如少数民族聚居的贵阳在万历年间出现“崇儒术，重气节，处者耻为污下之事，仕者多著廉洁之称”①的景象。郭子章则在《黔记》中这样描述：“悃幅无华，至道尤易，礼宗考亭，不随夷俗，文教丕扬，人才辈出。”“渐渍文明之化，易兵戎为城廓，变刁斗为桑麻，民不喜争，士皆彬雅。”②安顺府则是“务本兴行，渐洗蛮陋”，“文教日兴，人才渐盛”。③思南府则是“迩年以来，人文日盛，登科入仕者，盖彬彬矣”④。可见，作为一种制度文化，科举取士对贵州社会产生了深刻影响。向学之风的形成与价值观念的转变，使贵州区域文化逐渐向尊崇诗书、讲习礼仪的中华主流文化靠拢。而贵州各族人民对中华主流文化的认同，无疑有利于大明王朝的政治稳定和经济发展。

最后，加强了贵州的社会建设。有效的政治统治，不仅要有足够的社会支持面，而且要能够造成稳定的社会环境。在君主专制日益强化的明代，科举考试既是国家的抡才大典，也是加强政治统治的手段。贵州自设科场，贵州儒生在贵阳即可参加乡试，免除了跋山涉水远赴外省的奔波劳顿之苦。许多无力远涉外省参加乡试的贫寒士子得以就近参试，实际上就为这批人登上国家政治舞台提供了较为便利的条件，促进了社会的良性流动，缓和了贵州的社会矛盾。

同时，科举取士在一定程度上体现的公平竞争和量才录用，使大批具有一定政治、文化素质的知识分子被选拔到各级政府机构，打破了元明以来土司豪强长期把持政治权力的历史局面，改变了贵州统治阶层的文化构成，强化了中央集权制度。而贵州统治阶层文化素质的改善，不仅提升了地方政府的社会治理水平，维护了贵州的政治稳定和经济发展，也为明末清初中央政府在贵州继续推行改土归流准备了社会条件。

前事不忘，后事之师。明代贵州开科前后的社会发展，用历史事实证明，加强制度创新和文化建设，是推进贵州经济社会跨越式发展最有效的途径。在全面建设贵州小康社会的关键时期，重温田秋等前贤的家国情怀和远见卓识，总结历史经验，对深刻理解和贯彻落实习近平总书记在“十九大”报告中提出的“坚持以人民为中心的发展思想”，加快贵州小康社会建设，显然具有一定的理论意义和现实意义。

---

① 江东之等修，陈尚象等纂：（万历）《贵州通志》，贵州省图书馆藏复制影印本。

② 郭子章：《黔记》卷十一，贵州省图书馆藏复制油印本。

③ （乾隆）《贵州通志》卷一，贵州省图书馆藏1964年油印本。

④ 洪价修，田秋删定，钟添纂：（嘉靖）《思南府志·地理志》卷一（点校本），思南县志编纂委员会，1991年。

田秋历史贡献博议

曾　超[①]

摘　要：田秋，明代贵州思南府水德司人，进士，仕至广东左布政使，可谓是声名显赫。在过去的研究中，人们关注更多的是田秋对贵州科举、教育文化事业发展所做的贡献。其实，田秋的历史贡献远不止此。

关键词：田秋　贡献　博议

田秋（1494—1556 年），字汝力，号西麓，贵州思南府水德司人。田秋，一个对贵州历史发展、社会变迁，特别是教育事业发展有着重大贡献的人，一个并未引起社会高度关注的人。说其有着“重大贡献”，是他使贵州教育走上了与全国一体化的道路，被誉为贵州开科取士的“功臣”。说其“关注不够”，是因为学界对之研究不多、不深。通过知网查询，可发现专门研究田秋的论文不多，即使在有限的数篇论文之中，也多是重在探究田秋对贵州教育发展的重大贡献，而且部分文章还只是停留在一般性介绍之中。[②]因之，这里试图钩稽田秋在各方面的重大贡献或影响，敬请方家赐正。

一、田秋为官及其“治政”

在中国古代，士子们大多走的是“学而优则仕”之路。作为士子的田秋也不例外。明正德九年（1514），田秋考取进士，因其兄田谷、田稠在外为官，乃弃仕归家，侍奉双亲，前后八载。嘉靖元年（1522）担任福建延平府推官，开始步入仕途；嘉靖六年（1527）任直隶河间府推官，次年授户科给事中，嘉靖九年（1530 年）

① 曾超：重庆黔江人（土家族），博士。长江师范学院学报编辑部执行主编。乌江流域社会经济文化研究中心、武陵山特色资源利用与开发中心研究员。中南民族大学、贵州民族学院硕士生导师。主要从事民族文化和区域文化研究。

② 目前，关于田秋的研究成果主要有：吴丹的《田秋对贵州教育发展的影响》（《知行铜仁》2016 年第 6 期）、张羽琼的《论田秋与明代贵州文化教育的发展》（《贵州师范大学学报》2007 年第 2 期）、王治平《最早开发贵州人才、兴办州县学校的明代进士田秋》（《贵州文史丛刊》1990 年第 3 期）、赵永《如何利用历史文化名人的价值发展地方教育——以田秋对思南教育发展的贡献为例》（《安顺学院学报》2016 年第 4 期）、林开良《贵州乡试开科与田秋》（《贵阳文史》2007 年第 1 期）、刘学洙的《田秋、王杏：贵州乡试开科的功臣》（《当代贵州》2006 年第 22 期）、安国士《田秋与贵州开科乡试》（《文史天地》2003 年第 8 期）。

授礼科左给事中，嘉靖十五年（1536）四月任吏科左给事中、五月任户科都给事，是年十二月升任福建布政司参政，嘉靖十八年（1539 年）升任四川按察使，次年再升任广东布政使。嘉靖二十年（1541）六月，因两子命丧京城辞职还乡，结束了仕履生涯。

在田秋的仕履生涯中，他从一名偏僻山乡的举子，到名动京国的进士，历经磨炼，逐渐成长为主宰一方的封疆大吏，这是思南的骄傲，是贵州的骄傲，是士子的骄傲。田秋能够如此大成，与他的为官之道和为政治绩密不可分的。田秋为官清正廉洁，奉公守法，直言敢谏，刚正不阿，功德卓著，政绩斐然。田秋居官 20 年，秉承“入官当忠君爱民”的家风家训，其待人温良如玉，其应事果断，其忠直上达天聪，其品行于桑梓赞不绝口，于朝野堪称楷模。

综观田秋之治绩，其最为后世艳称的大体有三。其一是利用自身位处谏垣之机会，积极为贵州单独开科取士，造育人才，推动教育文化事业发展而建言献策、奔走呼告，成为贵州教育事业发展的功臣。其二是进行吏治革新，大力裁汰冗官冗吏，成为嘉靖前期裁革冗滥动议较多的谏臣之一。其三是大力整治乌江航道，川盐入黔，便利民众出行和生活，使官府获千百之税，民获廉价之盐，商获千百之利。这里主要谈谈吏治革新问题。

“苟利国家生死已，岂因祸福趋避之。”在田秋的仕履生涯中，最为人们所充分肯定的就是其在谏垣的所作所为。据（道光）《思南府续志》《黔诗纪略》等记载，田秋“建白最多”，“在谏垣最有声”。具体地说，其一是“内府监多冗食，太常寺多冗役，光禄多不经之费，悉请裁汰”，“清光禄不经之费，裁太常寺冗役。”其二是“御马监用财无节，酌赢缩为之程，岁省费巨万计”。其三是“云南差镇内官肆虐，首奏劾停之”。其四是“议郊坛不应侵民冢，土地坛不当合祭，皆引议侃侃”。这些利国利民的举措，深得民心。就连嘉靖帝也盛赞其“以谏为名，官守言，责实兼有之”。田秋赋闲后，谏垣还多次举荐田秋，高扬其廉静之节、忠荩之心、忧国之诚、著功之实。嘉靖二十四年（1545）五月都御史潘鉴《梯荐境内贤才疏》云：“贵州原任广东布政使田秋，强仕□年，急□穷退□，立朝著蹇谔之风，居家励廉静之节。”又嘉靖二十六年（1547）三月贵州巡按监察御史赵大佑《荐举境内贤才以备录用》疏云：“原广东布政使司右布政使田秋，直亮之声，久著谏垣；惠爱之实，素孚闽广；议论慷慨，老不安于小成；蕴籍精深，才不拘于一节；居家既久，气概日新；砥行无殆，雅重乡闾之望；闭门邪扫，益甘邱壑之穷；忧国之诚，每形词色；济时□略，具见生平；年力未弃，尚堪实用；老而置之，亦甚可惜。”又嘉靖二十八年（1549）二月贵州巡按监察使张雨《荐举地方废弃以备录用》疏云：“器识明远，操履端方，扬历謦忠，卓有芳誉；归修谢事，雅重乡评；修城御苗，先后而效力；据险守要，赞均长以设谋，年力未衰，才猷可录。”[1]“金杯银杯不如百姓口碑”，几大言官尚且如此鼎荐，更足见其效力国家之功。

二、田秋与贵州文教

最让贵州人民难以忘怀的就是田秋对贵州文教事业发展的卓越贡献，以致凡对田秋进行研究者，都不得不对其在教育文化方面的贡献加以评述，甚至在某种程度上说这些研究的主题就是田秋对贵州教育发展的问题。如张羽琼在《论田秋与明代贵州文化教育的发展》中认为，田秋对贵州文化教育发展的贡献体现在：其一是坚请开闱，提升人文精神；其二是设教兴学，化育黔中人才；其三是裁汰冗滥，展示良吏风范。吴丹在《田秋对贵州教育发展的影响》中指出，田秋对贵州教育发展的贡献体现在：其一是奏请朝廷在贵州设乡试考场。其二是请求在贵州增设学校。其三是对贵州教育有重要影响，即为贵州读书人参加科举考试提供便利，减轻了读书人的负担；推动了科举制度在贵州的发展，促进了贵州人才的培养；推动了贵州教育事业的长足发展，如府州县卫司学的继续发展、社学的发展、书院教育的迅速壮大；推动了贵州文化教育事业发展和社会历史的进步。

在“书中自有黄金屋，书中自有千钟粟，书中自有颜如玉”的科举时代，作为贵州的政治精英之一的田秋，出身于书香门第，曾祖田永富游学定居水德司，祖父田万钟以《毛诗》教授于乡，父田显文为诗对有奇语，长兄田谷乃弘治壬子（1492）科举人，次兄田稠为岁荐。田秋本人亦是科举入仕。正德五年（1510）中云南乡试举人，正德九年（1514）登状元唐皋榜。他在《西麓训子》中就说：“吾幼承父兄之教，十三廪学，十七荐于乡，十八下第，二十登进士。”因之，田秋作为科举成功者和政治精英，他深知士子的梦想和追求，深知士子的酸甜苦辣涩，深知贵州人民之所需、所想、所急。

永乐五年（1407），因思州、思南土司之争，明王朝对之改土归流，开启贵州600年建省历程。永乐十一年（1413），贵州正式建省，成为全国十三行省之一。可是科举制度的单行却并未与行政体制的单立同步，而是附属于其他行省。洪熙元年（1425），贵州生员科考附试于湖广行省；宣德四年（1429）改试于云南行省。无疑这与贵州单立的行政体制极不匹配，这极不利于贵州教育文化事业的发展，这极大地影响了贵州士子的生存发展空间，更重要的是这是一种科举、教育的不公平，站到国家层面，必然会影响到贵州士子的国家认同问题。因之，早在弘治七年（1494）主政贵州的有识之士就请求在贵州单独开科，同时，“增解额以激人心”，然祖制难违，“旧制不可改”，此事被搁浅。其后在弘治十二年（1499）按察贵州监察御史张淳、镇守贵州总兵官焦俊先后重提旧事，惜“旧制不可轻改”，以致贵州单独开科再度搁置。直到嘉靖九年（1530），户科给事中田秋再上《请开贤科以宏文教疏》，竭力为贵州设闱奔走呼吁，终于得到嘉靖帝“首肯”，并由此开启了贵州单独开科之路。经过艰难的7年筹备，到嘉靖十六年（1537），贵州独立开科变为现实。从此，贵州人文蔚起，英才辈出，教育、科举、文化等获得极大的发展。

田秋对贵州文教事业发展的重大贡献，部分学者曾对之有所归纳。综合观之，田秋于此之贡献主要如下：

第一，贵州科考未单列，以致“望天门于万里，扼腕叹息”，田秋因上《请开贤科以宏文教疏》，力陈利弊和贵州单独开科的重要性，获得嘉靖帝认可，贵州单独开科之路得以启动，成为贵州文教事业发展的“功臣”。

第二，“举贤任才，立国之本”，而“学校之兴，人才所系”，田秋因上《请建婺川、安顺、印江学疏》，推动贵州正规教育、学校教育的兴办。“到明朝末年，贵州的府州县卫司学发展到了60所，其中司儒学8所，府学13所，县学11所，州学4所，卫学24所，初步建立起了形式多样、门类较为齐全的学校教育体系。”[2]

第三，泽惠士林，量增解额。在中国古代，科举制度是一种相对公平的考试入官制度，它能够为士子提供施展才华的平台。然中国古代虽然在隋唐时期就确立了科举制度，可贵州在明成祖以前一直是蛮荒之地，当地学子没有参加科举考试的机会。明永乐年间虽然设立了贵州布政司，但直到嘉靖年间才得以单独开科考试。这种情况对贵州士子来说是极不公平的，如今既然已经开科，但录取名额仍然有限，无疑这极不利于贵州文教事业的发展，因之，田秋要求在常额之外“推恩”增加“举额”，即增加贵州科举考试的录取人数。田秋《请开贤科以宏文教疏》就云：“旧额：二省共取五十五名，云南三十四名，贵州二十一名。臣请开科之后，二省各于旧额之上，量增数名，以风励远人，使知激劝，则远方幸甚。”解额的增加可谓是泽惠士林，因为这意味着贵州将产生更多的人才，意味着将有更多的贵州人才进入全国各地，更重要的是这可以带动贵州文教事业发展的“向学”之风。事实上，正是由于贵州单独开科、学校发展、解额增加，贵州人才勃兴。“人才之盛，科不乏人，近年被翰苑台谏所选者，往往文章气节与江南才俊齐驱。”据《贵州省志·教育志》之记载：“明代贵州中进士者有121人，举人1720余人，到清代继续增多，清代200余年间，贵州共考中进士616人，举人4200余人。”[3]特别是在光绪十二年（1886）丙戌科考试中，贵阳赵以炯更以一甲一名进士及第，成为贵州历史上第一位文状元。

第四，捐赀助学，减轻士子负担。嘉靖十六年（1537）丁酉科，贵阳首次举行乡科考试，应试举子1000余人，实际录取25人。“为了表达对家乡开闱乡试的支持和庆贺，田秋特地捐赀购地，将所得租谷捐作考生试卷费。”[4]莫友芝《田秋传》就说他“买田供试卷费”。因田秋的义行善举，其后考生试卷费一直成为贵州科考的减免对象，这不仅减轻了士子的部分负担，而且有利于激发士子的科考积极性，增强士子的国家向心力和国家认同观念，传云：“乡里人士亦鼓舞奋兴。一二十年后，文章风节骎骎比中州焉。”

第五，以身作则，教化士子。田秋不仅对贵州教育、科举发展助力甚多，而且在晚年退居山林后，还亲操笔砚，作育士子。田秋“嘉靖二十年（1541）在广东布政任上辞官归乡，在思南府开学授课”[2]。

三、田秋的诗文

田秋不仅在谏垣声名显赫、在杏坛名望甚高，而且在诗词方面也有极高的成就。

就目前所知，田秋著述涉及的种类主要有疏、诗、文等。其中，疏主要有《请开贤科以宏文教疏》《请建婺川、安顺、印江学疏》《陈愚见以备遗策疏》；诗歌主要有《万圣山》、《三台山》、《椅子山》、《登崖门》（七律）、《登崖门》（绝句）、《崖门山》、《题迎春、藏春洞》、《香炉滩》、《送推官欧泾》、《赠缪白》、《吊石氏》；序主要有《〈思南府志〉序》；记主要有《思南府儒学记》；传主要有《侍御申公祐传》；文有《吊葛鸡文》。

在田秋的诗文中，最值得注意的是他的奏疏。这些奏疏有极强的针对性和现实性，时政性质特别浓郁。因贵州“文化不宜，西麓乃请开闱贵州”，于是上《请开贤科以宏文教疏》；贵州开科需要生员，于是上《请建婺川、安顺、印江学疏》；因“四川灾民流入思南万余人，间有劫掠，请增设兵备副使，抚辑以防不虞”，于是上《陈愚见以备遗策疏》。

在这些奏疏中，最让人们高度赞誉的就是《请开贤科以宏文教疏》。想当年该奏疏能够得到嘉靖帝的充分认可，并重新启动贵州开科之议，并最终促成了贵州的单独开科，自然有其过人之处。这种“过人之处”何在呢？其关键就在于该奏疏简单明了、说理透彻，让人不得不“可之”。这里不妨重温一下该奏疏。

第一，充分肯定科举制度的重大价值。“国家取士于两京十二省，各设乡试科场以抡选俊才，登之礼部，为之会试，然后进于大廷，命以官职，真得成周乡举里选之遗意，所以人才辈出，视古最盛者此也。”这里一方面介绍了科举考试的重大价值是“真得成周乡举里选之遗意”，另一方面更是盛赞因科举考试“人才辈出，视古最盛者此也”。同时，指明了明代科举考试的范围“两京十二省”，即南北两京和十二省。

第二，暗示国家科举考试的教育不公平。“惟贵州一省，远在西南，未曾设有乡试科场，止附云南布政司科举。”在明代，除南北两京外，全国共有山西、陕西、山东、河南、浙江、江西、湖广、四川、云南、贵州、广东、广西、福建13个布政司，简称十三省。按照常规，每个省级行政区划中都应该单独开科考试，可在15个省级行政区划中，“国家取士于两京十二省”，唯独没有“贵州”，这很显然是一种国家科举考试的教育不公平。

第三，希冀明君世主襄成盛举。既然国家科举考试不公平，那就需要改革。怎样改革呢？简言之，就是在贵州单独设科进行考试，以与全国科举教育一体化，这样不仅体现了教育公平，而且会增强边地民众的国家认同意识。所以，“开科盛举，正有待于今日也”。

第四，贵州开闱具有可操作性。要襄成贵州开闱的“盛举”，又不能“空口白牙说大话”，必须具备现实的可操作性。那么，贵州是否具备单独开闱的可行性呢？答案是肯定的。具体表现在：

其一，边地民众有希冀贵州单独开闱的殷切期望。“边方下邑之士，望天门于万里，扼腕叹息欲言而不能言者亦多矣！”“远方人才正如在山之木，得雨露之润，日有生长，固非昔日之比矣。臣愚以为开科盛举，正有待于今日也。”“历年抚按官亦屡有举奏，盖一方之至愿，上下之同情。”

其二，贵州建省100余年的积淀和积聚。贵州建省，未能开闱，“盖因永乐年间初设布政司，制度草创，且以远方之民，文教未尽及也。迨今涵濡列圣休明之治教百五十余年”。

其三，两广开闱“合分”之先例。在贵州开闱之前，曾经数度开启贵州开闱的动议，其重大阻力之一就在于“祖宗之法不可违”“祖制不可变”。而田秋则认为有两广开闱“合分”之先例，不算“违规”。“臣尝闻国初两广亦共一科场，其后各设乡试，渐增解额，至今人才之盛埒于中州。臣窃以为：人性之善，得于天者，本无远近之殊；特变通鼓舞之机，由于人者，有先后耳。今设科之后，人益向学，他日云贵又安知不如两广之盛乎？”

其四，贵州能够承担开闱之经费。贵州单独开闱，必然涉及“经费”问题，所以有“议者曰：科之不开，病于钱粮之少”。然田秋认为经费可以自筹，无须动用国库钱粮。“盖贵州虽赴云南乡试，而举人坊牌之费，贵州自办也；‘鹿鸣之宴’，贵州自备也。今所加者，不过三场供给试官聘礼耳。镇远、永宁等税课司，每岁不下数百两；思南府又有棉花税，若设一税课司，委一廉干府官监收之，每岁亦可得数百两。只此数项，足充其费。况求才大事，又可靳于区区之小费乎？”

其五，贵州开闱还可减轻贵州士子的负担。田秋以自己的亲身实例，对贵州士子附云南考试之困楚“现身说法”。“且以贵州至云南，相距且二千余里，如思南、永宁等府卫，至云南且有三四千里者，而盛夏难行，山路险峻，瘴毒浸淫，生儒赴试，其苦最极。中间有贫寒而无以为资者，有幼弱而不能徒行者，有不耐辛苦而返于中道者，至于中冒瘴毒而疾于途次者，往往有之。此皆臣亲见其苦，亲历其劳，今幸叨列侍从，乃得为陛下陈之。”

第五，贵州开闱还可培育士风。对于贵州士子来说，如果单独开闱，并量增解额，则可作育人才，培育士风，增强国家认同。“以风励远人，使知激劝，则远方幸甚。”

正是田秋的这道奏疏，深深打动了嘉靖皇帝，从而开启了贵州科举文教事业，并最终赢得了大发展。

四、田秋与思南自然人文

田秋作为思南人，自然关注思南的山水风光；而田秋才学渊博，自然思南之风土人文会进入其才情笔思之中。加之，田秋在思南山居有年，其一是中举之前的学业生涯；其二是中举后的侍亲家居；其三是母丧守制；其四是晚年授学延年。这样，思南的山山水水、风土人情自然会成为其关注的对象。

田秋有《送推官欧泾》，诗云：“仕路崎岖如峡险，先生归兴似饴甜。草野能言循吏政，庙堂谁惜小臣廉。殷勤别意河桥柳，荡漾扁舟楚岸帘。旧隐于今真不负，龙西光采看重添。”按：欧泾，湖广沅陵人，由监生正德九年（1514）任。时值营建宫殿，催督勤劳，操守廉介，后被诬归去。这是田秋对欧泾的赠诗，不仅反映了田秋与欧泾交往密切，而且是昔叹欧泾的“循吏政”和“廉介”。

田秋有《赠缪白》，诗云："伊召相期共匹休，别情何事苦绸缪？及人利泽环中满，华国文章海内流。剑气稜稜霜月淡，豪风猎猎晓岚收。班生自此登仙路，鸣向朝阳出自幽。"按：缪白，云南府呈贡县人，由举人正德七年（1512）任思南府教授，秩满赴京。该诗反映了田秋与缪白交往密切。

田秋有《侍御申公祐传》。按：申祐，婺川人，正统九年（1444）登状元商辂榜，授监察御史。毅直敢言，不畏强御，后从跸死于难。

田秋有《吊葛鵼文》。按：葛鵼，万全人，举人，嘉靖间为给事中。出守思南，刚毅廉慎，多积谷以备荒。有疑狱祷于神立决，迁本省副使。系思南名宦。

田秋有《思南府儒学记》，介绍了思南府的儒学发展情况。又有《〈思南府志〉序》体现了田秋对方志的认识。

特别值得一提的是田秋有《万圣山》、《三台山》、《椅子山》、《登崖门》（七律）、《登崖门》（绝句）、《崖门山》、《题迎春、藏春洞》、《香炉滩》等诗歌，描述了思南的山水风光。如《万圣山》诗云："青崖斗绝竞崔嵬，曾为邦人捍大灾。今日承平皆陇亩，千家东面看楼台。"这里描述万胜山的崔嵬险绝，指出了它"捍大灾"的功能，歌颂了当时歌舞开平的美好生活。又如《椅子山》诗云："中天积翠郡城东，棨戟森严卫学宫。绝顶浮屠谁与建？人文从此更豪雄！"描写了郡城之东椅子山的耸立云霄和苍翠欲滴（中天积翠郡城东），指出了椅子山的雄美风光犹如森严的棨戟有"卫学宫"的功能（棨戟森严卫学宫），反映了椅子山佛教情况（绝顶浮屠谁与建），感叹椅子山的未来将有更大的发展（人文从此更豪雄）。这里之所以特别强调田秋对思南山水风光的描绘，是因为它是现在发展旅游的一种宝贵资源。

在田秋对思南山水风光的关注中，有一处古迹不得不提。在德江城东 30 公里处乌江潮砥滩边一巨石上，横书阴刻"黔中砥柱"4 个大字，每字约 0.3 平方米，前后有竖书小字题款，每字 5 厘米，前款为"甲申岁孟春月吉旦"，落款为"西麓田秋题"。四周刻有一条长方形单线边框，字体全系楷书，拙朴苍劲，这是田秋留存于今的唯一书法手迹。

五、田秋的人格魅力

田秋之所以获得广泛的赞誉，被人们所充分肯定，其关键就是他的人格魅力。田秋的人格魅力何在呢？

其一是忠心为国。田秋一生，忠君为民，赤心为国。对此，嘉靖有诰命四道诰赐田秋父母、田秋夫妇。其对田秋的诰命是："奉天承运，皇帝敕曰：'国家稽古建官，置六科于禁中，官以谏为名，官守言责实兼有之。朕恒以非人为忧。尔礼科左给事中田秋，奋登科甲，佐郡有声，乃兹简抡，入居禁密，官箴克懋，忠尽著闻，宜有命词，以示褒宠。是用进尔阶征仕郎，锡之敕命。尔尚尽聪明之实，以资予视听，庶于治道有枏，尔职无忝。钦哉。'"这应当说是对田秋忠心为国的充分肯定。

其二是关心桑梓。这里的桑梓，可以是整个贵州，也可以是贵州思南。关于整个贵州，请求单独在贵州开闱，请求量增解额，请求在贵州建学，为贵州开闱捐赀助费即为关心桑梓的表现；关于贵州思南，田秋咏赞思南风光，交往政界学界名流，编写《思南府志》等也是关心桑梓的体现。更值得注意的是，田秋“建先祠，置义田，以赡族之不能婚葬者；治桥道，设药局，以济乡之不能医药者”，“修饰先墓，创建祠堂，买祭田以供祭用，盛邸舍以供祭物。暇则修桥梁、治药饵以惠民，耕作凿井之外别无经营以自封，生平耻攀权要干谒贵”。

其三是播化乡里。田秋授学乡里，大力传播儒学，强调“读书，不止于应举取科第，内则以之涵养气质，薰陶德性，外则资之以抚世酹物。若修身慎行，不辱先人，虽不能大有成名，亦为贤子”。结果“乡人尚鬼，信浮屠，惑不可解，西麓一遵朱子家礼为倡，陋俗一变”。

总之，田秋对贵州经济社会发展，尤其是贵州文教事业的发展有着重大的贡献，应当高度重视、深入挖掘、系统整理与田秋相关的文献，深化对田秋的研究，充分利用好田秋这一宝贵的历史文化名人资源。

参考文献：

1. 王治平：《最早开发贵州人才、兴办州县学校的明代进士田秋》，载《贵州文史丛刊》，1990年第3期。

2. 吴丹：《田秋对贵州教育发展的影响》，载《知行铜仁》，2016年第6期。

3. 贵州省地方志编纂委员会：《贵州省志·教育志》，贵阳：贵州人民出版社，1990年。

4. 赵永：《如何利用历史文化名人的价值发展地方教育——以田秋对思南教育发展的贡献为例》，载《安顺学院学报》，2016年第4期。

5. 思南县志编纂委员会办公室：《嘉靖、道光、民国思南府、县志》（点校本），内部资料，2002年。

田秋奏疏研究

张　桐

摘　要：明代中叶，田秋长期在朝廷任礼科、户科、吏科给事中，后又任四川按察使，广东布政司使等官职。在任职期间撰写了大量奏疏，陈述下情，弹劾官吏，改革弊政，这些奏疏收录于《西麓奏议》之中。由于年代久远，政治动荡，《西麓奏议》里的篇章大多散佚，现今存于世的奏文已经很少。本文结合郭子章《黔书》对《西麓奏议》的相关介绍与地方史志对田秋生平的记载，介绍田秋仅存的三篇奏文的特点，阐明田秋心系家乡、重视文教、敢于劝谏的精神特质。

关键词：田秋　奏疏　西麓奏议　研究

《文心雕龙·奏启》云：“昔唐、虞之臣，敷奏以言；秦、汉之辅，上书称奏，陈政衙，献典仪，上急变，劾愆谬，总谓之奏。奏者是，进也，言敷于下，情进于上……奏事或称上疏，儒雅继踵，殊采可观……”奏疏即古代臣属向皇帝反映下情，陈述政见的上行公文。奏就是“进”的意思，疏是“分条陈述”的意思。“陈政衙，献典仪，上急变，劾愆谬”，这句话讲奏疏的作用在于陈述治理国家的大事，进献典章仪礼制度，上告紧急非常的事变，弹劾官员的错误。《文心雕龙》里更是进一步指出：“夫奏之为笔，固以明允笃诚为本，辨析疏通为首。强志足以成务，博见足以成理，酌古御今，治繁总要，此其体也”。“奏”这种文体的写作，必须以明确可信和忠厚诚实为根本，要把辨别分析和疏导通达事理放在第一位，意志坚强才能使事情成功，见闻广博才能够把道理说得透彻，斟酌古代的经验教训，驾驭今天的实际情况，处理繁杂众多的事务而能够总括它们的要点，这是奏疏写作的基本要求。

田秋，字汝力，号西麓，明代思南府水德司（今贵州思南）人，生于弘治七年（1494），卒于嘉靖三十五年（1556），为正德甲戌(1514)科进士。嘉靖元年（1522）任福建延平府推官，嘉靖九年（1530）升礼科给事中，嘉靖十五年（1536）补吏科给事中，同年五月升户科都给事中，嘉靖十八年（1539）升四川按察使，嘉靖二十四年（1545）任广东布政使。著有《西麓奏议》。

观田秋的为官履历，大部分时间曾任礼科、吏科、户科给事中，后半程任地方主政官吏。明朝置六科给事中，掌侍从、谏诤、补阙、拾遗、审核、封驳诏旨，驳正百司所上奏章，监察六部诸司，弹劾百官，与御史互为补充。给事中与御史，用现在的话来说都是言官，上疏言事，启奏下情，风闻举赅，是一个言官的责任。田秋在世时，所撰奏书，都收录在《西麓奏议》中，现在这本书的大部分篇章已经散佚，只能借助郭子章《黔书》的记载，略略窥其概貌。

郭子章在所著《黔书·思南府·奏议》中介绍《西麓奏议》时写道："《西麓奏议》都给事中田秋撰，公在谏垣，历吏、户、礼科，建言最多。"《黔书》还收录了心学传人、云南参政、思南人李渭为此书所作的序略，李渭这样写道："田公在嘉靖间为言官日，上世皇帝书记稿不多，所存者仅若干应诏，《三言牧厩十二事》及《建学开科》《御夷救荒》诸疏，率举事以显义，数以往例今，摭弊摘隐，征验甚明，概括处分，综察具见。"可见，田秋在朝为官，已经蜚声谏垣，建言颇多，所撰奏疏的特点：列举事例以彰显要义，以过往的旧事对比当时的形势，阐述揽除弊政之道，揭发隐秘的坏人坏事，都有根据，概括分析，很有见解。

李渭的序略里载："世皇帝刚断督过，言臣人人不自保，固乃公所建白皆人人所忌畏，时者辟郊坛缮理，大臣议毁民室庐及骼胔，都庶蚴蟉于郊堧，盖謷謷也。公力争不可，世皇曰（抗君违旨），公危甚矣，卒得可竟安万姓心。"这里的世皇帝即嘉靖皇帝，嘉靖皇帝不是一个擅于纳谏，知错就改的皇帝，而是刚愎自用的皇帝，不会轻易听从劝谏，言官大多为了保全自已，不敢规谏，田秋向嘉靖皇帝提出的意见，更是当朝的官员所忌畏的。当时，朝廷要在京郊重建一座宏大的天地坛，大臣们认为要拆迁民众的房屋，迁动坟墓，这会伤害老百姓的利益，引发民怨。北京的老百姓听说这个消息都聚集在宫墙外，忧愁哀叹。田秋在朝则力争不可，嘉靖皇帝斥责田秋，抗君违旨，田秋的处境相当危险，最终还是停止了这一工程，老百姓方才安宁。

又载："御用御马，尚衣尚膳，诸监皆御物也，中官乾没，大臣不敢问，小臣不敢言。公裁缩丁至七万，夫食至七万石，光禄太常供庖厨力役，公往裁二千四百余。"御用监、御马监、尚衣司、尚膳司等都是操办皇家的事宜，负责皇家衣物、生活供应的官署。执掌这些官署的都是太监，他们经常滥用人员，滥支经费，而从中渔利。明知这些贪墨行为，大臣不敢问，小官不敢言，唯有田秋敢于直谏弹劾。田秋奉旨清查御马监，将人员裁到 7 万名，俸禄裁到 7 万石，又查光禄寺、太常寺（主管祭祀、礼仪、朝会的部门），将人员裁到 2400 余人。

据道光《思南府志》载，田秋任户科给事中时，发现一位云南参政，有贪墨的行为，于是上疏嘉靖皇帝，将其革除。

这三件事，都展现了田秋在朝做给事中时，敢于直谏、革除弊政、为民请愿、疾恶如仇的风范，让同朝为官的官员为之震撼，倍感钦佩。

《西麓奏议》里流传下来的奏疏，目前在地方史志上还存有三篇，这三篇文章都关涉明代中叶的贵州省与思南府，展示了田秋心系家乡、为民请愿、弘扬文教的内在精神。这些奏疏是不可多得的史料，我们从中也可窥见明朝中叶贵州布政司与思南府的社会风貌与人文状况。

《请开贤科以宏文教疏》是田秋诸多奏疏中的名篇，写于嘉靖九年（1530），此时田秋在京任礼科给事中。1413年贵州建省，仍未开设乡试，贵州学子考举人，要到湖广行省去考试，宣德二年（1427），又改到云南赴试。弘治七年（1494）与弘治十二年（1499），贵州地方长官两次上疏朝廷，要求在贵州开设科举，朝廷均以“旧制不可轻改”予以否决。嘉靖九年（1530），田秋向朝廷上疏，再次请求朝廷准许贵州单独开设乡试科场。田秋阐述了在贵州开设科举的必要性，先是指出“两京十二省各设乡试科场……惟贵州一省，远在西南，未曾设有乡试科举，止附云南布政司科举”，又用贵州诸多考生的亲身经历指出贵州生员到云南科考的艰辛，“且以贵州至云南相距两千里，如思南、永宁等府卫至云南，且有三四千里。而盛夏难行，山路险峻，瘴毒浸淫，生儒赴试，其苦最极。中间有贫寒而无以为资者；有幼弱而不能徒行者；有不耐辛苦而返于中道者。至于中冒瘴毒而次于途次者，往往有之”。又云：“国初，两广亦共一科场。其后各设乡试，渐增解额，至今人才之盛，埒于中州。臣窃以为人性之善，得于天者，本无远近之殊。特变通鼓舞之机，由于人者，有先后耳。今设科之后，人益向学。他日云贵又安知不若两广之盛乎！”先是用亲身经历叙述了贵州考生到云南考试，一路风餐露宿，辛劳而艰苦，许多有志于考取功名的学子，要长途跋涉，经历千辛万苦，才可到达云南考试，严重阻碍了儒家文化的传播和人才的培养。又以两广（广东、广西）设科举，人才匹敌于中原地区为例，委婉地指出只要在贵州开设科举，文教必将兴起，人才定能直追中原。田秋在这篇奏疏中分析历年贵州学子远赴云南，贵州布政司承担费用情况，列举了镇远、永宁两卫课税及思南府棉花税的情况，认为以贵州布政使司的财税情况完全可以自行承担开设科场的费用，那些认为贵州是边荒之地，不能支撑起开设科举经费的观点，是经不起推敲的。最后提出在贵州开设科举之后，应增加云南、贵州两省的解额，勉励更多学子，投身于科考中来。全篇行文严谨，情真意切，说理更是面面俱到，充分结合自身经历及贵州的实际加以论述，将贵州开设科举的目的及意义，都讲得十分透彻，是难得的佳篇。

田秋上奏之后，朝廷将田秋的奏疏交由礼部、贵州按察使韩士英、巡抚贵州监察御史王杏勘议。嘉靖十四年（1535），经勘议，巡按御史王杏认为贵州、云南两省宜于分科设考，他还在贵阳划出地点，拿出经费，设立贡院，明政府遂决定云贵科额分开，并增加了贵州的解额。嘉靖十六年（1537年），贵州布政司举行了第一次乡试，此后按照规定时间，举行乡试，贵州科举人才辈出，至万历末，全省累计取中进士76人，举人1000余人，贡生2300余人。

《陈愚见以备遗策疏》是（道光）《思南府志》中收录的一篇田秋所撰的奏疏，在这篇奏疏里田秋写出了当地的实情：明代中叶思南府与川东重庆、播州、酉阳等处接界，遇到灾荒年月，四川民众流入思南府境内。随着四川流入思南府境内的人数越来越多，越发难于管理。正德二年（1507），一些流民就集合在一起，以方四为首，在任仙峰起事，攻掠婺川县、石阡府龙泉司。地方官员，不能将其消灭，致其势力发展到数万人，进入四川境内。集结三个省的兵力，数年之久，才将其扑灭。田秋的这篇文章，正是作于大旱年月，流民入境，布满路途，不下数万人。同时由于思南府与四川省同样遇到旱灾，虽有收成，但很难周给，有可能发生民变。由于思南府地处省城东北面，地势偏僻，处于四川、贵州的交界部位，守巡官有的代管别道，有的因山路崎岖，往往很少能来。守巡官未到，则很难协调各府的兵力调动，难以于事情发生之前提防。田秋认为，是年冬天，明年春天，地方上必有民变，应当由邻近各府与思南府的两个长官司推举有才能与声望的官员一员，升任兵备副使之职，授以抚民之任，到思南府驻扎，整饬武备，抚绥民众，请求运输两三万两白银，前去赈济，并精选民兵，若有民变，即行剪扑。

中国古代农业社会以自给自足的自然经济为主，社会的承受力较为脆弱，一遇到灾荒年月，饿殍满地，流民离乡，前往异地讨生活。夹杂在这中间的游民，趁机煽动起事，与官府形成对立局面，一旦形成气候，势力扩大，就会攻掠各府、州、县，甚至危及封建王朝的统治。田秋有感于大旱之年，流民入境，如果处置不利，就会发生社会动荡，所以向朝庭上疏，希望引起各府守臣重视，吸取正德年间任仙峰起义的教训，并提出良策，主张加强武备，赈济灾民，做到防患于未然，避免社会危机的发生。田秋颇有先见之明。

《请建婺川、安顺、印江学疏》是田秋于嘉靖十年（1531）年所写的奏疏，贵州于 1413 年建省，只有府、卫建有学校，州、县则没有建立学校，限制了人文教化和人才的培养。田秋在这篇奏文中写道：“见得婺川县为黔南古邑，擅砂场之利，有鱼稻之饶，商贾辐辏，民庶殷实，士生其间类多向学，登科第者往往而有，祗以离府五日山行，就学不便，是以闾阎俊秀虽不乏人，而奋庸致身终于无路。”“安顺州设有普定卫，其地上通云南，实西南都会之所，号为多才，科目相望。”“印江县离府虽无百里之程，而有三江之隔，夏秋盛涨，未免病涉，且其邑多才，足以自成一学，再者学校教化之本，教化王者之先务，教化行则风俗美。”田秋在这篇奏文里认为，婺川是黔南古邑，有水银之利，物产丰富，商贾往来频繁，生活较为殷实，不乏好学的读书人，考中科举的人过往也有，只是到达府城就学要五天的行程，非常不便。虽不乏优秀人才，但由于未设立县学，要通过勤奋努力建立功业十分艰难；安顺州设有普定卫，西行可到达云南，是西南都会，历年来参加科举考试，金榜题名的比比皆是；印江与府城较近，但路途之中，要渡过几条河流，学子求学，有些不便，但是印江县同样人才辈出，是适宜建县学的地方。在州、县建立县学，有益于文风日进，人才培养，民俗转化，是有利于边荒之地的大事。为此上疏，建议在婺川、安顺、印江等地设立县学。

全文诚恳而亲切，田秋对明代贵州经济与文化情况了解得深刻、透彻，对婺川、安顺、印江三地的实际情况进行了综合分析。可从文章中瞥见贵州制度草创，科举刚刚推进，人文初兴时期的艰难，明代士人在贵州重视文教，推进科举，传播儒家思想，正是为了转化民俗，提升文化素养，改变贵州荒蛮落后的文化面貌。

这三篇奏疏均保留在地方史志上，展示了田秋的心系家乡、造福边方、坚持文教的的精神特质。田秋是擅于劝谏的直臣，同样也是心向边乡的贵州人，时刻都在牵挂着贵州的冷暖安危，在朝为官之时撰写了大量反映贵州实情、提振贵州文教的奏章，深刻地影响着贵州历史的进程。《西麓奏议》这本收录了田秋奏章的书籍，已经散佚，目前很难恢复，关于田秋奏疏的探讨，也有勉为其难之处，希望更多的文史工作者，加强文献资料的搜集，让田秋奏疏方面的研究日臻丰满。

参考文献：

1.（道光）《思南府志》。

2.《黔书》。

3. 范松等：《贵州六百年史事纵览》，贵阳：贵州教育出版社，2013年。

4. 姚敦睦：《贵州科举教育之父——田秋》，载《乌江文学》，2015年第2期。

浅析田秋教育思想的实践性

徐　琪[①]

摘　要：田秋被誉为“贵州科考教育之父”，他一生为贵州教育事业做出了巨大贡献。田秋为人正直善良，为官勤政廉洁，心系百姓，对贵州教育产生了深远影响。他不仅重教兴学，还重视育人，认为贤人应该内外兼修、德才兼备。同时，他认为这些品德都是从实践活动中获得的。本文就对田秋教育思想的实践性展开分析，以求为现代教育提供历史借鉴。

关键词：田秋　教育思想　实践性　贵州

田秋，字汝力，号西麓，明弘治七年（1494）出生于贵州省思南府。田秋从小便沐浴在良好的家风中，其曾祖父、祖父、父亲皆从事与教育相关的工作，一生培育了不少人才，为教育事业做出了巨大贡献。田秋从小聪明、勤奋好学，二十一岁便荣登进士。进士是古时科举制度朝考的统称。居官二十年，最开始授福建延平府推官，管理该府刑狱。嘉靖七年（1528）又入京授户科给事中，嘉靖十六年（1537）迁福建布政司右参政，总督粮储。嘉靖十八年（1539）任四川提刑按察使，嘉靖十九年（1540）升广东右布政使，嘉靖二十年（1541）前往总督府毛尚书处。在为官期间，他勤政清廉，忠君爱民，做了许多大事，在振兴贵州教育事业方面最有功劳，敢于执笔谏言最为人称道。他关心民众，救济贫困，乐于奉献，对贵州教育事业的发展起着至关重要的作用。

田秋在贵州教育事业发展方面所提出的举措与方法、向上陈请的奏疏都是以亲身经历为据，实事求是地反映问题，以前瞻性的眼光解决问题，具有鲜明的实践性特点。本文从田秋教育思想的形成、田秋教育思想的内容、田秋教育思想实践性的现实意义三个方面阐释他的教育思想。

一、田秋教育思想的形成

贵州最初的教育方式主要是口耳相传，发展十分缓慢。到了秦汉时期，受巴蜀文化的影响贵州才逐渐出现学校教育。到了明代，贵州社会文化的发展与相对

---

① 徐琪：湖北民族学院美术与设计学院2016级中国少数民族艺术硕士研究生。研究方向：少数民族美术与实践研究。

落后的教育之间的矛盾尤为突出。

（一）时代发展的需要

明永乐十一年（1413）贵州建省后，勤奋耕作的人民逐渐富裕起来，社会经济的发展使文化也随之发展，当时教育与文化呈现出不平衡的发展状态，人们不仅仅满足于对财富的追求，开始对知识有了向往。江西吉安府学者田永富受明初思南宣慰司使田大雅邀请到思南游学后，便定居思南，在当地一直从事教育事业，并为思南教育打下了很好的基础。当时许多贫困家庭的学子仍然很难接受到教育，但是由于人们求知欲望强烈，教育便得到了各府官员的重视。嘉靖年间，贵州的文教有所发展，但是还没有设立本省的乡试考场，学子需要到相距两三千里的云南参加科考，诸多原因埋没了不少当地优秀的人才。田秋见状在给嘉靖皇帝的奏疏《请开贤科以宏文教疏》中写道："惟有贵州一省，远在西南，未曾设有乡试科考，止附云南布政司科举。盖因永乐年间初设布政司，制度草创，且以远方之民，文教未尽及也。"田秋认识到只有在本省形闱，才能让该地得到很好的发展，才不会埋没当地的人才。

（二）亲身经历与体会

田秋自小在思南长大，出身于书香门第，有良好的家风，从小便接受儒学教育，所以他为人心善，关心百姓，待人亲和。田秋自己十七岁亲赴云南应试，深知长途跋涉之苦，亲身体验到生儒远到他乡应试的艰辛，在《请开贤科以宏文教疏》中实事求是地写道："贵州至云南，相距二千余里，如思南，永宁等府卫自云南，且有三四千里者。而盛夏难行，山路险峻，瘴毒浸淫，生儒赴试，其苦最极……此皆臣亲见之苦，亲历之劳……"因此在心中便有了为家乡奏请设立科举考场的远大志向，最后他的奏疏获准。之后，他又上疏皇帝请求在印江、安顺、婺川等州县建学，都得到了应允，贵州城乡随之兴起了办学之风。

（三）受儒学之风的影响

田秋生于书香世家，受家庭教育与所属环境影响很大，祖父与父亲皆识字懂礼。明朝尊崇儒家思想，所以他从小便懂得要有一颗仁爱之心，儒家学说注重"仁德修身"。"修身"对个人来说，就是要懂得完备自己的品格，乃至"希贤希圣"，力求具备圣人的至善品德；对国家、社会、个人来讲，就是要遵守家庭、社会的道德规范，维护家庭、社会的伦理秩序，"修身"是为了"齐家、治国、平天下"。所以，《大学》中强调说："自天子以至于庶人，壹是皆以修身为本。"而这些都不能单纯地停留在理论层面，必须通过实践，落实到行动上去才有可以实现。

田秋教育思想的形成深受时代环境之风。与自身经历的影响。

二、田秋教育思想的内容

田秋教育思想的内容十分丰富，他亲历亲见民间之事，感同身受，为改善当地教育，发展当地文化坚持不懈，永不止步。笔者认为田秋教育思想的内容是对传统儒学教育的继承和发展，主要体现在"重教兴学，以德育人""实事求是，以诚做人”“心系他者，以善为人”等方面，这也是当今社会教书育人的重要思想。

（一）重教兴学，以德育人

受地理环境的影响各州县交通不便，继而导致就学不便，许多好学之人庸致身终于无路。教育也是为国家培养有志之才，所以建学校是改变这一现象的最好的途经。田秋在奏疏中阐明了办学的重要性，他指出：“学校教化之本源，教化王者之先务，教化行则风俗美，可以措刑罚，可以寝干戈。”建学的目的是育人，田秋深受儒家教育思想的影响，在儒家教育思想中，德育教育是有重要的价值和意义的。“儒家教育思想最终目的是培养内圣外王、修身齐家治国平天下的君子，这种君子是德才兼备之人，追求品德修养的内外和谐与统一。”田秋在他的教学理念中同样认为建学很重要，但更重视育人。要注重人的内在修为，才能成为一个贤人。他在《西麓训子》一文中强调：“读书，不止于应科举取科第，内则以之涵养气质，熏陶德性，外则资之，以抚世酹物，若修身慎行，不辱先人，虽不能成大名，亦为贤子。”读书不只是考取功名，而更重要的是学会做一个德才兼备的人。

（二）实事求是，以诚做人

无论是做官还是做人，田秋都力求实事求是，以诚做人。实事求是要求一切从实际出发，注重实践，而人民群众才是社会实践的主体，社会实践的目的是更好地满足和实现人民群众的根本利益。田秋在许多事情上都以亲身经历出发，如实上疏皇上。在恳请于贵州建立乡试科场事件中，就是以自身的经历为据，亲眼目睹了民间学子的艰苦后才如实写上奏疏。在为官期间，也不惧权贵，勇敢谏言，秉公执法，田秋奉旨清查镇守云南的皇亲国戚，这些官员因远离京都，无所作为，同时大肆搜刮百姓，朝中许多官员明知却不敢问，田秋查清后如实上报皇上说滇省位于西南边陲，多民族杂居，如此搜刮，恐民会反，后果不堪设想。一经上报，镇守革职，万民欢呼。这些都说明田秋坚持一切从实际出发，不弄虚作假，刚正不阿。他是实事求是的一位好官，正直真诚的一位贤人。

（三）心系他者，以善为人

贵州于嘉靖十六年（1537）举行了首科乡试。为了鼓励学子们积极上进，田秋为首科所有考生义买试卷。贵州山区经济不发达，贫寒学子较多，田秋见状，毅然率先拿出一笔钱为他们买了卷田，并倡导士绅共同捐买，此举解除了贫寒学子无钱买卷之忧，这是他心系百姓，无私奉献之举。为官他心系百姓，以善为人，总是为他人的利益着想。在四川为官期间，因天灾闹饥荒，流浪灾民处处可见，目睹现状，其心难忍，于是向四川巡抚提议开放粮仓，但是遭到巡抚拒绝。田秋为了百姓生存，后又与大户协商，最终大户同意得以开仓，灾民有序借贷，度过了灾荒。田秋一心为民，把他人的利益放在心上，坚持以人为本，得到百姓的爱戴。

田秋的教育思想中蕴含着很多做人的原理，从中可以看出，他把教书育人看得十分重要，社会经济、文化的发展需要教育，而教育贵在育人。做人要“德”“善”“诚”三者兼备，这些修养是在不断的实践中逐渐形成的，在“切己体察”的过程中才会懂得体会他人，以身作则。

三、田秋教育思想实践性的现实意义

田秋的许多观念与目前我国所确立的社会发展理念是相一致的。我国现在重视素质教育，着力培养创新型人才，这都需要依靠大量的实践。他兴建学校，重视育人，把理论与实践相结合，在他的教育实践中所体现出的教育思想与人文精神，对于我们具有重要的现实意义。

（一）实践性对教育的启发

随着我国社会经济的发展，高校教育在不断地完善，教育教学改革取得了很大的成功。然而学生的实践性在当前高校的人才培养中却很薄弱，还未能完全适应当今社会发展与学生成长发展的要求。面对新社会、新形式、新要求，培养学生的实践性势在必行，实践能磨炼一个人的心智，完善一个人的修养。《国家中长期教育改革和发展规划纲要》中指出：“坚持教育为社会主义现代化建设服务，与生产劳动和社会实践相结合，培养德智体美全面发展的社会主义建设者和接班人。”但是很多学生在走入社会后实践能力并不强，这是当前教育面临的实际难题。田秋的教育思想认为在实践中可以完善一个人的道德修养，一个人要想有德才兼备的品行，就需要深入实践，做到主观与客观的统一。高校教育应注重培养学生的动手能力，为此可以开展实践课程，培养学生的实践能力，使学生能够把理论与实践相结合。

（二）实践性对学生的影响

现代的大学生中，许多都是从书本知识里去了解世界，而社会之复杂，想要了解它，不只是读几本书或者看几条新闻那么简单。首先，通过实践活动才能让学生深入社会，看到自身的不足，产生一种紧迫感，才能比较客观地去认识世界、自我评价，逐渐摆正个人与群众、个人与社会的关系。其次，实践有利于学生加深对知识的理解，增强利用知识解决问题的能力，以便更好地适应和服务社会，在实践中发现不足，改进和提高，不断更新自身的知识结构，获取新的知识信息，更快地适应社会需要。最后，实践可以激发学生的创新能力，开阔思维，理论与实践相结合往往能让学生产生更多的想法，提高学生的创造力。

（三）实践性对社会发展的影响

马克思说：“社会生活在本质上是实践的。”这一论断说明了社会的发展与实践的密切关系，人们的认识能力其实也是在实践的基础上形成和发展的，社会实践的水平越高，人类的认识能力就越强。因而，人们能够在新的实践水平上总结新经验，回答新课题，获得新认识，产生新科学，使人类的认识不断发展。人类的认识并不是一成不变的，它总是由浅人深、由片面到全面、由低级往高级而发展，实践促使人们不断产生新的认识，形成新的经验，认识能力不断得到提高，从而推动认识的发展，激发创新意识。当今社会重视创新发展，创新需要大量的实践经验，它让人们能更加熟练地去认识和分辨事物，在实践中发现各种问题，这就会推动人们去探索、去研究，实践推动社会的发展。

综上所述，实践对于一个国家、一个社会、一个人的发展是必不可少的。田秋是贵州教育发展中一位功不可没的伟大人物，他为开设科考做出了巨大贡献，他在教育活动中提倡育人要重德性，其内外要兼修的思想值得借鉴。他为官正直清廉、做人温和如玉、处事雷厉风行的品格值得学习。尤其是他对于发展贵州教育事业坚持不懈的精神和远见卓识，使贵州教育得到了快速发展，他被称为贵州科考教育之父当之无愧。他推动了贵州教育事业的发展，推动了思南教育的发展，他的功绩值得后人铭记。

四、结语

当前，要实现我国教育事业的伟大发展，就应始终贯彻落实国家“教育先行”的教育方针，特别是在贵州这样的边远地区，更应重视教育，努力改变教育落后的面貌，汲取前人的经验，结合当地的实际情况，建立全方位、多层次的人才培养机制，提高人们的道德修养，实现“内有涵养气质，外则资之，以抚世酹物”的目标。除此之外，还应积极传承发扬我国的传统文化，把传统文化中的“德”“善”“诚”等精神融入现代的教学理念，为社会的发展培养合格的建设型人才。

参考文献：

1. 汪育江：《贵州思南》，2017 年。

2. 张羽琼：《贵州古代教育史》，贵阳：贵州人民出版社，2003 年。

3. 吴丹：《田秋对贵州教育发展的影响》，载《知行铜仁》，2016 年第 6 期。

4. 崔道贵、安国瑞等：《思南四千年纪事》，贵阳：贵州人民出版社，2012 年。

5. 张羽琼：《论田秋与明代贵州文化教育的发展》，载《贵州师范大学学报》（社会科学版），2007 年第 2 期。

一言九鼎铸黔中

——略论田秋对贵州教育文化的贡献与影响

安元奎[①]

摘　要：田秋上疏，促成贵州开科取士，是贵州古代教育史上一个具有划时代意义的事件，极大地促进了贵州教育的繁荣、文化的发展，加快了贵州社会文明的历史进程，贡献巨大，影响深远。

关键词：田秋　上疏　教育思想　贵州教育文化

对贵州而言，明朝是一个极为重要的时间段，发生了许多意义深远的重大历史事件，如贵州建省、王阳明龙场悟道等。在这些重大历史事件中，贵州单独开科取士，也堪称一件具有划时代意义的重大事件。它助推了贵州教育文化的繁荣发展，加快了贵州经济社会的文明进程。而促成这一重大事件的关键人物，便是本文讨论的主角田秋。

一、田秋生平及疏奏开科事略

田秋，字汝力，号西麓。1494 年，出生于贵州省思南一个仕宦之家，书香门第。从小学习刻苦，成绩优异。正德五年（1510），17 岁的田秋远赴云南乡试中举；正德九年（1514）考取进士，时年 20 岁。

从嘉靖元年（1522）到嘉靖二十年（1541），田秋先后担任过福建延平府推官、户科给事中、福建布政司参政、四川按察使、广东布政使等职，1541 年辞职还乡，15 年后去世，享年 63 岁。田秋一生的主要著作有《西麓奏议》及一些诗文，此外还修订了《思南府志》。明朝嘉靖九年（1530），在朝中任职的田秋上呈一篇奏疏，获得朝廷批准，该奏疏后来对贵州教育文化产生深远影响，这便是著名的《请开贤科以宏文教疏》。

文中论述了在贵州开科取士的重要性、迫切性和可行性，言辞恳切，论据充分，

① 安元奎：铜仁幼儿师范高等专科学校教授，贵州省作家协会主席团成员，铜仁市作协主席。

向皇上大声疾呼“开科盛举，正有待于今日”[①]，促请朝廷在贵州开科取士，引起高度重视。

古代的科举制度因分科取士，故称科举。从隋朝到唐宋元明清，盛行了1300多年。它是历史上一种相对公平的统一考试，使天下学子无论贫富贵贱，都可以在同一个平台上公平竞争。考试结束后择优录取，公开张榜。这种人才选拔方式打破了世袭垄断，为出身寒微的优秀人才提供了一个展露才华的舞台，一定程度上避免了社会阶层的固化，是历史的一种巨大进步。

明朝科举考试较为完善，有院、乡、会、殿试几级。其中的乡试是在各省的省会举行，三年一次。但明朝成立后100多年间，因为朝廷对边远民族地区的忽略，即便建省后相当长的时期，贵州一直没有单独设立考场，贵州学子先后依附于湖广、云南及四川等省乡试。贵州学子需要长途跋涉几千里，前往昆明等地参加考试。有的学子因为家庭贫穷，无力参加考试，有的在赴考途中遭遇疾病、天灾人祸等，甚至死于半路，这种情况极大地制约了贵州教育的发展。

田秋本人便是远赴昆明的考生之一，途中亲眼目睹的种种艰难令其终身难忘。在朝廷任职后，他便向皇帝上疏，引起皇帝重视。经王杏再次力请，嘉靖十四年(1535)朝廷正式批准贵州单独设立考场，开科取士，“命云南四十名，贵州二十五名，各自设科”（《世宗嘉靖实录》）[②]。后来又逐渐增至40余名。从此，贵州迎来了一个教育文化繁荣发展的新时期。

二、田秋教育思想管窥

从田秋的这次上疏的奏折及其他诗文，可以管中窥豹，初步了解田秋的教育思想。毋庸置疑，田秋秉承的是孔子儒家教育思想，主要体现在以下几个方面。

（一）以“闻道”为终极目标的教育理想

田秋身处明朝，对元朝所造成的贵州教育废弛、世风日下忧心忡忡。在所撰《思南府儒学记》一文中，痛心疾首地指出时人“惟知干戈，莫识俎豆”的社会风气，因此不遗余力地大声疾呼兴办教育。而教育的目的，便是让贵州与天下读书人“闻道”。

道为何物？《易·说卦》：“立人之道，曰仁与义。”由此可见，儒家将“仁”“义”视为最高的修身准则，孔子甚至提出“朝闻道，夕死可矣”。在《思南府儒学记》中，他明确提出“礼延师儒讲论圣道。使人日渐月化，以复先王之旧，以革污染之习”，把讲论儒家思想和经典等“圣道”作为教学内容。田秋晚年在连丧两子后，写给自己仅存的一个儿子的《西麓训子》中，不无伤感地回顾了自己的一生，并表达了人生的诸多遗憾，其中一个遗憾是“惜未经大儒指授，偶得科第。于道未闻……”。今人看来，这是田秋的一种自谦。但于有着更高精神境界的田秋而言，或许是其内心深处的真实反映。因为一个儒家知识分子，莫不把“闻道”作为最

① 思南县志办：《思南府续志》，1991年。

② 中文百科在线“田秋”。

高的精神追求。从此也不难看出，田秋的教育理想，就是以儒家的“闻道”为终极目标。

（二）强调教育不可或缺的教化作用

在《请建婺川、安顺、印江学疏》中，田秋说：“自天原无彼此之异，特以教化之所及有先后、浅深，而人才系之焉耳。自古圣王皆致谨于庠序之教有由然也。”指出人的天性本没有差别，贵州人口素质之所以相对较低，是因为贵州的教育落后。自古圣王并非先天圣王，乃是通过教育而成的。由此可以看出，田秋继承了儒家的教育观。孔子就认为，“性相近，习相远”，指出不同的教育导致人的个别差异，他的“有教无类”主张，也是从“性相近”的思想源出的。而亚圣孟子主张“性善论”，认为人性本善，同时又认为良知等先天的善性，需要后天的教育，强化了教育不可或缺的教化作用。

三、田秋上疏对贵州教育的历史贡献

田秋上疏促成贵州开科取士，是贵州古代教育史上一个具有划时代意义的重大事件，此举首先对贵州教育产生了深远影响，贡献巨大，主要表现在以下两个方面。

（一）开科取士促进了学校数量的激增，贵州的学校教育得到长足发展

由于贵州单独开科取士，参加考试的生员逐年递增，形成了一种事实上的激励机制，刺激了地方兴办学校的热情，各种官学、书院、私塾在贵州高原星罗棋布。明代嘉靖以前，贵州教育的发展极为缓慢，学校寥寥无几，仅有南宋的鸾塘书院（贵州沿河）等见于《贵州通志》。田秋上疏获准后，学校数量得以大量增加。

嘉靖、万历年间，贵州学校教育出现一个发展高峰。数量的对比可以反映出这种变化。据历史资料载，明代贵州的11所县儒学，有9所设立于嘉靖中期以后。声名远播的就有贵州宣慰司学、思南宣慰司学，以及思南府所属的偏桥、蛮夷、水德江、沿河佑溪等长官司学等。“到明朝末年，贵州的府州县卫司学发展到了50余所，新建书院29所，占总数的75%以上。”① 由此可以看出开科取士给贵州带来的变化。

自田秋疏奏开科后，从明朝到清朝，贵州除了官办的思南宣慰司学，婺川、安顺、印江和各个长官司所办的学校外，还有各种书院，如贵阳的文明书院、贵山书院，思南的中和书院、为仁书院、万圣书院、斗坤书院，铜仁的铜江书院，石阡的明德书院等。对此，历代学者予以高度赞誉。“田秋的又一历史功绩，就是推动贵州学校教育的发展。”②

（二）催生了贵州人才的繁荣

贵州开科取士后，各种学校纷纷兴建，除了少数官员、豪门地主子弟之外，部分少数民族贫民的子弟也能入学读书，享受教育机会，进一步扩大了教育对象，

① 中文百科在线“田秋”。

② 张羽琼：《论田秋与明代贵州文化教育的发展》，载《贵州师范大学学报》，2007年第2期。

为优秀人才提供了更大平台，使各种人才如雨后春笋脱颖而出不断涌现。据史料记载，明代以前，贵州在全国有影响的人才寥寥无几。故而（乾隆）《贵州通志》说：“贵州于十五国中，风气开辟为独后，宜人才寥落也。”①整个宋朝长达300多年，而贵州境内仅有8人中进士。整个元朝，贵州竟然只有1人中进士。明代开科前的169年中，进士仅27人，而开科后至明末的107年，已达75人。中举的人数更是逐年增长，从最初的25名到40名，从贵州建省到明朝末年，全省中举者1738名。清代贵州境内的文举人更达到了3110名。就连偏远的思南府，明清时期考取的进士已达34人，举人360余人。贵州从此人才辈出，缩小了与中原等地的差距。“贵州文教渐洽，人才日盛，科不乏人。”②

据史料记载，安顺从此“文教日兴，人才渐盛”③。另以思南为例，继田秋之后，明清两朝学子众多，名家辈出。比田秋稍晚出生的李渭讲学于思南，成为理学大家，有江西等地学者慕名前来求学。清代的郭石渠高中贵州乡试第一名，民国元老郭登敖家族满门博士。全社会形成了尊师重教的浓郁氛围，直到现在，思南的教育依然长盛不衰，成为贵州省培养人才最多的县份，各种人才遍布国内外。中华人民共和国成立以来，思南中学高考升学率一直保持在全省前列，思南师范以全国知名并为贵州培养了数以万计的优秀教育人才而载入史册，文脉千载绵延，如今已升格为专科学校。

四、田秋上疏对贵州文化的深远影响

田秋上疏，助推了贵州的文化繁荣与发展。单独开科取士后，刺激了大量学校的兴办，贵州文化逐渐从封闭走向开放，出现越来越多的文化交流，本土人才走出去，中原文化人才不断引进来，文化积淀不断深厚。

值得大书特书的是书院教育，结出了贵州文化的繁花硕果。贵州相继建立了一批著名的书院，书院教育在贵州陆续兴起。如正德年间，王阳明谪居龙场，创办了龙冈书院，其后又受邀主讲于文明书院。贵州书院教育开启一代学风，使贵州的儒学教育向纵深发展。弘治以后，经过钱钺、郭子章、王杏、蒋信等官员的推行，贵州的书院很快由中心向民族地区辐射，儒学得以发扬光大。据方志记载，贵州在明代共创办书院37所。龙场悟道，贵州催生了王阳明这个世界级的大哲学家，而王阳明的心学又反哺了贵州这块土地。黔中王学还催生了孙应鳌、李渭、马廷锡三位大家。如果他们没有深厚的文化素养，自然不可能产生与王阳明精神上的对话；没有地域文化的深厚积淀，阳明心学也不可能在黔中大地发扬光大。

又如遵义沙滩，从明至清，文脉绵延300多年，江山代有才人出，几十名进士举人如群星璀璨。清代更是产生了郑、莫、黎三大家，学术成果全国一流。一个弹丸之地却名驰遐迩。正是山不在高，有仙则名。从此，贵州的学术人才群体

① 刘范弟：《贵州首次乡试述略》，载《贵州文史天地》，1996年第6期。

② 段志凌、赵文红．明代云贵乡试合科始末［J］．临沧教育学院学报，2003。

③ （乾隆）《贵州通志》卷一。

逐渐形成，贵州的本土文化不断繁荣和发展。

教育的发展，还提升了贵州各族人民的整体文化水平。贵州由于建省较晚，而且是少数民族世居地，自古为土司统治。谚云："思播田杨，两广岑黄。"当时的贵州大部，实际由田姓、杨姓两大土司掌控。土司大多不重视教育，生产力较为落后，文明的进程也滞后于相邻省份。据《太宗永乐实录》载："思南宣慰使田宗鼎，凶狠、淫虏，生杀任情，禁居民不得瓦屋，不得种稻，不得从华风，子弟不得读书，人才不得科贡……人甚苦之。"[①]100多年后，这样的影响依然持续。教育是社会发展的基石，是社会得以发展的重要先决条件。教育培养人才，创造精神和物质财富，推动经济增长，社会进步，人类发展。科举制度的推进，产生了巨大的导向功能。贵州开科取士以后，贵州各地求学人数迅猛增长。学校教育的普及，使贵州读书好学的社会风气日渐形成。考中的不少举人、进士来自少数民族地区。贵州的整体文化水平得到了大幅提升，给当地社会发展带来了深远影响，加快了贵州文明进程。教育文化的繁荣发展，促使贵州人口素质整体得到提高，促进了贵州的社会进步。中原发达地区的农业耕作技术、纺织工艺，及其他各种先进的手工业、文化陆续传入贵州，使得刀耕火种的贵州文明不断向前推进。明朝初年，史料对镇宁县的描述如下："环城百里之间，皆诸夷巢穴，风俗粗鄙，异言异服。"[②]但到弘治年间，社会风貌发生了巨大变化："人知读书，科贡不乏。"（《贵州图经新志》）又如思南府，此后"夷佬渐被德化，俗效中华，务本力穑。"[③]"迩年以来，儒教渐兴，人文日盛，登科入仕者，盖彬彬矣"[④]。贵州从土司统治的蒙昧时代，逐步向封建文明过渡。因此可以说，在某种意义上，田秋上书改写了贵州的文明史，加快了贵州文明进程，推动了贵州的社会进步。影响深远，功在千秋。

五、田秋的人格魅力

田秋不仅为贵州教育文化做出了卓越贡献，成为一个改变贵州历史的杰出人物，而且有着令人敬仰的君子人格。古代的知识分子，莫不渴望立德、立功、立言。田秋居庙堂之高则忧其民，处江湖之远则忧其君，堪称古代知识分子的楷模。田秋辞官归乡后，居家8年，不扰官府，不欺民众，清正廉洁，出入皆是布衣草鞋，服务家乡文化，授课讲学，捐资架设桥梁，采集医药，淡泊名利，被故里传为佳话，被老幼敬为楷模。其亲笔书写在潮砥乌江岸边的摩崖"黔中砥柱"，是其政治抱负与理想及其人格的自我写照，已被列入贵州省级文物保护范畴。母丧守制期间

① 何立高：《黔东土家族傩堂戏文化特色研究》（上），载《铜仁学院学报》，2007年第5期。

② 张羽琼：《论明代贵州民族教育的发展》，载《贵州师范大学学报》（社会科学版），2000年第4期。

③ 李良品：《乌江流域民族地区明代学校教育的发展、特点与深远影响》，载《重庆社会科学》，2007年第1期。

④ 思南县志办：《思南府志》，1991年。

修订的《思南府志》，已经成为贵州的珍贵史料。他积极扶持贫困学子，带头捐款捐物，倡导绅士们捐买试卷田，为困难学子免除试卷费。从明朝到清朝的科举考试，贵州学子都一直享受这一福祉。

明万历四年（1576），贵阳学子曾在明远楼树立田秋牌位，每次考试前，都要向田秋焚香致敬，以示感恩。由此可见田秋在贵州学子心目中的崇高地位。田秋也因此成为推进贵州科举教育的先贤。几百年来，在故里思南，田秋更是赢得了世代敬仰。笔者曾在主编的《思南文化读本》中的一篇短文里，将其誉为“贵州科举教育之父”，后被学界认可，备感欣慰。

六、结语

田秋上疏，促成贵州开科取士，是贵州古代教育史上一个具有划时代意义的事件，极大地助推了贵州教育的繁荣、文化的发展，加快了贵州社会文明的历史进程，贡献巨大，影响深远。而田秋的人格魅力，更是值得后世学子景仰。

第三部分　田秋文学思想

《田秋文集初编点注》序

郝　永[1]

一

近日，予自贵州省社科院王路平老师处受命，为应贵州省思南县发掘历史文化资源做田秋专题研究之需，撰此《田秋文集初编点注》，提交至“田秋教育思想研究学术研讨会”。

田秋其人，《贵州通志》卷三十八《人物·乡贤》谓：

田秋，字汝力，号西麓，思南人，正德甲戌进士。历给事中，建白最多：革内府监局冗食，议郊坛迁冢事，奏停云南差镇内臣，清光禄不经之费，裁太常寺冗役，酌御马监财用盈缩，议天地坛合祭之非礼，疏请贵州开科建府城垣。先是，乡人葬祭俱用浮屠，秋遵家礼，众翕然从之，建先祠，置义田以赡族之不能婚葬者。修桥梁治药饵惠济无穷。著有《西麓奏议》。子时中，举于乡；时龙举乡试第一。

上引为田秋之传。该传内容：首先是田秋之字、号与籍贯，以及正德九年（1514）甲戌科进士的科举情况。由“正德九年甲戌科”知，田秋中唐皋榜，三甲第六十八名。其次，田秋历官依次为福建延平府推官、直隶河间府推官、户科给事、礼科左给事、吏科左给事中、户科都给事中、福建布政司参政、四川按察使、广东（按：左）布政使，传侧重其给事中（给事中，在明朝品卑而权重，初定为正五品，后数改更其品秩，掌侍从、谏诤、补阙、拾遗、审核、封驳诏旨，驳正百司所上奏章，监察六部诸司，弹劾百官，与御史互为补充；另负责记录编纂诏旨题奏，监督诸司执行情况；乡试充考试官，会试充同考官，殿试充受卷官；册封宗室、诸藩或告谕外国时，充正、副使；受理冤讼等）事迹，尤其“疏请贵州开科”之于贵州科举、教育具重大影响事。再次，田秋在家乡倡导礼仪之风。还有，是“修桥梁治药饵”的惠济家乡之善行义举。最后是著述情况，他有《西麓奏议》（按：另有删定《思南府志》）。

① 郝永：河南省永城市人，贵州师范大学文学院教授，博士生导师，主要研究中国文学与思想文化。

"文集初编"者，因初涉田秋研究，于其"全集"所当及文尚未有足够时间搜集，仅自《四库全书》所收（嘉靖）《贵州通志》辑录田秋文五篇，分别是《请开贵州乡科疏》《请预筹流民疏》《侍御申公祐传》《思南府志序》《蔡公祠碑记》。关于《四库全书》收（嘉靖）《贵州通志》，《四库全书总目》卷七十四《史部三十》谓：

（嘉靖）《贵州通志》十二卷，两淮盐政采进本

明张道撰，谢东山删正。道，里贯未详。官贵州宣慰司训导。东山，射洪人。嘉靖辛丑进士，官至右副都御史巡抚山东。其刊定此书时，则官贵州按察司副使也。书颇简略，以《孝义》《隐逸》别于《人物》之外，而如陆京、张伯安诸人又以孝友入《人物志》，亦无体例也。

"点注"者，"标点"与"注释"也。"注释"为文中难字音义之注、语词义注等。

总之，本撰为田秋《请开贵州乡科疏》《请预筹流民疏》《侍御申公祐传》《〈思南府志〉序》《蔡公祠碑记》五篇之点注，是为《田秋文集初编点注》。另于《请开贵州乡科疏》下附吴维岳《贡院碑记》一篇，以见田秋上疏之效；《〈思南府志〉序》下附田汝成《〈思南府志〉序》，因后序为田秋序的发挥与阐扬。

二

（一）

该《请开贵州乡科疏》田秋嘉靖九年（1530）上。

该上疏开篇陈时国家十三省中的十二省均有乡试科场，唯独贵州省没有科场，而依附于云南省科场的事实：

窃惟国家取士于两京，十二省各设乡试科场以抡选俊才，登之礼部为之会试，然后进于大廷命以官职，真得成周乡举里选之遗意，所以人才辈出，视古最盛。惟贵州一省，远在西南，未曾设有乡试科场，止附云南布政司科举，盖因永乐年间初设布政司，制度草创，且以远方之民，文教未尽及也。

贵州省未设乡试考场原因，田秋开脱谓，或因贵州建省较晚（按：永乐十一年设贵州承宣布政使，贵州正式建制为省），文教尚不发达，不具备单独设考场条件："盖因永乐年间初设布政司，制度草创，且以远方之民，文教未尽及也。"

但是，话锋一转，田秋说，虽然建省之时不具备单独设科场条件，但是经过150余年的发展，现已具备，正其所谓"开科盛举正有待于今日也"：

迨今涵濡列圣休明之治教，百五十余年而亲承皇上维新之化，又八年于兹，

远方人才正如在山之木得雨露之润，日有生长，固非昔日之比矣。臣愚谓，开科盛举正有待于今日也。

田秋陈述贵州士子赴云南乡试的艰难：

且以贵州至云南，相距二千余里，如思南、永宁等府卫至云南，且有三四千里者，而盛夏难行，山路险峻，瘴毒浸淫，生儒赴试，其苦最极。中间有贫寒而无以为资者，有幼弱而不能徒行者，有不耐辛苦而返于中道者，至于中冒瘴毒而疾于途次者，往往有之。此皆臣亲见其苦，亲历其劳，今幸叨列侍从，乃得为陛下陈之。边方下邑之士，望天门于万里，扼腕叹息，欲言而不能言者亦多矣。

并说这是自己的亲身体会，“此皆臣亲见其苦，亲历其劳”，因而借助“职务之便”上疏陈情：“今幸叨列侍从，乃得为陛下陈之。边方下邑之士，望天门于万里，扼腕叹息，欲言而不能言者亦多矣。”

以两广为例，证贵州脱离云南单独设乡试考场的合理性：

臣尝闻，国初两广亦共一科场，其后各设乡试，解额渐增，至今人才之盛，埒于中州。

两广由原来的合并设乡试科场到分设乡试科场，迎来了教育的大发展，已与中原相伯仲。田秋说，两广的成功是贵州的示范。他又以“人性善”的平等观为依据继续阐论：

臣窃以为人性之善，得于天者本无远近之殊，特变通鼓舞之机由于人者有先后耳，今设科之后，人益向学，他日云贵又安知不若两广之盛乎？

人性平等，两广分设科场可以成功，则贵州脱离云南单独设考场也必定成功，正所谓：“设科之后，人益向学，他日云贵又安知不若两广之盛乎？”

对以经费不足为理由反对贵州单独设科场者，田秋予以反驳：

议者曰：“科之不开，病于钱粮之少。”臣窃以为不然。盖贵州虽赴云南乡试，而举人牌坊之费，贵州自办也；《鹿鸣》之宴，贵州自备也。今所加者，不过三场供给，试官聘礼耳！

他具体阐述了经费解决办法：

镇远、永宁等税课司，每岁不下数百两。思南府又有棉花税，若设一税课司，委一廉干府官监收之，每岁亦可得数百两，只此数项，足充其用。

指出国家选举人才的大事，怎能拘于区区经费："况求才大事，又可靳于区区之小费乎？"

田秋最后说，疏请贵州单独设乡试科场，自己并非开先者，此前尚有地方巡抚、巡按官员为此事而奏请过："且历年抚按官，亦屡有举奏，盖一方之志愿，上下之同情，其建置之地，区画之详，在彼必有定议，乞勅该部再加详议。"并提出了增加贵州举人名额的申请：

旧额，二省共取五十五名：云南三十四名；贵州二十一名。臣请于开科之后，量增数名，以风励远人，使知激劝，则远方幸甚。

据后吴维岳《贡院碑记》，在人们的不懈努力之下，尤其田秋该《请开贵州乡科疏》，贵州脱离云南单独设乡试科场终于取得了实质效果。

（二）

吴维岳（1514—1569），字峻伯，号霁寰，明朝孝丰（今属安吉）人。嘉靖十六年（1537）丁酉举人，曾以右佥都御史之职巡抚贵州。该《贡院碑记》即于明嘉靖四十三年（1564）甲子巡抚贵州时所作，堪称贵州教育发展之大事记。

该文开篇谓贵州作为蛮荒夷居的化外之地，其纳入国家版图始设学校教育是明洪武以来事：

贵州，古荒服也。虞帝北而不富，殷宗克而未化，秦汉以降，逞则澒洞，顺亦羁縻，无定疆，无恒赋，至我皇明，混一寰宇，际天所覆，寄象鞮译，殊俗向风，贵州遂登版籍，寻设学校，兴冠裳俎豆之仪。

具体情况是，洪武十七年（1384）贵州士子赴云南参加乡试，永乐十三年（1415）贵州建立官制，从此教育发展起来：

洪武甲子，天下开科取士，贵州赴云南试。永乐乙未，贵州始树藩、臬，建省等内地，文教浸明。今上凝命中兴，尽伦尽制，泽洽威畅，古所不富而未化者，咸入涵濡陶铸中，虽疏蹻岩穴之夫，罔不喁喁承德。贵士引领开科，希奎壁之照者愈切。

吴维岳说田秋的疏请引起朝廷重视："嘉靖庚寅，给事中田秋疏为贵士请，下抚按议。"五年后，贵州巡按御史王杏继承田秋继续奏请：

贵建省设学校养士历百五十余年，文教茂往昔十倍，诸生就试云南，苦于道路，今度地得西南隅甚胜，可以营建，计所需金二千四百有奇，检藩贮羡缗可办夫士盛既足为科，而费复易措，倘另开科，可免诸士跋涉，益感恩励，学愿覩宾兴盛事，以仰赞圣化。

至此，中央政府方予以落实："从秋议，便宗伯覆言事与时可，乃荷俞行，限取士二十有五。"举人名额也从依附于云南时的二十一人增至二十五人。嘉靖十六年（1537），贵州正式脱离云南单独设乡试考场，开启了贵州教育史上的新纪元：

岁丁酉，火丽金方运属贵州，遂专试诸生，鸞翔豹变，彬彬以升。发榜日，会有龙见之祥。次年，敷策内廷，拜秩者四人。

单独设场举25人，其中四人中进士。十年后的嘉靖二十五年（1546），为适应贵州教育发展，举人名额增加到30人：

又踰十年丙午，巡抚王公学益、巡按萧公端蒙念贵士愈日盛，请广解额，复增五人，前后符河图地数，维岳不类，祇役兹土。

吴维岳说，单独设场27年后的嘉靖四十三年（1564），贵州的科举教育已发展到和全国其他省份平等，需要树碑以记之的程度：

今甲子，复当大比，周视棘门疏密，冈峦左耸，溪环如带，既美其地之盛，而有待顾碑，则缺焉。贵州鸿蒙弗论，即有虞迄昭代，三千六百余年，甫脱烟莽晦冥，遂起为揖让之区，又将二百年。值我皇上崇文吁俊开科，增广声教，阘朗将与中原相雄长。顾盛典未述，且边裔鲜掌故，岁月渐久，旧简易湮，将命创议成事者，或泯或淆，非所以扬丕绩而答昌期也。

于是吴维岳"因亟搜使牍采其事，而伐石以志之如此"。

三

（一）

《〈思南府志〉序》，是田秋为《思南府志》所撰序言。《思南府志》为时郡博士钟节钟子玉所撰，田秋删定的关于思南府的地方志，为思南方志之首创。方志是记载某一地方的地理、历史、风俗、教育、物产、人物等情况之书，如县志、府志等。

我国现存最早的方志是唐李吉甫所撰《元和郡县志》。《元和郡县志》之序述方志主旨与功能道："古今言地理者，凡数十家。尚古远者或搜古而略今，采谣俗者多传疑而失实，饰州邦而叙人物，因丘墓而征鬼神，流于异端，莫切根要。至于丘壤山川，攻守利害，本于地理者，皆略而不书，将何以佐明王扼天下之吭，制群生之命，收地保势胜之利，示形束壤制之端？"由此看来，方志是为辅助国家治理而作。李吉甫此旨为田秋该《〈思南府志〉序》所引："昔李吉甫作《元和郡县志》谓：'执此可以善治。'"田秋还指出了方志的史书和文献性质："志也者，识也，郡之史也，以称物采域质所稽也，以撰风谣淳砻所识也，以永监观文献所属也，'我古有邦，莫之克废'也。"

最值得提出者，是田秋结合国家治理阐发出的方志之地方风教功能：

方册之布，永矣！予何言也！虽然，亦窃闻之矣，天下平则文物盛，统势一则图志明，斯典也，世运关焉者也。且有经邦之道焉。昔先王之御世也，立典式而观民，因风宜而设教，是故陈诗纳价以察趋也，五土有辨以致化也，书用识之以永风也。九丘之典邈矣，职方之典，孔子述焉，大都为民治设也，此意而湮，即记载之功盛矣。

此"先王之御世也，立典式而观民，因风宜而设教，是故陈诗纳价以察趋也，五土有辨以致化也，书用识之以永风也"文，即为方志的地方风教功能的阐发。

鉴于对方志地方风教功能的认识，田秋说思南因蛮荒遗习而素缺方志，自己登第以来也有修撰思南方志的素志，但未能如愿："思何阙焉，黔荒之遗习也。惟是网罗之责，秋自叨第以来，窃有志矣，而未之逮也。"

田秋谓，该《思南府志》是时思南知府洪承藩（洪价）主持编修，郡博士钟子玉嘉靖十三年（1534）主撰的未竟之作，嘉靖十四年（1535）自己受洪之托删定并序：

乃嘉靖甲午，郡博钟子玉节亦有作矣，而事未竟。明年冬，洪公承藩以南枢佐出守我邦，宪古振文，用继其役，弘敷之暇，爰以钟子稿属予厘正。凡再阅月，绩用告成，公乃枉轩盖过西麓之草堂，而揖予曰："是役也，有思以来一举者也。嘉成猷远，子可无言乎哉？"

"爰以钟子稿属予厘正"即请田秋删定钟子玉未定之《思南府志》稿。"子可无言乎哉"，意即请田秋为府志作序。

由田秋删定并作序的思南历史上第一部方志《思南府志》，于嘉靖十六年(1537)刊刻，计八卷，今有1962年上海古籍书店据宁波天一阁藏本刻本影印版。原书版框高20.9厘米，宽14.1厘米。该《思南府志》刊刻之时，时按察思南、石阡等府之贵州按察司佥事田汝成为之撰序，是为田汝成《〈思南府志〉序》。

（二）

田汝成（1503—1557），字叔禾，别号豫阳，钱塘人。嘉靖五年（1526）进士，历官南京刑部主事、礼部仪制司员外郎、祠祭郎中、广东提学佥事、贵州按察司佥事、广西布政使司左参议、福建提学副使。田汝成任贵州按察司佥事是在嘉靖十五年（1536）至嘉靖十七年（1538）间，他为嘉靖十六年（1537）刊刻本《思南府志》作序即在此时。由该序落款之“嘉靖十六年春正月人日钱塘田汝成序”知，该序撰成于嘉靖十六年（1537）正月初七。由田汝成序之内容看，该序文继承田秋原序之精神。

田汝成序开篇即点出田秋于思南文教引领风尚之重大意义：“思南，故宣慰司治，永乐中罢司置府，与内郡比。百有余年，渐被文教，蔚然移风，而西麓田子以间出之才，追琢至行，领袖后生，于是缙绅之士彬彬焉，冠于全省矣。”故而田秋撰定《思南府志》并作序，其深旨也是在强调文教，不是如一般山川地理志那么简单：“府故无志，田子喟然述作，郡守洪君请而梓之。既成，而予以行部至府，阅田子所为志，知其有𦉪𦉪忧国之思焉，非直以物色山川备图籍也。”

随后，田汝成则述思南有史以来官制、法治未备，文教落后：

夫思南，宇内之僻郡也。山谷厄狭，狫犵跧伏，在昔开疆羁縻而治，故其法未备，境多缦土，沃而善树，四方流冗亡赖匿命皆于此焉，逋薮虑不为土著而胥宇者，故其民易动，东迩酉阳、西连真播二三酋长无严黜陟，豪举自恣窦窳其民反目，而吁天者鹊噪蠭起，轶我疆场池鱼之祸比比罹之，皆异省辖属也。故督课之法难行。夫以法令未备之域，杂以易动之民，逼于豪举自恣之比邻，而郡守县令不能制，军兴锄击，卒有草窃，变安所图。昔之为思南者，固亦难矣。田子时建议于朝，请设按察佐使一员，治兵兹土，兼制诸司，警备不测，国论韪之，竟如所请，乃今法制寖周，而奸宄稍戢，是则田子有功于父母之邦也。

其“田子时建议于朝，请设按察佐使一员，治兵兹土，兼制诸司，警备不测，国论韪之，竟如所请，乃今法制寖周，而奸宄稍戢，是则田子有功于父母之邦也”所及，为田秋所上《请预筹流民疏》一事（下将详述），此为田秋于思南的又一功绩。田汝成说，田秋撰定《思南府志》之深旨是要弘扬文教，而非其他称述之说：“志之作，宜首表焉，他所称述，固末义尔。夫先王治天下，虑外而勤内，故政尝均其用人也，敬迩而恤远，故士有劝。”

田汝成批评了以任官边鄙为耻的行为：

志之作，宜首表焉，他所称述，固末义尔。夫先王治天下，虑外而勤内，故政尝均其用人也，敬迩而恤远，故士有劝。乃今仕者恋中朝内郡鄙边方，一阅除书，即神气沮丧，默默就列，一切自利，冀旦夕脱去为幸，何暇及民？夫使仕者怀沮丧之心，甚非所以攘绥四表纾主上旁瞩之忧也！故曰：择民而使者非良吏也，择官而官者非忠臣也！苟以自靖为心，何论远近。

这显然是他任职贵州按察思南之志的自表。然后又从思南之民和中原之民同种，共为先王苗裔，以及民性质朴角度，论证自己“择民而使者非良吏也，择官而宦者非忠臣”之“以自靖为心，何论远近”观点：

且思南虽远，念其民独非先王之苗裔乎？出缯粟供徭役以奉其上也甚敬，困于盗贼之扰不相保聚其望治于上也甚勤。然则思南之民，固无负于郡县长吏也，而为郡县长吏者，独忍以边方鄙弃斯民乎？此则田子之微意所寓而未发于词者，予故论序首编，俾后之览者有政治之资焉！若曰将以披图籍、考山川之观而已，则信为斯志之末义矣！

田汝成的结论是：田秋撰定《思南府志》并作序，其深旨是于思南边鄙之域建立法治、弘扬文教，故而他说：“若曰将以披图籍、考山川之观而已，则信为斯志之末义矣！”

四

树碑立传表彰贤良以为世法，是传统中国教化一方的重要方式。田秋有《侍御申公祐传》《蔡公祠碑记》，分别用以表彰孝子、贤臣、义生申祐，以及有功于地方的地方官蔡某。

（一）

田秋该《侍御申公祐传》开篇即点明主旨：“先民有言，父生之、君治之、师教之，天下之三本也。故惟其所在，则致死焉，于公尽之矣。”谓申祐具备孝子、贤臣、义生三者。

关于孝子，田秋述曰：

古之孝子，固有冒白刃而赴亲之难者。若猛虎搏人，志在吞噬，非若盗贼之犹有人心也。公以孑然童子，直犯其爪牙，脱父之厄。

关于忠臣，田秋谓：

至九重震怒，生死叵测，当时寄言责拥重任者何限？且环视扼腕，莫敢撄逆鳞之威。公以太学生，毅然申辨，无少难色，非卓然不易之见定于中，见义必为之勇随以发乎？

田秋评曰：

然公于亲之难、师之难已致死矣。而卒不死，且济其事，终之以土木，祸始殉节焉，或者有默而相之欤？胡为乎奋其死于初年，而炳烺砰訇以重其死于晚节也。

田秋以申祐比唐之段太尉（段太尉详下注）：

昔唐段太尉笏击贼泚而死，人且以为武人一时激发之行。德宗在奉天闻其死，辍朝至七日，当时宰相尚有难之者。及柳宗元上其逸事，而后太尉平时奉职守正，树立不凡之大节，始暴白于天下异议，至今斩然。

上引可见，田秋此《侍御申公祐传》之创作，有欲仿柳宗元作《段太尉逸事状》以彰段太尉之德之意，此为他所明言："矧公远方孤士，泯灭无闻，宜也。"田秋说他自少小时即听闻家父讲述申祐故事以为训教："矧公远方孤士，泯灭无闻，宜也。余髫龀时，先司谏朴庵君每举公事迹以训，既又于乡先生李立之孟震处时时闻之。"但申祐德行并未得到彰显："访公之后，则无招魂之墓，片石之纪，所仅存者，敕命一道而已！其诸恩荫恤典，俱未及也。"

田秋最后说："今夏与郡博钟君谒公祠，因叙其所闻如此，以留于后。"自己和郡博士钟子玉拜谒申祐之祠堂，作此传以传于后人。

（二）

《蔡公祠碑记》是田秋为时清平卫地方官蔡某生祠所撰碑记。蔡某为贵州布政司少参，分管清平，以其智勇以少敌多，击败叛乱者对清平的进攻，保卫了清平的安定。清平百姓感念之，为立生祠。田秋为之记。

田秋该《蔡公祠碑记》开篇即引《礼记》祭祀之义以定文之旨调："《记》云：'以死勤事，以劳定国。能御大灾，能捍大患。则祀之。'"并以类比方式，谓清平蔡公生祠同于岘山羊祜、宣城谢朓生祠之建："故岘山表叔子之灵，宣城著谢公之姓是也。清平蔡公生祠之作，其亦此与？"

述蔡某功绩曰：

正德十三年，清平县苗夷作乱，据香炉山以为巢穴，凭陵远近，动摇藩省，清平其切近，盖门庭之寇也。贼拥数千之众攻城。公适以少参分守其地，内无劲卒，外鲜强援，止以数百守城之兵，画地分障，运奇设谋，擒其桀黠，散其党羽，不数日贼俱引去，阖城老幼得再造，皆公之恩也。

不久蔡某升迁离任，清平之民怀念之，以之比柳州柳宗元、潮州韩愈，而为之建生祠以祭祀："未几，公迁去，民不能忘，乃为生祠二楹，肖公像于中，饮食必祭，且私之曰：'此吾清平之罗池柳侯、潮阳韩公也。'"

田秋谓，蔡公生祠成三十余年无碑记，嘉靖二十九年（1550）庚戌，有请田秋为之作记者："祠成三十余年，为嘉靖庚戌，麻城喻九山以公高弟佥宪贵阳，道经清平谒祠下，见礲碑尚未有词，征记于秋。"请田秋作记者是赴任贵阳佥宪的蔡某弟子麻城喻九山。

田秋陈述蔡某官贵州功绩及仕历、高义道：

秋惟公在贵凡八九年，不鄙夷，其地所在，多品题建置。公之去贵三十年矣，而贵人思公德泽者如昔。公以贵参议升福建参政，转河南右方伯。人方仰其柄用，乃抗疏乞休，时论高之。

田秋作此碑记时，任广东左布政使："左布政使思南田秋谨记。"

五

上文田汝成《〈思南府志〉序》所谓"田子时建议于朝，请设按察佐使一员，治兵兹土，兼制诸司，警备不测，国论韪之，竟如所请，乃今法制寖周，而奸宄稍戢，是则田子有功于父母之邦"者，为出田秋《请预筹流民疏》之文字。田秋该《请预筹流民疏》是为预防四川流民入扰思南而撰，足见其热爱乡土之心，于思南设按察使之官也因此而提出。该文分两部分：第一部分为预测流民入扰思南的论述；第二部分为预防流民入扰采取的措施。

第一部分：

臣见得巡按四川监察御史戴金，奏内开称川东饥民流移满道，布政使凌相奏称四川各处盗贼渐起。臣原籍贵州思南府，与川东重庆、播州、酉阳等处接界，中间山溪平壤连延千里，每遇荒年，川民流入境内就食。正德六年，流民入境数多，贼首方四乘时啸聚，起于地名任仙峰攻劫本府，婺川县石阡府龙泉司地方官司不早扑灭，遂至拥众数万，长驱入蜀，勤三省之兵，延数年之久，仅能除之。传闻今年流民入境者，络绎道途，布满村落，已不下数万，较之正德六年尤多。本处灾旱与蜀无异，去年虽有薄收，人多食少，势难周给。其间乘时抢掠者，已渐有之。本府僻在省城东北，三省之交，守巡官或因带管别道，或因山路崎岖，往往岁不一至，今又进征镇雄府。抚按镇守诸臣并力西向，势必忽此。两府守臣当衅蘖未启之时，必互相推诿，莫肯先事提防。今冬明春，兵变必起。

第二部分：

臣请于邻近知府或本处两司，推举素有才望官一员，量升副使职衔，授以抚民之任，驻札思南府，整饬提备，抚绥安插。边郡储蓄素少，原无军卫城池，乞于太仓之银，量运二三万两前去赈济，备警精选名兵听用，若有不逞之徒乘机骚动者，即行剪扑。土流巡捕官下乡扰害者，严行禁治，一应保障抚处事宜听，其斟酌修举，庶患可禁于未萌，事得立于豫定，而不蹈往年之覆辙矣！臣待罪言官，有此一得之愚，伏候睿鉴采择施行。

综上，作为士子，田秋中进士第堪为翘楚；作为官员，他任至广东左布政使之职无疑是一方大员。但是，显达不忘故土，他在力所能及范围内，利用职务之便，为贵州、为思南做贡献，是当之无愧的乡贤。

千年大计教育为本，田秋的疏请贵州脱离云南单独设乡试科场并取得成功，开启贵州教育新纪元，是他对贵州所做的重大贡献，理应载入贵州史册，为贵州人民永久纪念。他删定的《思南府志》，是思南历史上第一部方志，这是第一功绩；此外，《思南府志》并不像山川地理图籍那样主旨单一，而是深蕴教化之旨，此更值得留意。他还为贤良树碑立传，以榜样力量化导人心，可见其用心良苦。未雨绸缪于川之流民入患思南，疏请朝廷及早防范，则又见其殷殷爱乡之深情。

言至于此而止，未竟之处，详下田秋文之点注[①]。

文集之编，是进一步研究之基础；点、注之功，已为初步之研究；序之内容，则已是进一步之研究。因而，望本《田秋文集初编点注》能为学界进一步研究尽绵薄之力，望点、注和序能起抛砖引玉之作用。

才力所限，不当之处在所难免，期高明博赡者惠正。

是为序。

① 点注部分不在本书中刊印。

民间文学里的田秋传说

侯万平

摘　要：有幸保存至今的少数几个田秋传说是民间文学艺术给田秋留下的珍贵印记。其内容主要涉及田秋读书和科考高中，寄寓了人们对他助推贵州教育发展的崇敬和此地多出人才的期待。这些传说以田秋的基本史实为基础进行艺术加工，并借鉴、改造其他民间传说，塑造了较为鲜明、丰富的田秋形象，为现在认识和了解田秋，挖掘和利用田秋的思想、精神提供了更多的途径。

关键词：田秋传说　读书　科考

田秋是思南乃至贵州历史一位上极其重要的古圣、先贤，关于他的文字记载主要来源于有限的史志、人物记等。根据这些文献史料，对他的生平事迹中较重要的方面如家庭、为官政绩、就贵州开科上书奏请，以及奏请地方兴学等情况有了大致的了解。然而除此之外，有关他更多、更具体的情况，比如为官勤政的具体事迹、生活方式、性情喜好等都不得而知。有没有什么途径能让人们获得更多的信息，比如民间文学里有没有相关的材料呢？

从常理上讲，田秋作为贵州历史上的文化、教育先贤，思南地方史上的名人，民间文学肯定不会遗漏掉他。事实上也的确如此，民间文学没有忘记田秋，留下了民众对于先贤的一份尊重和纪念。只不过由于多方面的原因，现存有关田秋的民间文学材料实在太少，似乎只有思南、德江等地流传的少数几个传说故事。然而与前后时期其他几位明代思南先贤如安康、李渭、敖宗庆相比，田秋应满足了，前三位在民间文学里几乎没留下什么印记，尽管他们的生平事迹同样可圈可点。

从创作动机而言，可以说，关于田秋的民间传说主要是为了纪念这位先贤，给后人留下关于先贤的信息。然而从艺术种类来看，又不能把田秋传说看作田秋生平传记的民间口头版本，而只能将其看作以田秋为基础的民间文学创作文本，艺术的产物。考察和理解田秋传说都要从文学的角度来进行。

下面以现有的田秋传说中的三个为例，对其内容、特点等进行概略的分析。

一、田秋传说的故事内容

（一）《田秋对对子》

这个传说讲的是，田秋小时候特别聪明，读书过目不忘，写文章、对对子都是拿手好戏，连教书先生都很佩服其才智过人。田秋常常仗着自己聪明做些调皮捣蛋的事情，与教书先生作对，先生对他是既喜爱又头疼。

有一回时值夏天天热，田秋与一起学习的小伙伴见先生不在，便从学堂里溜出来，跑到乌江河里洗澡，玩得很开心。教书先生回到学堂见学生不在，一打听得知是下河洗澡，便赶到乌江边。为了好好惩治一下田秋，他把田秋等人的衣服拿走，挂到江边的老乌杨树上，然后要田秋跟他对一个对子。若田秋能对得上，就把衣服还给田秋和其他学生，也不做任何惩罚；若对不上，就得全体挨板子。

说完，先生用手一指乌杨树，说出上联："千年古树为衣架。"题目出得很难，不仅词句精练，而且意境高远，又符合当时实情，暗含取笑之意，本以为能难倒田秋，却不料田秋看了看江中的自己与小伙伴，脱口对道："万里长江作浴盆。"对得极其工整而且意境与上联相得益彰，又吻合了当时的实际情境，与先生的上联构成了千古佳对。先生无奈，只得把衣服还给田秋等人。

（二）《田秋赶考》

这个传说讲的是，当年田秋参加云南乡试考中举人，十分高兴，决定下一步参加京城的考试获取更好的功名，于是日夜苦读，认真准备。考期将近，田秋告别家人，带上行李和盘缠，千里迢迢赶赴京城。一路风餐露宿长途奔波，不敢耽搁。

谁知走到半路，在一座桥边，田秋竟听到路人说大考刚刚结束，一时失望至极，全身酸软，便倒在桥下睡着了。梦中忽然看见一位老神仙翩然而至，给他吟了一首诗便消失无影。田秋醒来，回想起这个梦，清楚记得老神仙吟的诗："云南考试毕，状元桥下歇。不知何时了，起火烧文笔。"心里好生奇怪，莫非是神仙在给他指点什么？于是决定继续前行看看情况。到达京城的时候，田秋果然听到了一个好消息：原来保管考生答卷的房子在田秋到达京城的前一天晚上突然失火，所有答卷都被大火烧没了，皇上决定重考。于是田秋得以参加考试，后来很幸运考中了进士。

（三）《田秋与狐仙》

这个传说讲，田秋的父亲是个财主，家大业大，膝下只有田秋一个男孩，所以把希望都寄托在他身上，期盼他长大后能光宗耀祖，出人头地，田秋才四五岁就被送去读书。可田秋小时候很贪玩，读了两三年书，字却认不得几个。

一天，田秋到树林采蘑菇玩，碰上一个漂亮的姑娘，姑娘那红红的脸蛋、水汪汪的大眼睛、可爱的小嘴巴把田秋迷住了，从此天天到树林和姑娘玩耍。转眼到了考试的时候，田秋慌了，生怕回家挨打，就哭起来。姑娘问他情由，听后笑着说："这有什么难的，我读遍了天下书，把这些书的魂魄都炼进了宝珠里，你只要伸舌头舔一舔这颗宝珠，保你考得好。"说完，从怀里掏出一颗碧绿的珠子让田秋舔了舔。结果考试背书时田秋把书背得滚瓜烂熟，教书先生、同学、家里人都很震惊。特别是同学们拉住田秋，追问根源，田秋也没多想，就一五一十地说出了实情。

一个同学说："田秋你真傻，怎么不把珠子吞进肚子里去呢？万一哪天她不让你舔了怎么办？"田秋听了觉得同学说得有理，就跑去找到姑娘跟她撒谎，说老师又叫背书，要姑娘把珠子给他舔一下。姑娘信以为真，掏出珠子递给田秋，田秋接过来就把珠子吞进了肚子。不料却听得那姑娘一声惨叫，倒在地上死了。田秋伸手想扶她，她却变成了一只狐狸。田秋觉得很对不住狐仙，把她厚葬了。

从此田秋收起了玩心，认真读书，加上吞了狐仙那颗珠子，学习成绩进展神速。15岁那年考中秀才，过了几年又进京赴考。谁料路途遥远，当他赶到时头一天已经开考了。田秋很失落，就在京城里逛街散心，走到一家书店胡乱翻书。店主见他把书翻乱了，十分生气，就奚落他说他不像个读书人。两人理论起来，店主就打赌说"明天你来店里，我随便抽一本书让你背，如果你能背上来，这店子就输给你"，当下立了字据。田秋的书童平时听人说万年历不好背，就叫田秋背一下万年历试试，田秋找了本万年历逐页翻了一遍，就睡了。

第二天，田秋来到书店。店主见他居然敢来赴赌约，就随手抽了一本万年历要他背，心想反正他也背不了。结果田秋一张口，把万年历从头到尾一字不漏地背完，把店主惊呆了，只得找人写契约把店子给田秋。这事一下子轰动了京城，传到了皇帝那里。皇帝听说从偏远的贵州来了这样的人才，就想看看真假，派人把田秋接去面试。面试时，对于皇上和百官的考题，田秋对答如流，于是点他为进士。后来田秋被派到山东等地为官，颇有建树，皇上多有封赏。

晚年，田秋衣锦还乡。因为不忘那狐女深情，就备了香纸前去祭奠。刚磕头叩拜，忽然头昏恶心，哇的一声将当年吞下的珠子吐了出来。这时候，当年葬狐狸的地里开了个洞，狐狸蹿出来把珠子含进嘴里，变回那个姑娘跑了。

二、田秋传说的创作方式

民间传说通常都以历史上的人或物为原型，在此基础上进行故事情节的创作，也就是说，民间传说需要以一定的真实成分为基础，也需要有一定的想象和创造。但同时，由于民间传说是在民间由多人完成的，主要功能是娱乐、教化，其创作方式有别于小说或人物传记，它并不要求具有很强的独创性，而更注重大众性、通俗性，创作上惯于从众多的传说故事里借鉴吸收。考察上面三个关于田秋的民间传说，其创作分别主要采用了以下三种方式：

（一）天才故事的嫁接、套用

《田秋对对子》传说是一个少年天才的故事。作为该传说的主人公田秋实有其人，其文才有田秋所著诗文为证，毋庸置疑。由此不难想象其小时候天资聪颖，对对子的才能多半不差。虽然史料中缺乏相关的记载，但以此为角度创作一个田秋对对子的故事证明其为少年天才，是完全可以的。

然而上述《田秋对对子》的传说故事却多半不是独创或首创，因为中国民间流传很广的明代才子解缙对对子的众多故事中就有一个内容与田秋的传说几乎完全一样。此外，关于明代文学家杨慎也有一样的传说。还有的版本中没有讲这个天才少年的名字，出题的人是一位县令，有的版本中天才少年是李鸿章。可见这个天才少年的故事流传很广，而且将故事主人公认定为解缙和杨慎的说法在中国较普遍，将故事主人公认定为田秋的说法只在思南、德江少数地方和少数人群中流行。因此，可以推断，《田秋对对子》传说多半是对解缙或杨慎等传说的嫁接和套用。

之所以会给田秋嫁接这样一个传说，大概是因为田秋作为思南走出来的先贤，在地方民众心目中他应该是一位天才，而上述这个天才对对子的故事特别能满足这种需要。同时，民间传说的主要功能在于娱乐、教化，并不很在意真实与否，也不会在意是否会被人指责为抄袭。

（二）个人真实科考经历的加工与虚构

《田秋赶考》传说主要不是借鉴其他故事，而是根据田秋自身的科考经历进行了相当程度的加工与虚构。田秋于明正德五年（1510）参加云南乡试考中举人，于明正德九年（1514）参加京城的殿试考中进士，科考的长途奔波和艰辛他是亲身经历了的。正因如此，才有了他后来入朝任职时凭着一腔热血和使命感，上书奏请于贵州开设乡试的义举，由此开创了贵州开科取士和教育大发展、人才辈出的局面。这个传说以他赴京城考试的经历讲述一个传闻，具有一定的客观事实基础。

但该传说的故事内容多半不是真的，而是进行了合理的加工以及必要的想象与虚构的。根据史料，田秋赴京赶考时误期一事并没有相关文字记载，而且考试误期与他实际考中进士的结果矛盾。不过田秋1510年中举之后，于1514年考中进士，其间1511年的科考没有记载。考虑到贵州到京城路途遥远，不能完全排除田秋1511年有赴京赶考而误了考期的可能。《田秋赶考》传说正是对这种可能性进行了加工。为了解决误考期与考中进士之间的矛盾，该传说进行了自由想象与虚构，包括老神仙的梦中指点、保管试卷的房子失火等。

这样的想象与虚构虽然不合常理，但却使田秋赶考的故事编圆了，增加了故事的神奇效果。

（三）经典爱情模式的扬弃

《田秋与狐仙》传说是一个有意思的故事。故事的主角是田秋和狐仙，即一个人和一位狐狸仙子，或者说一个少年公子和一位漂亮姑娘，这貌似是一个浪漫爱情故事所具备的排场或格局。从这样两个人物的设定可以看出，该传说的创作在总体格局上显然借鉴了中国民间广为流传的狐仙故事，尤其是蒲松龄《聊斋志异》中公子与狐仙的故事。

但从故事的实际发展与结果看，《田秋与狐仙》传说虽然存在一定的浪漫爱情意向，整体而言却不是一个爱情故事。从创作方式看，该传说虽然在很大程度上借鉴吸收了《聊斋志异》等作品中的狐仙故事，以及其他经典爱情传说的有关情节，却对故事的发展与结果进行了根本的改造，使其摆脱了爱情的俗套，是对经典爱情模式的扬弃。

传说的开头部分讲到田秋有一天在树林里遇到了漂亮的姑娘，姑娘动人的外貌把田秋迷住了，从此天天腻在一起。眼看接下来就应该是两人相爱了，就像众多传说中的公子与狐仙一样。然而故事首先给田秋来了一记棒喝，用考试的担心冲抵对姑娘的痴迷。只是这并没有阻断两人的来往，反而因为姑娘神奇的宝珠能帮助田秋背书，而使两人之间的联系更加亲密，故事更有了往爱情方向发展的趋势。至此，故事来了个急转弯，强行阻断了爱情的发展，改变了故事的走向。阻断的办法不是依靠家庭、社会的压迫和阻力，而是利用意外事件，通过田秋误吞珠子导致狐仙姑娘惨死来完成。

由于狐仙已死，故事不可能往爱情方向发展了，就只能讲述田秋吞下珠子后读书如何聪明，如何赶考高中，乃至做官的事情了。本来结尾处狐仙吞回珠子后得以复活，也可以来一个有情人终成眷属的美满结局，从而完成一个浪漫的爱情故事，但由于田秋此时已是老年，再加上其他原因，故事终究没有这样结尾。

因此，总体来看，该传说在创作上虽然借鉴吸收了《聊斋志异》等作品中的狐仙故事，同时也借鉴了其他经典爱情传说的模式，包括中国传统的“后花园模式”“负心汉模式”，以及“梁山伯与祝英台”的情节等，却并没有将其创作成一个爱情故事，而是对这些传说故事进行了扬弃，将其改造成了田秋读书为什么聪明的故事。

之所以会进行改造和扬弃，大约有几个因素。首先，从艺术上来讲这样处理可以不落俗套，突破接受者的期待视野。其次，能更好地突出创作者的宗旨，即通过讲述田秋读书聪明的原因是有奇遇得狐仙珠子神助，显示田秋的神奇超凡。最后，出于文化、思想等原因，给田秋保留一个圣人的形象。

三、田秋传说的特点

（一）数量少，地域性强，流传范围小

如前所说，民间关于田秋的传说故事保存下来的很少，具有明显的地域性，只在思南、德江等地少数地方流传，知道和传播的人群也小。其原因可能与年代久远、历史的变迁导致这类故事失传有关，也可能与历史上地方民众文化、教育水平有限，知道田秋其人其事的人不太多有关，还可能与田秋一生做官都在外地，出仕时间不多，在家闲居时间长有关。

（二）内容都与读书、科考等紧密相关

从前面三个关于田秋的传说来看，其故事的具体内容虽然不同，但却有一个共同点，都与读书、参加科考等事项紧密相关。一个讲对对子，一个讲赴京赶考高中进士，一个讲吞了狐仙的珠子后读书变聪明并考中进士，涉及的都是文化与教育，丝毫没有涉及田秋为官勤政方面的事迹，也没有涉及他的生活方式、个人喜好等情况。

这种倾向反映了在地方民众的心目中田秋最值得称赞的是他发奋读书、学有

所成，也从侧面反映了人们对他上书奏请于贵州开科取士、助推教育的主要功绩的肯定和纪念。作为一种民间文学艺术，这些传说故事无疑寓含着劝勉年轻人认真读书的教化目的，表达了地方民众对发展教育多出人才的期待。

（三）人物形象鲜明、生动、丰富

总的来看，三个传说里的田秋形象比较鲜明、生动，而且较为丰富。从田秋对对子的故事，可以看见一个聪明、机敏却又活泼、顽皮的天才少年；从赴京赶考的故事，可以看见一个辛苦奔波、千里赶考求取功名的古代读书人；从田秋与狐仙的故事，则可以看到一个多情而又理智、善良，做了糊涂事，知错能改的公子，和一个吞了狐仙珠子后变得聪明的读书人和奇才。

一方面，这些传说存在明显的美化、神化田秋的倾向，如对对子、老神仙梦中指点和试卷失火、与狐仙的奇遇、背万年历等都是为了塑造一个神奇超凡的田秋。另一方面，这些传说也有意表现田秋的世俗、平凡甚至有缺陷的一面，如他与先生捣蛋，小时候贪玩不爱读书，对狐仙的美貌痴迷，因为无知害死了狐仙，等等。这种多面性的呈现使田秋的形象更加真实可感，更加丰富。

（四）受文化人士、家族的影响较多

从三个传说的传播、创作方式、故事内容等几方面来看，田秋传说受到地方文化人士、田秋家族后人的影响较多。关于田秋的故事主要在地方文化人士的某些小圈子里，和田秋家族的后人中流传，普通民众中流传较少。这些故事的创作方式和故事内容可以看出，创作和传播这些故事的人具有较高的文化素养，具有吟诗作对的能力，熟知《聊斋志异》和许多民间传说故事，既能借鉴各种故事技巧，也能加以改造和扬弃，在表现田秋丰富性格的同时又十分重视维护田秋的形象，这些特征都反映出地方文化人士和家族后世成员的主导影响。

除了上述三个传说之外，田秋传说还有杨婆溪、潮砥石崖题字和作石秤砣诗的传说等。

现在，有幸保存下来的少数几个田秋传说是民间文学的一份珍贵遗产，也是思南、德江乃至黔东北甚至贵州文化的珍贵遗产，是在史志、传记等文字记载之外了解田秋的另一个小小窗口。自然，作为一种文学形式，这些传说故事不能等同于田秋真实的生平事迹，只能视为民间艺术对先贤的纪念，相当于后人凭想象给田秋画的像。这样的画像肯定会失真，但也肯定会或多或少在某些方面与真实的田秋接近或相似。至少，这些传说故事展示了民众心目中的田秋模样，给现在走近和了解田秋提供了想象的范本和启示，也给人们提供了更多的途径去充分挖掘和利用田秋的思想与精神，助推地方与贵州经济社会、文化教育的发展，这便是田秋传说的价值。

参考文献：

1. 德江县民间文学集成办公室：《中国民间文学三套集成：贵州省铜仁地区德江县卷》，铁道部柳州铁路局印刷厂，1987 年。

2. 蒲松龄：《聊斋志异》，长沙：岳麓书社，2002 年。

3. 李建国：《中国狐文化》，北京：人民文学出版社，2002 年。

4. 郑士有、胡蝶：《梁祝传说》，北京：中国社会出版社，2011 年。

人文从此更豪雄

——田秋诗文艺术探微

安万红[①]

田秋的《思南府儒学记》《请开贤科以宏文教疏》《陈愚见以备遗策疏》《清建务川印江学疏》《侍御申公祐传》和《万圣山》《三台山》《椅子山》《香炉滩》等大部分诗文，描绘了黔中首郡的山川风物，抒发了黔中首郡文人的家国情怀，彰显了黔中首郡的文人风骨，展现了黔中首郡的文化自信。“人文从此更豪雄”，叩响了黔中首郡的文化自信之门，道出了黔中首郡文人群体的心灵之声，反映了黔中首郡一代又一代人的精神风貌。

一、描绘黔中首郡的山川风物

黔中首郡——思南，山雄水秀、人杰地灵，被人们誉为千里乌江上的明珠。因为占据天时地利，临江而建的思南山城在明清两朝一直是府县治所，也是黔东北政治、经济和文化中心。雄奇的乌江山水与厚重的人文积淀，形成了丰富的自然景观与人文景观。最为著名的当属山城所在地的四关八景。“四关”指大岩关、小岩关、德胜关、太平关；而“八景”指中和夏绿、鹭洲泛月、德江晚渡、雁塔标霞、五老撑云、仁寿秋高、三台积雪、圣岭春耕。诗人把黔中首郡的山山水水挫于笔下：《岩门山》《万圣山》《三台山》《椅子山》《迎春·藏春二洞》《香炉滩》等，他把一个个思南的地名深深地嵌入了他的诗行……

如：

迎春·藏春二洞

好风吹我到蓬莱，白石苍崖绝藓苔。
眼界明时尘俗小，烟云豁处壮怀开。
洞中仙子谈丹诀，坐上飞琼惜俊才。
说与旁人谁得言，直须潦倒共樽杯。

迎春、藏春二洞去岩门山数里许，洞不深广，而壁石奇润，树木苍翠，奇花异草，

① 安万红：思南民族中学。

盛产其中。藏春洞是府城外的一个景点，西去崖门不远，洞不甚宽，而壁石奇润，树林乔郁，娇花异卉，传说里面住有仙女。诗人一开篇就写道“好风吹我到蓬莱”，把美丽的迎春、藏春二洞比作蓬莱仙岛，然而诗人并不追述仙迹，而是告诉人们一个哲理“眼界明时尘俗小，烟云豁处壮怀开”：唯有眼界明朗的时候尘俗才能在自己的眼中变得渺小，在烟云裂开处，诗人的壮怀才开阔，告诫人们千万不要被眼前的“尘俗”和“烟云”遮住了自己的慧眼。“洞中仙子谈丹诀，坐上飞琼惜俊才”，颇有汉魏六朝游仙诗的味道，洞中仙子谈论炼丹的方法，西王母身边的侍女爱惜俊才。然而诗人毕竟不是一般的等闲文人，尾联笔锋一转，却说谁置身于这种美景中，说与旁人谁都不会发言，直接来个酩酊大醉，直待举止散漫、不自检束时，还共同举杯痛饮。此情此景，真是景不醉人人自醉！因此他的作品通过黔中首郡的山川风物反映了广阔的社会生活。

再如：

三台山

帝遣台星此降灵，芙蓉三朵插天青。
移家未得亲猿鹤，目逆时时到草亭。

三台山在府沿南三里，山巅有三峰，如芙蓉三朵。《三台山》是一首优美、深沉的抒情诗。诗人别具一格地选择了“芙蓉”与“草亭”两个中心意象，将细腻委婉而又深沉刚劲的感情蕴在新颖生动的意象之中。“芙蓉三朵插天青”构思新颖，富有浓郁的抒情色彩。语言精美，具有鲜明的个人风格。“移家未得亲猿鹤”，正是因为三台山的美景，才让诗人想到“亲猿鹤”，猿鹤借指隐逸之士。《宋史·石扬休传》：“扬休喜闲放，平居养猿鹤，玩图书，吟咏自适。”明刘基《追和音上人》：“夜永星河低半树，天清猿鹤响空山。”清方文《饮从兄搢公民部》诗：“猿鹤岂无干禄意，江关只恐厌人稠。”“目逆”，以目光相迎。孔颖达疏：“未至则目逆，既过则目送。俱是目也，故以目冠之。”“草亭”，即茅草屋。在当时的社会穷人因为没有钱财去建设更好的房子而只能住茅草屋。“目逆时时到草亭”，诗人在三台山目光相迎的是贫穷的劳动人民。所以诗的结句所表达的是对黔中首郡山川和人民的爱，这种爱不仅是纯真的、炙热的，而且是高尚的，伟大的。它像一支古老而又清新的歌曲，拨动着人们的心弦。

二、抒发黔中首郡文人的家国情怀

田秋的诗文与思南这方热土水乳交融、生死与共，饱含着对家乡父老的深情厚谊。他以其娴熟的文笔，在生动鲜活的记述描写中突破了时空的界限，将历史的追忆与现实的抒情交织对应。这种做法有效提升了他诗文的现实意义，充分展现了黔中首郡文人爱国爱家、先国后家甚至舍家为国的崇高家国情怀。

如：

万圣山

青崖斗绝竞崔嵬，曾为邦人捍大灾。
今日承平皆陇亩，千家东面看楼台。

这是一首咏物诗，采用象征手法，表面上是咏万圣山，实际上是借山喻人。“青崖斗绝竞崔嵬，曾为邦人捍大灾。”嘉靖年间，四川饥民流入思南，间有劫掠，影响了贵州少数民族地区的社会安定。为此，田秋曾上《陈愚见以备遗策疏》，请求中央政府在思南地区设立兵备副使，以加强贵州的地方建设。田秋说，思南地接川东，中间山溪平壤，连延千里。川东人口殷繁，艰于生计，一遇灾荒，流民入思南境者，络绎道途，布满村落，不下数万。盗贼若乘机起事，将害及桑梓。“请于邻近知府或本处两司，推举素有才望官一员，量升副使职衔，授以抚民之任，驻扎思南府，整饬提备，抚绥安插。边郡储备素少，原无军卫城池，乞于太仓之钱粮运二三万两前去赈济备警，精选民兵听用。若有不逞之徒乘机骚动者即行剪扑。土、流巡捕官下乡扰害者，严行禁治。”又请求在思南建府城垣，均得到批准。通过建立府署，设置武装，思南政治渐趋稳定，经济逐步发展起来。笔者想，“曾为邦人捍大灾”的正是诗人自己。

“今日承平皆陇亩，千家东面看楼台”，曾经的沧海桑田、惊涛骇浪，曾经的波澜壮阔、揭天掀地早已退去，暗喻田秋退居家乡以后，依然以平常心态处理人际关系，不干涉当地政务，慨然以传播中原文化和修撰（嘉靖）《思南府志》为己任。在思南“建先祠，置义田，以赡族之不能婚葬者”，又“修桥梁，治药饵，惠济无穷”。他以国为家，爱国爱家。全诗不点题却含题意，深刻准确地揭示出黔中首郡文人家国情怀的精神本质与核心内涵。

三、彰显了黔中首郡的文人风骨

黔中首郡的文人风骨积淀着中华民族最深沉的精神追求。诸如“自强不息”的奋斗精神，“精忠报国”的爱国情怀，“天下兴亡，匹夫有责”的担当意识，“舍生取义”的牺牲精神，“革故鼎新”的创新思想，“扶危济困”的公德意识，“国而忘家，公而忘私”的价值理念等，一直是黔中首郡文人奋发进取的精神动力。田秋的诗文有一种高度的社会责任感和历史使命感，紧紧把握时代脉搏，关注社会，反映民间疾苦，针砭时弊，鞭挞丑恶，弘扬人间正气。这是田秋诗作传达出的黔中首郡文人应有的风骨。

如：

香炉滩

滩心洲屿平如砥，齿齿白石清可扪。
欸乃沧浪歌孺子，凄凄芳草怨王孙。

这首诗写了香炉滩，诗人似乎在写滩，实际整个笔墨落在了“凄凄芳草怨王孙”句上。据《思南府志》载：“思南宣慰使田宗鼎禁民居不得瓦屋，不得种稻，虽有学校，人才不得科贡，属官俱以喜怒予夺生杀之，日刑数人于香炉滩。”“怨王孙”就是指斥田宗鼎滥杀无辜，激起了公愤。土家族诗人张清理也针对此事作有一诗：“炉样生成鼓铸牢，天然鼎足峙江皋。焚香但向江神祝，莫遣滩边光怒涛。”首句通过描写滩心洲屿平如砥，从视觉上写出了香炉滩的平整。第二句“齿齿白石”用了比喻的手法形象地刻画了白石如齿之排列，给人一种冰清玉洁的感觉。三、四句则极尽用典之能事，活化了屈原《楚辞·渔父》里“沧浪之水清兮，可以濯吾缨；沧浪之水浊兮，可以濯吾足”，以及王维《山居秋暝》里“随意春芳歇，王孙自可留”和《送别》里“春草明年绿，王孙归不归”的诗句，香炉滩“屿平如砥，齿齿白石”的形貌与诗人孤介傲岸、冰清玉洁的形象形成一种有意无意的照应，使黔中首郡的文人风骨融化在一片清空明澈的意境之中。

再如：

岩门山（其三）

云霁风清玉宇空，平看飞鸟俯琳宫。
偶然小憩登高足，前面长途正不穷。

岩门山位于思南山城的大岩关处，有两山对峙，崖壁险峻，即是黔中首郡文人风骨的真实写照。首先，岩门山是高大威仪的，有魅力的，有高度的，并且有着丰富的内涵。此处采用了托物言志的手法。“云霁风清”其寓意是希望给文人风骨营造一个好的大环境，且愿有朝一日“平看飞鸟俯琳宫”，诗人希望站在思南的最高处为人民呐喊助威，照亮人民的前程共享人生的灿烂和大自然的壮美。诗人以新奇瑰丽的意象、恰当贴切的比喻表达了心中理想的价值观。“前面长途正不穷”表达了诗人的理想和信念，诗人通过“岩门山”亲切具体的形象来抒发“路漫漫其修远兮，吾将上下而求索”的豪迈、奔放、乐观、旷达，彰显了黔中首郡的文人风骨。

四、展现黔中首郡的文化自信

田秋的诗展现了黔中首郡的文化自信。文化自信是一个民族、一个国家以及一个政党对自身文化价值的充分肯定和积极践行，并对其文化的生命力持有的坚定信心。田秋不仅开贵州文化自信之风，而且亲自拿起笔来进行文化建设和文学创作。从现有的文献得知，他著有《西麓奏议》一书，虽然是一本奏议合集，然而也是散文体的文学著作，体现了其政治精英的气概和才华。像《请开贤科以宏文教疏》这样文采飞扬、感情充沛的文章，难道不是流芳传世的文学作品？而其主持创修的《思南府志》，不仅凝聚着田秋对父母之邦的深情厚谊，而且也反映了贵州地方文化主体自我意识长期沉睡之后的存在性领悟与觉醒，为后世研究贵州历史文化留下宝贵的第一手材料。

在新时期要把田秋鲜明独特、奋发向上的诗文转化为一种思南精神，这种思南精神作为富有时代特征、民族特色和地域特色的宝贵财富，脱胎于中华民族优秀文化传统，同时又在新形势下不断进行着再生再造、凝聚升华。这种黔中首郡的文化自信已浸润于每个思南文人的心中，构成思南文人的独特精神世界。

如：

岩门山（其一）

比胜官西地，悬崖拥郡城。
云根含古色，鸟道困人行。
严重兴颓废，孤高比介清。
会当登绝顶，平揖大微星。

尽管“鸟道困人行”，却依然有“会当登绝顶”的自信。其中展现的正是黔中首郡的文化自信。思南人绝不能丢掉文化自信，思南文化自信是思南文化的灵魂。黔中首郡的文化自信，可以为治县理政提供有益启示，也可以为道德建设提供有益启发，这种文化自信是思南在历史传承、文化传统、经济社会发展的基础上长期发展、渐渐改进、内生性演化的结果。只有有了“平揖大微星”的居高望远，才能做好现在的事业。

再如：

椅子山

中天积翠郡城东，棨戟森严卫学宫。
绝顶浮屠谁与建，人文从此更豪雄。

椅子山，位于乌江东岸椅子山顶，上有中天塔。始建于明万历二十一年（1593），后数次重修。是思南山城标志性建筑之一。田秋的诗从椅子山这一自然物象入手，把黔中首郡的文化自信融注其中。“中天积翠郡城东”，诗人通过描写黔中首郡郡城之东的中天塔下堆积的翠色，将内心的主观精神投射于外物，进而通过审美欣赏强化和肯定自身的正面价值，使作品具有内在的思想和灵魂，而不流于单纯平面的景物描写。“棨戟森严卫学宫”，一篇之主导也。田秋深深懂得“学校之兴，人才所系”。为了化育人才、造福桑梓，田秋慨然以帮助贵州兴学立教、移风易俗为己任。为了推动贵州少数民族地区教育的发展，田秋向嘉靖皇帝上了《请建务川、印江学疏》，请求在贵州少数地区广设州县学校。田秋在疏文中提出：“山陬僻县，莫不有学。”但就贵州而言，由于“制度草创，止有府卫建学，而州县尚无。百年以来，休养生息之余，似乎富而未教，一方山川之秀，诚为郁而未舒”。

在田秋的艰苦努力下，朝廷接受了田秋的疏请，加大了对贵州教育的投入。

“绝顶浮屠谁与建，人文从此更豪雄”，诗人将“眼前的景物”“教育的大事”“明天的期盼”相互融和，椅子山自然物象与思南历史文化彼此涵容，大大增加了诗歌内容的丰富厚重，将感性的物象与抽象的“人文从此更豪雄”的期盼紧密结合，形成了巨大的艺术张力，给读者留下了广阔的思维空间，展现了黔中首郡的文化自信。黔中首郡如果没有“人文从此更豪雄”的文化自信，就没有思南文化的弘扬和繁荣，就没有思南梦的实现，就没有思南更加美好的明天。

第四部分　田秋与贵州文化

浅谈乡贤文化促进贵州全域旅游创新发展

——以思南田秋文化园规划为例

张　鹏[①]　吴吉兵[②]

田秋（1494—1556），字汝力，号西麓，明朝贵州思南府水德司（今思南县城）人，出身仕宦书香门第，根据明代（嘉靖）《思南府志》中的《嘉靖府城图》显示，“田宅”在思南城西大岩关山脚下（田秋号西麓或源于此）。宅前有“亚魁”“进士”牌坊。其“进士坊”为“嘉靖元年知府李文敏为正德甲戌进士田秋建”[③]。

田秋自幼读书用功，聪敏过人。十三岁中秀才，明武宗正德五年（1510）十七岁时中云南乡试举人，正德九年（1514）二十岁时入朝考取进士。嘉靖元年（1522）任福建延平府推官，嘉靖六年（1527）任直隶河间府推官，次年授户科给事中，嘉靖九年（1530）授礼科左给事中，嘉靖十五年（1536）任吏科左给事中、户科都给事中、福建布政司参政，嘉靖十八年（1539）升任四川按察使，次年再升任广东布政使。嘉靖二十年（1541）六月，惊悉两子会试不第后相继丧于京城的消息后，万分悲痛，方寸迷乱，遂辞职还乡。后在家乡办学，嘉靖三十五年（1556）去世，享年六十三岁。葬于思南城东田家坝（现田秋小学后）。

明成祖永乐十一年（1413）贵州建省，在以后的120年间，因为没有乡闱，很多读书人参加考试，都要到千里之外的云南去应试，除少数富贵家庭之外，很多贫寒之士是无能为力的。因此埋没了很多人才。田秋力主贵州开设乡闱，明世宗嘉靖九年（1530），他向皇帝上《请开贤科以宏文教疏》，奏请在贵州开设考场、开乡试。嘉靖十四年（1535），获得朝廷批准。嘉靖十六年（1537），贵州首次开科，初定解额25名。

开科本省，节劳省费，向学者日益增多，从此贵州人才四起，黔学大兴，直追中原。嘉靖十年（1531），他还上了《请建婺川、安顺、印江学疏》，也得到了批准，三地相继办起了学校，积极地推动了贵州兴办州县学校，为贵州教育事

① 张鹏：贵州省社科院易学与国学研究中心副主任，副研究员。

② 吴吉兵：德安杰环球顾问集团（D&J）总裁助理，重庆大学规划设计研究院特聘项目规划师。

③ 参见：（嘉靖）《思南府志》。

业的发展做出了贡献，是黔学史上的标志性人物。受其影响，思南尊师重教，蔚然成风，文化鼎盛，至今不衰。

一、黔学深广，乡贤如龙

“国有明史，家有族谱，乡有贤祠”，崇贤尚德是我们的传统，自古贤良忠烈之士都会被后人纪念传扬，乡贤文化成为优秀传统文化中非常重要的血脉和资源。

于贵州文化学术而言，“黔学作为贵州之学，是以今贵州为主体的特定自然生境为依托，在漫长的社会发展进程中，渐次形成、发展、传承下来的一种极富山地高原特点、民族特征、独特属性的一种地域文化！”[①] 早年，听闻黄万机先生的黔学课程，特别是黔北沙滩文化[②]，记忆最深的是清代川中大诗人赵熙[③]那首《南望》诗：

绝代经巢第一流
乡人往往讳蛮陬
君看缥缈綦江路
万马如龙出贵州

正如赵熙先生所说，千百年来，大多数走出去的贵州人往往以家乡为“蛮荒之地”而自卑，讳言桑梓。赵老先生诗中后两句无疑是为贵州人长了威风壮了胆。从近几年来黔学研究的成果可见，不是贵州没有人才，而是因为闭塞不能广为人知，贵州人干什么都不易为外界知道。时至今日，通过各种途径，推广黔学，推崇出一代代乡贤，先让贵州人增加对故乡热土的认识，十分必要。同时让山外边的人们知道远在数百年前就已经有一代代的贵州乡贤“万马如龙出贵州”了。

贵州乡贤文化，深深植根于黔学之中，黔学研究将是黔地学术形成真正意义上的当代人文科学学派的根基，更将是未来黔地学术的真正命脉与灵魂之所在。贵州大学的张连顺教授将其又分为古典黔学、近代黔学和新黔学：

① 参见范松：《黔学与黔学研究刍论》，载《贵州社会科学》，2013 年 2 期。

② 沙滩文化是指清代乾隆以后的100多年中，在遵义县乐安江畔方圆不到十里的沙滩村落，以郑、莫、黎三姓为核心形成的地域文化。三姓的文化领军人物为郑珍、莫友芝、黎庶昌。其文化景象主要繁荣于清代嘉庆、道光、咸丰、同治、光绪年间。100 多年里，沙滩文化虽立足于黔北沙滩，其文化却惠泽当时江浙、巴蜀、荆楚等文化名邑，对后世产生了深远影响。今天三姓存世的著作就有 157 种，其中郑氏专著有 58 种，莫氏专著有 30 种，黎氏专著有 69 种。

③ 赵熙（1867—1948），字尧生、号香宋，四川荣县人。清末民国四川大儒，蜀中五老七贤之一，世称“晚清第一词人”。他“工诗，善书，间亦作画。诗篇援笔立就，风调冠绝一时。偶撰戏词，传播妇孺之口”，蜀传有“家有赵翁书，斯人才不俗”之谚。光绪十八年（当时他 25 岁）高中进士，殿试列二等，选翰林院庶吉士。次年，应保和殿大考，名列一等，授翰林院国史馆编修，转官监察御史。梁启超即投贽称弟子，请教诗文。

就时间性来说，1912 年中华民国建立以前的黔学学术可称名曰古典黔学；1912 年至今的黔学可称名曰现代黔学；今后乃至未来，黔地学人以对古典黔学与现代黔学之甚深意趣的学术理性之自觉为前提，继往开来，并能够为中华文化伟大复兴贡献力量且具国内外学界一流学术水准的以中学为研究主体并科学汇通西学的学术可暂先命名曰新黔学。①

黔学研究在当下的兴盛，离不开贵州学界领袖顾久先生数十年为之奔走疾呼："在条件极为缺乏的情况下，要真正做大做强黔学文化品牌和贵州文化产业，亟需建立一个各学科融合，高校、科研机构、政府部门、文化团体以及相关行业产业强强联合、优势互补、机制体制创新的协同创新中心。"②

深入挖掘和批量打造贵州著名人物，树立乡贤文化这一事业，以之"构建特色地域之学，提振贵州文化精神"，将是黔学研究在以后的历程中当仁不让的要务！而黔中首郡——思南对乡贤田秋的产业化打造，亦是走在了贵州乡贤文化的前列。

二、黔中首郡，文化重镇

习总书记在参加十二届全国人大二次会议贵州代表团审议时指出："要着力发展能够发挥生态环境优势的产业。贵州风景名胜资源十分丰富，素有'公园省'之美誉，自然风光神奇秀美，山水景色千姿百态，溶洞奇观绚丽多彩，自然风光与古朴浓郁的民族风情交相辉映。这是贵州的优势所在。要充分发挥这一优势，把旅游业做大做强，使旅游业成为重要的支柱产业。"依托良好生态资源和历史民族人文风情发展全域旅游并使其实现"井喷式"增长，是"十三五"开局以来贵州省委省政府的既定决策方针。在 2017 年贵州省旅游工作会议上，省委省政府明确提出"以中国天眼、茅台国酒、千里乌江等旅游资源为核心吸引物，积极推动国际天文科普旅游带、世界名酒文化旅游带和世界级滨河度假带建设，打造世界级旅游吸引物和国际品牌"。

千里乌江是贵州儿女的母亲河、文明河，也可以说是中国西南部的"一带一路"。千百年来，群山峻岭中的乌江流域"盐油经济带""丹砂之路""乌江水道"是中国西南山区的经济通道，亦是组成华夏文明之路的一条大动脉！特别是田秋主持疏通乌江盐道后航运商贸达到鼎盛，形成了乌江文明。嘉靖十八年（1539），田秋任四川按察使时，奏疏朝廷并振臂呼吁川黔商民大力资助，疏通了乌江航道，使川盐顺利进入乌江腹地，使国家增加了税收，商人获得了利润，老百姓吃上了

① 参见张连顺：《"黔学"奠基之作〈尔雅·舍人注〉及其相关问题》，载《贵州社会科学》，2014 年 6 期。

② 参见《贵州建立黔学研究协同创新中心》中国新闻网，2015 年 06 月 23 日。

盐巴。“盐道畅通和盐巴的到来对贵州的意义广泛而重大，起码是给贵州人从体魄和经济文化等方面注入了精气神。从此，乌江两岸走向了前所未有的文明繁荣。”①而在贵州，最能聚集多元文化的乌江文明，莫过于素有“黔中首郡·乌江明珠”之美誉的滨江古城思南了。

思南位于铜仁市西部，地处武陵山腹地、乌江流域中心地带，属中亚热带季风湿润气候，具有春夏较长，冬秋较短，夏热冬暖等特点。年平均温度17.3℃。全县地域面积2230.5平方公里，总人口约70万。思南县历史源远流长。史载汉置永宁县，元设宣慰司，明清为思南府，距今已有1700多年的历史。另有郡人田维华老先生集30年心血所著《夜郎国都在思南·乌江就是牂牁江》②一书传世，其独特的观点和论述引起了国内史学界及社会各界的广泛关注，更是将此古郡推到了黔学研究的一个重要节点上，各方舆论至今暗潮汹涌，未有定数！

可见，因得乌江航运之便，思南自古商贾云集、经贸繁荣，属贵州开发较早的郡县之一，是乌江中下游区域性经济文化中心。先后走出了“贵州科举之父”田秋、明朝理学家李渭、红军高级将领旷继勋等百十位著名乡贤人物。时至今日，思南更是物产丰盛、水陆交通便利，已成为铜仁市委、市政府规划建设环梵净山“金三角”文化旅游创新区的重要节点和乌江经济走廊的核心区域，发展前景美好。

《思南县国民经济和社会发展第十三个五年规划纲要》中明确提出了要打造乌江地域文艺精品和乌江文化品牌，挖掘传承思南优秀传统文化，大力发展文化产业，加快文化产业园区建设，加快推动文化与其他产业融合发展。深入研究思南文化内涵，提炼思南文化精神。并把“田秋文化园”作为思南县“十三五”期间重大项目之一来建设。

《思南县旅游发展规划》中对思南旅游形象的策划里提出要挖掘历史要素，抽取要点：思南+田秋。而“田秋文化园”的打造正是其最为契合的亮点工程。

三、前瞻规划，文旅振兴

为弘扬田秋“德被乡梓，心系教育”的人文精神，推动田秋思想的研究与实践走向深入，增强思南文化软实力，为思南文化强县建设打下坚实基础。承接县委县政府的指导精神，思南县文旅局启动了田秋文化园的前瞻性项目规划设计。项目选址位于县城北即以田秋墓为依托的周边区域，西与思南县政府、思南九天温泉隔河相望，东接杭瑞高速思南东站，南与白鹭洲大酒店毗邻，地理位置十分优越。但鉴于项目地形地貌复杂，规划区有山体、植被、水体等自然资源，还有两所学校和居民区。项目功能分区较多，内容复杂，规划区总面积830亩，约为

① 参见龚锐、胡洪成、田永红等：《乌江盐油古道文化研究》，北京：民族出版社2014年。

② 田维华：《夜郎国都在思南·乌江就是牂牁江》，北京：中国文史出版社，2014年。

553333.3 平方米。

项目依据《思南县国民经济和社会发展第十三个五年规划纲要》提出的“着力抓好大文化跨越行动，绽放‘黔中首郡’新魅力。大力发展文化产业，确立重大产业发展战略、加快文化产业园区建设、加快推动文化与其它产业融合发展、推动文化资本聚集和科技创新、拓展文化消费市场”规划要求，在充分挖掘乌江文化及当地土家族民族特色文化的基础上，结合用地现状、地形地貌等进行合理规划布局，将规划区划分为 10 个板块。

项目规划建设集田秋纪念馆、田秋文化广场、田秋中学（扩建）、田秋小学（完善）、田秋公园、乌江文化博物馆、教育培训交流中心、思南土司文化研究中心、夜郎文化研究会及西麓酒店等。预计总投资 10 亿元，拟将项目建成思南县文创旅游综合体，以之传承思南乌江文化、土家文化、田秋文化等重要文化，丰富区域文化体系，使之成为极具文化特色的思南精品文创旅游目的地。

规划一个集教育、休闲、观光、康养等功能于一体的城市文化综合园区的目的是有效地整合区域资源，有力地推进区域互动和资源共享，促进地方教育发展、文化传承，提升城市形象，提高居民素质，增加就业岗位。

田秋文化园的规划从可持续发展战略出发，走文化创意发展路线，开发文化与旅游以及其他产业有效契合的创新文化综合体项目。充分发挥思南深厚的文化底蕴和潜在区位优势，塑造思南文化产业的形象窗口，打造思南文化产业的创意品牌。构建思南文化产业的发展框架，将“田秋文化园”打造成为最具特色的又极具活力的文化形象窗口，推动思南县文化产业、教育产业、旅游产业的全面发展。

四、产业带动，全域发展

《思南县国民经济和社会发展第十三个五年规划纲要》中明确提出了要打造乌江地域文艺精品和乌江文化品牌、挖掘传承思南优秀传统文化、大力发展文化产业、加快文化产业园区建设、加快推动文化与其他产业融合发展，并把“田秋文化园”作为思南县“十三五”期间重大项目之一来建设。可见“田秋文化园”的打造与思南县传承历史文化、大力发展文化产业的发展格局十分契合。

文化产业、旅游产业的发展是提升全县文化水平的重要产业，完善文化产业体系和文化市场体系是推动文化事业和文化产业大发展、大繁荣的重要渠道。思南县是铜仁市委、市政府所规划建设的环梵净山“金三角”文化旅游创新区的重要节点和乌江经济走廊的核心区域。通过田秋文化园项目的建设，形成典型的产业示范效应，必将极大地完善思南县文化产业体系。园区建设作为文化产业增量发展的重要载体，有助于带动招商引资和产业聚集，在一定程度上推进思南文化产业的大力发展。

田秋文化园内涉及学校、文化产业园以及商业服务区等部分，并涉及多个产业，因此，应充分考虑各个产业之间的融合、联动发展，形成文化支撑、多产辅助的产业融合发展模式，提升文化产业素质和附加值，放大产业优势，推动思南县文化产业的不断优化和发展。

基础设施建设必须具有创新性和战略性，结合文化旅游产业发展的新形势，立足近期开发，放眼长远求发展，适度超前，保证项目具有前瞻性，提高对游客的吸引力。同时基础设施建设必须注重与周边旅游景区（点）基础设施建设的横向联合，做到优势互补，成片连线，构成一个多层次、多功能的跨地域综合服务网络，特别是与周边著名景区组合起来，彼此自成一体又相互补充，实现拓宽市场的目的。

通过田秋文化园项目的建设，树立起思南城市文化标杆，将田秋文化园打造成为思南县城市的形象窗口，完善项目地的公共服务设施，提供高质量的“学、吃、游、住、购、娱”综合服务，创新产品设计，并结合今后旅游发展趋势，发展特色文化产业，推出具有思南县地方特色文化标识的文化旅游产品和精品文化线路。将规划区开发成能适应大众文化消费需求的，兼具特色和教育功能的省内一流文创综合体。

五、结语

党的十九大胜利闭幕，贵州作为党和国家扶贫攻坚的重点区域，必将迎来全面的发展，而作为全省发展之关键的全域旅游开发，亦必将进入新的建设阶段。以区域文化为灵魂的文化旅游，亦必须同步创新发展，其基础理论研究——黔学研究，是否也应与之相适应，实现同步创新发展呢？

以一代代黔中学人为之呕心沥血的“黔学研究”成果为载体，开发乡贤文化产业，是贵州全域旅游创新发展中的时代新课题，黔省学人当有所为也！

以一种发展的哲学认知田秋文化旅游

孙　娟[①]　张翼翔[②]

在过去的中国，由于经济社会发展水平和居民收入等条件的限制，能去旅游的人毕竟是少数。尤其是那些居住在偏远地方的人，有的一辈子连县城都没有到过。自改革开放以来，中国的经济保持着较高的增长速度，居民收入不断增加，交通条件日趋改善，越来越多的人开始有条件外出旅游。特别是进入新世纪以来，中国城乡居民消费结构快速升级，旅游由少数人的奢侈消费变成普通百姓的必需消费。2016 年 3 月 6 日，李克强总理代表国务院向第十二届全国人民代表大会第四次会议报告政府工作时提出“要迎接正在兴起的大众旅游时代”。这标志着旅游的重要社会作用也已获得政府方面的认可。旅游早已成为中国大多数普通人的一种生活方式。

自“十三五”以来，贵州就谋求依靠本省独特生态资源进行战略转型和后发赶超。前省委书记陈敏尔在谈到贵州社会经济建设的战略时指明了出路：发展旅游业是贵州省坚守两条底线、推动脱贫攻坚的战略选择，贵州将构建“全域旅游”新格局，充分发挥全域旅游资源优势，丰富旅游生态和人文内涵，注重全景式打造、全季节打造、全社会参与、全产业发展、全方位服务、全区域管理；奋力建设令人神往的旅游大省，助推全省旅游业实现“井喷式”增长，让更多的人分享旅游业成果和旅游的快乐。

“贵州不仅要注重开发自然经济资源，而且还应该注意寻找和开发历史人文资源。”正如当下黔学研究的重要倡导人王路平教授所言：“黔中三宝即黔中王学、佛学和易学，是贵州传统文化中的奇葩，至今仍是形上智慧的资粮”[③]。黔省文化名人众多，文化多元文化，文史资料丰富，祠观庙宇多彩，古代建筑精美，岩崖洞穴闻名，灵山秀水奇异，石林石桥独特……这些都是贵州得天独厚的文化旅游资源。王路平教授多年来都在坚持强调黔学传统文化特别是“黔中三宝”与当代贵州实际相结合，“使之在新的历史条件下创造出新的价值，从而有力地为西部大开发服务，为贵州全域旅游开发服务”。

---

① 孙娟：中共贵州省委党校哲学教研部副教授。

② 张翼翔：贵阳市云岩区政协委员，贵州省易学与国学研究中心特聘副研究员。

③ 王路平：《传统哲学与贵州文化——黔学中的形上智慧资源》，北京：中央民族大学出版社，2013 年。

而作为贵州教育之父田秋的家乡——黔中首郡思南，恰是王路平教授笔下的“黔中三宝”之地，“黔中王学、佛学和易学”在此聚集荟萃，以乌江文明为制高点的多元文化交相映辉，此地无疑是贵州全域旅游开发特别是以黔学为主核的文化旅游开发最佳县域。据悉该县目前正在规划田秋文化项目，该项目无疑是贵州全省较具示范性意义的黔学文创旅游项目。

一、现代旅游业是一种新经济，需要文化助力

现代旅游业是一种新经济，有着广阔的发展前景与经济带动作用。过去5年，旅游业投资年均增长40%，在2015年突破了1万亿元。中国居民国内旅游突破40亿人次，支出额占居民消费支出的10%。出境旅客超过1.2亿人次，接待入境游客1.3亿人次，旅游收入4万多亿元。预计到2020年，中国居民人均出游次数和旅游收入还将翻一番。现代旅游业更是融合第一、第二、第三产业的综合性产业。它不仅可以促进农产品消费和升值，也能带动更多满足群众需要的工业品开发，其关联产业达110多个，对餐饮、住宿、民航、铁路客运业的贡献率都超过80%。“一业兴，百业旺”。近一两年来，旅游业对中国GDP的直接贡献率为4.9%，综合贡献率达10.8%。

贵州省也看到了旅游对经济社会发展带来的巨大推动作用。前省委书记陈敏尔在省委党校干部培训班上的讲话中提到了贵州的“大旅游”思想，指出要让贵州旅游业的发展既保住贵州青山绿水的生态环境，又助推又快又好的跨越式经济发展。随后，2016年3月31日，《贵州省旅游条例修正案》经贵州省人大常委会第二十一次会议表决通过，随后开始施行。自此，贵州推进全域旅游有了地方法规护航。

在旅游业带动经济发展的良好形态下，也需要认识到，旅游业的发展需要提高品质，增强创新。“虽然中国旅游业取得长足发展，但总体上还处于供给不足的状态，特别是高品质、有创意的旅游项目和服务短缺。”与之相对应的，便是近年来兴起的文化旅游。“文化旅游是一种全新的、知识含量非常高的旅游形式，据世界旅游组织预测，到21世纪原市场份额较大的自然风光旅游产品增长率将下降，而文化旅游将有强劲的发展势头，它将与探险旅游等成为最有吸引力的旅游产品。这就使得近年来学界、业界致力于文化旅游研究、文化旅游业发展。”

名人与乡贤文化是极具旅游价值的文化旅游资源。首先，是因为名人与旅游一直就有着源远流长的密切关系。如历代名人乡贤不仅为后人留下了一部物化的文化史，而且为人类社会做出了不可磨灭的贡献。人类社会早期阶段，人们就为了提高文化修养而云游四方，为了实现心中的理想而长途跋涉：读万卷书不如行万里路。现代社会由于有了便捷的交通工具，更多的人们便纷纷到文化圣地和名人故里游览、祭祀和进行学术考察交流。另外，区域学术传承是一种在世界各个国家和民族中普遍存在着的社会历史文化现象，因此，在人类发展的各个历史阶段，几乎所有的文化形态都与区域学术流派有着密切的联系。不但那些直接标志着人

类文明的哲学、科学、文学、艺术、书法绘画、雕塑建筑有深刻的区域学术印迹，而且那些作为各个时代上层建筑的政治制度、法律思想、道德规范等也深受学术的制约，如儒学之于中国、神学之于印度。此外，不同历史时期里各个民族的生活习俗、社会心理、文化特征也都深受其区域文化的影响。这种人类文化的重要组成部分，使区域文化不仅对信仰者有强大的吸引力，而且对当代的非信仰者也具有强大的吸引力。从旅游开发的角度看，文化旅游在中国及至世界范围都具有较大的市场价值。它具有如下特点：（1）客源市场稳定；（2）重游率高；（3）吸引功能强大；（4）受外界影响较小；（5）生命周期长。

二、田秋研究是黔学里程碑，是思南文化旅游的着力点

田秋（1494—1556），字汝力，号西麓，明朝贵州思南府水德司（今思南县城）人。田秋出身于仕宦书香门第，根据明代（嘉靖）《思南府志》中的《嘉靖府城图》显示，“田宅”在思南城西大岩关山脚下（田秋号西麓或源于此）。宅前有“亚魁”“进士”牌坊。其“进士坊”为“嘉靖元年（1522）知府李文敏为正德甲戌（1514）进士田秋建”①。

田秋自幼读书用功，聪敏过人。十三岁中秀才，明武宗正德五年（1510）十七岁时中云南乡试举人，正德九年（1514）二十岁时入朝考取进士。明世宗嘉靖元年（1522）任福建延平府推官，嘉靖六年（1527）任直隶河间府推官，次年授户科给事中，嘉靖九年（1530）授礼科左给事中，嘉靖十五年（1536）先后任吏科左给事中、户科都给事中、福建布政司参政，嘉靖十八年（1539），升任四川按察使，次年再升任广东布政使。嘉靖二十年（1541）六月，惊悉两子会试不第后相继丧于京城的消息后，万分悲痛，方寸迷乱，遂辞职还乡。后在家乡办学，直到嘉靖三十五年（1556）去世，享年六十三岁。葬于思南城东田家坝（现田秋小学后）。

田秋一生居官清廉，功德卓著，尤其关心家乡贵州的教育和文化发展，提出在贵州兴办州县学校，在黔中开科取士。明成祖永乐十一年（1413）贵州建省，在这之后的120年间，因为没有乡闱，很多读书人都要到千里之外的云南去应试，除少数富贵家庭之外，很多贫寒之士是无能为力的。因此埋没了很多人才。田秋力主贵州开设乡闱，明世宗嘉靖九年（1530），他向皇帝上《请开贤科以宏文教疏》，奏请在贵州开设考场、开乡试。嘉靖十四年（1535），获得朝廷批准。嘉靖十六年（1537），贵州首次开科，初定解额二十五名。开科本省，节劳省费，向学者日益增多，从此贵州人才四起，直追中原。嘉靖十年（1531），他还上了《请建婺川、安顺、印江学疏》，也得到了批准，三地相继办起了学校。田秋积极地推动贵州兴办州县学校，为贵州教育事业的发展做出了贡献，是黔学史上的标志性人物。受其影响，思南尊师重教，蔚然成风，至今不衰，成为黔中文化重镇。

可以说，乡贤田秋研究的逐步深入将在黔学研究上具有里程碑的意义。而以

① 参见《思南府志》。

田秋文化为抓手的旅游开发，亦将是思南乃至整个黔东地区文化旅游的着力点和引爆点。

纵观当下，世界进入了“旅游时代”，旅游已经实现了大众化、社会化、休闲化，成为时下人们普遍的一种生活方式。党中央、国务院高度重视旅游产业发展，我国的旅游行业进入了政策红利集中释放期。而西南一隅的贵州和自古有中国天堂之誉的杭州一起被《纽约时报》列为中国两个必去的旅游目的地。打造“东方瑞士”贵州山地旅游目的地，促进旅游业“井喷式”发展成为贵州的期盼。在全域旅游的战略引领下，形成文化旅游产业链经济！

田秋文化以自身影响力，必能召集有此文化理念的企业，以打造思南文化旅游区为主旨，引导其建设集城镇、山地、农业、乡村旅游为一体，融吃、住、行、游、购、娱于一身的中高端度假旅游胜地。以体验区域文化旅游为制高点，突出田秋文化资源的独特性、唯一性和丰富性，通过多种旅游功能的聚集、融合，达到旅游活动的多样化，从而将其建设成别具一格的文化旅游康养度假胜地。

在以田秋为着力点的整个思南文化旅游圈里，应以绿色生态环境为基底，以体验文化生活为核心功能，以教育、科普、净心、阅读、廉政、康养等为重要环节，使其成为全域旅游经济模式下自然景观独特、服务设施先进、文化浓郁的大众养生、养心胜地。思南有着人文、地理、区位、交通等诸多优势条件，因此落地性极强。只要充分发挥出区域文化的综合功能，引爆思南全域旅游“井喷式”发展必将指日可待！

三、创新发展是必然，文化旅游走向新阶段

发展全域旅游，面临的将是一项改革创新工程，黔学本是中华民族国学的一部分，它是一种发展的哲学，而利用黔学研究的成果，比如以乡贤文化为载体的“文化旅游”亦体现的是一种发展的哲学，这种发展的哲学跟整个社会发展形势，跟党中央提出的五大发展理念“创新发展、协调发展、绿色发展、开放发展、共享发展”① 是完全呼应的。故此，贵州的乡贤田秋文化旅游开发——它是一种发展的哲学，不应只将其当做一个学术概念来认知。

从创新发展的角度来看，文化旅游确实需要创新，现在贵州文化旅游创新不足就要奋起直追，深入挖掘黔学元素。例如将田秋这样具有深远影响力的乡贤人物作为策划着力点，既能引爆学术研究，更能有效打造文客商的全产业链。

① 中国共产党第十八届中央委员会第五次全体会议，于2015年10月26日至29日在北京举行。全会强调，实现“十三五”时期发展目标，破解发展难题，厚植发展优势，必须牢固树立并切实贯彻创新、协调、绿色、开放、共享的发展理念。这是关系我国发展全局的一场深刻变革。全党同志要充分认识这场变革的重大现实意义和深远历史意义。2016年3月5日，习近平总书记在参加上海代表团审议时强调，在五大发展理念中，创新发展理念是方向、是钥匙，要瞄准世界科技前沿，全面提升自主创新能力，力争在基础科技领域做出大的创新，在关键核心技术领域取得大的突破。同时，创新发展居于首要位置，是引领发展的第一动力。

从协调发展的角度来看，发展文化旅游带动全域旅游，能够有效缓解投资失衡问题，让旅游投资和区域经济充分联动起来，形成较为系统的旅游投融资体系，让旅游充分利用区域经济发展的外溢效应来实现飞跃发展。同时，旅游是一种有效的财富再分配手段，发展全域旅游有利于促进部门协调，有利于通过“旅游+”对行政组织进行完善，从而提升旅游系统的话语权和统筹权。

从绿色发展的角度看，现在强调保护与开发的和谐。和谐就是“天人合一”，是中国民族优秀传统文化的终极旨归，通过带动全域旅游来实现农业与旅游、工业与旅游、文化与旅游的结合，开发文化观光游、文化古城旅游、康养生态游等绿色路线，打造休闲娱乐、中医药养生、温泉疗养、户外健身、山地运动等多种绿色业态，引领建设和谐共生的生态文明。

从开放发展的角度来看，优秀的中国传统文化是世界性的文化载体，而国内众多文化旅游媒介常常主打国际旅游品牌。这里需要强调的是，建设一线旅游目的地必须坚持开放发展的理念，以实现资源整合。何况现有资源中的黔学研究和乡贤人物本就极具整合力。

从共享发展的角度看，想要实现旅游发展成果共享，这就要求提高社区旅游参与和促进当地居民旅游就业。利用贵州良好的生态优势，山清水秀的资源，与沿海发达城市，如杭州、苏州等共享旅游发展，让贵州老百姓走上旅游扶贫的道路。

四、结语

从“蛮陬”之地走来的贵州乡贤田秋，在中华历史这个大舞台上也曾上演了许多可歌可泣的传奇，给思南这座城市留下了沉甸甸的文化积淀。在田秋文化研究逐步深入的同时，应将田秋文化产业创新开发纳入重要议事日程，进行前瞻性的全面规划，论证可行性构想，制定出文化产业开发工程实施方案和具体进度表，比如将同期筹拍电影、电视剧、纪录片、专题片等作为文旅宣传外延，此亦当是政学商各界紧迫之事。

文化资源是彰显城市个性魅力的重要部分，思南县保护和利用田秋文化资源提升区域文化内涵，认真保护好田秋文化资源，深入挖掘其潜在的文化内涵和旅游价值，扎实做好文旅结合文章，打造特有的人文旅游品牌，将田秋文化发扬光大的同时，亦将实现文化效益和经济效益的双赢。

希望在不久的将来，能够看到思南把田秋故里资源优势转变为经济文化发展的优势，促进文化资源保护与经济社会协调发展，以丰厚的历史文化资源为依托，发展好田秋文化旅游，从而提升区域经济文化的内涵，将我省文化旅游产业推向新高峰！

参阅文献：

1. 王路平：《传统哲学与贵州文化——黔学中的形上智慧资源》，北京：中央民族大学出版社，2013年。

2. 北京绿维创景规划设计院课题组：《旅游引导的新型城镇化》，北京：中国旅游出版，2013年。

3. 北京大学旅游研究与规划中心编：《旅游规划与创意设计》，北京：中国建筑工业出版社，2013年。

4. 董晓峰：《旅游资源学》，北京：中国商业出版社，2006年。

5. 中国旅游报社等编著：《A级旅游景区提升规划与管理指南》，北京：中国建筑工业出版社，2015年。

6. 吴必虎、俞曦：《旅游规划原理》，北京：中国旅游出版社，2010年。

7. 贵州省旅游局：《贵州省旅游业“十三五”发展专项规划》，2015年编制。

8.《贵州省国民经济和社会发展第十三个五年规划纲要》

9.《贵州省旅游条例修正案》

符号资本与文化认同：基于名人田秋籍贯之争的人类学解读

梁正海[①]

摘　要： 名人文化是一种优质的符号资本。名人文化争夺作为一种文化现象，其逻辑起点是一种文化认同，争夺的实质是对文化资本的角逐或一种另类积累。名人文化资本之争一方面会把争夺主体置于一个相对尴尬的场景，但另一方面也可以促进名人文化挖掘，强化地域文化认同。

关键词： 名人文化　符号资本　田秋之争　文化认同

一、问题的提出

名人文化研究是学术界长期关注的一个话题。从笔者查阅中国知网的相关成果来看，将名人文化视为一种资源尤其是旅游资源，对其进行开发与评估体系研究的成果较为丰富，名人文化体系建构、名人文化传承创新，以及名人文化在人文精神构建中的作用研究也已经成为学者关注的主题。明代进士田秋作为贵州重要的文化名人，他对贵州教育发展做出的重大贡献引起了地方学者的高度关注，如王治平、刘学洙、林开良、汪育江、安国士、张羽琼、吴丹等都从不同角度对田秋为贵州乡试所付出的努力及其对贵州文化教育的影响进行分析和研究。[②]赵永则以田秋对思南教育发展的贡献为例，对如何有效利用历史文化名人的价值发展

① 梁正海：铜仁学院武陵民族文化研究中心。

② 王治平：《最早开发贵州人才、兴办州县学校的明代进士田秋》，载《贵州文史丛刊》，1990 年第 2 期，第 86-88 页；刘学洙：《田秋、王杏：贵州乡试开科的功臣》，载《当代贵州》，2006 年第 22 期，第 51 页；林开良：《贵州乡试开科与田秋》，载《贵阳文史》，2007 年第 1 期，第 18-19 页；安国士：《田秋与贵州开科乡试》，载《文史天地》，2003 年第 8 期，第 34-35 页；汪育江、汪汉华：《历史深处的田秋》，载《当代贵州》，2012 年第 18 期，第 43 页；张羽琼：《论田秋与明代贵州文化教育的发展》，载《贵州师范大学学报》（社会科学版），2007 年第 2 期，第 119-123 页；吴丹：《田秋对贵州教育发展的影响》，载《知行铜仁》，2016 年第 6 期，第 74-78 页。

地方教育进行了思考。[①]田永红则另辟蹊径，通过记录寻找田秋墓的感受表达了对一代名人的缅怀。[②]最近，张子勇对田秋相关诗歌、文章等资料进行了较为全面的搜集和整理[③]，这对于推动田秋的系统研究具有十分重要的意义。地方学者对于田秋的研究，在推动着历史深处的田秋一步步走向当代文化舞台，成为地方文化一张靓丽的名片和全域文化旅游一种重要的符号资本的同时，强化了地域文化认同。正是在强调符号资本价值和文化认同强化的背景下，田秋籍贯之争成为地域符号资本竞争的一个典型案例，引起了相关地域文化人士高度关注。本文关注田秋籍贯之争，旨在从人类学视角解读文化名人之争的实质。

二、田秋及其籍贯之争

田秋，字汝力，号西麓，贵州思南府人，生于弘治七年（1494），卒于嘉靖三十五年（1556）。田秋自幼承父兄之教，读书用功，聪敏过人，“公生而颖异，四五岁时，读书过目成诵，日记数言。七岁能文，郡伯李公因访伯兄，唤出谒见，历试偶辙，立应无难色，郡守公甚奇之”[④]。十岁补郡弟子，十三食饩官，正德五年（1510）举云南乡试，正德九年（1514）中进士，“登状元唐皋榜”。[⑤]释褐福建延平府推官，移河间，擢户科给事中。[⑥]嘉靖十九年（1540）官居广东左布政使。二十年（1541），因子“时中、时龙会试下第，连丧于京邸，疮钜痛深，方寸迷乱，弃官而归”[⑦]。著有《西麓奏议》若干卷[⑧]，尚有部分诗作流传于世。

田秋一生为人正直，为官清廉，生平耻攀权要干谒贵，以忠谨著闻。田秋居官不当利权的思想在《西麓训子》中体现得十分清晰：“读书，不止于应举取科第，内则以之涵养气质，薰陶德性，外则资之以抚世酹物。若修身慎行，不辱先人，虽不能大有成名，亦为贤子。居官持廉皆深刻，吾廉而不刻，宜有后人。各处庄田，俱以俸资倍价几之，侪治之资又十倍买价，尔宜保守。”正是怀着这样一种纯洁的理念，田秋“居官虽二十年，历俸未及九”。弃官而归后，“暇则修桥梁、治药饵以惠民，耕作凿井之外别无经营以自封”。“致仕以来，未尝入官府干挠公事。”[⑨]其洁身自好，由此可窥一斑。

① 赵永：《如何利用历史文化名人的价值发展地方教育——以田秋对思南教育发展的贡献为例》，载《安顺学院学报》，2016年4期，第102—103页。

② 田永红：《寻找田秋墓》，载《当代贵州》，2012年第18期，第42—43页。

③ 张子勇搜集：《田秋资料》，内部资料，在此感谢张子勇慷慨提供资料作为研究参考。

④ 张钦辰：《广东右布政使田公行状》，张子勇搜集整理，内部资料。

⑤ 思南县志编纂委员会办公室：（嘉靖）《思南府志卷六·人物志》（点校本），内部发行，1991年，第59页。

⑥ 郑士范：《安化县志（稿）·人物第八》，见德江县地方志办公室编《安化县志校注》，北京：中国文史出版社，2013年，第71页。

⑦ 秋：《诫子书》（又名《西麓训子》），张子勇搜集整理，内部资料。

⑧ 郭子章：《布政使田秋传》，张子勇搜集整理，内部资料。

⑨ 田秋：《诫子书》（又名《西麓训子》），张子勇搜集整理，内部资料。

然而，田秋最大的政绩在于“谏垣”，“西麓在谏垣最有声”①。他对贵州最大的贡献则在于向朝廷奏请开闱贵州。时贵州未设乡闱，就试云南，近者两千里，远者三四千里，中隔盘江，夏秋多瘴，往试者不习水土，十病其九，士多裹足，文化不宣，西麓乃请开闱贵州。贵州抚按亦先后有言者，得报允。以嘉靖十六年丁酉（1537）科始。又买田供试卷费，乡里人士亦鼓舞奋兴。一二十年后，文章风节骎骎比中州焉。黔省诸生尽得荫庇，载德难忘，云南总督舒凤翼、贵州抚院王有能向朝廷奏请设位享祀田秋，“建立牌位一座，恳设明远楼，配魁享祀，神人两祝”②。田秋也因此被誉为“贵州科举教育之父”③。

田秋因为对贵州科举教育的特殊贡献成为明代贵州的一位文化名人而深受后人景仰。近年来，随着区域文化软实力的建构日益受到重视，文化名人在受到地方学者关注的同时，名人籍贯也成为一个时髦的话题。在这样一个背景下，田秋成了思南与德江两县争夺的对家。该典型案例引起了区域学者的广泛关注。田秋籍贯之争起于德江县部分热心于地域历史文化研究的学者，他们认为田秋籍贯是德江的理由大致有三：一为“黔中砥柱”说。明嘉靖三年（1524），西麓田秋自福建延平府回乡丁忧，途经潮砥，应地方官员之请，于乌江官道摩崖镌刻“黔中砥柱”以抒怀言志。因为潮砥乌江官道位于今德江县境内，故认为田秋为德江县人。《铜仁地区通志·人物》亦纳此说，田秋“明思南府水德江司（今德江县潮砥镇）人”④。二为水特江长官司⑤说。元，置水特江长官司，或水特姜长官司⑥，隶属于思州军民宣抚司。寻改水德江长官司。国（明朝）初，隶思南宣慰使司。永乐十一年（1413），改府治，今隶属附廓；三为安化县⑦说。安化，附郭，在府城南门之右，明万历三十年（1602），改水德江长官司设县。光绪年间移建大堡，今德江县城。

田秋籍贯德江说立即引起了思南地方历史文化学者的高度关注，甚至有些忿忿不平。不平之余，思南历史文化学者开始理性对待田秋的籍贯问题，并对田秋籍贯德江说进行了有理有节的正本清源。田永红先生在《为社会发展做出重大贡献的田秋》⑧一文中对“田秋究竟是什么地方的人”进行讨论。他列举了田秋德江

① 莫友芝：《田秋传》，张子勇搜集整理，内部资料。

② 舒凤翼、王有能：《奏请设位享祀田秋疏》，张子勇搜集整理，内部资料。

③ 吴丹：《田秋对贵州教育发展的影响》，载《知行铜仁》，2016年第6期，第74—78页。

④ 《铜仁地区通志》编纂委员会编纂：《铜仁地区通志·卷六·社会》，北京：方志出版社，2015年，第4139页。

⑤ 《思南府志·地理志·沿革》，见思南县志编纂委员会办公室《嘉靖、道光、民国思南府、县志》（点校本），内部发行，1991年，第6页。

⑥ 德江县地方志办公室编：《安化县志校注》，北京：中国文史出版社，2013年，第99页。

⑦ 《思南府续志·营建门》，将思南县志编纂委员会办公室《嘉靖、道光、民国、思南府、县志》（点校本），内部发行，1991年，第119页。《移建安化县碑记》，见汪育江编著《乌江流域考察记》，贵阳：贵州科技出版社，2000年，第134—135页。

⑧ 田永红：《为社会发展做出重大贡献的田秋》，该文尚未发表，感谢田永红先生慷慨把文稿发给笔者参考。田秋德江说亦参考了本文稿。在此深表感谢！

说的三种理由，认为“黔中砥柱”说太牵强附会，“安化县说就荒唐了”。并罗列田秋祖父移居思南及至田秋四代人墓葬思南境内之事实，得出的结论是“田秋作为思南人是没有争议的”。田永红先生的论说代表了思南人和思南文化界人士的心声。

三、名人之争的人类学阐释

文化名人之争作为一种文化现象，自然有其自身的逻辑。透析历史文化名人田秋之争这一文化现象，笔者认为，文化名人之争的逻辑起点是一种文化认同，其实质是对符号资本的角逐。

（一）名人之争的逻辑点是一种文化认同

文化认同是一个复杂体系，“由认同主体通过智性活动构建而成”①。文化认同显然源自一种文化自觉，即生活在一定文化中的人对其文化有“自知之明”。已故民族学家、社会学家费孝通认为，文化自觉是一个艰巨的过程，首先认识自己的文化，理解所接触到的多种文化，才有条件在这个形成中的文化多元的世界里确立自己的位置。②建立在文化自觉基础之上的文化认同，使“文化不再是人类学家笔下的单向度的文化，而是与本土人对自己的文化的界定的交融”③。这种双向度的文化建构，使我们更为深刻地感受到了一种以“我”为主体的文化主体意识④的觉醒，一种高度的文化自信⑤。无论是德江县文化学者对于文化名人田秋的我群认识，还是思南县文化学者对于文化名人田秋的我群维护，都体现了一种深深的文化认同。

从德江与思南的历史文化来看，两个县域的文化认同是有着深厚的基础的。一是历史同脉，二是文化同源，三是心理相同。就历史同脉而言，今德江、思南两县自宋以降，长期共属思州、思南宣慰司、思南府，且水特江长官司、安化县长期设于思南，为思南府附郭。清代为达“王化”，光绪八年（1882），从贵州

① 邢媛：《文化认同：协同性、动力机制和自组织性》，载《理论探索》，2017年第4期，第56-60页。

② 费孝通：《反思·对话·文化自觉》，见马戎，周星主编《田野工作与文化自觉》，北京：群言出版社，1998年，第52-53页。

③ 赵旭东：《文化的表达：人类学的视野》，北京：中国人民大学出版社，2009年，第57页。

④ 参见张兆端：《中化文化主体意识的哲学反思及当代价值》，载《社会科学战线》，2017年第7期，第25-30页。

⑤ 习近平：《在哲学社会科学工作座谈会上的讲话》，载《人民日报》，2016年5月9日，第2版。

巡抚岑毓英请，将安化县移治大堡场（今德江县城）。[①] 直至民国二年（1913），改安化县为德江县，设德江县公署，仍属思南府。民国二十四年（1935），贵州分建11个行政督察区，德江隶属第6区，专员公署设思南。次年（1936），划原81个县的11个区为8个区，德江隶新编第6区，署治铜仁。[②] 其间，德江县属虽然偶有调整，如民国三年（1914），德江县属黔东道（治镇远，惯称镇远道）。民国十二年（1923）裁道直属省[③]，但并未割断德江和思南两县的历史脉络。

就共同的文化和心理而言，德江和思南两县山水相依、地域相连。一方水土养育一方人，也必然积淀一方的文化。文化是人们在认识、利用自然资源的过程中所形成的一套知识、习惯、制度体系，“它们都是直接或间接地满足人类的需要”[④]。正是有着相同的生存环境，德江和思南县域人民创造了相同的文化，如傩文化、丧葬文化、建筑文化、山地农耕文化以及影响到日常生活方方面面的民俗，尽管表现形式略有不同。共同的文化奠定了共同的心理素质，形成了共同的身份认同，无论是德江人，还是思南人，就历史情结而言，都是“思南人”。建立在共同文化基础之上的共同心理素质，加上共同地域、共同的经济生活等元素，构建了德江、思南乃至乌江中下游以土家族、苗族为主体的共同体。

（二）名人之争的实质是对符号资本的角逐

文化作为一种象征符号，在全域旅游蓬勃兴起的当下，已经成为一种重要的资本，文化资本的品位已经成为区域文化旅游软实力的一种重要标志。从这个意义上说，笔者认为文化名人之争的实质即是对符号资本角逐，或者说是一种文化权力的寻租。德江与思南两个县域文化学者对于田秋籍贯的竞争，无疑是符号资本角逐的一个典型案例。但是，这种名人之争却并非孤证。事实上，近年来国内对于文化名人的争夺可谓此起彼伏。比如湘陕晋对于炎帝的争夺，豫皖老子之争，鄂豫诸葛孔明之争，湘黔夜郎之争，上海与海南的黄道婆之争，等等。许兴隆教授认为，名人文化争抢是文化旅游产业发展催生的产物。[⑤] 这说明各地争夺文化资本，是为地方争取更好更丰富的发展资源。文化是旅游的灵魂。21世纪是注意力

---

① 贵州省德江县地方志编纂委员会编：《德江县志·地理篇》，贵阳：贵州人民出版社，1994年，第50页。

② 贵州省德江县地方志编纂委员会编：《德江县志·地理篇》，贵阳：贵州人民出版社，1994年，第50页。

③ 贵州省德江县地方志编纂委员会编：《德江县志·地理篇》，贵阳：贵州人民出版社，1994年，第50页。

④ [英]马凌诺斯基著，费孝通译：《文化论》，北京：华夏出版社，2001年，第14页。

⑤ 谭晓静：《文化失忆与记忆重构——黄道婆文化解读·序》，北京：人民出版社，2013年，第1页。

经济时代，名人作为一种重要的注意力资源被引进旅游产业。① 从发展人类学的视角来看，职业和收入是经济资本的来源，而生活方式和高雅品位的形成，必须依靠文化资本的积累。②文化旅游是现代文明的象征，是高品位、高格调的消费方式。③如此看来，完全有理由把德江对于田秋籍贯的争夺视为一种另类的文化积累，这正是当下主打生态牌和民族文化牌的产物。

四、两点反思

（一）符号资本的争夺促进了名人文化的挖掘

对于文化名人之争，争夺的主体双方也许略有尴尬。但是，从文化发展的规律和实践来看，需求越大文化发展也越快。跨越县域来看，德江对于名人田秋的争抢极大地触动了思南文化学者的灵魂。面对原本主动却变成被动这样一种尴尬的局面，对田秋及其直系亲属墓地的考察、对田秋籍贯及其贡献的宣讲、对田秋教育思想论文的征集评选等，都可以视为对德江争夺田秋的一种回应，而德江开展的“田秋杯”书法大赛则可视为田秋德江说一种深化。但是，无论是思南做出的回应，还是德江为此而开展的活动，对于田秋文化的丰富发展都是一种积极的推动。虽然名人籍贯是有边界的，但是名人文化却是可以超越边界的。因此，无论德江还是思南，我们都不主张将过多的注意力或精力倾注于田秋的籍贯，而应该仰望星空，以一种宽广的胸怀，关注田秋文化的发掘和发展，共同推动地方文化的繁荣。

（二）符号资本的争夺强化了地域文化的认同

文化是可以超越空间的，文化认同自然不可能也不应该局限在一个狭窄的范围。德江对于田秋的争夺以及思南对这种争夺所做出的积极应对都深刻地表明，田秋和田秋文化已经成为两县共识的符号资本。完全有理由相信，名人田秋之争在推动地域文化发展的同时必然强化地域文化的认同。在强化文化认同的基础上，笔者主张德江思南两县甚至更大范围内的主体开展合作，协同发展田秋文化，推动符号资本利益最大化。

① 谭晓静：《文化失忆与记忆重构——黄道婆文化解读》，北京：人民出版社，2013年，第1页。

② 潘天舒：《发展人类学概论》，上海：华东理工大学出版社，2009年第82页。

③ 谭晓静：《文化失忆与记忆重构——黄道婆文化解读·序》，北京：人民出版社，2013年，第1页。

田秋“黔中砥柱”小考

郑子运 ①

对田秋有所了解的人大都知道“黔中砥柱”，这四个字刻在德江县潮砥镇乌江岸边的一块巨石上，据说这是田秋唯一传世的书法真迹。还有个故事说：某个书生看到江心一块巨石，吟出一句诗，却续不下去，冥思苦想，抑郁而终。后来田秋路过此地，即兴续出后面三句，并在巨石上大笔一挥，写下“黔中砥柱”四字。这个故事无疑出于后人附会，不足为据。《贵州省志·文物志》的有关说明如下：“在德江县城东30公里的乌江岸边。明嘉靖三年（1524），田秋书写的‘黔中砥柱’四字，镌刻在潮砥滩边一大石墩上，阴刻，横题，楷书，每字30厘米见方。左右两边有题款：上款‘甲申岁春月吉旦’，下款‘西麓田秋题’。字体工整古朴，刻工亦佳……1985年12月2日，经贵州省人民政府批准公布为省级文物保护单位。”汪育江《乌江黔中砥柱摩崖》的介绍如下：“黔中砥柱摩崖在潮砥乌江边一墩巨石上，为明赐进士第、开发贵州文教功臣、官至广东布政使今思南人田秋于嘉靖三年（1524）题刻。正中横向楷书阴刻‘黔中砥柱’四个大字，右书嘉靖甲申年春月谷旦，左款西麓田秋题。四周阴刻线条，刻石面积长1.2米，高0.42米。黔中砥柱四个大字，大小不均，大的0.6米、小的0.4米见方，今保存完好。”省志与汪文所言小有差异。后者所说的“嘉靖”二字，其实在石刻上是没有的；“谷旦”也不准确，而是“吉旦”。两者都说是“甲申岁春月”，其实是“甲申岁孟春月”。前者将“黔中砥柱”归入摩崖类，后者也明言是摩崖，但既然各言“镌刻在潮砥滩边一大石墩上”“在潮砥乌江边一墩巨石上”，将该石刻归入摩崖一类，显然不恰当。当然这些都是细枝末节，最重要的是，这四个字究竟是田秋何时题写的呢？甚至可以进一步怀疑：这真的是田秋的遗迹吗？种种迹象显示，这很可能是后世好事者所为。

一、石刻上的年份与田秋行迹不合

石刻上没有年号，但因为落款是田秋的名字，而田秋生于1494年，卒于1556年，一生经历的唯一一个甲申岁只能是嘉靖三年，即1524年，所以《贵州省志·文物志》《乌江黔中砥柱摩崖》认定“黔中砥柱”书刻于明嘉靖三年（1524），似

① 郑子运：贵州省社会科学院文化所。

乎顺理成章。不过，早在嘉靖元年（1522），田秋已经到福建就任延平府推官，嘉靖三年不在贵州，无从经过潮砥滩，何以能题写“黔中砥柱”呢？有人认为田秋请假回家探亲，得以题写这四个字。但是，根据明代官制，不允许官身任期内请假探亲。推官一职，一般三年一任，但在地位较低的府，或者任职者表现不够突出，任职时间往往超过三年，如杨士奇《东里集续集》卷八《赠彭宗税序》云：“吾友郭彦迁为琼州府推官，别去七年，今年胥晤京师。”同书卷三十八《郭彦思墓志铭》云：“今彦迁自琼州府推官，考绩来京师。”可见杨士奇的这个友人郭彦迁任琼州府推官至少达六年之久。延平府地位也较低，（乾隆）《福建通志》列出嘉靖年间任延平府推官者 11 人，而嘉靖年号共使用了四十五年，这意味着平均每人任职时间超过四年，所以无怪乎田秋任延平府推官时间较久，至嘉靖六年（1527）才改任直隶河间府推官，因此，田秋只有北上河间府时才可以改道思南府故里探亲，但嘉靖六年与“黔中砥柱”石刻上的甲申三年年份不合。

中央电视台于 2014 年 8 月 20 日播出了系列专题片《远方的家·江河万里行》第 81 集《乌江——油盐古道文脉书香》，田秋的第十五代后人田建刚出现在镜头里，并提供了另外一个看法。他认为“黔中砥柱”这四个字是田秋任四川按察使时疏通乌江水道后写下的。但是，田秋嘉靖十八年（1539）升任四川按察使，与“黔中砥柱”石刻上的年份相去更远。另外，有人说田秋一时兴起，大笔一挥，写在石头上，再令人镌刻，这一观点也是不可信的。凡是看过“黔中砥柱”真迹或图片的人都知道，很明显，石头表面先是打磨得比较平整了，然后才镌刻的——这表明“黔中砥柱”这四个字最初写于纸上。

二、字迹与石材不支持已有观点

“黔中砥柱”四字笔墨饱满，遒劲有力，每个字都看得清清楚楚，而且从石材的风化程度来看，镌刻年代应该不超过两百年。看看贵阳东山“君山读书处”石刻，镌刻于崇祯年间，比田秋的时代晚一百多年，看起来却比“黔中砥柱”古老得多。东山还有“栖霞岭”石刻，原物在“文革”中遭到破坏，现在所见到的“栖霞岭”石刻是后来重刻的，而“黔中砥柱”石刻没有任何文献记载曾经重刻，所以它不够古老的外观令人对镌刻时代生疑。南京明孝陵残缺的石像、字迹漫漶的碑刻，暗含何等的沧桑！明孝陵在明清两代都得到保护、维修，尚且如此，乌江边的“黔中砥柱”如果真是镌刻于 1524 年，历经近五百年的风吹、日晒、雨淋、浪打，为何石材字面部分却毫无缺损、字迹却如此清晰完整？

三、“黔中砥柱”命名不当

“黔中砥柱”这四个字确实很奇怪，照常理，应该是“黔江砥柱”“德江（乌江流经思南府段当时被称为德江）砥柱”或“乌江砥柱”才恰当。既然不是“黔江砥柱”“德江砥柱”或“乌江砥柱”，即不是汹涌的河流中心的巨石，“黔中砥柱”也可能别有所指。“黔中”有两个含义：（1）思南府地在秦代隶属于黔中郡，该郡包括湖南、湖北、四川、贵州交界处；隋朝也一度置黔中郡，范围缩小，但很快废除，不久思南府地隶属于巴东郡。（2）贵州省简称“黔”，“黔中”也可以指贵州全省。古人常以“中”字指称某个地区，如川中、滇中分别指四川、云南，同理，“黔中”可以指贵州全省。贵州全省或古黔中郡为什么可以担当“黔中砥柱”呢？僻处贵州东北一隅的乌江边的一块巨石或一座山头是无以克当的。“中流砥柱”本意是指黄河河道当中那座小小的砥柱山，比喻在危难中屹立不倒、显出节操的人物，同理，“黔中砥柱”可以指贵州某次动乱中屹立不倒的英雄人物。类似的说法并不罕见，如明代袁华《挽铁崖先生》诗云：“南国衣冠远，东维砥柱倾。”郑真《杨母黄夫人墓志铭》云：“惟朝奉公大耋之年，屹然为一门砥柱。”王直《题忠宣余公翰墨卷后》云：“公受命守安庆，即以其地为己死所，忠义之节固已确乎不可夺，是以屹然为江淮砥柱。”“东维砥柱”“一门砥柱”“江淮砥柱”都是表示对别人的推崇，与以“黔中砥柱”称誉某人正相类。但是，如果“黔中砥柱”是称誉某人，它附近应当有座塑像或祠堂，事实是它孤零零地卧在江边的斜坡上。况且史载田秋不肯轻易结交有权势的人物，他的祖父、父亲也都有隐德，所以他不会轻易题下“黔中砥柱”四字以媚人。

砥柱在人们的印象中，都是屹立在汹涌的河流中心，如黄河的中流砥柱以及近年来名声大躁的西藏尼洋河的中流砥柱都是如此（当今所见到的黄河中流砥柱并不处于激流之中，那是建了三门峡水电站的结果），而贵州的这个“黔中砥柱”虽然跟河流有关，但却是岸边斜坡上的一块石头，令人疑惑不解。是否当初在乌江江心也屹立着一块巨石呢？乌江中下游险滩有数百处之多，在民间有“乌江滩连滩，十船九打翻”之说，“黔中砥柱”所在的潮砥滩就是最危险的滩渡之一。潮砥滩有个绞关遗址，关于这个遗址，德江县人民政府门户网站上曾经刊载了一篇题为《黔中砥柱——乌江风情》的文章，文中云：“潮砥滩上的绞关站遗址，位于滩上游右侧 500 米处，遗址有两处，一处在江边，一处座落在陡峭的半山壁。此遗址在乌江水道上独此仅有。堪称乌江航运水道史上的绝唱。由于 1959 年乌江航道第三工程队将潮砥滩心巨石炸除后，疏通了航道，然而因滩陡水急，上水船只根本无法直上，故依山傍水而建了江边绞关站。”据此，潮砥滩的乌江江心确实曾经有巨石，但这块已经被炸掉的巨石是“黔中砥柱”吗？如果是，这块巨石上就该刻有“黔中砥柱”四个字，就像黄河的中流砥柱以及西藏尼洋河的中流砥柱一样，但是，毕竟是 1959 年，要么当时有人记录在案，要么当地的老年人还记忆犹新，既然两者都付之阙如，这块已经被炸掉的巨石就不可能是“黔中砥柱”。可是，目前思南、德江两县乃至贵州省从政府到民间都认为乌江边斜坡上的那块巨石就是“黔中砥柱”，若要名副其实，唯一的情况只能是：夏季汛期到来，江水流量猛增，江面变阔，江水上涨到那块巨石底部，隔岸望去，激流边有块巨石，似是中流砥柱。即使如此，但无论如何，以田秋的学识，他若题词，只会题作“德江砥柱”、“黔江砥柱”或“乌江砥柱”，而“黔中砥柱”似是而非，他定然不会如此差谬。

四、落款年代不明

一般认为，石刻上的“甲申岁”指嘉靖年间的甲申岁，即1524年。但是，既然石刻上没有年号，认定就是嘉靖年间的甲申岁，并不一定是事实。石头不够大因而省略了嘉靖年号的假设是不能成立的，因为“甲申岁孟春月吉旦”完全可以写成“嘉靖甲申正月吉旦”。而且，该石刻的落款方式也不符合田秋的习惯，田秋在《〈思南府志〉序》末写的是“嘉靖丙申春正月吉旦”，同样是正月，田秋写的是“春正月”，而不是石刻上的“孟春月”。正常情况下，除非不镌刻年代，若使用了干支纪年，干支前面就要有年号。如贵阳高坡石门寨“永镇边夷”摩崖石刻，落款为“弘治庚申”；贵阳东山寺“君山读书处”石刻的落款是“崇祯乙亥□住持僧可惠立”；等等。像“黔中砥柱”石刻这样只有干支而没有年号的落款，实为罕见。这种犹抱琵琶半遮面、故弄狡狯的落款方式，似乎暗示刻碑者有意混淆视听，同时也暗示，石刻上的“甲申岁”也很可能不是当前普遍认定的1524年。

五、“黔中砥柱”见于文献记载太晚

（万历）《贵州通志》、（乾隆）《贵州通志》和目前所能见到的明清两朝历次所修的《思南府志》都没有记载“黔中砥柱”；思南、德江两县的前身是安化县，但是（道光）《安化县志》也没有记载，反而是（民国）《思南县志稿》最早记载了该石刻（尽管该石刻实际上位于德江县境内，但《思南县志稿》纂修在《德江县志》之前）。由于见于文献记载的年代太晚，认定“黔中砥柱”是田秋真迹未免失之草率。

六、只有形成险滩之后，此处才能出现“砥柱”之说，而田秋的时代没有潮砥滩

乌江数百个险滩中，较著名的是四大险滩：潮砥滩、龚滩、新滩和羊角滩。田秋本人删补的（嘉靖）《思南府志》列有府境内各滩的名字，其中有龚滩，却没有潮砥滩，该书却载有潮底泊。明代郭子章（万历）《黔记》云：“（狮吼）洞下有潮底泊。”（万历）《贵州通志》卷十六记写思南府山川，也写作“潮底泊”，而该志纂修于万历二十四年（1596），可见至万历中期，“潮底泊”仍然没有改名为“潮砥滩”。此泊“在狮吼洞下，水流至此，平静不波。商人于此易舟而下，抵川江、达荆楚焉”。这段文字实际上抄自（嘉靖）《思南府志》。（乾隆）《贵州通志》卷五“德江”条云：“中流乱石林立，激水成滩，行者苦之。有石状如牛眠，为牛犊滩；有石如僧趺跏，为和尚滩；又有齐、袁、九门、七星、香炉、相公诸滩；最险者无如龚滩，波涛汹涌，震声如雷，长十余里，行舟至者，尽虚其中，乃得过焉。”（乾隆）《贵州通志》纂修于乾隆六年（1741），在采集、删削各府府志的基础上修成，所以可以肯定这段文字出于雍正年间纂修的《思南府志》，而乾隆年间谢圣伦《滇黔志略》也引用了这段文字，注明的出处正是《思南府志》。这段文字列出的险滩中也没有潮砥滩。但是这不等于说潮砥滩还没有形成。（乾隆）《贵

州通志》"狮吼洞"条云："下为湖（"潮"之误刻）底滩。商贾在此易舟，达川江，接荆楚。"拿这段文字与（嘉靖）《思南府志》所载相较，可以见出，至雍正年间，原来平静不波的潮底泊已经乱石激水成滩了。（道光）《安化县志》卷一"水德江"条云："过狮吼洞，又五里至潮底。""潮底"下小字注云："险滩也。滩上束以石峡，水力甚遒，至滩头，巨石壁立，高可丈许。怒流建瓴而下，跳珠喷沫，白波若山，潴为巨潭，深且无际。舟行未至，遥闻轰轰雷鸣，商人易舟而上下焉。出桃花鱼。"这段文字实际上出自雍正年间的冯夔飏之手，他主修了（雍正）《思南府志》，惜该书至道光年间仅剩残篇。（道光）《思南府续志》卷十二援引他的话说："水浸莫汇于德江，而潮砥、龚滩，其险溜也。"可见至雍正年间，原来的潮底泊已经衍变成与龚滩并称的险滩了。只是（乾隆）《贵州通志》引（雍正）《思南府志》作"底"，乾隆年间爱必达、张凤孙《黔南识略》也写作"底"，而《（道光）思南府续志》援引冯夔飏的话也出自《（雍正）思南府志》，又何以写作"砥"呢？原来道光年间官方有意改"潮底"（误以为潮水底下，为淹没之意）为"潮砥"，在修《续志》时，凡是稿件中遇到"潮底"，统稿时都尽改为"潮砥"，只是百密一疏，该书卷八《列女》记载黎大煊妻李氏为"邑潮底人"。官方只要在公文、布告中使用"潮砥"，或者在潮底滩边立一块碑，上刻"潮砥滩"三字，"潮砥"最终就会代替"潮底"。但这在很长一段时期内造成了混乱，如（民国）《贵州通志·舆地志》云："又北五里经安化县东、印江县西，至潮底渡，右纳思邛江。"又云："又西北经南盆坡、冯家店、宋家坪至潮底，注乌江。"该文中仍写作"底"。而（民国）《思南县志稿》卷一云："麻黑溪水入套，又五里至潮砥渡，入德江县界。由潮砥渡而下至新滩，经沿河，达四川涪州，可通舟楫。上运则以盐为大宗，其余则为广食、药材、杂货；下运则为米麦、豆菽、油漆、木材等物品，惟过潮砥、新滩，上下均须换船，因乱石重叠水中。"这里写作"砥"。

至（道光）《思南府续志》，"潮底"被写成了"潮砥"，这是德江县潮砥镇得名之由。现在的潮砥滩，在互联网上随意检索，无论是官方的措辞，还是普通旅游者的感言，无不惊叹于它的惊险刺激，这指的还是1959年炸掉潮砥滩许多乱石之后的情况。（道光）《思南府续志》卷十二载道光年间符钟沂《潮砥》诗云："峡行山壁立，一线石门开。涡轟团飞云，潮洄咽怒雷。人家环岭道，村市傍岩隗。地是承平日，通商小阜财。""涡轟团飞云，潮洄咽怒雷"与（嘉靖）《思南府志》所说的"平静不波"相比真有天壤之别。那么潮底泊如何变成险滩的呢？看看新滩如何形成的就明白了。新滩也在德江县，距潮砥滩不远。清咸丰八年（1858），山体崩坍，填塞江面，形成险滩，这是四大险滩中最后一个形成的，被称为新滩。贵州属于溶岩地貌发育区，一夜之间造一个险滩并不奇怪。潮底泊变成潮砥滩不像新滩的形成那样剧烈，只是把几十分钟可完成的造滩运动拉长为两百年罢了。

道光年间，"潮底滩"变成了"潮砥滩"，而且滩中乱石林立，波涛汹涌，后来有好事者望着眼前惊心动魄的景象，又由"潮砥滩"的"砥"字联想到中流砥柱，于是炮制出了"黔中砥柱"。但是，"黔中砥柱"石刻进一步加快了"潮砥滩”取代“潮底滩”的步伐，时至今日，大多数人只知道“潮砥滩”，“潮底滩”却鲜为人知，遑论“潮底泊”。

综上所述，“黔中砥柱”当是清代道光以后好事者所为，并非田秋的遗迹。但是，从道光年间到当前，两百年过去了，假文物已成真文物，“黔中砥柱”有资格继续保有它省级文物保护单位的地位。

附图 1 黔中砥柱

附图 2 黄河的中流砥柱

附图 3 西藏尼洋河的中流砥柱

贵州教育直追中原功在西麓

徐青勇[①]

摘　要：位于西南的蛮荒之地贵州，之所以能引起朝廷的重视，兴教育直追中原，地方经济后发赶超，乌江航运破滩沉礁，莫不得益于西麓公。

田秋（1494—1556），字汝力，号西麓，明朝贵州思南府水德司（今思南县）人。出身仕宦书香门第，幼读书用功，聪敏过人。明武宗正德五年（1510）十七岁时中云南乡试举人，正德九年（1514）二十岁时入朝考取进士。明世宗嘉靖元年（1522）任福建延平府推官，嘉靖六年（1527）任直隶河间府推官，次年授户科给事中，嘉靖九年（1530）授礼科左给事中，嘉靖十五年（1536）先后任吏科左给事中、户科都给事中、福建布政司参政，嘉靖十八年（1539），升任四川按察使，次年再升任广东布政使。嘉靖二十年（1541）六月，惊悉两子会试不第后相继丧于京城的消息后，万分悲痛，方寸迷乱，遂辞职还乡。后在家乡办学，直到嘉靖三十五年（1556）去世，享年六十三岁。

田秋力主贵州开设乡闱，明世宗嘉靖九年（1530），他向皇帝上《请开贤科以宏文教疏》，奏请在贵州开设考场、开乡试。嘉靖十四年（1535），获得朝廷批准。嘉靖十六年（1537），贵州首次开科，初定解额二十五名。开科本省，节劳省费，向学者日益增多，从此贵州人才四起，直追中原。嘉靖十年（1531），他还上了《请建婺川、安顺、印江学疏》，也得到了批准，三地相继办起了学校，为贵州教育事业的发展做出了贡献。田秋能诗，擅长书法，思南潮砥有石临官道，高数尺，上镌“黔中砥柱”四字，为田秋于嘉靖三年（1524）所书。

他是开发贵州人才，兴办州县学校的先贤，功德卓著，业绩昭然。自贵州明朝永乐十一年（1413）建省至嘉靖的百余年间，全国13省有12省都有乡试科场，唯独贵州科考仍归并于云南省，凡要考举人的学子都得到云南昆明应试。千里迢迢，道路崎岖，行旅艰难，这对贵州选贤育才极为不利。贵州抚按也曾向朝廷申报自设考场，未能如愿。

为促进贵州教育发展，为使故乡的儒生摆脱赴考之苦，为使家乡教化更新田秋毅然向明廷中央呈送《请开贤科以宏文教疏》奏折，嘉靖十四年（1535）获得

---

① 徐青勇：思南县第三中学。

朝廷批准。从嘉靖十六年（1537）起贵州单独开设科举。田秋为了说明开科举、出人才之重要，他在这份奏折中说："贵州一省，远在西南，未曾设有乡试科场，止附云南布政司科举……远方人士，正如在山之木，得雨露之润，日有所长，因非昔日之比矣。经愚以为开科盛举，正有待于今日也。"田秋如此大声疾呼，实在难能可贵。接着田秋以自己亲赴云南乡试，"亲见其苦，亲历其劳"的感受，痛陈贵州设科的切望，说明人才的成长，并不因地域的远近而有高低之殊，"变通鼓舞之机，由于人者有先后耳"。400多年前的田秋，已经认识到了这一点，对于人才的成长，并不在于地域，关键在于人为，即在于多方的鼓舞、教育和培养。这对于开发边疆和落后地区的文教来说，无疑也是很有见地的。

为了扶持贫困学子应试，紧接着田秋又拿出一笔钱并倡导绅士捐买了卷田，解除贫困学子缺钱购卷之忧。贵州乡试自明代首科到清废除科举制度的360多年间，历届乡试考生都不必自购试卷。田秋为振兴贵州教育，在《请建婺川、安顺、印江学疏》中，特别关心贵州学校建设，他认为"治国之道，教化为先；教化之道，学校为本"。人才的关键，在于学校教化。贵州置省以来，初只于府、卫建校，州、县尚无学校。至嘉靖时，贵州得到迅速开发，生产有所发展，然而，文化教育未能随之振兴。因有了田秋的多方努力，贵州文教事业才逐步发展起来，人才亦逐日旺盛，仅思南府从明代贵州开科到清朝末期，中举者就达360人，登进士第者32人，至此，贵州人心向学，人才辈出，直追中原。

明代以前，贵州人物无论是在政治、文化或是经济、军事等领域，在全国产生影响的极少，种种史籍记载的不过寥寥十数人而已。（乾隆）《贵州通志》就说："贵州于十五国中，风气开辟为独后，宜人才寥落也。"这里的"十五"是概数，"国"是地区，"十五国"是指全国各地区，这句话说贵州在全国各个地区中开发得最晚，所以人才很少。究其原因，除了地处僻远、风气闭塞之外，教育不发达也是重要原因。

如在唐代，科举何其发达，但从现存材料竟查不到一个贵州人曾跻身于进士、明经以及各种名目繁多的制举之列；宋代取士众多，有时一年就有六七百人，但整个宋朝320年中，贵州地区仅有冉从周等8人而已；元代则只有1人。考察《贵州通志·学校志》中所列府州县学及书院，除了一所建于南宋绍兴年间（1131—1162）的鸾塘书院（今沿河县沙子镇大漆村，清朝仅存石碑）外，其余全是明清两代开置。由此可以看出明代以前贵州教育的发展状况了。

《黔诗纪略》中说："贵州始与云南分闱开科，揭榜之辰，黄龙见霄汉间，光烛地，在事官僚争额手相庆曰：'此科目之光，盛世之瑞也，诸生当有应者。'自是得人果盛于前。"这里所讲的"黄龙见霄汉间，光烛地"，大约是放榜这一天早晨，正好天上出现了黄色的云彩，并伴随有闪电照亮了大地，这本来是很正常的自然现象，那些迷信的封建官僚却争相拍着手互相庆贺说："这是读书人才兴旺的光彩，盛世的象征。"把人为事件与自然现象牵强附会起来，为重大的政治文化事件涂上一层神秘的色彩，这在科学水平不发达的封建时代是常有的事，但"从此贵州人才的出现超过了以往任何朝代"，却是谁也不能否认的事实，从另一个侧面说明了开科设闱这一重大事件的影响。贵州在明清涌现出来那么多的中央、省部级官员和文化人物，如兵部尚书田仰、大学士何腾蛟、四川总督丁宝桢、湖广总督张之洞、礼部尚书李端棻、大书法家严寅亮等名臣巨匠，他们大都是通过科举考试才得以展示才华的。

教育之不发达与政治开发的迟滞落后有很大关系。早在春秋战国时，云贵高原就建立了夜郎等国家，巴国、楚国、秦国对贵州地区也先后进行了开发建设，在此设立了黔中郡等地方政府；到了汉、晋、唐、宋、元等朝代，贵州地区分属四川、湖广、云南等省，中央先后分别设立了郡、州、路、司、府等地方政府对其进行管理，而这些州郡路司长官职务多由当地原住民族首领担任，但他们大多不重视教育。如明朝初年贵州地区的四大土司之一——思南宣慰使田宗鼎的政策就是："虽有学校，人才不得科贡。"直到明代洪武年间，贵州各地仍分属湖广、云南、四川、广西四省，直到永乐十一年（1413），中央政府才在贵州、思南、思州三大土司的土地上，单独设置了省级政府——贵州承宣布政使司，贵州作为一个独立省份的基础才由此奠定。

这件事对于贵州人才的成长是一大福音。一方面，随着单独设省，中央政府加强了对贵州的统治，贵州和全国的联系更为密切，人员交往增多，汉族地区先进的生产技术和思想文化传入贵州更为便捷，为教育的发展奠定了较好的基础；另一方面，随着改土归流后各级地方政府的建立，大批汉族知识分子纷纷进入各地府、州、县当官，各级官学以及书院、私塾等公民办学校也纷纷建立，积极推动了教育事业的发展。在建省前，贵州地区仅有16所官办学校，到明朝末年，全省各类官学已发展到80所。田秋本人就曾在嘉靖十年（1531）向明朝廷写了篇报告，名为《请建婺川、安顺、印江学疏》，得到批准后，三地相继建起了公办学校。贵州教育不发达的局面由此开始改观，为人才的成长提供了较为便利的条件。

田秋在开通乌江航道，发展地方经济，解除民间疾苦方面做出了不可磨灭的贡献。

田秋在外为官，经常往返于乌江，知其航道无人整治，船难以直航，而贵州人民食盐又依赖于四川，川盐入黔大都依靠乌江航运，由于航运艰难，运费成本高，黔人难以承受，造成官、民、商三方不利。于是田秋利用在川为官之机，多方促成川黔巡抚合作整治乌江航道，并呼吁商贾大力资助。由此乌江航道很快得以治理，川盐入黔畅通，运量增大，运费减少，盐价相对降低，使官府获千百之税，民获廉价之盐，商获千百之利。从此，乌江沿岸走向了文明繁荣。

田秋居官廉洁奉公，直言敢谏，刚正不阿，功德卓著，政绩斐然。他革除滥支皇室膳食费的内府监，清理浪费资财的光禄寺，裁减太常寺过多的人役，酌削御马监冗重开支，规劝皇帝天地坛祭祀和迁冢中不要劳民伤财。云南镇官大施虐政，朝廷鞭长莫及，京中官员不敢过问，他具奏弹劾，等等。

田秋辞官回乡后，主持编修嘉靖《思南府志》，并多次出资建桥修路，开药房、制药饵，义惠乡民，置义田，扶贫济无力婚丧者。

这就是400多年前的田秋，一位忠君爱民的明代官员。应该承认他的英灵还在，他的精神还在，他的爱心光芒还暖照后人。走在田家坝的山寨上，不管问到谁，男的还是女的，老的还是少的，都知道田秋，知道田秋墓葬在山寨中，而且都引以为荣，亲切地称之为“秋公”。并都认为这个王氏家族的山寨，之所以被称为田家坝，就因为有了田秋墓葬在这里。但墓葬究竟在哪个方位，大多数人都说不清了。

汪育江先生曾到此考察过田秋墓，但由于时间太久，加之近几年修房造屋曾多次挖山，也无法辩认了。其实，就在我们走进观音山下的那个名叫“三丘田”的地里时，见到一位四十岁左右的妇女正在地里薅苞谷。她说，秋公墓就在她脚下一块苞谷地的下侧，如今那里还长着一棵非常茂盛的桃树，树上浓叶间还挂着累累青色果子。她还说那墓碑上立有七厢碑，又高又大，书画雕刻非常精致。但我们持怀疑态度，因为明代墓碑一般都矮小、简朴，何况田秋一生节俭，不会把自己的墓弄得那么豪华。后来，我们找来七十五岁的王芝穗、七十七岁的王万民两位老人到现场指认。他们先在寨子中间的一道长着浓荫如云的皂角树的堡坎下，把田秋之子田培麓之墓指给我们看，那是一片长满野草的空地，空地上没有坟堆，王万民说，这里原先有坟堆有墓碑。坟堆被洪水冲垮后，墓碑被当地人搬到坟下3米处的水沟上搭了桥，后来这碑板突然不在了。汪育江先生悄悄对我说，这坟是田培麓的没错，因为20年前他花了40元钱，请人将此碑抬到府文庙去了，至今尚存，碑文上确实写着“田培麓之墓”字样，证明这个坟墓是田培麓的。田秋字西麓，子承父意取名培麓，在明代也是说得过去的。王芝穗说，这墓的棺材还葬在这片空地里。

田秋开发贵州文教的功绩后人铭刻在心，万历初年，举人邵鸿儒等联名呈书贵州抚按提议建田秋牌位，当时抚按应诸生之请，向皇帝呈疏，于万历四年（1576）三月初一得以批准，后在贵阳明远楼建起了田秋牌位。

参考文献：

1.《思南府志》

2.（民国）《思南县志》

3.（乾隆）《贵州通志》

4.《黔诗纪略》

千古赤子魂

——论田秋的地域认同

陈　艳①

摘　要：受传统儒家思想的影响，中国古代的文人身上大多都有着强烈的国家责任感，他们将个人价值与社会价值的结合视为人生之根本意义。田秋作为深受传统文化和贵州地域文化浸润的文人，他的一生都在从事着崇高而卓绝的社会文化事业，他用士人的脊梁挑起了贵州的文教事业，为改善古代贵州的边缘位置做出了努力。本文以田秋的故乡认同为研究视角，深刻理解田秋对于贵州思南地区的诗性书写与大兴文教，从而对田秋之于贵州、之于思南的意义有一个更加准确的定位。

关键词：田秋　思南　诗歌　文教

贵州思南，黔中首郡，乌江明珠。自古就有“先有思南，后有贵州”的说法。思南远在汉代就已置县，元代时设宣慰司，明清时设思南府。仅管沧海桑田，岁月变迁，历史却将思南的美雕琢得更加精致迷人。正是由于思南独特的地理环境和文化品格，历来文人都曾在此留下过动人的诗篇，这也成为思南闪耀的历史名片。如仕宦于此的明代文人王杏，在一睹思南风光后写下了《德江览胜》。诗中咏叹道：“泛泛江心驾一艘，两岸悬峙碧云头。层涛急峡雷霆斗，燰浸轻烟鼍蜃游。金鼓过湾声曲折，旆旌荡桨影沉浮。顺流此日澄清意，一曲高歌白鹭洲。”思南之美，跃然纸上，在诗人的笔下，思南的“险山恶水”恰巧展现了大自然惊心动魄的美，给这位来自江浙水乡的诗人以强烈的视觉冲击。而对于久居思南的田秋来说，他在对思南景色的抒写中，还凝聚了自身对于故乡景色的深深认同，这也使得诗歌的内蕴更为丰厚。

一、以文艺创作体认故乡之美

田秋并不是一名以文学创作立世的文人，但他为数不多的文学创作却基本都和他的故乡思南有关。他的作品中展现了对于思南山水之美的感知，也深刻地体现了对于故乡的拳拳之心。

① 陈艳：西南大学文学院博士研究生。

（一）吟咏旖旎山水

田秋作的诗歌不多，多以思南某个特定的景物作为吟咏对象。如《三台山》中的诗句：“帝遣台星此降灵，芙蓉三朵插天青。”三台山位于思南府境内，地形奇特。田秋将山巅上的三峰比喻为三朵芙蓉，视线从下往上，三座山峰高耸入云，仿佛插入天际。田秋的描写宏大、震撼，“芙蓉三朵插天青”一句实在是粗中有精，得景色之要。又如《椅子山》诗句有云：“中天积翠郡城东，棨戟森严卫学宫。”田秋将椅子山描写得气势磅礴。椅子山上面如玉笋插天的中天塔背靠万圣山，面临乌江，诗人将思南的山和水和谐地联结在一起，是巨险和豪丽的结合。

而田秋描绘思南风光最为人称绝的一组诗歌当为《登崖门》：

其一

登高纵目尽清秋，万里云山在两眸。
地脉不因巴水断，风光更与圣山游。
鸟鸣木落空林响，竹暝烟生别涧幽。
兴极马蹄随处到，恍疑身已在沧州。

田秋坚持以大视角描写家乡景观，登赏崖门山，不仅将思南的景色尽收眼底，自己的心胸也变得更加博大。田秋用“清秋”来概括思南的全景，这体现了思南山水的青翠可人。“万里云山在两眸”更将此景注入了仙气，云雾缭绕中，田秋也变成了仙境中的仙人。后面两句仍然是对思南的宏观书写，滚滚而来的乌江水冲击着巨石峭岩，不仅没有使思南的地形脉络变得单一，反而在险要中形成了令人叹为观止的奇观。随着作者视角由远到近，思南的精微之美被凝聚在一叶、一木、一鸟之上。思南山水虽略带粗犷壮丽，但氛围却静谧至极，反差下的思南山水更显有趣。鸟鸣让山变得更幽，云烟缠绕着翠竹，映着山涧，这时的思南仿佛有了江南水乡的柔情。关键是，田秋此刻是极为自由的，身随兴到，马蹄跳跃，仿佛自己已经将思南的美景一一领略。可见，田秋之登崖门、瞰思南、阅思南，无一不是酣畅淋漓的。

其二

云霁风清玉宇空，平看飞鸟俯琳宫。
偶然小憩登高足，前面长途正不穷。

此诗同样延续了田秋的写作风格，采用了较高的视角，展现了崖门山之高耸。首句借助云、风、天空三个要素再现了思南的清秋。而“平看飞鸟俯琳宫”，作者自己也融入了诗歌意境当中，崖门山挺立入云，鸟儿在自己平行视线中飞翔，鸟儿身下的思南犹如仙境。紧扣着对于思南的诗性表达，作者在下面发出了一些哲理性的议论，使思南之景更具思想深度和文化内涵。

其三

北胜関西地，悬崖拥郡城。
云根含古色，鸟道困人行。
严重兴颓废，孤高比介清。
会当登绝顶，平揖大微星。

第三首诗歌为五律，体现出一种古体诗歌的风格，这也契合了思南的古朴特点。这首诗一改上面两首以“清秋”作为对思南景色的概括，而换以“险”字。诗歌首联的起句平稳，但对句立马将读者引入一种较为急切紧张的氛围中。“悬崖拥郡城”，虽以“拥”字作为对悬崖和郡城地理关系的概括，但丝毫没有减少艰险气氛。紧接着，“云根”“鸟道”两词，不用添加多余的形容词，就可以想见大山之峭。山石承受着岁月的变迁，表面已经有了斑驳之色。而更为可怕的是，这些巨石上面还有狭窄到极致的山路，这种狭窄仿佛只有鸟儿才能通过。后面两联是田秋目睹景色以后的哲理性思考，同样增加了该首诗歌的思想深度。

思南青山之嵯峨，绿水之急涌，云雾之柔情，翠林之静谧，在田秋的诗歌创作当中都一一被展现出来。关键是，田秋始终把自己置于故乡之景中，无论是从何种视角欣赏故乡，他都是立于思南的大好河山上，自己仿佛也变得和思南景色一般壮阔绮丽。

（二）恋乡情怀

田秋的诗歌并不仅是对景物进行简单的描写，他还将自己对于故乡的情感寄托融入其中。首先就是对故乡的依恋之情。古代交通闭塞，文人赶考仕宦，多得忍受背井离乡的滋味。而在地形环境险恶的贵州，田秋每次离乡，都在诗歌中凝聚着诉不尽的恋乡情愫。如《三台山》一诗中的最后两句“移家未得亲猿鹤，目逆时时到草亭”。“猿鹤”是我国诗歌创作中常见的意象，有“猿鹤悲吟”之说，体现了一种极悲极郁的离家之感。而田秋却反其道而写思乡，说自己并没有听到猿鹤悲啼之声，仿佛将诗歌的悲伤情绪减少了很多。谁知道，诗人承转而来的却是“目逆时时到草亭”，把自己的目光和自己离开家的行为状态都写得非常活灵活现。诗人此刻的位置很有可能是在平静的乌江水上的客船里，随着船的移动，三台山的美景从自己的眼前慢慢浮动，而自己的目光却一直朝着行进的相反方向，留恋着那草亭。诗人对于家乡的留恋和不舍都深刻地体现在了“目逆”二字上面，情感真实，而且感人肺腑。

其次是对故乡的热爱之情。《迎春·藏春二洞》中写道：“好风吹我到蓬莱，白石苍崖绝藓苔。”这里的“蓬莱”用来形容如仙境一般的思南美景。这在田秋的诗歌创作当中是很常见的。如“帝遣台星此降灵”“风光更与圣山游”等都把故乡风景置于神圣境地，仿佛唯有天上才有。诗中除了表达对景色的热爱之情以外，还有对故乡人文的赞扬。如《椅子山》一诗中有“绝顶浮屠谁与建，人文从此更豪雄”

的句子，诗人对思南的佛教氛围进行了讴歌，展现了思南的人文优势。

综上所述，田秋在诗歌创作当中融入了自己对于故乡深厚的感情，这也使得诗人笔下的思南美得更加深刻，诗人本身也成为思南景色中不可或缺的组成部分。无论是景色描写还是情感抒发，田秋始终将自己置于思南之子的角色里，用最为朴实的诗句表达着自己对于故乡最为真挚深厚的情感依恋。

（三）体认地域风格

同时，田秋的诗歌创作当中，还在不自觉中认同着思南的地域风格，能够将思南自身的特点展现出来。田秋能够在贵州险恶的地理环境中，找到一种适合自己与自然和谐相处的方式，他甚至能够从中获得哲理性的思考。这是田秋对于思南地域风格认同的最大体现。如诗歌《迎春·藏春二洞》中的“眼界明时尘俗小，烟云豁处壮怀开”一联，就是将自己对于故乡山水的感受融入理性的思考之中。思南因为地形的原因，所以险崖峭壁众多，而诗人并没有看到环境的艰难，反而是从这种高险之地中把眼界打开。站在高处的诗人，见证着平行视觉里云烟散尽，自己仿佛能够抛尽一切凡俗，心怀也随之开阔起来。又如《登崖门》（其二）：“偶然小憩登高足，前面长途正不穷。”虽然道路艰难崎岖，但是诗人却在其中保持着生活的乐观态度，小憩过后前方的道路将更加充满乐趣。总之，从田秋的诗歌当中可以看出，他能够在认识到故乡的独特风貌以后，内心萌生出深深的认同感，并从中获得人生的启发。

二、以兴学修史启盛地缘文教

田秋虽然作诗，但却不以文学创作为主要目标。他奔波于仕途，肩负着故乡人民的殷切希望，这是他身上的传统知识分子的责任精神和自身对于故乡的深刻认同。所以，田秋能够在家乡的文教史上成为彪炳千古的人物。

（一）开科兴学

田秋作为一名生于斯、长于斯的思南人，他不仅对家乡的自然风光有着自身的理解，他对家乡文人的命运更是感同身受。他也曾走过那段艰难的旅程，所以他想用自己的能力去改变现状。科举考试，在一定程度上打破了原有的社会结构，使得不同阶层的人实现了人员流动。魏晋以来，“世胄蹑高位，英俊沉下僚”的现状才得以改变，一大批有才能的寒门之士也能够通过科举考试走上仕途。田秋作为士绅阶层的政治精英，他自己虽然已经通过科举考试进入了庙堂之中，但他仍心系桑梓。他深知贵州学子科考艰难，所以才能够勇于直言，为贵州的文化教育贡献自己的力量。

西南地区，由于地理限制，远离政治统治中心。所以，在经济和文化、人口数量等方面和中心地区存在着一定的差距，呈现出比中原地区稍显落后的劣势。尤其是贵州地区，到了明代都只能附试邻省。而且，明朝给贵州规定的乡试名额虽然在增加，但仍然不及云南省。双重困难下的贵州科举，处于非常不良的恶性循环中，贵州每年乡试录取人数寥寥无几，贵州的文教事业显得十分衰弱。面对这样的情况，田秋依然远赴云南乡试，而走向仕途。其中之艰难，田秋感同身受，这才有了感人肺腑的《请开贤科以宏文教疏》：

贵州一省，远在西南，未设乡试，须附云南科举，盖因永乐设省，制度草创，且以远方之民，文教未尽及也。今涵濡圣治，百五十余年，远方人士正如在山之木得雨露之润，日有生长，固非昔日之比。开科盛举，正有待于今日。贵州至云南，相距二千余里；思南，永宁等府卫至云南有三四千里。而盛夏难行，山路险峻，瘴毒浸淫，生儒赴试，其苦最极。其间有贫寒而无以为资历者；有幼弱而不能徒行者；有不耐辛苦而返于中道者；有中冒瘴毒而疾于途次者。此皆臣亲见其苦，亲历其劳，今幸叨列侍从，乃得为陛下陈之。边方下邑之士望天门于万里，扼腕叹息欲言而不能言者亦多矣。臣尝闻国初两广亦共一科场，其后各设乡试，渐增解额，至今人才之盛埒于中州。臣以为人性之善，得于天者，本无远近之殊，特变通鼓舞之机，由于人者有先后耳。黔省设科之后，人益向学，他日又安知不如两广之盛大乎？开科之后，请于旧额之上，量增数名，以风励远人，使知激劝，则远方幸甚。

此篇文章虽为奏议，却充满着动人的情感力量，这里面凝聚着田秋对于贵州学子的深刻同情。田秋“亲见其苦，亲历其苦”，以自己作为贵州学子中的一员，向朝廷诉说长途科考之苦，令人动容。也正是因为这篇看似普通的奏议，田秋成了思南甚至贵州文教史上的开山人物。皇天不负有心人，嘉靖十四年（1535），从朝廷传来好消息，正式批准贵州开科，贵州的文化发展终于迎来了大好时机。在嘉靖十六年（1537），贵州正式开科以后，贵州考生士气大振，纷纷投入科举考试中。在这样的形势下，贵州科举教育也相应繁荣起来。这具体表现在府州县卫司学和书院的大量产生和发展。开闱乡试后，贵州新建府州县学 16 所，占总数的 28%；新建书院 29 所，占总数的 75% 以上。这说明，在开科举的刺激下，贵州的文化教育发展迈入了新的发展阶段。

贵州教育之兴、文化之荣，都与贵州人田秋的努力分不开。首先，他靠着自己的努力，克服重重困难，融入官僚精英阶层，为表达贵州学子的诉求奠定了基础。其次，田秋对于家乡人民强烈的人文关怀精神，使他能够从自身而引申到广大的贵州学子，将兴盛贵州文教事业视为自己仕宦经历中的重要内容。田秋对于自己作为贵州人的地域身份认同，体现在将自己的儒家责任感与地域责任感联系在一起，对贵州地缘文化的发展产生了巨大的作用。从此，贵州才俊辈出，甚至产生了“文章气节与江南才俊齐驱”的崭新气象。

（二）修史立言

田秋的开科奏议改变了贵州文化落后的局面，使贵州开始成为人才出产地。然而，田秋对于贵州地缘文化的推动作用不仅在于此，他对故乡文化的认同还体现在对于思南丰富历史轨迹与遗存的珍视。田秋出生于思南这座充满着历史积淀的郡县，对于地域历史文化也就有了更多的体认，这也和他作为我国传统知识分子的身份分不开。

志也者，识也，郡之史也。以称物采，域质所稽也；以撰风谣淳，砦所识也；以永监观，文献所属也。古我有邦，莫之克废也，思何阙焉？黔荒之遗习也。惟是网罗之责，秋自叨第以来，窃有志矣，而未之逮也。

《思南府志》修于明嘉靖时期，作者是洪修、钟添。从田秋所写的《〈思南府志〉序》来看，洪修嘱咐田秋厘正钟添旧稿，后为志作序。正是由于田秋“垂意于志久矣”，所以才能够殚精竭虑，“研精数月”，终成就“一郡之旷典”。田秋修史意识非常强烈，这既是出于他作为地方官员的责任意识，更是出于自己对于故乡的拳拳之心。思南虽属黔荒之地，但风俗民风颇有可观，加之有着深厚的历史遗韵，更不应该让文化文献废于历史长河中。所以，思南修史当为一件功在当下、利于千秋的伟事。所以，田秋虽然行政事务烦琐，却依然心存修史，终于在邦人的努力下，可以参与思南修史的大业。他在序言中提到了“典关世运”的观点，对“立典以观民”的“记载之功”有很深入的认识。所以，田秋耗费了大量的精力在修史立言上面。洪修在收到经过田秋补修的《思南府志》之后写道：“余观记载详明，删润严整，信可以补一郡之旷典也。遂捐俸资，积羡余，命工锓梓以传。”可见，田秋对于修史的重视程度。

修地方志的意义非常深刻，它既是当地文化发达程度的体现，也能够促进地缘文化的繁荣发展。田秋作为思南人，自身出于对地域文化的强烈认同，将修史作为地方文化建设的题中之义，从而使《思南府志》承载了巨大的文化重量。

田秋还在思南留下了自己的书法作品，他在思南县内潮砥滩巨石上题刻“黔中砥柱”，这四个字不仅体现了田秋对于贵州学子的殷切希望，更是田秋个人与思南地域的完美结合，不仅是田秋的书法，甚至是他本人，都成为思南地缘文化的重要组成部分。

从地域风光的诗性书写到肩负地域历史文化的责任，可见田秋所秉承的地域认同。从其价值和意义生发来看，这不仅使得田秋个人作为儒者和思南人的双重身份得到最大限度的实现和完善，更使得思南地缘在明代的特殊时代背景下得以建构，从而在思南的文化发展史上留下浓墨重彩的一笔。汹涌乌江水，千古赤子魂，田秋在思南历史的激荡中创造了最为重要的文化意义，“黔荒”之地，终得文化之曙光。

参考文献:

1. 张羽琼: 《贵州古代教育史》, 贵阳: 贵州人民出版社, 2003 年。

2. 张羽琼: 《论田秋与明代贵州文化教育的发展》, 载《贵州师范大学学报》, 2007 年第 2 期。

3. 洪价等: 《嘉靖思南府志》, 上海: 上海古籍书店, 1962 影印本。

4. 龙光沛: 《黔苑拾英》, 贵阳: 贵州人民出版社, 1993 年。

5. 王力: 《明嘉靖朝贵州首次开科问题综论》, 载《历史档案》, 2015 年第 1 期。

田秋上疏开乡闱的时代背景及历史意义

赵前程[①]

嘉靖十六年（1537），贵州省经明朝中央政府批准，在省会贵阳举行了自1413年建省以来的第一次科举考试——乡试，这是贵州文化教育发展史上的一件大事。上奏朝廷办成这件大事的是明代教育家思南人田秋，他多年年呕心沥血要求在贵州单独开乡闱，兴办州县学校，为贵州人才的大量涌现创造了有利条件，在贵州历史上写下了浓墨重彩的一笔。2017年是贵州省单独设科开乡闱480周年，带着对田秋先生深深的敬意，一起去追寻明朝那段难忘的岁月。

田秋（1494—1556年），字汝力，号西麓，明朝贵州思南府水德司（今思南县）人。1398年，田永富受先遣到达开辟思南宣尉司的田氏世袭首领田大雅之邀请，从江西吉安率长子田万邦来到偏僻的贵州思南兴办儒学，传播中原文化。田秋为田永富曾孙，出身书香门第，从小受到良好的家庭教育，13岁考取秀才，17岁中举，21岁登进士第，初授福建省延平府推官，后授直隶河间府推官。嘉靖九年（1530）升朝廷礼科左给事中，再升福建布政司右参政、四川按察使，嘉靖十九年（1540）升任广东左布政使。著有《西麓奏议》，删定《思南府志》，还留下了许多诗词。

明世宗嘉靖九年（1530），时任礼科左给事中的田秋向嘉靖皇帝呈上一道奏折《请开贤科以宏文教疏》。其曰："两京十二省，各设乡试科场以抡选俊才，登之礼部，为之会试，所以人才辈出，惟贵州一省，远在西南，未设乡试，须附云南科举，盖因永乐设省，制度草创，且以远方之民，文教未尽及也。今涵濡圣治，百五十余年，远方人士正如在山之木得雨露之润，日有生长，固非昔日之比。开科盛举，正有待于今日。贵州至云南，相距两千余里；思南、永宁等府卫至云南有三四千里。而盛夏难行，山路险峻，瘴毒浸淫，生儒赴试，其苦最极。其间有贫寒而无以为资历者；有幼弱而不能徒行者；有不耐辛苦而返于中道者；有中冒瘴毒而疾于途次者。此皆臣亲见其苦，亲历其劳，今幸叨列侍从，乃得为陛下陈之。边方下邑之士望天门于万里，扼腕叹息欲言而不能言者亦多矣。臣尝闻国初两广亦共一科场，其后各设乡试，渐增解额，至今人才之盛埒于中州。臣以为人性之善，得于天者，本无远近之殊，特变通鼓舞之机，由于人者有先后耳。黔省设科之后，人益向学，他日又安知不如两广之盛大乎？开科之后，请于旧额之上，量增数名，

① 赵前程：思南县第八中学化学高级教师。

以风励远人，使知激劝，则远方幸甚。”

一、明朝贵州的教育状况

隋唐以来，我国历代选拔人才，都要经过科举考试。这种开科取士的办法，在明清两代更是盛行。考生先要在县里或府里参加院试，考取秀才后，再到省里参加乡试考举人。取得举人资格后，才能进京参加会试，考贡士。然后才能参加殿试考进士。考上了进士，才能得到朝廷的任用。据《贵州教育史》记载：明代以前，贵州人物无论是在政治、文化还是经济、军事等领域，在全国产生影响的极少，种种史籍记载的不过寥寥十数人而已。究其原因，除了地处僻远，风气闭塞之外，教育不发达是重要原因。如在唐代，科举何其发达，但从现存材料中竟查不到一个贵州人曾跻身于进士、明经以及各种名目繁多的制举之列；宋代取士众多，有时一年就有六七百人，但整个宋朝320年中，贵州地区仅有冉从周等8人而已；元代则只有1人。考察《贵州通志·学校志》中所列府州县学及书院，除了一所建于南宋绍兴年间（1131—1162）的鸾塘书院（今沿河县沙子镇大漆村，清朝仅存石碑）外，其余全是明清两代开置。由此可以看出明代以前贵州教育的发展状况了。教育之不发达与政治开发的迟滞落后有很大关系。早在春秋战国时，云贵高原就建立了夜郎等国家，巴国、楚国、秦国对贵州地区也先后进行了开发建设，在此设立了黔中郡等地方政府；到了汉、晋、唐、宋、元等时代，贵州地区分属四川、湖广、云南等省级政府管理，中央先后分别设立了郡、州、路、司、府等地方政府进行管理，而这些州郡路司长官职务多由当地土著民族首领担任，但他们大多不重视教育。如贵州地区在明朝初年的四大土司之一——思南宣慰使田宗鼎的政策，就是“虽有学校，人才不得科贡”。直到明代洪武年间，贵州各地仍分属湖广、云南、四川、广西四省，直到永乐十一年（1413），明朝廷才在贵州、思南、思州三大土司的土地上，单独设置了省级政府——贵州承宣布政使司，思南撤司设府，实行改土归流政策。贵州作为一个独立省份的建制才由此确定。

但是，贵州建省以后，明朝廷先是在永乐年间命令贵州读书人到云南参加乡试，后又命令到湖广参加乡试，到宣德年间又命令到云南参加乡试。而贵州各地到湖广武昌、云南昆明少则两千余里，多则“如思南、永宁等府卫至云南，且有三四千里者”。由于古代交通不便，考试时间又在八月，“盛夏难行，山路险峻，瘴毒浸淫，生儒赴试，其苦最极。中间有贫寒而无以为资者，有幼弱而不能徒行者，有不耐辛苦而返于中道者。至于中冒瘴毒而疾于途次者，往往有之。以致边方下邑之士，望天门于万里，扼腕叹息欲言而不能言者亦多矣”。这种极为悬殊的差距，自然要引起贵州读书人的不满和有识之士的忧虑。现在从思南到昆明、武汉，可以坐高铁、开私家车走高速或坐飞机，只需几小时，而在交通极不发达的古代，读书人参加考试却要长途跋涉两三个月，历尽千辛万苦，投入很多的时间、精力和金钱，极大地限制和影响了贵州人才的成长。同时，仅因为不能独立设置乡试考场而依附于邻省，所录取的举人数字相差也很大。据史料记载，宣德壬子科（1432）

之前，每科乡试贵州不过取中 1 人而已，但云南此时每科中举人数，少的十几人，多的五十几人。壬子科以后，贵州虽然中举人数有所增加，最多时达 21 人（正德庚午科，1510），但仍只能占云南的二分之一。这就使得明代贵州独立开闱乡试前的一百六七十年间，贵州考中进士的仅 27 人，而云南同期则高达 92 人，是贵州的三倍多。这期间，思南府辖两县四司考中进士的只有田秋和申祐两人。在这样的时代背景下，作为从思南走出去的明朝政治人物，时在礼部任职的田秋，为让故乡读书人摆脱远道赴考的苦楚，使家乡能够多出人才，1530 年，向明朝廷上了一道《请开贤科以宏文教疏》，田秋在疏中还以两广为例，说明云贵分别设科以后，可以多出人才，提出贵州云南分别设科以后，还希望朝廷将两省规定的名额，再增加几名“以风励远人，使之激劝”。

二、对贵州教育发展的贡献

田秋的奏请，引起嘉靖皇帝的重视，并命令巡按御史王杏调研后提出方案。终于，嘉靖十四年（1435），明朝廷“命云南四十名，贵州二十五名，各自设科”（《世宗嘉靖实录》）。嘉靖十六年（1437），贵州单独设科开闱，正式开始设置考场进行乡试。从此，读书人在省城贵阳就可以参加乡试考举人了，以后科额也逐年有所增加。据史料记载，明代 276 年中，贵州中进士者，开闱科考前 169 年仅 27 人，开闱科考至明末 107 年，即达 75 人。以后更是人才四起，直追中原。到明朝末年，全省从 16 所官办学校发展到各类官学 80 所，全省考中举人者，共 1738 名。到了清代，贵州全省录取的文举人更达到了 3110 名，武举人 1704 名。清朝 267 年，贵州中进士者，竟多达 641 人。贵州开科乡试，并增解额，是贵州教育史上的一件大事，这和田秋的努力是分不开的。

除了争取贵州单独设科以外，田秋对贵州边远地方学校的设置也极为关心，他认为要把国家治理好，最重要的是要让人民群众受到教育感化，而要达此目的，必须尽可能多地兴办学校。之后，他又向朝廷上《请建婺川、安顺、印江学疏》，以广文教，说贵州当时只有府卫建学，而无州县建学。这些州县离府卫又较远，江河阻隔，如遇夏秋水涨，学子上学困难，况且地方人才多，又因休养生息已久，富而未教，未免遗憾。请朝廷拨款兴学，培养人才。因田秋的努力，婺川、安顺、印江三个州县也相继建起了儒学。

田秋为鼓励青年学子上进，扶持贫困人家子弟，贵州单独开科乡试后，又自己带头并倡导士绅捐资买卷田，解决考生试卷费用问题。故贵州自开科乡试，至清末废科举制度，历届考生，都不用自己出钱买试卷。他对振兴贵州教育，开发贵州人才，是倾注了心血的。此后，明朝政府下令，府、州、县卫所，都要兴办官学，各地又纷纷办起了儒学、书院、社学和义学。从此，更是文教大兴，读书的人多了，出的人才也多了起来。

总计明清两代，通过考试，贵州中举者有 6000 多人，中进士者有 700 多人，还高中了 3 名状元。明清时贵州涌现出来那么多的中央、省部级官员和文化人物，如兵部尚书田仰、大学士何腾蛟、四川总督丁宝桢、湖广总督张之洞、礼部尚书李端棻、大书法家严寅亮等名臣巨匠，大都是通过科举考试才得以展翅高飞的。

因此，后人把田秋先生看作“贵州古代科举教育之父”。明万历四年（1576），贵阳明远楼建起田秋牌位，此后每次考试前，贵州考生都要向田秋敬香，以示感恩。《贵州名贤传》中的《田秋传》评论说：“从此贵州人才四起，直追中原。若论起扶持贵州文化的功劳来，真要推田秋做首功呢！”

三、对思南教育的影响

田秋一生谨记父训“居家应谨身节用，入官当忠君爱民”，清正廉明，平生耻攀权贵，虽官居高位，而不享特权。作为贵州士绅阶层的政治精英，田秋不仅以学识渊博、刚直敢言而卓声当朝，而且还以身居庙堂，心系桑梓而名重黔中。贵州单独开科乡试前，田秋为了解决思南考生徒步赴云南考试经费不足之事，慷慨解囊，用朝廷发放的俸禄为这些赴考学生置办义田，请当地村民耕种，收获的粮食免费提供前往云南考试的学生过往食宿。试想，思南至云南近三千里的漫漫长路上，每三十里一小站，六十里一大站，需要多少资金才能满足置办义田之需，仅此一事足以说明秋公祖为了将思南的文化教育事业推向新的至高点而用心良苦。也因秋公祖的高瞻远瞩和对后人的巨大影响，思南考生没有辜负田秋先生的期望，明、清两朝，贵州共考取进士 700 余名，思南竟有 32 名进士榜上有名；贵州 6000 多名举人中，思南举人占 361 人。

田秋对思南的又一大贡献是奏请皇帝批准疏浚乌江航道，使川盐经重庆、涪陵上溯直达乌江思南府城，再经思南中转运输供应周围数百公里范围内的城镇和乡村。这些地方的土特产又经思南集散后通过乌江航运，进入长江中下游各地。曾经，在陆路交通不便的明、清两朝及中华民国时期，思南得益于乌江黄金水道之便，思南府不但是黔中重镇，也是重要的商业口岸。由于先辈开发较早，受外来文化及商人的影响，开放也较早。因此，两湖商人及外地商贾大量涌入思南，使思南成为乌江岸边一颗璀璨的水上明珠。中华人民共和国成立后，因大量修筑铁路、公路，陆路交通相对滞后，思南相对落后于全省其他地区。但是人们的思想观念、整体人文素质均不落后于周边其他地区，特别是文化建设更是突飞猛进。田秋晚年告老还乡，回到阔别多年的思南，仍不忘为思南文化建设再做贡献。他还主笔完成了浩繁的《思南府志》编纂工作，为家乡人民留下了一部宝贵的文化遗产。同时还大做善事，为乡间修路、筑桥提供资金，方便乡民出行。田秋先生一生对家乡学子的深情厚爱，常常被年长者作为茶余饭后教育子孙好好读书，将来学业有成也像先辈一样报效祖国和人民的活教材。

思南——一座因水而生的山水滨江城市，一座乌江驮来的高原明珠。2017 年撤县建市取得新进展，即将成为铜仁市西五县的政治、经济中心。如果说千年的建制历史成就了这座城市“黔中首郡”的地位，那么田秋的思想影响却奠定了这座城市如今贵州省的文化大县的地位，成为铜仁市西五县的文化教育中心。1977 年国家恢复高考，这 40 年以来，基本每年都有进入清华、北大的思南学子。2010 年有 7 名思南学子进入清华、北大的校门。2017 年高考再创辉煌，全县文理科一、二本上线合计 4431 人（不含艺体生）。其中，一本上线共 1671 人；二本上线共 2760 人。在铜仁市理科前十名中，第一、第二、第三、第五、第六、第七、第八、第十共 8 人在思南，600 分以上考生比率居全市第一。一个 70 万人口的农业县，每年大学生录取数量可以达到部分市、州整体数量的总和，成为名副其实的文化强县。其中思南中学本科上线率为 99.39%，连续 18 年保持铜仁市应届生总上线率第一名的好成绩。据了解，2017 年思南中学共有 1153 名应届生参加高考，第一批本科上线人数 923 人，总上线率达 80.05%，其中理工类一本上线 800 人，文史类一本上线 129 人；一、二本上线 1146 人，总上线率达 99.39%。600 分以上 88 人，姚洋、张颖、任泽瑜同学分别以 695 分、689 分、676 分获贵州省理科第二、第八、第十五名；铜仁市理科总分第一、第二、第三名。

为了纪念田秋先生为思南教育做出的巨大贡献，使田秋的教育理念能够永远传承下去，2014 年经思南县人民政府批准在思南三桥乌江边新建了一所“田秋小学”。该校的校训是“自强不息、厚德尚行”；校风是“文明、务实、自强、进取”；教风是“敬业、爱生、协作、创新”；学风是“乐学、勤勉、慎思、求真”。同时，在全县部分中小学校显目位置建有田秋先生的塑像，供后人瞻仰。

参考文献：

1.《贵州通志》明朝部分
2.《贵州教育发展史》
3.《嘉靖、道光、民国思南府、县志》
4. 部分资料来源思南教育网及相关网站。

发挥田秋文化名人价值
推动思南文化教育事业发展

赵　永[1]

摘　要：位于黔东北的思南，得乌江水运之便利，自古文化繁荣，名人辈出。田秋作为思南历史上著名的文化名人，曾为贵州地区的文化教育事业做出过杰出贡献，是贵州历史上具有深远影响的重要人物。如何继承、发扬田秋等本地历史文化名人的精神财富和文化遗产来推动当前思南文化教育事业继续蓬勃发展，值得每一位思南人深思。

关键词：文化名人　田秋　文化教育

一、绪论

早有学者关注过古代文化名人对地方文化教育事业的影响，例如张杰的《清代科举世家与地方教育——以北方地区为例》，认为地方文化名人因其特有的人格魅力和重要贡献，在一定程度上影响着这个地方的价值观趋向，他们的行为及作品，是那个历史时期的文化瑰宝，值得后人学习借鉴。也有学者关注于研究文化名人在地方文化发展过程中发挥的作用，例如李宗桂的《文化名人与文化发展——从中国文化名人在澳门的活动及其对中国文化发展的影响谈起》一文中通过分析郑观应和孙中山在澳门的活动，阐述了文化名人是如何推动地方文化发展的。广西河池学院的施铁靖通过分析岑毓英在西南民族地区为官时筹措资金、整顿学校、修建书院等事迹，指出岑毓英为当地的民族文化教育事业发展做出过重要贡献并影响深远。

田秋作为明代贵州思南的文化名人，在贵州的文化教育发展史上曾留下了浓墨重彩的历史功绩。现在，更好地继承和发扬这位名人留下的宝贵文化遗产来为思南的文化教育事业服务，颇具现实意义。

二、田秋主要的文化教育功绩概述

田秋（1494—1556），字汝力，号西麓，明代贵州思南府水德司人。出身书香门第，从小就受到良好的家庭教育熏陶，青年时期已具有较高的文化素养。正德五年（1510）举人，正德九年（1514）进士。历官福建延平府推官、直隶河间府推官、

① 赵永：中共思南县委党校。

户科给事中、广东左布政使。作为明代贵州地区的文化精英，田秋利用其官位声望为黔贵的文化教育事业做出了巨大的贡献，影响深远。

（一）恳请开闱，泽惠黔中

田秋对贵州文教事业的最大的贡献表现在推动了科举制度在贵州地区的发展。我国封建社会的科举制，倡导“平等竞争、择优取士”，在一定程度上为下层有志之士提供了上升的机会和平台。明朝建立以后，制定了号称“永制”的“科举之式”。然而，自永乐十一年（1413）设置贵州承宣布政使司（标志贵州建省）到嘉靖十三年（1534）的一百多年里，贵州生员一直依附于四川、云南、广西等邻近省，每次开科，贵州的士子们跋山涉水远赴他乡去应试，旅途劳顿，加上环境不适，导致录取者很少。依附邻省的不便及科举名额不足，严重地影响了贵州地区人才培养和文化的发展。一些有识之士认识到问题的严重性，多次上书奏请设科场开闱乡试，但未获批复。明嘉靖九年（1530），时任给事中的田秋再次上书奏请在贵州开闱乡试，并增加录取名额，这次得以获准。在田秋的大力推动下，贵州首次乡试于嘉靖十六年（1537）在贵阳开考。为了表达对家乡开闱乡试的支持和庆贺，田秋特地捐资购地，将所得租谷捐作考生试卷费。

开闱乡试后，贵州出现“人才日盛，科不乏人，近年被翰苑台谏所选者，往往文章气节与江南才俊齐驱”的崭新气象。好学之风逐渐形成，学术文化的进步，为贵州社会经济发展注入了新的生机和活力。据研究统计，明代贵州有进士 137 人，举人 1759 人，其中绝大多数是开科以后选拔出来的。

（二）兴教办学，育化人才

推动贵州地区学校教育发展是田秋的又一大功绩。贵州建省后，教育发展缓慢，机构体系不健全，缺乏财力、人力支持。学校建设的滞后，严重地影响了贵州地区人才培养和社会经济发展。来自贵州少数民族地区的田秋十分明白学校教育的重要性，他在礼部任职期间，向嘉靖皇帝上了《请建婺川、安顺、印江学疏》，经过田秋的不懈努力，明王朝中央政府接受了他的疏请，加大了对贵州地区的教育投入，给予了巨大的财力、人力支持。据有关研究资料显示，明代贵州的 11 所县儒学，有 9 所设立于嘉靖中期以后。到明朝末年，贵州的府州县卫司学发展到 50 余所，初步建立起了形式多样、门类较为齐全的学校教育体系。

三、继承、发扬田秋文化教育思想，为思南教育服务

田秋作为思南地区的历史文化名人，曾经为当地人民做出了巨大的贡献，推动了思南地区文化教育事业的发展。现在思南在黔东北甚至是贵州地区文教大县、强县的地位与田秋曾经的贡献和影响力有着非常重要的关系。面对历史文化名人，不能只顾着去追忆他曾经的辉煌，更应该思考如何挖掘其文化教育思想和影响力，来为当今的文化教育事业服务。

（一）以田秋文化思想为主题，打造思南本土文化品牌，树立爱教好学的社会风尚

得乌江水运之便利的思南，自古商贾云集，贸易发达，文化教育事业繁荣。思南地区上至达官贵人，下至普通百姓都比较重视教育，至今思南民间仍流传着“家无读书子，官从何而来”“穷不丢书，富不丢猪”的谚语，反映出思南人对教育的重视。在向学重教思想的影响下，“渐被华风，饮食言语，素所服习，椎髻之俗，悍劲之性，靡然变易矣”“教化倡行，文风丕变”，社会风气大变，好学之气蔚然成风。

田秋作为思南的历史文化名人，承载着许多优质的文化信息，是当地文化教育发展的灵魂。如何继承、发扬其文化思想，打造本土文化教育品牌，树立爱教好学的社会风尚，值得思考。

田秋出生在现在的贵州思南田家坝，在思南度过了20多个春秋，在思南留下了大量的生活足迹。田秋在思南的故居，田秋的故事、事迹以及他的著作等都是现在发掘的对象。

第一，由当地政府牵头，调动各方面的积极性，有钱出钱，有力出力，在田秋出生地修复其故居。故居尽可能恢复其原貌，在其故居内可以追寻名人的成长足迹。并制定好故居保护办法和后续管理细则，使故居的保护在法律框架内得以落实，后期的修缮和管理得到保障。

第二，以田秋名义修建“田秋文化博物馆”，在博物馆内可以将思南历史上的名人故事、事迹、著作作为展物。在博物馆修建前期的准备工作中，要对以田秋为代表的思南名人进行细致深入的研究，深入挖掘这些名人的思想内涵，充分展示思南重教好学的社会风尚。围绕这个中心设计博物馆的风格、展示内容、展览方式、展厅划分、参观流程等。同时要注意设计出独具风格的展览空间，营造出独具特色的展示效果，让观众在欣赏名人事迹的同时，深刻感受思南厚重的文化底蕴。此外，展示手法必须有时代感，力求突破传统，运用多媒体技术等营造寓教于乐、简洁现代，又不失纪念气氛的博物馆。

第三，以名人姓名、事迹等命名一些街道、广场等，例如，“田秋路”“李渭广场”等。用历史文化名人命名街道、广场是国际通行的惯例。如，莫斯科的普希金广场，美国首都华盛顿等。在湖南长沙，有贺龙体育馆、田汉剧院。在浙江绍兴有鲁迅路、马臻路、元培路、树人小学、元培中学等。这种做法在向民众彰显和传承当地历史文化的同时，起到纪念先贤、教育后人的作用。因为名字不单单是一个称谓，更是一种文化，承载着当地厚重的人文历史，在日常生活中潜移默化地影响和引领着人们的价值观。

第四，授集出版田秋等思南历史文化名人的传记、简易手册、纪念品等。将其放入宾馆、车站、旅游景点等区域，供来思南经商、旅游、参观学习的外地人员了解当地璀璨的人文历史，提升这座山城小镇的内涵与品位。

通过以上措施营造出一种浓浓的人文历史文化氛围，让无论是长期生活在这里的居民，还是短暂停留的外乡人，只要置身于这座小镇，强烈的历史文化气息就会扑面而来，充分感受到思南“爱教好学”的社会风尚。

（二）将田秋思想文化融入校园、带入课堂，推动校园文化发展

作为黔东北的教育大县，思南在悠悠的历史长河里成就了诸如田秋、李渭、安康、王蕃、敖宗庆等一大批文化大家，他们的奋斗事迹、书籍著作、言论思想在现在仍然是宝贵的文化财富。在教育飞速发展的当今，如何继承和发扬先贤留下的遗产，把思南教育推向一个新的高度，值得深思。

首先，将田秋等名人思想融入校园环境中，营造浓郁的校园文化氛围。校园是学生接受知识的地方，也是学生日常生活场所。校园环境在使师生感官愉悦的同时，也为师生提供娱乐、交流、休闲的场所。具有人文韵味的景观承载着人文历史，在日常的学习生活中潜移默化地陶冶着学生的情操，让学生身心得以全面健康发展。一方面，可以在校园里塑造田秋等历史文化名人雕像，营造校园文化。文化大师季羡林先生曾这样评价校园里的名人雕像："北京大学立起了蔡元培，还有李大钊先生的像，国外送来了塞万提斯铜像。当初有人不理解，认为校园本来就小，还要放那么多的'死人'干嘛。其实这哪里是'死人'，是精神。"为田秋等思南文化名人树立雕像，就是为了让学生继承他们那种孜孜好学的精神。另一方面，可以制作文化名人宣传专栏，构建名人文化长廊等，让田秋等文化名人的气息充裕整个校园。这些名人雕像、图片事迹在无声地教育着学生，在情景交融中与名人的精神进行交流，这些潜移默化的碰撞是其他方式难以实现的。

其次，把田秋等名人文化带入课堂，让学生感受名人文化魅力。在课堂教学中渗透名人资源，讲述思南本地名人事迹、故事等，进行名人教育，对于培养学生的人文素养和优良的道德品质，增强历史责任感和主人翁意识有着极其重要的作用。名人资源作为课堂教学的有益补充，弥补了传统教材的不足，贴近生活，学生找到了生活与书本知识的切合点，激发了学习兴趣，在成绩提高的同时也提升了人文素质。

最后，教师应多阅读一些关于田秋等思南文化名人的书籍，深入挖掘他们的"闪光点"，发扬他们勤劳刻苦、勤于创造的精神，学习他们的关心家乡教育、无私为教育事业奉献的高尚品德。另外，在教研会上多组织一些关于田秋等文人名人的研讨会，通过讨论，使教师能够了解名人更多的光辉事迹，进一步增强职业自豪感、使命感。

总之，从田秋等思南历史文化名人身上挖掘人文精神、人格魅力，重拾历史光芒，推动思南教育的发展，是尊重历史、发展现实的需要。在校园内进行"地方名人文化"教育，既增强了学生的名人意识，也增加了他们的人文和传统文化积淀，激励年青一代从了解名人到崇尚名人并立志发奋成才。

四、几点建议

（一）成立思南本地历史名人研究机构，为开展名人文化研究提供组织保障

建议成立"思南历史文化名人研究会"之类的研究机构，为开展名人文化研究提供组织保障。机构成员由对地方名人和对地方文史感兴趣并学有专长的专家、学者组成。研究机构为研究者提供交流和活动平台，建立激励机制，充分调动工作积极性，不断推出研究新成果，持久地开展名人文化研究，使历史人物重新鲜活起来，从而使其更好地为地方文化教育事业服务。

（二）举办思南名人学术研讨会，为开展地方名人文化研究营造良好氛围

为了扩大本地文化知名度，营造浓郁的学术文化氛围，举办名人学术研讨会不失为一个行之有效的办法。一是与省内一些研究机构和大学等建立联系，及时了解相关的研究动态和成果；二是加强与名人后代的联系，增进乡谊，为他们回家乡探亲以及分享包括手稿在内的资料提供便利；三是营造开展名人文化研究的浓厚氛围，提高声势。举办名人研讨会，有利于提升思南本地文化品位，彰显“寒风仪范在，千古照常新”的名人风范。

（三）加大思南地方名人精品创作

思南历史文化名人众多，名人文化资源丰富，为文艺精品创作提供了大量素材。当地政府和相关机构要制定名人文艺作品创作规划，围绕重大题材、重大节庆、重大活动，发掘思南名人文化资源，建立名人文化重点文艺作品项目库。结合当地实际，通过文学、戏剧、舞蹈、微电影等艺术门类，努力挖掘创作源泉、拓展创作空间，出产一批具有高水准、反映时代精神、体现思南特色、深受人民群众喜爱的精品力作。

文化名人，不管其属于哪个时代、哪个地区，都承载着那个时代、那个地区重要的文化信息，都是宝贵的文化遗产。这些名人虽已离我们远去，但我们不能对民族文化历史失忆，不能淡忘这些文化名人留下的精神财富和文化遗产。继承、发扬先人遗产，把当今文化事业推向前进是每一位华夏儿女义不容辞的责任和担当。

参考文献：

1. 张杰：《清代科举世家与地方教育——以北方地区为例》，载《中国文化研究》，2002年第3期。

2. 崔道贵、安国瑞、卢太玄：《思南四千年纪事》，贵阳：贵州人民出版社，2012年。

3. 贵州省文史研究馆古籍整理委员会：《贵州通志·学校选》，贵阳：贵州人民出版社，2008年。

4. 张羽琼：《贵州古代教育史》，贵阳：贵州人民出版社，2003年。

5. 王燕：《请添设学校以宏教化疏》，见《民国贵州通志·学校志三》卷五十六。

6. 张羽琼：《论田秋与明代贵州文化教育的发展》，载《贵州师范大学学报》（社会科学版），2007年第2期。

田秋上疏开乡闱的时代背景及历史意义

罗中玺[①]

摘　要：乡闱，为封建社会时期士人应乡试的地方。明朝时期，朝廷十分重视在少数民族偏远地区文治教化，使贵州官学、书院、社学和义学有了较大发展。明朝嘉靖十四年（1535），明代教育家田秋上疏明朝中央政府，在贵州始开乡闱，设科场考试，极大地提升了贵州的政治价值和人文精神，为贵州文化的兴起注入了生机与活力。

关键词：时代背景　田秋　开乡闱　历史意义

科举制度作为中国古代社会最重要的官吏选拔任用制度，自唐宋以来形成公开招考、公平竞争、量才录用的庶民化特征，使广大普通人士通过读书，通过科举制度，走上了政治舞台。在实现自己的人生价值的同时，他们也积极为历朝历代社会的发展出力献策，发挥了很好的推动、导向作用。然而，在历史上，贵州由于“蛮獠杂居，言语各异”[②]，自永乐十一年（1413）建省至嘉靖百多年时间，贵州没有独立举办乡闱，而是依附云南昆明，这对贵州选贤育才极为不利。直到嘉靖十四年（1535），通过明代教育家思南府人田秋的努力和上疏，贵州才得以开科乡闱。贵州教育从此开启了辉煌的篇章。

一、田秋上疏开乡闱的时代背景

（一）元明中央王朝对教育的重视

1271年，蒙古族入主中原以后，在边疆少数民族地区，继承和发展了唐宋的羁縻政策，在流官之外，设立“蛮夷官”，即推行土司制度，这加强了中央政府对边疆少数民族地区的政治及军事控制。同时，元朝封建统治者为了巩固政权，加强思想统治，也十分注重在少数民族地区施行文治教化，提倡尊孔崇儒，推崇程朱理学，为此，在少数民族地区大力设置学校，招收少数民族子弟入学就读。《明实录》载，朱元璋建立明王朝之后，于洪武二年（1369）在“治国以教化为先，教化以学校为本”的理念下，令全国各府、州、县、卫，皆设学施教，以推行教

① 罗中玺：贵阳幼儿师范高等专科学校教授。研究方向为区域民族文化及地方经济。

② （嘉靖）《思南府志》。

化，移风易俗。洪武十五年（1382），谕贵州各土司“凡有子弟，当令国学受业”，以“变其土俗同于中国”。① 正是明朝中央王朝对边疆少数民族地区教育的重视，使得黔东北地区的学校教育，超过了以前任何一个朝代，成了读书人走上政治舞台的必由之路。正如《明史·选举志一》载道：“无地而不设学，无人而不纳之教。痒声序音，重规叠矩，无间于下邑荒徼，山陬海涯。此明代学校之盛，唐宋以来所不及也。”

（二）明朝时期贵州地方官学、书院、社学和义学的兴起

地方官学，又称乡学、学宫或儒学，是中国封建社会自汉代开始，历代官府按照地方行政区划，在地方所设置的学校。为了扩大教化范围，明代前期，中央王朝在贵州各地设立宣慰司学、卫学和府学、州学、县学等各级学校，使更多的上层子弟得以读书入学。如永乐五年（1407）所设立的思南、思州宣慰使司儒学是黔东北地区乃至贵州省较早的两所地方官学。永乐十一年（1413），贵州建省之后，明朝廷先后在黔东北地区设思南、石阡、乌罗、铜仁四府儒学。由此府学、州学、县学得以大量兴起。同时，在明朝时期，还建立了其他专科学校。明永乐十九年（1421）起，朝廷在贵州思南、思州、石阡、黎平、铜仁、镇远等地设立了医学和阴阳学。这些学校的建立，培养了一批医学、数学等专业人才，为丰富贵州的人才结构，促进贵州社会经济文化的进步做出了贡献。

书院在贵州开设较早。宋绍兴年间（1131—1162）在沿河县大漆乡所创建的鸾塘书院应是贵州较早的书院。贵州建省之后，曾有一批具有深厚儒学功底的学者文人如毛科、席书等在贵州担任提学副使，他们在贵州期间，发展教育，在贵州宣慰司治重建“文明书院”，并于正德四年（1509），将谪居贵州龙场驿（今修文县城），创办龙岗书院的王阳明聘请到文明书院讲学，这不仅使贵阳文明书院成为最早阐发王阳明“知行合一”学说的圣地，同时，也使贵州的书院逐步由中心城镇向边远民族地区辐射。书院教育对贵州儒学文化的兴起以及儒学文化的普及、学术人才的培养和教育事业的发展，起到了相当大的推动作用。

在官学、书院大发展的同时，明代的贵州教育开始向基层普及，社学就是其中的代表。社学是元、明、清三代封建地方政府兴办的对少年儿童进行启蒙和初等教育的学校，主要设在农村。明洪武八年（1375），诏令各地有司积极设立社学。“延师儒以教民间子弟，导民善俗”，“土官土舍目把子弟及夷民子弟悉入社学”。明孝宗弘治年间，又令各府、州、县建立社学，使民间15岁以下幼童入学读书。由此，贵州乡村，存在着大量的社学、义学等乡村学校。

（三）贵州乡闱的设立

乡闱，为封建社会时期士人应乡试的地方。然而，贵州自明朝永乐十一年（1413）建省至嘉靖的120年间，全国13省有12省都有乡试科场，唯独贵州科考仍归并于云南省，凡要考举人的学子都要到云南昆明应试。千里迢迢，道路崎岖，行旅

① 赵旭峰、路伟：《文化认同与多民族国家统一——以明代云南地区为例》，载《黑龙江民族丛刊》，2010年第4期。

艰难，这除了少数富贵家庭之外，很多贫寒之士是无能为力的，因此埋没了很多人才，这对贵州选贤育才极为不利。《黔诗纪略》说："先是，贵州未设乡闱，就试云南，近者二千里，远者三四千里。中隔盘江，夏秋多瘴，往试者不习水土，十病其九，士多裹足，文化不宣。"

为了促进贵州教育发展，为使故乡的儒生摆脱赴考之苦，为使家乡教化更新，明武宗正德九年（1514）进士、思南府人田秋于明嘉靖九年（1530），毅然向明廷呈送了《请开贤科以宏文教疏》奏折。在这份奏折中，田秋写道："贵州一省，远在西南，未曾设有乡试科场，止附云南布政司科举……远方人士，正如在山之木，得雨露之润，日有所长，因非昔日之比矣。经愚以为开科盛举，正有待于今日也。"他以自己亲赴云南乡闱，"亲见其苦，亲历其劳"的感受，痛陈贵州设科的切望，说明人才的成长，并不因地域的远近而有高低之殊，"变通鼓舞之机，由于人者有先后耳"①。

田秋为贵州教育大声疾呼、四处奔走之举终于感动了朝廷，嘉靖十四年(1535)，这份奏折获得了朝廷批准。嘉靖十六年（1537）贵州首次乡闱在贵阳举行，结束了贵州无科场乡闱的历史。为了鼓励贵州学子上进，扶持贫困学子应试，田秋捐买了首科试卷。紧接着又拿出一笔钱并倡导绅士捐买了卷田，解除贫困学子缺钱购卷之忧。贵州乡试自明代首科到清废除科举制度的360多年间，历届乡试考生都不必自购试卷。

二、田秋上疏开乡闱的历史意义

（一）乡闱的设立，推动了贵州学校教育的发展

自明嘉靖年间（1522—1566）至清康熙五十八年（1719）近200年时间，在贵州黔东北地区就先后建立了印江县学、安化县学（今德江），在今思南建有斗坤书院、为仁书院、中和书院，在今印江建有龙津书院，在今德江建有文思书院，在今石阡建有明德书院等。除此之外，在思南府、石阡府和所辖县、司均有大量私塾。私塾是我国古代社会一种开设于家庭、宗族或乡村内部的民间幼儿教育机构，通常为民间私人所办。作为私学的一种，在我国2000多年的历史进程中绵延不衰；作为人才培养的摇篮，它与官学相辅相成，共同在传承中华传统文化、促进教育事业的发展、培养启蒙儿童方面，起过重要的作用。官学、书院、私塾的普遍建立，极大地提升了贵州的政治价值和人文精神，为贵州文化的兴起和社会的发展注入了生机与活力。

（二）为贵州各民族人才"登科入仕"搭建了一个良好的平台，使贵州人才资源得到了合理的开发和利用，激励了社会各阶层的价值追求和人文精神的提升

因儒学、书院和社学、义学的普及，儒家价值观念和行为方式逐渐为贵州人民所接受，贵州社会文化出现新的发展趋势，例如在儒学文化的影响及科举乡闱

① 《黔诗纪略》卷三。

的便利下，贵州文人开始攻读儒家经典，热衷于金榜题名，这不仅推动了贵州学校教育的发展，也极大地提升了贵州的政治价值和人文精神，为贵州经济社会的发展注入了生机与活力。据《铜仁地区教育志》不完全统计，明清两代，仅贵州思南一共有397名学子考取举人，38名学子考取进士，居于贵州全省的前列，出现了“荐绅之士彬彬焉，冠于全省矣”[①]的现象。在石阡，明清两代有21人考取进士，120人考取举人。在清嘉庆二十二年（1817），石阡府成世瑄、张海澜、徐培琛三人同时高中进士。三家相距不到5公里，特别是张海澜与徐培琛家互为邻居，一墙之隔。他们被人们誉为“贵州三杰”，“十里三进士，隔墙两翰林”，一时在贵州传为佳话。

明清时期黔东北地区部分县（市）进士、举人、贡生统计表

	进士		举人		贡生	
	明代	清代	明代	清代	明代	清代
铜仁	7	13	80	76	231	257
玉屏	5	18	26	41	50	28
石阡	9	12	30	90	60	270
印江	3	6	29	50	92	118
思南	12	26	115	282	223	343
德江	7	8	57	2		172
合计	43	83	337	541	656	1187

（三）在乡闱和以儒家思想为核心的中原文化教化以及优惠的科举政策背景下，贵州尚学之风渐浓，特别是在少数民族地区，呈现出“文治日兴，人知向学”的良好社会风气

在明朝时期，贵州教育主要是接受中原汉文化，从贵州官学、书院和私学等教育的历史进程看，多半是封建王朝为巩固其边疆对土家族实施“儒化”统治策略的结果，即通过对少数民族进行儒家思想的教化，使其最终服从于中央王朝的管理。从官学、书院和私学的教育内容来看，学校主要担负传承孔儒文化、施行礼乐教化的职能。据《大清会典》载，所授内容主要为《御纂经解》《性理》《诗》《古文辞》及校订版《十三经》《二十二史》《三通》等书。又据《皇朝文献通考》载为《四书五经》《性理大全》《资治通签纲目》《大学衍义》《历代名臣奏议》《文章正宗》等书。总之，学习内容不外儒家经典和体现官方统治思想的宋明理学著作以及应付科举考试的“时文”之类。这不仅有利于土司、土官及其子弟提高儒学文化水平，而且使儒学在少数民族地区的中上阶层中得以深入。自贵州设立乡闱之后，为达到“开其智巧”“教育人才”的目的，明清两代官府对少数民族杂居的贵州地区长时期大幅度地实施教化，进一步扩大儒家思想在少数民族中的影响，中原汉文化以及封建儒家思想逐渐在贵州土司上层确立，当地民众逐渐自觉接受中央王朝的统治与管理并主动学习儒学文化，移风易俗。

① （嘉靖）《〈思南府志〉序》。

为了防止儒学教育流于形式，保障贵州少数民族地区儒学教育的正常开展，确保少数民族子弟能接受教育，明朝和清朝前期的封建统治者不仅特许民族子弟免试入学，还在科举的诸方面贯彻教化安边、文德怀远的精神，采取了一系列有力措施。比如：在生员名额上，清政府曾规定少数民族地区应多取土童，“以土三客一为率”①。即土民必须占四分之三，客籍只能占四分之一，不许客籍考童顶冒窃占名额；在乡试名额上，采取“加额进取”的特殊政策，来促进科举制度在贵州的发展。此外，对一些教育基础较差的民族地区，则尽可能予以照顾录取名额。

在中央政府的强制命令以及“怀柔”政策下，贵州土著统治者能主动学习儒学文化。这些强制命令和政策也充分调动了少数民族子弟读书与入仕的积极性。随着地方官学的创设与管理，许多少数民族子弟不仅接受了儒家思想熏陶，潜心钻研儒家经典，而且，一些人还通过政府科举制度的优惠政策，圆了科举梦。在这些文人中，他们或承袭土司，或异地为官，或设馆教学，或居家著述，或为教育训导，这对于改变该地区落后的风俗习惯起到了积极促进作用，促进了贵州社会传统文化和意识形态的变化发展。《贵州志略》为之载道，“苗僚种类不一，习俗各殊，声教渐敷，为之丕变”。

（四）通过科举乡试途径而造就的贵州知识分子，或以吏治政绩，或以学术成就，或以文章诗词书画著称于世，从而促进了贵州文化的进步和发展

如明朝嘉靖十三年（1534）通过乡试中举的思南府人李渭，在“不欲”的官宦仕途中，潜心研究阳明理学，求其道，明其理、躬其行，竭力追求内心境界的空灵完美及行为至真至善的最高境界。通过在实践中不断总结概括，李渭终成贵州有名的理学家。哲学是追求智慧的学问，它不仅能给人带来心灵的宁静和充实，更能带来开启心智的钥匙。李渭正是从思辨的晦涩中找到了理性的美。位于今思南安化街南段西侧中和山崖壁上，李渭所题的“中和”石刻，正是体现和发挥了这种理性美的光彩。晚年，李渭辞官还乡后，在思南府城北中和山观音阁点易洞设“中和书院”讲学，兴学黔中，开黔东北学风，学者如影相从，使黔东北文人蔚起，代不乏人。曾有江西万安人赖嘉谟受李渭的指点、教诲，后中进士，官至四川参政。又有江西徐云从，敬仰渭之笃实，终生不愿离去。

正是因为有了李渭等一批文人的存在，山连荆楚、水通巴蜀的黔东北地区以其深厚的人文积淀和优良的文化传统，哺育了一代又一代的黔东北人民。以诗词为例，田秋的《岩门山》：“云霁风清玉宇空，平看飞鸟俯琳宫。偶然小憩登高足，前面长途正不穷。”此诗炼字工巧，构思精致，在歌颂家乡、直抒胸臆的同时，包含着深奥的哲理思考。李渭《圣岭春耕》：“岩阿黄虞民，独志唯田园。日出复日入，不知城市喧。去草培嘉禾，两者不并存。汲隧甘自拙，抱膝听禽言。”其诗词端庄、典雅，尤其以五言诗取胜。除此之外，在清代，有德江田茂颖，沿河王藩，思南冉中涵、张德徽，石阡徐培琛等少数民族诗人，在历史的天空，可谓群星灿烂，各领风骚。除诗歌外，明清时期黔东北地区文人亦创作了大量高水

① 彭英明：《土家族文化通志新编》，北京：民族出版社，2001年，第77页。

平的散文以及书画、史学著作等，这不仅丰富了黔东北地区文化的内容，而且也标志着黔东北文化发展到一个新的历史阶段。

（五）通过乡闱与教化，贵州人民懂得了更多的封建伦理规范，忠孝意识逐渐成为贵州统治者行为之纲常，从而稳定中央王朝在少数民族地区的统治秩序

同时，封建统治者通过科举制度的优惠政策，通过公平竞争和量才录用，使大量具有一定政治、文化素质的知识分子包括一些贫寒子弟，被选拔到各级政府机构，打破了贵州地区长期由地方土司豪强把持政治权力的历史困局，改变了贵州统治阶级的文化构成，强化了中央集权制度，在一定程度上解决了统治阶级内部权力再分配的问题。而地方统治者文化素质的提高和改善，有效地维护了中央王朝对少数民族地区的统治，也促使了贵州地区经济的发展。据（嘉靖）《贵州通志》记载，黔东北地区的思南府，“商贾辐辏，人多殷富，渐知读书”。因此，陈鼎在《黔游记》中说：“黔中诸郡荒凉，惟思南府最盛，有水道通舟楫，货物俱集，而人文可观。”

综上所述，科举考试，作为君主专制统治选拔人才的辅助手段，其目的是通过对人民的强行“儒化”而巩固政权。但尽管如此，在乡闱制度下，穷乡僻壤、民情淳朴而教育落后的贵州各族人民兴文向学，学校教育状况由此得到了明显的改善，大批治术人才翩然而起，贵州社会由此进入了新的发展阶段。

解读田秋对贵州的历史贡献

张体珍[①]

田秋(1494—1556),字汝力,号西麓,贵州思南府水德司人,出身仕宦书香门第,七岁能文,十三岁考取秀才,十七岁时中云南乡试举人,二十岁时入朝考取进士。明世宗嘉靖元年(1522)任福建延平府推官,嘉靖六年(1527)任直隶河间府推官,次年授户科给事中,嘉靖九年(1530)授礼科左给事中,嘉靖十五年(1536)先后任吏科左给事中、户科都给事中、福建布政司参政,嘉靖十八年(1539)升任四川按察使,次年再升任广东布政使。嘉靖二十五年(1556)去世,享年六十三岁。近几年来,田秋的名声越来越大,甚至还出现了“田秋籍贯争夺战”。事实上,田秋在为官方面,虽然直言敢谏,但仕途时间并不长,仅十余年时间。其诗文成就也不高,更谈不上传世佳作。田秋主要贡献在于他热爱桑梓,关心家乡文化建设,向朝廷上疏提议在贵州开科取士,兴办州县学校,并引起朝廷重视,予以采纳,促进了古代贵州的经济社会发展和文化与教育的繁荣。

一、田秋生活的时代,科举成为做官的主要途经,贵州开设乡试已成必然

田秋对贵州的贡献,是与他所处的时代分不开的。田秋出生在明朝中叶,明王朝自太祖洪武元年(1368)起,至思宗崇祯十七年(1644)止,共276年。此时,正处于中国封建社会的后期。朱元璋面对元末战乱所造成的巨大破坏,一方面大力发展社会生产,恢复战争的创伤;一方面加强中央集权,废除了实行1000余年的宰相制度。这使明王朝在经济高度发达,部分先进地区的某些行业出现了资本主义萌芽,与此同时,专制主义中央集权的统治也得到了空前的强化,可以说专制主义中央集权走向了极端。朱元璋出身于社会下层,少年时未受学校教育,目不识丁,但自参加反元义军后,于戎马倥偬之际,发愤自学,已经有了较高的文化修养。他认识到天下可以马上得之,不可以马上治之的道理,习得“戡乱以武,定国以仁”的统治经验,注意礼乐教化的作用。因此,他大力重视、提倡儒家的学说,并注意利用释、道的作用,使之为维护明王朝的统治服务。对于少数民族地区,则下令“土司子弟不入学者不得世袭土司职务”。

---

① 张体珍:贵州沿河政协。

明太祖以后的诸帝，亦无不重视儒家的教化作用，尤其是明成祖朱棣大力提倡程朱理学，颁布了《五经四书大全》《性理大全》等儒家学说于天下，令在校生员人人诵习。其他帝王莫不在重视儒家的前提下，或推崇佛教，或推崇道教，或尊奉天主教，所有这些行为，主要是为了维护明王朝的封建统治。

成化（1465—1487）以后，科举制度日益受到重视，只有进士出身的人，才有希望仕至大僚，明初所谓三途并进，至此只有科举一途独盛，监生出身、杂流入仕的人越来越少了。于是，天下读书人莫不皓首穷经，孜孜于科举之业；教官的考核，也根据学校生员中式的多少为殿最。这样，科举制度逐步完全支配了学校教育，学校教育成为科举制度的附庸，有其名而无其实了。当时人所谓科举盛而学校微，是颇有道理的。

明初百余年，学校、科举较为发达，书院制度相对冷寂，一些宋、元时著名的书院，如岳麓书院、白鹿洞书院，都被停废。明正德年间以后，随着王阳明心学的兴起，各地书院纷纷建立起来，嘉靖、万历年间书院达到了极盛。书院的生徒，有相当一部分是在校的生员，这些人不满于学校教育沉闷的学术气氛、僵死的教学形式，离开学校，前往书院学习。可以说，书院的发达，一方面是传播新的学术思想的需要，一方面也是学校衰败后，为挽救教育的危机而进行的努力。

贵州于明永乐十一年（1413）建省，但未设立乡试，洪熙元年（1425），朝廷诏令贵州生员就试湖广，宣德四年（1429），改附云南考试。由于贵州生员赴邻省考试极为不便，对贵州经济社会、文教事业的发展影响很大，贵州地方官吏不断向朝廷上奏，请求贵州单独设立考场开科取士。弘治七年（1494），“贵州守城”上奏请求在贵州开科，“增解额以激人心”，朝廷以“旧制不可改”为由予以拒绝。弘治十二年（1499）七八月，按察贵州监察御史张淳、镇守贵州总兵官焦俊先后向朝廷上奏，请求在贵州单独设立科场开科取士，朝廷仍以“旧制不可轻改”为由予以否决。明朝中央重视发展贵州教育却忽视贵州开科取士，反映了明王朝重教化，求安边，但并不指望贵州人才加入国家统治层分享一份政治资源。所谓“贵州人才未盛，旧制未可轻改”，就表明中央看不起贵州这个边远落后地区，是强势中心主流圈对弱势边区的一种歧视思想。

直至嘉靖九年（1530），在京任户科给事中的田秋，负责钞发章疏，稽察违误，再次向朝廷上疏《请开贤科以宏文教疏》，直陈利害，提出：“国家取士，两京十二省各设乡试科场”，为什么全国十三个行省中唯独贵州例外？田秋深知贵州考生之苦，笔端很带感情。他说：“贵州至云南相距且二千余里，而盛夏难行，山路险峻，瘴毒浸淫，生儒赴试，其苦最极。”然而，面对这种状况，贵州有苦无处诉，只能“望天门于万里，扼腕叹息”。田秋的疏文打动了嘉靖皇帝，皇帝将田秋的奏疏先后交由礼部、贵州按察使韩士英、巡按贵州监察御史王杏勘议。礼部的意见认为：“云南合试已久，贵州赴试生儒往返艰苦，单独开科势所不免。”韩士英认为：“贵州屡恳开科……是士不下三千余人，每科乡试，五经皆全，上春官登庑仕者先后弗绝，则人才未尝乏也。省城南隅，现有空司，堪作贡院。合用钱财，动支无碍，则钱粮未为绌出。”嘉靖十三年（1534），浙江奉化王杏担任贵州巡抚，把搁置多年的旧事重提，上疏朝廷说：“贵州自建省设学校养士以来，历百五十年来，文教茂往昔十倍。诸生就试云南，苦于道路。今于贵州城内西南隅择地可以营建贡院。计所需白金二千四百余两，检藩库羡银可办。”朝廷再次将王杏奏疏交礼部复议，礼部的意见认为：“贵州文教渐洽，人才日盛，科不乏人，近年被翰苑台谏之选者，往往文章气节与中原江南才俊齐驱。”嘉靖十四年（1535）朝廷正式批准云南、贵州分别开设乡试科举。时已升任广东布政使的田秋，闻讯十分欣喜，慨然捐俸购置学田，以租谷作考生试卷费。贵州学子深受鼓舞。贵州第一次乡试于嘉靖十六年（1537）举行。此后，贵州各府学、卫学、县学、社学日益增设，参加科举考试的人数日益增多。

贵州首次开闱乡试录取举人25名，以后逐科增加，最多时达40名，这比开设乡闱前的最高数增加了一倍。

二、田秋所处的环境，贵州正值土流并治时期，先进的汉文化思想不断进入，迫使贵州进行文化体制改革

田秋出生于思南，此地早在南宋时期就设立了书院。绍兴年间，黔东北沿河县境内创办了贵州历史上最早的一所书院 “鸾塘书院”。鸾塘书院之创，是贵州地方教育史上的一件大事，在当时对重庆、贵州等地文教的发展，人才的培养都具有深远的借鉴意义。

明永乐十一年（1413），在贵州设立承宣布政使司，贵州始有省级政区建置，成为全国第13个行省。建省之前，贵州地区分别隶属湖广、四川、云南，但思南、思州、贵州、播州四大宣慰司仍各雄一方，互不统属，且有自己军队，土司们可自己任命下级官吏。土司制度推行于元朝，是唐代“以夷制夷”羁縻制度逐渐具体化后的完善。其时，贵州之境为湖广、四川、云南三个行中书省的边缘结合部，大大小小的土司密集，是“西南夷”重要的少数民族区域。朱元璋沿袭元代土司体系，并加以归并发展，建立了贵州、播州、思州、思南四宣慰司以及九十余处长官司、夷蛮长官司，恩威并举的皇朝体系，加强了对“西南夷”的掌控。至永乐年间，土司们之间矛盾渐渐暴露。思南宣慰使田宗鼎为人凶暴自私，对百姓十分苛刻，曾“禁民居不得瓦屋，不得种稻，虽有学授，人才不得科贡。属官俱以喜怒予夺生杀之，日刑数人于香炉滩”。由于其“凶狠淫虐，生杀任情”，与副使黄禧构怨，奏讦累年。朝廷只好改黄禧为辰州知府了事。不久，思州宣慰使田琛与田宗鼎争夺沙坑地产生矛盾，黄禧大喜，乘机结交田琛，挑起两人仇恨，怂恿出兵攻打，酿成叛乱。明成祖顺水推舟，于永乐十一年（1413），派镇远侯顾成，率兵五万平乱，之后宣布废两田土司，改思州宣慰司为思州府，思南宣慰司为思南府，设贵州承宣布政使司于贵州宣慰司城。

贵州建省后，大量外籍官员入黔，其中包括许多忠于朝廷、学识渊博、能力卓著的名臣、贤宦、文士、武将，这些人才带动了贵州本土人才的脱颖而出，并

对于贵州吸收外来先进文化十分有利。“外来”与“出去”，使贵州人有种不约而同的激励鞭策之感。贵州远离黄河长江等文化发源地，远离国家政治经济文化中心，人才崛起，较之得风气之先的地区艰辛百倍，这就铸就了贵州人特别坚毅顽强的性格。贵州人开始主动向国家政治经济生活的舞台中心靠拢，表现为走出边远小环境，投身主流文化的大环境，积极参与平等对话与竞争。正是这种“山骨精神”，发出“贵州不可忽视”的呐喊。

正德三年（1508）春，贵州历史上迎来了一件引人瞩目的大事。是年，王阳明被谪贵州龙场驿（今贵州修文县）。他在生死边缘之际，仍潜心探究圣贤之道，终于大悟“格物致知”之旨，于是提出“心即理”“心外无物”学说，这就是中国思想史上著名的“龙场悟道”。第二年（1509），王阳明又在贵阳宣讲“知行合一”学说。“心即理”和“知行合一”学说的提出，标志着阳明心学体系在贵州的初步形成。

王阳明龙场悟道以后，旋即在龙场修建“龙岗书院”，向当地苗夷弟子讲授心学。贵州以及省外士子前来听课者达数百人。贵阳陈文学、汤冔、叶梧等前往就学于门下；湖南蒋信、冀元亨不远千里，前来求教；云南朱克明、朱克相兄弟也拜学于王阳明门下。他们后来都成为在西南地区传播阳明心学的著名学者。贵州提学副使席书邀请王阳明到贵阳文明书院讲学，并亲率书院弟子二百余人“以所事师礼事之”“诸生环而观听者以百数，自是贵州人士始知有心性之学”。正德五年（1510）岁末，王阳明离开贵州，黔中弟子与之饯别于贵阳城南，并于大风雪中将王阳明送至龙里，依依惜别。

王阳明在贵州的“龙场悟道”、创办“龙岗书院”和主讲贵阳“文明书院”，揭开了贵州书院讲学运动的序幕。王阳明离黔后，其在贵州的及门弟子大力进行讲学活动，弘扬阳明心学，“承良知之派，以开黔学”。在王阳明逝世五年之后（1534），贵州士人或在家遥祭阳明，或亲到龙场祭奠，里巷歌声犹然“蔼蔼如越音”。是时，阳明浙中私淑弟子王杏巡按贵州，汤冔、陈文学、叶梧于是联络黔中及门弟子数十辈，恭请王杏兴建“王公祠”以作“阳明书院”。嘉靖十四年（1535），王杏会同贵州左布政使周忠、按察使韩士英等购贵阳城东“白云庵”建成“阳明书院”。王杏亲撰《新建阳明书院碑记》，是为天下王门最早的一家阳明书院。王杏、汤冔等还在贵州刻印《阳明先生文录续编》，使黔中王门弟子学有依归，遵师训而行。嘉靖十八年（1539），王阳明当年在贵州的著名弟子湖南人蒋信提学贵州，为进一步抵制朝廷将王学定为“伪学”，蒋信扩建重修“龙岗书院”“文明书院”“阳明书院”，并新建一所“正学书院”。至此，在全国禁毁阳明学说的背景下，贵州率先形成了龙岗、文明、阳明、正学四大心学书院鼎立的盛况，表明阳明心学在贵州少数民族地区已深入人心。

以此同时，贵州“开设乡试”在田秋、王杏等人的努力下得以推行。科举制度在中国推行了1300多年，即使黔中汉代便有尹珍办学之佳话，但贵州文化教育长期落后于全国水平确是严峻的现实。建省前贵州的府州县三级学府寥若晨星，建省后明王朝先后在各地建立数所学府，但并未在贵州开设科举考点，生员要考功名，只有历经艰辛、跋山涉水到云南、四川、湖广等省所设置的考点去应试。

作为明朝官吏的田秋，深知贵州没有开举“乡试”的弊端，他在《请开贤科以宏文教疏》一文中说道：“窃惟国家取士，于两京十二省各设乡试科场，以抡选俊才，登之礼部，为之会试，然后进于大廷，命以官职，真得成周乡举里选之遗意，所以人才辈出，视古最盛，以此也。惟贵州一省，远在西南，未曾设有乡试科场，止附云南布政司科举。盖因永乐年间初设布政司，制度草创，且以远方之民，文教未尽及也，迨今涵濡列圣休明之治教，百五十余年，而亲承皇上维新之化，又八年于兹，远方人才，正如在山之木，得雨露之润，日有生长，固非昔日之比矣。臣愚以为开科盛举，正有待于今日也。且以贵州至云南相距且二千余里，如思南、永宁等府卫至云南，且有三四千里者。而盛夏难行，山路险峻，瘴毒浸淫，生儒赴试，其苦最极。中间有贫寒而无以为资者；有幼弱而不能徒行者；有不耐辛苦而返于中道者。至于中冒瘴毒而疾于途次者，往往有之。此皆臣亲见其苦，亲历其劳。今幸叨列侍从，乃得为陛下陈之。边方下邑之士，望天门于万里，扼腕叹息，欲言而不能言者亦多矣。臣尝闻国初，两广亦共一科场。其后各设乡试，渐增解额，至今人才之盛，埒于中州。”

田秋排除干扰，据理力争，在《请开贤科以宏文教疏》中写道：“臣窃以为人性之善，得于天者，本无远近之殊。特变通鼓舞之机，由于人者，有先后耳。今设科之后，人益向学。他日云贵又安知不若两广之盛乎！议者曰：科之不开，病于钱粮之少，臣窃以为不然。盖贵州虽赴云南乡试，而举人坊牌之费，贵州自办也。鹿鸣之宴，贵州自备也。今所加者，不过三场供给试官聘礼耳。镇远、永宁等税课司，每岁不下数百两，思南府又有棉花税。若设一税课司，委一廉干府官监收之，每岁亦可得数百两。只此数项，足够其费。况求才大事，又可靳于区区之小费乎。且历年抚按官亦屡有举奏，盖一方之至愿，上下之同情。其建置之地，区画之详，在彼必有定议，乞敕该部再加详议。旧额二省共取五十五名，云南三十四名，贵州二十一名。臣请开科之后，二省各于旧额之上量增数名，以风励远人，使之激劝，则远方幸甚。”奏疏言之有理，言之有据，言之有力，明朝宫廷高层不得不予以重视。

“开设乡试”，使贵州学子面临着释放才智、展示自我的机遇与挑战。明代，经济文化相对落后的贵州，科举产生举人为 1759 名，进士 137 名。及于清末，贵州省竟出了举人 6000 名、进士 700 名、状元 3 名、探花 1 名，人才辈出有如井喷。所谓“六千举人七百进士”不仅是明清贵州文化教育成果，也是自然环境恶劣、交通不发达、信息不对称的贵州人不甘人后，力争证实自己，展示贵州的表现。他们富于闯劲，勤奋上进，善于吸纳其他先进文化。

三、田秋出身仕宦书香门第，祖上来自江西庐陵，世代显赫，为田秋仕途打下坚实的基础

人们一说起田秋，因为姓田，就会不自觉地把他与当地的土著大姓田氏联系

起来，并将田秋的民族认定为土家族，这其实是一种误读。

明代之前，黔东北乃至整个贵州经济都十分落后，被视为“蛮夷之地”。明代大规模的汉族移民涌入今黔东北地区，带来了先进的文化和生产技术、生产方式以及充足的劳动力，有力地推动了黔东北地区农业、工矿业、交通运输业的发展，使黔东北地区的社会经济有了前所未有的发展。而这种变化是与汉族移民的巨大的推动作用密不可分的。贵州建省之后被纳入中央政府的直接管理范围内，不仅在政治上，而且在经济、文化上都开始进入全国的主流体系，这为贵州接受中原的先进文明开辟了道路。

田秋的曾祖田永富于明初从江西庐陵迁入贵州，世代显赫。应该承认，田秋的祖上，为黔东北地区的文化教育做出了贡献，并且培养出田秋这样的优秀人才。田秋的祖上虽来自于江西汉族地区，但到他这一代已是第四代人，也是地地道道的思南人了。

据（嘉靖）《思南府志》载，田秋家族“出魏博节度史田弘正之后”。田弘正，生于唐代宗广德二年(764)，卒于唐穆宗长庆元年(821)，原名兴，字安道，唐平州卢龙（今卢龙）人，魏博节度使田承嗣的侄子。南宋灭亡之后，很多原先在宋朝廷做官的人，都举家南迁，史称“宋南渡”。田弘正的后人也成了“宋南渡”队伍的成员之一。他们拖家带口，经过长途跋涉，从长安一直南下到江西中部吉安，史称“庐陵什乡之南园”，现在的吉安市会城镇南园社区。

田秋的曾祖父永富，在南园地方不仅十分富有，而且很有名望。娶了一个姓李的女子为妻，生了五个孩子，名叫万高、万纪、万诚、万纶、万邦。谁知，天有不测风云，这五个孩子都陆续先他而去。如此打击，使得永富精神几近崩溃。心情不爽的永富四处云游，于明初来到贵州思南。明初的思南，航运、经济、文化都有了较大的发展。江西、浙江到思南做官的不少，而且他们亲戚相邀，缰属而至。永富也是根据这些信息，随着那些人一起来思南的。永富来到思南以后，在朋友的介绍下，又娶了一个姓罗的女人为妻，生下一个儿子，取名“万钟”，从此不再四处漂游，转而安心在家颐养天年。田万钟自幼在其父亲的教育下，对诗词书画十分在行，尤其擅长楷书。因父母年纪渐渐大了，他无心赴考就仕，只在乡里开设私塾，一干就是三十多年。他有三个儿子：长子显祖，次子显德，季子显文。其中尤以三子田显文最为聪明，世人评价有“异质”。

田显文十二岁受教于从江西迁到思南来的孙善述，一天能记千余言，与他吟诗作对，常常语出惊人。因此孙善述特别器重他。他性情平和，善待朋友，为人朴实坦诚。孝敬父母，尊重兄长，治家严谨，处世严肃。四乡八里，无论老幼都很和谐，自己有什么过错或失误，总是向人家当面赔礼道歉。生活十分简朴，一件衣服，一双布鞋，即使穿上十年八年都仍然像新的一样。

田显文生三子，田谷、田稠、田秋。田显文的三个儿子都是亲自教育，且十分严格。他经常告诫几个儿子：“居家当谨身节用，入官当忠君爱民。”田显文的三个儿子都是在这样的家庭教育中成长起来的。田秋的大哥田谷，天资聪慧，勤奋好学。明弘治壬子(1492)科中试举人，当年才十九岁。他性情规正严肃，精通易学。邻居家的孩子，乡里的年轻人，经常到他家里向他请教。当时的铜仁太守刘瑜延到思南，还专门写诗赠送给他："十载韦编理学精，几多门弟赖陶成；须知霄汉致身远，不说功名唾手轻。文字正堪供夜话，风雷又觉动春声；相期早际云龙会，共秉忠贞答圣明。"田谷后被授新津尹。执政期间，清慎严明，赈穷锄奸，筑城修学。后来又升曲靖府通判。不久，因考虑父母年纪大了，需要回家侍奉，于是辞官返家，再不复仕。

田秋的二哥田稠，天资纯雅，问学博赡。被地方府署作为廪生选送到国子监读书，国子监学生亦称贡生。肄业后，初任四川邛州学训导，因启迪有功，升芦山县学教谕。由于要回家侍奉父母而告退返乡，再不复仕。

田秋，是田显文的三儿子。他自幼聪明伶俐，勤奋好学，四五岁时已读书数卷，日记数言。七岁能做文章。城北李公来访田秋的大哥田谷，听说田秋智力惊人，当即把田秋喊出来，对他所读经文当面进行测试。田秋一点儿都不感到为难，对答如流。当时思南知府罗璞（江西吉水人），听到此事之后感到十分惊奇，也登门对田秋进行测试，果然如此。罗知府当即就将自己的亲生女儿许配给田秋。后来因为罗知府的女儿未成年而早逝，此举反而成为两家人的憾事。田秋十三岁察于思南府学，成为一名少年秀才。明正德五年(1510)以易中庚午科云南乡试，年方十七做了举人。正德九年甲戌科(1514)登状元唐皋榜，二十岁中进士。

按照当时的规定，凡是中进士的，至少也要做个芝麻官。然而这时的田秋不想急于外出做官，而考虑的是父亲已七十有二，母亲六十有五，双亲已近暮年，两位兄长都在外做官，也正是他们为国尽忠之时。他以年少孝养双亲，正是他的职责，于是上疏归家。从此田秋一意侍奉双亲，煎药、煮粥，时时嘘寒问暖。并在靠近双亲卧室的地方，腾出一间屋子，自己居住，以便于父母呼唤。有空继续研读经论，为未来入仕积累知识，再则抚育子侄。

田秋考中进士之后，为了侍奉父母，在家待了八年之久。直到嘉靖元年(1522)长兄田谷从云南曲靖府通判致仕回里，并催促田秋进京待授。田秋的父亲也催他赴京候任。并告诉他："家里现在有你大哥在侍奉我们，你也就不必再牵挂我。"于是，田秋辞别父母，离开家人，踏上了进京赴仕之路。

田秋走上仕途之后，先后任福建延平府推官、直隶河间府推官，授户科给事中、授礼科左给事中、吏科左给事中、户科都给事中、福建布政司参政、四川按察使、广东布政使等职务。他秉承"居家应谨身节用，入官当忠君爱民"的家风和"平生耻攀权要干谒贵，致仕以来，未尝入官府干扰公事。居官且不当利权"家训，清正廉明，平生耻攀权贵，虽官居高位，而不享特权，刚直不阿，勇于改革吏治弊端，谏垣有声。（道光）《思南府续志》记载："建白最多，革内府监局冗食，议郊坛迁塚事，奏停云南差镇内臣，清光禄不经之费，裁太常寺冗役。"《黔诗纪略》也载："西麓在谏垣最有声。云南差镇内官肆虐，首奏劾停之。内府监多冗食，太常寺多冗役，光禄多不经之费，悉请裁汰。御马监用财无节，酌赢缩为之程，岁省费巨万计。议郊坛不应侵民冢，土地坛不当合祭，皆引议侃侃。”为了整顿吏治，田秋还奏请朝廷采取改革措施，以防冗员再度泛滥。据《明史·清承勋传》载：“继胡世宁为兵部尚书之后，李承勋又革锦衣官五百人、监局冒役数千人。独御马监未汰，复因给事中田秋奏，多所裁减，而请以腾骧四卫属部核诡冒，制可。”勇于改革，让田秋成为嘉靖前期裁革冗滥动议较多的谏臣。

田秋关心桑梓，深知乌江航道无人整治，船难以直航，而贵州恰恰不产盐，人民只依赖于川盐，川盐入黔大都依靠乌江航运，由于航运艰难，运费成本高，贵州人难以承受，造成官方、民方、商方三不利。在明嘉靖十八年（1539），田秋任四川按察使时上疏朝廷，阐述贵州建省以来，江流阻塞，食盐不能进入境内，不利于人民生活，也不利于朝廷税收，国家应加大对乌江航道的治理力度，明王朝准奏。他利用在川任按察使之机，多方促成川黔巡抚合作整治乌江航道，并呼吁商贾大力资助。由此乌江航道很快得以治理，川盐入黔畅通，运量增大，运费减少，盐价相对降低，使官府获千百之税，民获廉价之盐，商获千百之利，促进乌江沿岸走向前所未有的经济社会发展和社会文明进步之路。

嘉靖二十年（1541）夏，田秋前往总督府毛尚书处会商地方事务。途中惊闻具有“奇特”之才的两个儿子时中和时龙赴京会试，不但双双落第，而且两兄弟都命丧京邸。田秋不胜悲痛，于是上疏致仕，皇帝不允，再疏告疾，才得以批准，返回故里。至此，田秋退居思南府城，虽屡荐而不起。时年四十七岁。时中、时龙之死，是田秋的不幸，也是贵州历史上一个巨大的损失。

参考文献：

1. 尹选波：《中国明代教育史》，北京：人民出版社出版，1994年。

2. 《田秋》，中文百科在线，http://www.zwbk.org/MyLemmaShow.aspx?lid=152982.

3. 方宁：《明代贵州书院的发展和特点研究》，载《安顺学院学报》，2012年第3期。

4. 张羽琼：《贵州古代教育史》，贵阳：贵州教育出版社出版，2003年。

5. 田永红：《思南人田秋：对贵州发展的贡献》，载《贵州民族报》2013年6月17日第4版。

6. 汪育江：《贵州科举教育之父——田秋》（《思南人物》）。

7. （嘉靖）《思南府志》。

景秀黔中：贵州名贤田秋与思南历史文化景观形成考论

李　渌[①]

摘　要：历史文化景观常与传统地域内特定的人物、事件及特别重要的历史时期相关联。思南人田秋的思想、胆略与功绩不仅使其成为贵州的一代名贤，也促成了故乡历史文化景观的形成。本文以地方志（嘉靖）《思南府志》和（道光）《思南府续志》为主要史料，围绕贵州名贤田秋遗存至今的诗词歌赋、奏疏序记等文化遗产这一主线，挖掘思南地域内的自然和人文景观，研究明清时期贵州思南县域内历史文化景观与"田秋"之关联，深入发掘和复原其文化内涵，探寻出思南地域的独特文化和有意义的社会发展思路，也为贵州地域历史文化景观的保存和利用提供历史文脉支撑。

关键字：田秋　历史文化景观　贵州思南

英国的哥德曼（*Gottmann*，*I.*）在《欧洲地理》（1969）一书中写道："一个区域要和它的四周区别开来，除了需要突出的山水、语言和技艺外，还必须有一种基于某种宗教教义、社会观念、政治模式（有时是三者的结合）的强烈信仰。因此，区域化必须以景观作为基础，每一个社会都有它的特有景观，一种和它的邻区稍稍不同的标记……"[②] 可以说，当下对区域历史和文化的研究成为热潮，而其中从文化史角度切入对历史文化景观进行研究被台湾历史学家李孝悌以"微观／微物的历史"视角判定为"中国明清文化史研究的新课题"之一。

"文化景观"是自然与人类创造力的共同结晶，反映了区域独特的文化内涵，特别是出于社会、文化、宗教上的要求，并受环境影响与环境共同构成的独特景观。[③] 历史文化景观通常附属于文化景观体系，其涵盖的内容相当广泛，不仅包括有形、可见的物质景观，而且包括能从中找出一种独特的文明、一种有意义的发展或一

① 李渌，女，贵州思南人，贵州大学旅游与文化产业学院副教授，西南大学历史与民族学院博士研究生。

② 转引自汤茂林、金其铭：《文化景观研究的历史和发展趋向》，载《人文地理》1998 年第 2 期。

③ 单齐翔：《走进文化景观遗产的世界》，天津：天津大学出版社，2010 年，第 16—20 页。

段历史见证的城市或乡村环境。如罗伯特（*Robert Z. Melnick*）提出："历史景观可以被定义为文化景观的一个类型，这一类型的景观与特定的人物、事件及特别重要的历史时期相关联。"[①] 因此，论文以一个特定的人物即一代名贤田秋遗存至今的诗词歌赋、奏疏序记等文化资源为主线和辨识依据，挖掘思南地域内可供传承的自然和人文景观，研究明清时期贵州思南县域内历史文化景观之形成与明代贵州名贤"田秋"之关联，深入发掘和复原其文化内涵，找出思南地域的独特文化和有意义的社会发展思路。

作为生于斯长于斯的思南人，从小就对散落在故乡各地的历史遗迹很感兴趣，一直在思考着：它们是怎么来的？当时的人们为什么会修建这些建筑？历史上文人墨客们赞美诵吟的"思南八景"到底在哪里？经过历史的变迁它们还会是以前的样子吗？在心怀为故乡往昔记录的愿望下，在充满真情实感的"乡愁"思绪中，论文以贵州名贤田秋遗存下来的文化资源，挖掘思南地域内可供传承的自然和人文景观，使它们与重要历史时期中特定的人物、事件相关联，深化其文化内涵和时代意义，充分展现明清思南地域文化在贵州的独特性，使这些历史文化景观成为西南边疆社会历史发展中宝贵的文化记忆和财富。

一、贵州名贤田秋与思南

思南历史悠久，自东汉建安六年（201）始置永宁县以来，至今已有1800多年的历史，是贵州开发较早的地区之一。曾经相当长一段历史时间是今黔渝湘鄂地界的政治、经济、文化中心，也为明代初年贵州建省奠定了政治、经济和地域性基础，因而，有"先有思南而后有贵州"之说。陈鼎《黔游记》写道："黔中诸郡皆荒凉，惟思南府最盛。有水道通舟楫，货物俱集，而人文亦可观。较之石阡、思州有天壤之隔矣。"[②] 在整个贵州古代历史上，思南在政治、社会、文化、经济等方面都居于贵州省之前列。

明弘治七年（1494）田秋就诞生在这片古老的土地上。字汝力，号西麓，生于思南府城内西门。自幼聪明伶俐，勤奋好学。正德五年（1510）以易中云南庚午科乡试，年方十七成为举人，正德九年（1514）登进士第。历官福建延平府、直隶河间府推官，户部给事中，礼科左给事中，四川按察使，广东右布政使。他在明朝廷做谏官时，向当朝皇帝上《请开贤科以宏文教疏》，嘉靖十六年（1537）贵州首科乡试，从此贵州省有了自己的乡试科场。田秋利用他在四川做提刑按察使的机遇，促成了川黔两省合作整治乌江航道，开拓了川盐入黔的通道，推动了川渝商业贸易的发展。他辞官居家后，范行乡里，修桥梁凿道路施惠故里，开药房

① 转引自吴祥艳、付军：《美国历史景观保护理论和实践浅析》，载《中国园林》，2004年第3期，第69-73页．译自：Kunst L A, Patricia M. O' Donnell. Landscape Preservation Deserves a Broader meaning[J]. Landscape Architecture , 1981, 71(1): 53—56.

② 陈鼎：《黔游记》，见《西南稀见丛书文献》第五卷，北京：学苑出版社，2009年，第234页。

制药饵义惠乡民，置义田扶贫困赈济无力婚丧者。研究明代贵州和思南历史可以发现，田秋是为思南乃至贵州历史的发展做出伟大贡献的一代名贤。

古者已逝，来者犹可追。正如《〈思南十景诗〉序》所云："自古山川储灵孕秀于两间，不在于物，则在于人。故人物之生，自足增重于山川而显其名于后世。"田秋的思想、胆略与功绩不仅使其成为贵州的一代名贤，也促成了思南历史文化景观的形成。论文籍由一代名贤创造和留存下来的文化景观遗产及其中包含的历史智慧，运用到现今的地域社会发展中形成文化之传承和地域之重构。

这样的研究到底有何意义？笔者认为在社会、地理的基础上，地方不仅是个人立足世界的基础，也是地方群体安全感与归属感的来源，人们得以借着包含了一系列文化特征的地方景观去体验、认识周遭环境，并以之为基础，对自己居住的所在地域产生情感联系。透过历史文化景观，人们重温过去，感受故土昔日的时代氛围，从而在人们的内心生发出一种"地方之爱"。一旦历史文化景观能够透过"地方再现"重演历史，那么，对历史文化景观的研究就可以成为一种唤醒地方民众的记忆，建立文化自信和凝聚团结的方法。

二、田秋与思南历史自然景观

思南自古河山秀丽，历史上不管是本乡人还是来自外乡的流官、商贾、游侠等都曾为思南的秀丽山水自然景观所倾倒。明初来自中原的思南府推官王泽以诗赞云："窈窕思南郡，襟山更带河。招提怜暂宿，冠盖喜相过。燕影秋看少，猿声晓听多。石崖千仞立，碑记许难磨。"[①] 明初御敕中宪大夫南京户部员外郎、思南人安康直接赋诗一首："坤厚嵯峨秀所钟，田园峭壁万山宗；龙泉飞瀑悬千丈，虎峡成关锁几重。锦绣江河开眼界，珠玑星斗入心胸；思南形胜真佳丽，五岳齐名惜未封。"[②] 直接展示故土之秀美山河。同时他把故乡的自然美景加以概括，拟出"思南十景"并以诗赞之，谓为《思南十景诗》，当朝（明嘉靖）吏部尚书钱溥为其写序撰云：

自古山川储灵孕秀于两间，不在于物，则在于人。故人物之生，自足增重于山川而显其名于后世。……圣贤谓山川储灵孕秀不在物，则在人之明验乎。思南去京师几及万里，实荆楚荒檄之域，而为控夷咽喉之墟，其后渐被日深，始效中华，以力樯务本为事。至我圣朝洪武初（1368），改思南隶湖广。永乐中改司为府，隶贵州布政司，而又设学施教，以兴起士类。若郡有申祐、起自甲科为御史，没于王事。邹庆举乡试，任姚安知府致仕。今南京户部员外郎安君康，由府领乡贡登上国历，升副郎于地曹亦荣矣。然谓思南，杂在夷壤，山川人物，未有显其地者。而吾今叨大夫之后，不表异山川而赋咏之．不亦忘所自乎。于是考图按经，取山有石柱、万胜、石马，峡有鲇鱼，洞有狮吼，泉有马家，滩有香炉，潭有石牛，洲有白鹭，

① 思南县志编纂委员会办公室编：《嘉靖、道光、民国思南府、县志》（点校本），第16页。

② 思南县志编纂委员会办公室编：《嘉靖、道光、民国思南府、县志》（点校本），第9页。

溪有青鸾，列为十景。景因人而遂显，诗因景而可传，始知山川之与人物可相有，而不可相无者。……①

正因“景因人而遂显”，申祐、邹庆、安康等明代思南名贤造就了壮美之“思南十景”，即顿岭春耕、柱山屹立、石马名山、青鸾瑞迹、白鹭名洲、石犊眠潭、香炉叠石、鲇鱼天堑、狮吼飞流、马氏名泉。“始知山川之与人物可相有，而不可相无者。”明初思南建府以来，很多名贤仕士对故土心有所属，不仅赞美自然山水，也把他们的情感、理想、信仰与家乡的一山一水、一草一木紧密联系，使思南自然景观更具文化底蕴和时代气息。“故人物之生，自足增重于山川而显其名于后世。”名贤田秋遗存至今的诗词歌赋就是最好的例证。在（嘉靖）《思南府志》中就记载了田秋对家乡山川之美之奇的赞叹。

位于思南城东的万圣山，即十景之顿岭春耕，自古为思南城东门之屏障，下临乌江，层崖陡绝，岭下梯田层层，阡陌纵横，岭上森林浓郁，鸟语花香，清泉淙淙。自古为思南之胜景。田秋赋诗：“青崖斗绝竞崔嵬，曾为邦人捍大灾。今日承平皆陇亩，千家东面看楼台。”② 后人理学家李渭又作《圣岭春耕：和李别驾郡城六景》一诗：“岩阿黄虞民，独志唯田园，日出复日入，不知城市喧。去草培嘉禾，两者不并存。汲隧甘自拙，抱膝听禽言。”③ 受田秋、李渭等文人名士的影响，许多文人蘸墨赞之。自明以降，此景成为思南人家喻户晓的现存“八景”之一。

位于县城东南的三台山，山巅有三峰，奇秀可爱，山巅常有雾气覆盖，冬雪久凝不化，故以“三台积雪”命名之，至清代确立为“思南八景”之一。在成为郡城八景之前，明人田秋已赋诗《三台山》：“帝遣台星此降灵，芙蓉三朵插天青；移家未得亲猿鹤，目逆时时到草亭。”后李渭又作《三台丛桂》：“三台何婉蜒，上有丛桂芳。植被月窟中，移来山之阳。本仁以种之，灌溉元穆浆。寄语天台人，天根毋目伤。”④ 清代道光年间郡人李梦松之《三台积雪》：“寒风吹不散，积雪压三台。晃朗群峰合，晶莹绝顶皑。野云归古洞，凉月照残堆。想见藤箩径，零星点翠苔。”⑤ 读众多文人名士流传至今的诗作，更感景观形成之悠远。

位于县城东的椅子山，在万圣山麓之侧，山形中弯，二手旋向形如椅子，故名。田秋诗云：“中天积翠郡城东，棨戟森严卫学宫。绝顶浮屠谁与建，从此人文更豪雄。”⑥ 此诗以椅子山景观表达田秋发展家乡教育事业的情怀。田秋的号召在明万历二十一年（1593）得以实现，当时的思南参政史旌贤始建中天塔于山顶。清道光十七年（1837）知府郭鸣高捐俸银600两，于原中天塔旧址重建中天塔，未果；

① 思南县志编纂委员会办公室编：《嘉靖、道光、民国思南府、县志》（点校本），第16页。
② 思南县志编纂委员会办公室编：《嘉靖、道光、民国思南府、县志》（点校本），第9页。
③ 思南县志编纂委员会办公室编：《嘉靖、道光、民国思南府、县志》（点校本），第422页。
④ 思南县志编纂委员会办公室编：《嘉靖、道光、民国思南府、县志》（点校本），第422页。
⑤ 思南县志编纂委员会办公室编：《嘉靖、道光、民国思南府、县志》（点校本），第477页。
⑥ 思南县志编纂委员会办公室编：《嘉靖、道光、民国思南府、县志》（点校本），第9页。

次年，郭复捐俸银600两，交郡人安品绪弟兄监修，又资不敷；继任知府邓应台、夏修恕共捐俸银270两，安化知县杨钜源募本城盐商、富户银500两，续修完工。清道光年间郡人李梦松赋诗《雁塔标霞》：“百尺飞来塔，中天鼎峙雄。峻撑关气紫，平插岭霞红。仙帔拖残影，霓裳拂半空。还疑五色笔，散彩赤坡东。”① “雁塔标霞”从此成为思南地标性性历史建筑。

位于县城西面的大小岩门山，两山对峙，崖壁险峻，古时官道出其中，左曰大岩门，右曰小岩门，自古为郡城西面门户和屏障。明嘉靖二年（1523），知府周举依大小岩门之地利修建武胜关（小岩门）和永胜关（大岩门）。在田秋流传至今的诗词中关于岩门胜景的描述有三首之多，其一《岩门山》：“比胜关西地，悬崖拥郡城。云根含古色，鸟道困人行。严重兴颓废，孤高比介清。会当登绝顶，平揖大微星。”其二《登崖门》：“登高纵目尽清秋，万里云山在两眸。地脉不因黔水断，风光似与达人留。鸟鸣木落空村响，竹瞑烟生石涧幽。兴极马蹄随处到，恍疑身已到沧州。”其三《登崖门山》：“云霁风清玉宇空，平看飞身俯琳宫。偶然小憩登高足，前面长途正不穷。”② 三首诗词形象生动地为后人展示了大小岩关之高耸险峻，诗词中也透露他登仕后内心的踌躇壮志。后人受田秋诗词启发，也写了很多诗词歌赋赞美其景之美。游历贵州十二府、对乌江做了全程考察的清代贵州学政洪亮吉作《小岩关》：“足底先惊万叠山，半空楼阁自回环。红云堪砌不知冷，白水绕门无用关。日影镜光偏照耀，鸟声入语合绵蛮。差怜送客殷勤甚，七旦冈前马未还。”③ 大小岩关之景在现在依旧，成为思南人登高望远、远眺郡城美景之胜地。

在思南的自然景观中，乌江是最重要的景观，也是兼具自然和人文双重地位的思南历史文化景观。乌江，古时称巴江、延江，又名黔江、涪水，是长江上游右岸最大的支流，是贵州名副其实的母亲河。在没有公路、铁路的时代，水路永远是最主要的运输线，因此乌江航运在多山的贵州显然尤为重要。处于乌江中下游交接点的思南，乌江穿府境而过，古时通过思南府地域沿着乌江可至涪陵入长江，再到沿岸武汉、南京、上海，而通达大海。“在重庆至贵州的崇山峻岭间，自古存在着一条运输盐油的古老航道。这条古道以乌江航运为主，水陆并进，自渝境涪陵码头转运长江上卸载川盐，溯乌江经武隆、彭水、龚滩、沿河、潮砥，抵达思南，然后从陆路辐射到黔东，湘西、鄂西等地；顺江而下的船只则将桐油、皮张、药材、生漆、朱砂等贵州土特产品水运出黔。”④ 思南城作为乌江航运的地理要津和主要商埠，乌江航运古道的繁荣，带来了这座乌江府城的兴旺，从元代的土司时代到改土归流后的明清时期，一直是乌江流域的政治、经济和文化中心，其特殊的地理位置决定了它在乌江流域历史地位的重要性。因此，思南历史文化

① 思南县志编纂委员会办公室编：《嘉靖、道光、民国思南府、县志》（点校本），第477页。
② 思南县志编纂委员会办公室编：《嘉靖、道光、民国思南府、县志》（点校本），第10页。
③ 思南县志编纂委员会办公室编：《嘉靖、道光、民国思南府、县志》（点校本），第480页。
④ 田永红：《盐号》，北京：中国戏剧出版社，2012年。

景观跟贵州其他地域历史景观的不同之处在于乌江之江河文化对思南的深刻影响。乌江不仅在思南流域形成贵州境内最壮美的自然山水景观画廊，也因为它的存在而留存了古渡、古桥、古碑、摩崖石刻、寺观神庙等江河人文景观。

乌江在思南境内上起甘溪子下至潮砥，今全长75公里。自古乌江河道曲折蜿蜒于思南群山之间，高山峡谷地貌造就了沿途很多壮美险峻的奇景。现在能看到的古代对乌江景观的历史记载就与主线人物田秋有着密切的关系。嘉靖年间，田秋利用他在四川做提刑按察使的机会，促成了川黔两省合作整治乌江航道，开拓了川盐入黔的通道，推动了川渝商业贸易的发展。在沿江考察疏通情况的过程中，嘉靖三年（1524）田秋特题“黔中砥柱”四字刻于潮砥滩旁的乌江石壁上（今犹存），也表达了他对这条川盐入黔大通道为家乡思南带来历史机遇之展望。并将潮砥滩前狮吼洞景观描写为“狮吼飞流”，安康也将此景列为思南十大景观之一：“禹王疏凿有神功，何独思喉洞未通？怪石成牛浮水面，洪涛如马走空中。居民喜见鱼龙化，过客愁闻雨雾濛，今日绘图题胜迹，愧无才思效杨雄。”[①]后人对此险滩也多有惊叹，清道光年间，安化知县朱奕昭即景赋诗云：“海上潮从海砥生，此间潮砥旧标名；排空留浪兼天涌，逐日雷车拔地惊。沧海于兹分粟渺，江陵何事叱猿声；由来有本原如是，滚滚川流万古情。”

距离县城乌江上游5公里的河滩有鲇鱼峡，田秋在（嘉靖）《思南府志》中载：“乌江之流至此，顿发奔涌澎，险不可言。旁即大崖，崖有一孔，若鲇鱼口然，故名之。”《十景》云：“鲇鱼天堑。”时任贵州巡按御史王杏途经此地也赞曰：“鲇鱼深峡隐环山，扼控乌江最险关。万派南来倾欲倒，一泓东指汇犹煖。龙门湍决寒鱼鬣，天堑风回蹙鸟颜。亦是——方真胜概，金汤端藉镇诸蛮。”[②]道光十二年（1832），思南知府杨以增为便利航运，曾在此岸边凿镇江阁栈道，该栈道与周围环境共同构成兼具自然与人文性质之景观。

位于县城乌江边的香炉滩，在白鹭洲上游，滩中巨石如鼎，形如香炉，故而得此名。为明代思南十景之一“香炉叠石”。安康赋诗云：“香炉巨石倚滩头，独立江心白鹭洲。两岸参差烟树老，群峰环叠洞云浮。风和游客扁舟过，日落渔人晚钓收。却怪当年荼毒者，石中赤血至今流。”田秋也作《香炉滩》：“滩心洲屿平如砥，齿齿白石清可扪。欸乃沧浪歌孺子，凄凄芳草怨王孙。”[③]他将这一自然景观与土司统治时期的思南历史紧密联系，提醒后世子孙在游览美景时也不能忘记过去的苦难。

除描述和赞美山水外，田秋对奇洞也颇感兴趣，他在（嘉靖）《思南府志》卷一中对迎春、藏春二洞做了清晰的描述：“二洞去崖门山数里许，洞不甚深广，而壁石奇润，树林乔郁，妍花异卉，盛产其中。盖一郡佳境也。郡人田秋赋诗其崖云：‘好风吹我到蓬莱，白石苍崖绝藓苔。眼界明时尘俗小，烟云豁处壮怀开。

① 思南文史资料选辑第11辑《乌江航运》，第53页。

② 思南县志编纂委员会办公室编：《嘉靖、道光、民国思南府、县志》（点校本），第15页。

③ 思南县志编纂委员会办公室编：《嘉靖、道光、民国思南府、县志》（点校本），第437页。

洞中仙子谈丹诀，坐上飞琼惜俊才。说与旁人谁得信，直须潦倒共樽杯。’”[①]沿着前人的脚步，清代郡人金伟士游历其中，对二洞之奇景也发出“洞里藏春久，探奇别一天。巉崖曾驻鹤，古木正啼鹃。地僻笼佳气，山深锁翠烟。太和多酝酿，温霭独长年”的感叹。此洞景也是思南境内喀斯特洞穴景观之典型代表。

不管是古代还是当代，大多数人都会选择方便抵达或是受到多数人歌咏的地方去游历。当年田秋赞颂的地方成为后代文人墨客和思南民众游历探访的景点，从明代之“十景”“十八景”到清代之“八景”，黔中首郡秀丽的山川、奇特的风景以及蕴含着的丰厚地域历史文化无不为人所称道。田秋作为地方志编撰精英，记载和创造“八景”“十景”，不只是简单的附庸风雅，而是本着对地方的热爱和认同感，同时又本着“任重道远”的责任心，将居住环境的优美和有益于教化的事物记于书本，传于后世，激起人们热爱故土的感情。而他的努力也是颇有成效的，“八景”“十景”从最初的精英审美逐渐演化为思南人的集体意识，成为对地方的情感依托。“一方水土养一方人”，正是基于对地方景观的共同记忆及地方情感的延续，家乡的山水才能让游子魂牵梦萦。

三、田秋与思南历史人文景观

（一）田秋与思南古城

思南古城自古以地利而守，依山岩（城后之大小岩关绝壁）以为城，俯德水（城前之乌江天险）以为池，地险即天险也。故明永乐十一年（1413）“改土归流”建府后几十年间无筑城防卫之事。后因“弘治以来，蜀中兵荒流移入境、而土著大姓将各空闲山地，招佃安插，据为其业；或以一家跨有百里之地者，流移之人，亲戚相招，缰属而至，日积月累，有来无去。因地产锦花，种之获利，土人且效其所为，弃菽、粟而艺棉。由是，生之寡，食之众，饥馑荐臻、客既胜而主人弱，祸乱且起矣”[②]地方政府才开始有筑城之打算。“弘治辛酉（1501），知府罗璞始兆其制。前树木栅，后筑土墙，因地宜也。正德间有蜀寇至，城亦就坏，知府宁阅乃继修之。又于城外凿壕，联宽五尺，深七尺，以盗贼之攀缘。城门设小板桥，日以通樵踩，夜辄撤之。公自以身为保障，每夜暮，微服单骑往来于河岸。遇居民有担负而逃者，辄止令勿去。以辑众心，百尔堤防，罔弗周至。盖自有无城之城矣。后，群盗竞逸，蚕食之祸免焉。实宁公之赐也。嘉靖四年（1525）、十三年（1534），知府周举、推官董罊相继修劳，皆有劳焉。”[③]

田秋在府志中对思南古城修筑所依的地理环境给予了高度的肯定，认为：“郡可无城矣。丘陵踞其背，大川绕其趾，二崖门之险，鸟道盘迂，昏黑难履，卓哉，天下之域险也。往年，流贼拥数万之众，逼数舍之地，垂涎眈视者，数旬而去。虽守臣之功不可忘，而地险亦不可诬也。呜呼！有事之日，安得长如宁守者，为

① 思南县志编纂委员会办公室编：《嘉靖、道光、民国思南府、县志》（点校本），第12页。
② 思南县志编纂委员会办公室编：《嘉靖、道光、民国思南府、县志》（点校本），第66页。
③ 思南县志编纂委员会办公室编：《嘉靖、道光、民国思南府、县志》（点校本），第32页。

我作长城哉。”①

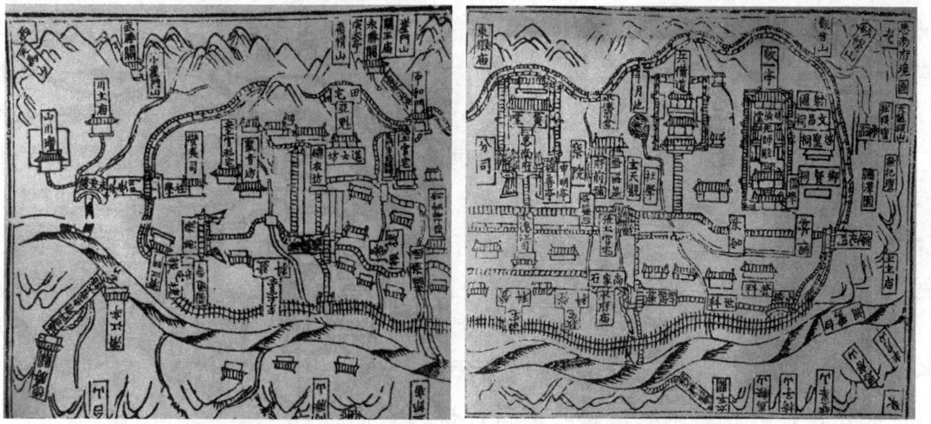

（嘉靖）《思南府志》刻印明代嘉靖十六年（1537）思南府城详图

明代嘉靖十六年（1537）思南府城外因地制宜而建太平、得胜、永胜、武胜四关卫其城，城内修筑城墙以建府南之永安门，府东之太平门，府西之中和门，府北之遵化门共四门捍其城，内外防备使明代思南古城在社会动荡中免受毁城之灾，故田秋曰：“虽守臣之功不可忘，而地险亦不可诬也”。从图中可以看到，城内依山傍水而建府衙、庙宇、民居、宗祠、书院、社学、古塔、古桥、牌坊、街道等，城市建筑之古朴典雅类比中州，为明中期贵州省内规模前列之府城。

在古城中，府衙和儒学规模宏大，最为醒目。在古城中，与田秋相关的建筑景观包括进士坊、都谏坊、田宅。据（嘉靖）《思南府志》卷二《建置志》载：“进士坊：在府治南。嘉靖元年（1522）知府李文敏为正德甲戌（1514）进士田秋建。嘉靖十四年（1535）推官董翚重修。都谏坊：在察院门左。嘉靖十五年（1536），知府洪价奉贵州抚按衙门公移为户科都给事中田秋重建。”②为田秋建都谏坊源于嘉靖十年（1531）正月二十一日嘉靖皇帝敕命：“国家稽古建官，置六科于禁中官，以谏为名，官守言责，实兼有之。朕恒以非人为优、尔礼科左给事中田秋，奋登甲第，佐郡有声。乃兹简抡，入居禁密，官箴克茂，忠尽著闻，宜有命词，以示褒宠。是用进尔阶徵仕朗，锡之敕命。”③通过都谏坊、进士坊的修建表现出对先贤的尊崇，同时明代官方将田秋不惧权贵、敢于直谏、秉公执法、为官清廉之德行用以激励、熏陶地方官员和民众，使乡人耳濡目染名贤遗风，感慕而继起。

同时田秋在保护思南古城和使社会安稳方面也做出了巨大的贡献，其思想可

① 思南县志编纂委员会办公室编：《嘉靖、道光、民国思南府、县志》（点校本），第32页。

② 钟添纂次，田秋删定，洪价校正：（嘉靖）《思南府志》，见《中国西南文献丛书》第四十卷，第34页。

③ 钟添纂次，田秋删定，洪价校正：（嘉靖）《思南府志》，见《中国西南文献丛书》第四十卷，第73页。

在他上奏当朝皇上的奏议《陈愚见以备遗策疏》中略见一二。

（嘉靖）《思南府志·拾遗志》载："臣原籍贵州思南府，与川东、重庆、播州、酉阳等处接界，中间山溪平壤，连延千里。每遇荒年，川民流入境内就食。正德六年（1511），流民入境数多。贼首方四乘时啸聚，起于地名任仙峰，攻劫本府、婺川县、石阡府、龙泉司，地方官司不早扑灭，遂至拥众数万，长驱入蜀。勤三省之兵，延数年之久，仅能除之。传闻今年流民入境者，络绎道途。布满村落，已不下数万。较之正德六年（1511）尤多。本处旱灾与蜀无异，去年虽有薄收，人多食少，势难周给，其间乘时抢掠者已渐有之。本府僻在省城东北，川、贵二省之交，守巡官或因带管别道，或因山路崎岖，往往岁不一至。今又征进镇雄府，抚按镇守，诸臣并力西向，势必忽此两府守臣，当寡孽未启之时必互相推调，莫肯先事提防，今冬明春兵变必起。臣请于邻近知府或两司，推举素有才望官一员，量升副使职衔，授以抚民之任，驻扎思南府，整防提备，抚绥安插。……"①

之后每一次的社会动荡都促使地方官加强对城池的重修和加固。嘉靖二十八年（1549）镇远"苗叛"，知府李梦祥重筑思南府城以防，周长770丈②，高15尺③，宽8尺；为门五：东曰清州，西曰清溪，南曰清江，北曰清泉，东北曰遵化；城楼5座，水门城楼1座。嘉靖三十八年（1559）知府宛嘉祥，对城垣砌以砖石。万历二十年（1592）知府赵恒重修。仅明代从弘治辛酉年（1501）到嘉靖三十八年（1559）的五十八年间就修筑过六次，大约每十年就续修一次，所以贵州巡抚郭子章在《黔记》中也刻画了恢弘大气之思南古城景观图。

（二）田秋与思南文化教育景观

在贵州地域内，人们提到思南首先想到的就是其教育发达，自古为人才辈出之地。明正德九年（1514），思南人田秋考中了文进士，成为思南第一个登上状元榜中进士的人。这位通过读书而仕之人为发展家乡教育、振兴贵州文教、开发贵州人才做出了巨大贡献，为贵州教育史做出了划时代的贡献。（嘉靖）《思南府志》中毫不谦虚地描述道："思南……与内郡比，百有余年，渐被文教，蔚然移风，而西麓田子以间出人才，追琢至行，领袖后生，于是荐生之士彬彬焉，冠于全省矣。……迩年以来，儒教渐兴，人文日盛，登科入仕者，盖彬彬矣。"田秋的"追琢至行，领袖后生"使其成为思南乃至贵州教育之引领者。

首先，田秋在《请开贤科以宏文教疏》中写道：

臣秋，原籍贵州思南府人。窃惟国家取士，于两京十二省各设乡试科场。以轮选俊才。登之礼部，为之会，然后进于大廷，命以官职，真得成周乡举里选之遗意，所以人才辈出，视古最盛，以此也。惟贵州一省，远在西南，未曾设有乡

① 钟添纂次，田秋删定，洪价校正，（嘉靖）《思南府志》，见《中国西南文献丛书》第四十卷，第68页。

② 1丈约为3.33米。

③ 1尺约为33.33厘米。

试科场，止附云南布政司科举。盖因永乐年间初设布政司，制度草创，且以远方之民，文教未尽及也。今涵儒列圣休明之治教，百五十余年，而亲承皇上维新之化，又八年于兹，远方人才，正如在山之木，得雨露之润，日有生长，固非昔日之比矣。臣愚以为开科盛举，正有待于今日也。且以贵州至云南相距且二千余里，如思南、永宁等府卫至云南，且有三四千里者。而盛夏难行，山路险峻，瘴毒浸淫，生儒赴试，其苦最极。中间有贫寒而无以为资历者；有幼弱而不能徒行者；有不耐辛苦而返于中道考。至于中冒瘴毒而疾于途次者，往往有之。此皆臣亲见其苦，亲历其劳。今幸叨列侍从。乃得为陛下陈之。……今设科之后，人益向学。他日云贵又安知不若两广之盛乎！……旧额二省共取五十五名，云南三十四名，贵州二十一名。臣请开科之后，二省各于旧额之上量增数名，以风励远人，使之激劝，则远方幸甚。①

奏疏行文严谨，情真意切。正是因为田秋这篇奏疏，嘉靖十四年（1535）九月，明世宗准贵州开设乡试科场，自开科以来，明清两代不仅科无空白，而且各有五科解元是思南人。

其次，田秋认为“治国之道，教化为先；教化之道，学校为本”，将办学的重要性提到治国的高度。其提倡在贵州府、州、县大力办学的思想在其奏议《请建婺川、安顺、印江学疏》中得以清晰体现。

我太祖高皇帝即位之明年，即谕中书省臣以学校之事，必欲去元室之陋。回淳古之风。洪武八年（1375），又命郡县凡闻里皆得启塾立师。守令以时程督之，即今之社学②是也。列圣相承，教法益备，虽山陬僻县莫不有学。惟贵州一省，制度草创，止是府卫建学、而州县尚无。百年以来，休养生息之余。似乎富而未教。一方山川之秀，诚为郁而未舒。兹幸圣人在御，百度惟新，鸿化溥洽。迩者以台谏进言，礼官上请，准于贵州设科取士，远方士子无不感戴天恩，垂白父老拭目以观文教之新，椎髻夷酋皆有遣子入学之志。臣生长其地，见得婺川县为黔南古邑，擅砂场之利，有鱼稻之饶，商贾辐辏，民庶殷实，士生其间者类多向学，而登科第者往往而有，只以离府五日山行，就学不便，是以闾阎俊秀虽不乏人，而奋庸致身终于无路。臣愚以为，婺川县宜立县学一区；又安顺州设有普定卫，其地上通云南，下接湖贵，实西南都会之所，号为多才，科目相望，而该州亦未有学，臣愚以为安顺州亦宜建学一区；又印江县离府虽无百里之程，而有三江之隔，夏秋盛涨，未免病涉。且其邑多才，足以自成一学，再照学校教化之本源，教化王者之先务，教化行则风俗美，可以措刑罚，可以寝干戈。……③

有明一代，正是田秋等诸多文人仕官的推动，思南文教大兴，兴办教育蔚然

① 思南县志编纂委员会办公室编:《嘉靖、道光、民国思南府、县志》(点校本)，第352页。
② 社学：元明清三代的地方学校。元制五十家为一社，每社设学校一所，教以四书五经。
③ 思南县志编纂委员会办公室编:《嘉靖、道光、民国思南府、县志》(点校本)，第374页。

成风，府有府学，县有县学，司有社学，民间更广设私塾。明嘉靖十三年（1534）甲午科，也是云贵两省共设乡试科场的最后一科，思南城四人中举，占了两省总额近十分之一。田秋等人大兴文教之举成就了思南在有明一代教育发展之辉煌篇章，也形成了遗存至今的文化教育景观。“规丽巨制，为贵藩学校称首”的原思南府儒学是明代遗存文化教育景观中最具代表性的景观。如田秋所言：“先树立大成殿，殿高四丈有奇。深五丈，广七丈。次立两庑，各七间，戟门五间，棂星门一座，俱恢宏矩丽，有倍于前，且材木必得真楠，壁瓦必责精好。明伦堂两斋，罔不新饰，复构讲堂三间、号房二十间，于庙东隙地以为诸生肄业所，至是，矩制盛备，匪复在昔之草创矣。”[①] 故今日遗存之府儒学历史景观为贵州省内目前规模最大、保存最为完好的历史遗产。名贤田秋更是著有《思南府儒学记》，对儒学创建之作用和目的进行了详细的阐述。

恒谓治国之道，教化为先；教化之道，学校为本。今京师虽有太学，而天下学校未立，宜令郡县皆立学，礼迎师儒讲论圣道，使人日渐月化。以复先王之旧，以革污染之习。至洪武八年（1375），又诏郡县，凡闾里皆启塾立师。守令以时程督之。列圣相承．罔不慎重，重熙累洽之余，贵阳八郡，虽僻在西南，距京师万里，而涵濡乐育之下，人才亦每辈出焉。维是思南黔地。旧为宣慰司，学在河东。永乐中，宣慰田氏以不法废，遂即司治为府治，而以其宅为学宫，大成殿仍其厅事。虽规制弗称，而材瓦最为精美，故百余年不得废。……明年春，侯以忧去，乡士夫知州石泉等，德侯之举，侈侯之劳，谓秋，宜有言以志不朽。余惟先圣之道，如日中天，固不以庙貌之兴废而有加损，然人才之产，如金在范，每视在位者之振作以为盛衰，吾思为西南剧郡，当蜀贵之交，岭峤绵亘，溪涧亘纡中为悍首所据。山川之气，郁而未舒者，几百年。乃幸文皇帝，开拓土宇，包夷荒而郡县之，用是山川效灵，敷华孕秀，其精秘所积。阐为章采者，匪直芙蓉箭镞之丹砂与合抱蔽牛之香楠也。故或以忠节著，或以治行称，雾举云升，彬彬然相望于科目者，胥此焉。出使其颓废不理，星宿罗于既夕之天，污潦停于终朝之雨，则相观而善之，意征倚席不讲之讥作矣。今日庙貌一新，堂序改色，固庆学宫之有成。他日继侯而守者，尚克益砥砺而振德之。俾我思永有弦歌之声，斯则学道之有成。[②]

---

① 思南县志编纂委员会办公室编：《嘉靖、道光、民国思南府、县志（点校本），第 26 页。

② 思南县志编纂委员会办公室编：《嘉靖、道光、民国思南府、县志》（点校本），第 26 页。

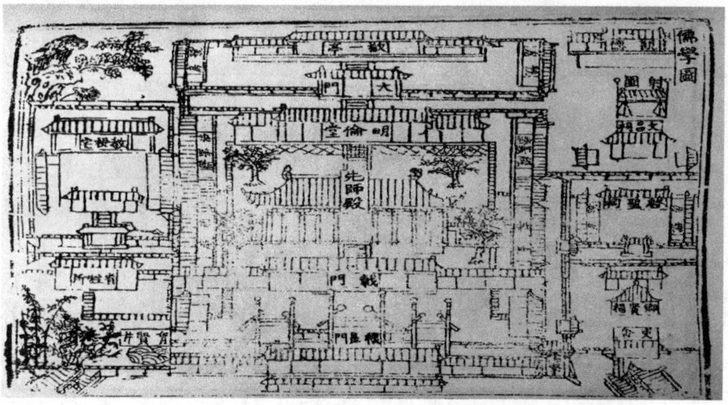

（嘉靖）《思南府志》刻印明代之思南府儒学详图

明代，除了府儒学之外，明万历三十三年（1605）在思南城的附郭安化县设安化县儒学。先后创建四座书院，嘉靖年间创建斗坤书院，隆庆年间创建为仁书院，以后还创建了中和书院和文明书院。此外，思南在明代还于万历年间由知府赵恒创建义学两所。整个明代由于地方官的提倡、重视和亲自创办，再加之安化也附郭，思南得以建有儒学两所，书院四所，义学两所。到了清代，连府城外乡村也不甘落后，先后建有凤冈书院、文思书院（小岩关）、凌云书院（大坝场小学内）、培风书院（纱帽山）、许市书院（许家坝凉厅），另有八所义学和“蒙馆”，学校几乎遍及思南城乡，可以说当代县域内很多中学、小学校址都是在以前书院废址基础上修建起来的。思南的地方官和民众意识到“书院为造就人才之区，游其中者，大都温文尔雅，力求上进之士”①。正是这些书院、儒学、义学的建立，使思南教育较之周边地区处于领先地位，成为乌江教育的中心。② 到清末废除科举制度，思南共计文进士者 30 人、武进士者 2 人、文举人者 289 人、武举人者 71 人。可以说田秋教育思想影响至今，不仅深入思南人的骨髓，也促成了思南历史文化教育景观的形成，遗存至今。

① 夏修恕主修：（道光）《思南府续志学校门》1966 年元月贵州省图书馆据四川省图书馆藏刻本复制。

② 《思南“撤司建府”600 年纪念文集》，第 2 页。

明清以降思南书院教育文化景观资源

明代		清代	
书院	设立年代和地址	书院	创建年代和地址
斗坤书院	1522年思南府佥事周以鲁在河东万圣山顶创建	安化书院（言是堂）	旧在城南武胜关山麓，康熙四十九年（1710）安化知县邱绘购陈姓地建，巡抚海宁陈铣锡其额曰“言是堂’；乾隆二十一年（1756）知县魏象烈补葺，更其额曰“是言是堂”；嘉庆十三年（1808），郡人杜国选以父世贵所遗城内官井后住房一区纳为书院，知县汪百川允其请额曰“安化书院”，二门仍悬“是言是堂”旧额
为仁书院	隆庆年间知府在真武观内创建。李渭曾在此讲学，道光二十一——年（1841）署府周作楫重建	凤冈书院	嘉庆十三年，建书院于府城遵化门内前守汪公祠旧址；乾隆时曾更名德江书院，光绪时又更名为“凤仪书院”
文明书院	位于城内真武观门内左厢，已废	文思书院	旧在小岩关，创建情况不详
大中书院（中和书院）	位于县城西，大岩关山麓的中和山，万历三十九年（1611）同知陈以耀重修，雍正十一年（1733）清贵州学政晏斯盛更其名为中和书院	凌云书院	在今大坝场小学，创建情况不详

（三）田秋与乡贤祠

明代黔省诸郡，唯思南归流最早，所以受明太祖朱元璋“治国以教化为先”的影响，“文治日新，人知向学”。明太祖对西南边疆教化尤为重视，目的在于“化愚民，弭边患”，“使知君臣父子之道，礼乐教化之事”。在大力兴办学校的同时，明太祖朱元璋发诏建乡贤祠，祔祀于学宫（文庙）右并定礼制。洪武二年（1369），“令天下学校各建先贤祠，左祀贤牧，右祀乡贤，春秋仲月亦得附祭庙庭”。真正的大规模地建立二祠是在正德年间进行的，到嘉靖二十年之前是一个高峰期。明代思南的乡贤祠即建于嘉靖十年（1531），“巡按御史郭公弘化行部至府，询知乡贤御史申公祐死，义事嘉其忠烈，行府立祠祀焉”。

“乡贤”一词始于东汉，是国家对德高学深、行慈举善、敦风睦族、惠泽地方的当地士人或有作为的地方官员，在去世后予以表彰的荣誉称号，具有地方性或地域性特征。明代官方对“乡贤”有其明确的定义：“生于其地而有德业学行著于世者，谓之乡贤。”乡贤祠是供俸祭祀德行著闻的乡贤的祠堂。明代在地方大力提倡建立乡贤祠，其目的之一在于祈福，即把乡贤神化，认为敬重先贤可获默佑，使一地人文地理能享先贤之福佑。二是崇德，即通过祠宇、牌位等固化物和一定的入祠、祭祠仪式，营造肃穆氛围，崇德向贤，引导百姓施善避恶，敦风化俗，也使后人观感兴起，矜式扬励。正如（嘉靖）《思南府志》中所载建祠庙之功用：

祠庙曷宅，夫义也，是祀典之攸明也，祀果適典乎？盖曾闻之矣，古圣王之制祀也，法施于民则祀之，以死勤事则祀之，以劳定国则祀之，能御大灾则祀之，能捍大患则祀之，非是族也，不在祀典信，斯言也。自孔庙启圣，城隍而下，祠之。应祀者，乡贤、昭化、马援、少师数祠而已，余曷用夫祀也，又曷言乎典也。噫，信哉，此确论也。今之不忘诸祠者，情也。夫鬼神依人者也，其感通精爽之气丽于时也，久信于人也。深则亦有潜乎崇恋而不可解者，虽非明祀亦人情也，情不可拂，祠乌可忘；又况水旱凶灾，祈祷多应，功德虽未闻于前，呵护能已见于后。

乡贤和乡贤祠，是地方或乡人传承与记忆的精神文化遗产。因乡贤生前慈善乡邻、德高望重、高风亮节、泽被乡里，百姓爱戴之，易于膜拜和效仿，所以通过入选乡贤的程序，将乡贤个人的价值取向、地方认知归化于国家意志，国家又通过乡贤祠，通过入祠的选拔标准、官方祭祀仪式等对这些被神化的乡贤事迹进行宣传和扩散，进而成为整个社会的价值观，以实现国家意志向民间的渗透。比如对于首位被纳入明代思南府乡贤祠祭祀之列的申祐，不仅官方对其进行肯定并要求立祠以祀之，田秋也撰文《侍御申公祐传》对这位正统九年（1444）即登状元商辂榜、授监察御史的家乡人的事迹进行书写。

郡人田秋有申公事状云：公讳祐，字天赐，世居婺川县火炭垭，幼有至性，颖异不群，稍长，补郡庠弟子员。务川至府，山行五日，每裹粮徒步就学不倦，常从其父之田，父忽为虎衔去，公挺身持杖尾击之，虎逃父免噬焉。正统辛酉中云南乡试，入国学肄业时，祭酒李时勉以言事忤，旨下狱，枷置国子监门。公首倡六馆诸生，付阙申救，且愿代其死，上为之霁威，寻登乙丑进士，拜四川道监察御史，立朝忠谠，多所补益。每各道聚会议事，公谈论辄数百言咸当要，会众皆推让。出按庐、凤等府，所至辄进诸生讲论经史疑义。至安庆，诸生私相谓曰：御史贵州人，千字文秀才也。公微闻之，次日，摘《起、剪、颇、牧》作题试之，诸生大沮，其精敏此类也。十四年己巳，英庙北征，公以名御史扈从至土木，乘舆北狩，遂死之，公之大节如此。

西麓子曰：先民有言，父生之，君治之，师教之，天下之三本也。故惟其所在则致死焉。于公尽之矣。古之孝子，固有冒白刃而赴亲之难者矣，若猛虎搏人，志在吞噬，非盗贼比也。公以孑然童子，直犯其爪牙。九重震怒，生死叵测，当时寄言责，拥重任者何限，且环视扼腕，莫敢撄逆鳞之威，公以一大学生毅然申辩，无少难色，卓然不易之见，与见义必为之勇何如也。然公于亲之难、师之难，已致死矣，而卒不死，且济其事，终之以土木之祸始尽节焉。……访公之后，则无招魂之墓、片石之纪。所仅存者敕命——道而已，其诸恩荫恤典俱未及也。今夏与郡博钟君谒公祠，因叙其所闻如此，以留于后。

可见，田秋作为推举和判识乡贤的地方代表，在思南乡贤和乡贤文化的建立、推荐、判论、祭祀等方面起了非常重要的作用，在为申祐立祠祀之后，“嘉靖十五年知府洪价增建二间，共五间，复举名宦乡贤共十二人，呈见上司请入祠，春秋享祀，以敦风化”。据（嘉靖）《思南府志》记载，有以下乡贤被纳入祠祀之列：

田祐恭：有聪识，为藩部长，愿以其地内附，遂建思州，以祐恭为首。其后，子孙皆世其官。嘉靖十五年（1536），知府洪价采士论，举入乡贤祠。

安康：景泰四年，以礼记中试，性颖敏好学，精诗文篮，仕南京司务寻迁郎中，立朝屡有建白，知无不言，出知徽江府，勤廉、公慎、兴学、爱民。六月祈祷，以致飞霜，是岁农丰稔称异之。嘉靖十五年知府洪价采士论，举入乡贤祠。

田谷：少聪敏数学，年十九领乡荐。性方严。精易学。家之子弟，乡之后生及门受业者甚多。铜仁太守刘瑜延之过郡，刘以诗赠别云：“十载韦编理学精，几多门弟赖陶成。须知霄汉致身远，不说功名唾手轻。文字正堪供夜话，风雷又觉动春声；相期早际云龙会，共秉忠真答圣明。”赈穷锄奸，筑城修学，升曲靖府通判，寻以亲老告终养归。遂不复仕。嘉靖十五年（1536）知府洪价采士论，举入乡贤词。

明代思南府志将名宦和乡贤共同被纳入祠祀之列，故府志中记载了明嘉靖十五年（1536）以前为思南地方建设做出贡献的名宦正官：

金爵：四川绵州人，由进士弘治间任。宅心仁恕，敷政近民，围观袭弊，革除横征，立“五年四空”之法，以便编徭，民怀其惠。嘉靖十五年（1536），知府洪价采众论，举入名宦祠。

罗璞：江西吉水人，由举人弘治年间以浙江绍兴府同知升任。长于政举，尤擅文明，重建府治，作兴学校，修筑城垣。至今民赖保障焉。嘉靖十五年（1536），知府洪价博采众论，举入名宦祠。

宁阅：河南汤阴县人，由举人正德年间任。廉慎刚果，文武兼资，时蜀贼方四大举寇境，守土巨室携孥负资窜入崖穴。公庶知之，慨然以死守自任。将渡载河船拘收，夜静则躬自巡察，敢有私逃避寇者，重治之；且率民间义兵，亲御弓马耀武，又于各关外深沟重垒，戎马不得入。后因镇竿夷兵经过，公主议，因以破贼。后升运使，登车日，民皆攀辕涕泣，不忍舍去，至今怀之。嘉靖十五年（1536），知府洪价博采众论，举入名宦祠。

周举：山东郯城人，由进士嘉靖二年（1523）任。存心公直，剖决如流，狱无淹滞，尤善作人。每政暇，则召诸生讲论，多赖发明。嘉靖十五年知府洪价采众论，举入名宦祠。

李悦：福建莆田人，成化间任。学识宏博，倡导诸子，朝夕不倦，尤精于易，每为诸生讲授，至今易盛于思南焉。嘉靖十五年知府洪价采士论，举入名宦祠。

明清两代士人通过写传记、墓志、碑铭、序表等方式在对乡贤的书写中完成了从“桑梓之私”到“天下之情”的转换。明贵州巡抚郭子章《李渭传》、清康熙二十七年（1688）思南知府刘谦吉《郑长史传》、清郡人符克闻《徐公祠记》、清安化知县俞汝本《王文成公生日祝田记》都是对明清思南名贤的书写。

一代名贤田秋是否入乡贤祠，现存史料并没有明确记载，嘉靖三十五年（1556）逝去后，明清两代的地方士人纷纷通过写传记、墓志、碑铭、序表等方式讴歌着他的功绩。比如清代翰林学士郡人郭石渠在《中和山记》中云：“以中和之灵秀，钟盛世名儒，李公其最著者矣。创理学于黔中，启名教于千古，中和之发越，孰大于斯。且申（祐）、田（秋）诸公，大忠大孝，后先接踵，光于家乘，荣于国史，垂芳百世，仪型后学，斑斑可考。”可推测，明中后期到清代，田秋、李渭等名贤在乡贤祠中榜上有名，成为思南乃至贵州一省都具影响力的人物。正是以田秋为首的思南乡贤和乡贤文化遗产的深入人心，思南从此“人文蔚起，科甲蝉联，说礼敦诗，风俗敦厚”，成为贵州这片土地上的文化之都，被尊称为“黔中首郡”。

因此，应该将乡贤祠和乡贤文化作为思南先辈们在开发这块古老土地的历史进程中留下的非常重要的历史文化景观遗产进行科学复原、保存和利用，发挥它们在当今地方认同、文化自信方面的作用。

（四）田秋与《思南府志》

“方志是一方总览，是一个地区社会结构和自然生境的完整记录，也是历史和现实的文本化折射。”

贵州同全国其他各省区一样，在长期的历史发展中，也遗留、累积和保存了丰富的文化典籍，撰述了数量众多的地方志乘，辑存了大量有关社会和自然的史料，扩大了地方性知识的认知领域和记忆空间，同时也激发了人们重新实践的热情。特别是明代贵州建省后，贵州方志的编纂开始兴盛，内容均为中央王朝及中土文士不甚了解而极欲知晓之事。明代府厅州县志现存的仅（嘉靖）《思南府志》《普安州志》、（万历）《铜仁府志》三部。《思南府志》八卷，以地理、建置、田赋、祠祀、人物、拾遗、诰敕八志为纲，分统众目，“色色俱备，井井有条”，《明史》把它载入《艺文志・地理类》书目，可算贵州建省以来较早的地方史志，也是目前仅存的三部贵州明代府州县志中最有影响力的一部，足可以说明其价值之大，故笔者认为田秋对思南故土最大的文化贡献非（嘉靖）《思南府志》的编纂莫属。

嘉靖十四年（1535）到十六年（1537）由时任思南知府洪玠主修、教授钟添主纂、田秋删定的嘉靖《思南府志》终于三载成书，凡2册8卷49目，“补一郡之旷典”，“西麓田公汝力，文与行符，言足信远，垂意于是志久矣。乙未冬……适公读《礼》，家居之暇，间偕推府董君翚持币以请，公乃慨然执笔”。田秋乃“参以故老之传闻，考以旧家之谱牒，质以贵阳统诸图志”“略删其繁芜，间补其缺遗”，并欣然为府志作序：

西麓子曰：“方册之布永矣，予何言也？虽然，亦窃闻之矣，天下平则文物盛，统势——则图志明。斯典也，世运关焉者也，且有经邦之道焉。昔者，先王之御世也。立典式而观民，因风宜而设教，是故陈诗纳价以察趋也，五土有辨以致他也，书用识之以永风也，九丘之篇邈矣。方之典，孔子述焉，大都为民治设也。此意而湮，即记载之功盛矣。眩于观，详于末，文也，奚用哉？是录固无良，亦罔或弗鉴于兹也。地理辨方而黜附会，以资理也；建置原始而明制则，以示守也；田赋经国而昭民隐，以长爱也；祠祀以崇典，存慎也；官师以著鉴，定趋也；人物以征教化，见仪表也；拾遗广异获识，备政稽也。贯之治式，本乎国体，惟是而已。……

田秋以改变家乡落后面貌为己任，其创修的《思南府志》凝聚着他对父母之邦的深情厚谊，后人也深受田秋的影响不断编修《思南府志》，万历二十三年（1595）知府赵恒主修、郡进士肖重望主纂（万历）《思南府志》；康熙三十年（1691）知府刘谦吉主修、举人徐昌支助纂（康熙）《思南府志》，凡9卷，53目；雍正五年（1727）知府冯咏修纂（雍正）《思南府志》；现存（道光）《思南府续志》是道光十九年（1839）知府夏修恕主修，郡举人肖琯、何廷熙主纂，参与采访、笺定、缮写、分校、监修者共计63人，凡12册12卷58目。几百年来，社会动乱纷扰，历经沧海桑田遗存下来的《思南府志》就只有明嘉靖和清道光时期的孤本，修撰于两代不同时期的思南地方志，状山水，记风俗，载人物，详古事，辩沿革，辑撰著，帮助人们探求地方之社会、经济、政治、文化、生态环境的时代特点，是保存着思南历史记忆和地域知识的文本世界。所以它们也就成为研究我国古代史的珍贵文献和文化遗产。

四、结束语

当今时代，面对激烈的经济和文化竞争，如何使当地处于一个独特的有竞争力的恰当位置是各地方政府最关心的课题。地方发展直接关联着地域性之建构，其中历史文化景观作为一个积极的地方发展计划元素，保存历史文化景观不仅关系着空间文化形式的品质提升，而且更关系着社会的多元化。它是地方魅力的体现，也是地方社会重建的重要方向。本文以贵州知名的传统历史地域——思南作为研究客体，其历史文化景观遗产就像一面镜子，承载并展现了黔东北地域文化的脉络和整体发展历程。尽管明清时期贵州思南地域内的历史文化景观的文化价值和自然价值似乎都够不上世界遗产的标准，很多人会认为这些传统小地域的草根文化遗产不够“伟大”，实际上这些边缘之地域文化景观却是构建明清宏观文化的基础，也是因为它们的存在，因而制造出更大的时代意义，建立起更宽广的历史、社会脉络。尤为重要的是，作为先辈们结合自然、融合自然所创造的人文杰作，文化景观遗产给当下人们留下了美好的生活记忆，因此，积极保护思南文化景观遗产的地域文明特征，让保护成果融入当代思南人的美好生活中是此论文写作的初衷。

参考文献：

1. 钟添纂次，田秋删定，洪价校正：（嘉靖）《思南府志》，1962 年上海古籍书店复制宁波天一阁藏明嘉靖十六年（1537）刻本影印，见《中国西南文献丛书》第四十卷，兰州：兰州大学出版社，2004 年。

2. 思南县志编纂委员会办公室编：《嘉靖、道光、民国思南府、县志》（点校本），2002 年。

3. 单霁翔：《走进文化景观遗产的世界》，天津：天津大学出版社，2010 年。

4. 贵州民族研究所：《明实录·贵州资料辑录》，贵阳：贵州人民出版社，1983 年。

5. 吴必虎、刘筱娟：《中国景观史》，上海：上海人民出版社，2004 年。

6. 王云才、石忆邵、陈田：《传统地域文化景观研究进展与展望》，载《同济大学学报》，2009 年第 1 期。

7. 陈鼎：《黔游记》，见《西南稀见丛书文献》第五卷，北京：学苑出版社，2009 年。

8. 张羽琼：《贵州古代教育史》，贵阳：贵州人民出版社，2003 年。

解密田秋故里

张安国[①]

《说文解字》上说，故里即故乡、老家。田秋故里在什么地方？随着传统文化和历史人物越来越得到重视，争抢之风愈演愈烈。然而，田秋故里是唯一的，究竟谁在“劫持”历史文化名人田秋？让我们一同解密田秋故里。

复旦大学图书馆馆长、历史地理研究所教授葛剑雄对中国名人故里之争进行综合研究后认为，名人故里的争夺一般都围绕“出生地”“葬地”以及“行游之地”三个方面。

然而，贵州科举教育之父田秋故里之争却有些神奇，争抢的人偏偏不看田秋的出生地、葬地、“行游之地”，他们跳出了葛剑雄教授对全国研究的普遍性，跳出了“通常”“一般”，独立构建了一个稀奇古怪的理由。

因为从出生地来说，《黔诗纪略·田布政秋》载：“秋，字汝力，号西麓，思南府人。”在田秋著名奏议《请开贤科以宏文教疏》中第一句：“臣秋，原籍贵州思南府人。”两个记载都清清楚楚、明明白白地说明，田秋是思南府人。这个认同特别重要，它是解密田秋故里的根本。

再看其葬地，（嘉靖）《思南府志》记载，田秋父亲田显文于嘉靖乙酉岁（1525）8月16日葬于蒋溪铺半月山。蒋溪铺半月山乃今思南邵家桥镇赵家坝，地处乌江东岸。《思南府续志》又记载了田秋墓地在府南二里息乐溪之源。息乐溪乃现在的思南县关中坝街道办事处息乐溪村。两代人均葬于今思南县，而且田秋在（嘉靖）《思南府志》上自己记载了其父亲葬地，难道有儿子连父亲葬地都记错的吗？在田秋两代人都葬于现在的思南县的情况下，仍然有人不顾史实，非要说田秋不是思南人，其居心何在？

再看“行游之地”，田秋大女婿张钦辰在《广东布政使田公行状》中记载，由于田秋为官谨慎，没有留下“片言只字”。《黔诗纪略》收录了思南三诗人——田秋、安康、李渭的诗，再加上《思南府志》《思南府续志》等也总计只搜集到田秋十一首诗。然而，这十一首诗全部写的是思南景、思南人，没有一首诗写出了现在的思南县，说明其行游之地留给他最刻骨铭心记忆的，仍然是家乡思南的山水人物。田秋与古今文人一样，对家乡总是泼墨咏赞，留下了十一首珍贵的诗歌。

① 张安国：贵州省思南县教育局。

所以，不能不顾史实，只顾自圆其说，从而否定田秋是思南人。

田秋出生于思南府，葬于现在的思南县，行游记忆至深并留下文字纪念的仍是今思南县，但有人争抢他的故里。他们的理由超出了复旦大学葛教授对全国名人故里之争的研究共性，不讲出生，不讲葬地，不讲行游地！他们讲什么呢？他们只讲田秋在一条公共行驶的乌江黄金水道上，题了“黔中砥柱”这几个字！他们认为：为什么田秋不在别的地方题字？而要在那里题字？题字的地方就是他的故里！由此观之，这个争抢名人故里的理由成了全国最独特的理由！各地争抢名人故里都不曾用的理由，他们用上了！在一些人看来，题字之说，相对于他的出生地、葬地、魂牵梦萦写诗赞颂之地，都没有哪个题字的理由能够说明田秋故里的真实性！按照这样的观点，那些名山大川、古驿道上题字多如牛毛，其中也不乏名人，依其推理，争抢题字人之风，会如排山倒海之势，让历史人物永无宁日了！更何况，从古至今，中国人都爱题字，前几年不是有报道说中国人题字题到国外去了吗？在现在的思南板桥镇郝家湾，清代前期，人们修建了一条沟渠，在沟边树一堵墙，墙上阴刻一行大字——“中流砥柱”。所以仅仅依靠题字，不能作为名人故里的理由。那么，名人故里就没有办法进行科学的判断了吗？也不是！

中国考古研究所研究员唐际根先生说，解决名人故里之争的根本途径，是从学术层面进行论证。所依据的“事实”，除通过种种途径发现的实物之外，最根本的是官修的正史。因为所有这些文字记载中，民间流传的“野史”，以及各种家谱、族谱，都难免有出于种种原因而发生删改、漏记、误记，甚至窜改等情况。

面对田秋故里之争，不在少数的思南人很大度地认为田秋故里本来就是思南，有人争是好事，可以更广泛地宣传田秋，想一想，有人免费为我们宣传何乐而不为呢？为什么要较真？持这种观点的人其实是很不负责任的。因为名人故里之争，会导致现代人对名人籍贯的认识混乱，特别是在整个中国历史文化教育、传承过程中，就有可能出现一些误区，这是一个比较大的伤害，甚至可能因此产生比较深远的影响，贻害下一代，造成一种文化混淆。因此，解密田秋故里，是澄清思南历史文化混乱的当务之急。

一、说田秋不是思南人，那是陷他于不忠不孝

我国明朝推行“以孝治天下”，田秋中进士后，他考虑两位兄长在外做官，赡养父母是他的责任，所以，官也不做了，在家尽孝整整八年，后来两位兄长辞官回家，他在父母兄长的催促下去朝廷赴任。

嘉靖三年（1524）正月，田秋从福建延平府任上告假回乡，看望年迈的父母，这是他上任两个年头以来第一次回乡。感受到家乡与外界的差距，看到父母年事已高，身体越来越差，忧心忡忡。

明朝官员休假制度是之前历史上最为完善的，出现了一些固定的休假日。如：岁首、端午、中秋等。官员任职三年后，每三年还享受一次探亲假，假期一个月；父母死亡享受三年守孝期。由于田秋仅为官两年，从时间上算，只有18日的假期。

嘉靖三年（1524）正月还没结束，他只得匆匆辞别父母兄长，赶回福建。没有想到，这一别，竟是和父亲的永别。

嘉靖思念(1525)8月16日，他81岁的父亲过世。田秋忙告假回乡守了三年的孝。政府推行以孝治天下，做官的人，不管文官还是武官，也不管官有多大，父母死后，如不马上请假还乡，那是极其不孝的，监察御史如查出，将立即提出弹劾，根据情况，最严重的被处以终身不得录用。就是武将在前方带兵作战，父母死了，也要向朝廷请假还乡。当然，皇帝可以下诏书，令他移孝作忠，予以慰留，这才可以不还乡。在戏剧里那些武将穿半边白袍，就是戴孝上阵，那是皇帝的特殊慰留。因为，国家战争非要这个人不可！而且，就是皇帝遇到父母死亡也要守孝三年，三年之内不得宴请和结婚。

守孝三年也是儒家的思想。孔子说小孩三岁才离开父母的怀抱，能单独走路，后来二十年的养育之恩且不去管，这三年最要紧，就算是朋友，这样照顾了你三年，后来他们死了，这三年的感情，你怎么去还？所以要守孝三年。

田秋回家，三天不进食，后来，每天粗茶淡饭，不饮酒，不食肉，披麻戴孝，不去沐浴。睡在草席上，用土砖做枕头，出入也不走正门，不参加任何活动。他一丝不苟地为父亲守孝，回报养育之恩。他的行为受到了府邻和官员们的好评，事迹传播很远。作为当时的中央朝廷，要“求忠臣于孝子之门”，所以田秋之孝，为他在官场赢得了更多分值，他日后年年攀升，与忠孝有极大的关系。守孝三年满后，朝廷于嘉靖六年（1527）再次将田秋提任河间府推官。

在这样一个大孝的环境里耳濡目染，田秋做官先从做孝开始，而他的父亲过世后，有大孝的田秋焉有不让父亲叶落归根之理？他的父亲葬于“府南十二里，地名蒋溪铺右”，说明他父亲的根是归在今思南县邵家桥镇赵家坝。为什么有人非要说田秋不是思南人？难道田家有三个都在朝廷做官的儿子，还有田秋四个做官的女婿，这么一群人，没有能力把他的长辈运回某些人猜测的“故里”去安葬？更何况，他们猜测的地点距离思南不足50公里！这岂不是闹笑话？

说田秋不是思南的人，那不是在歌颂、赞美田秋，而是陷他于不忠不孝！田秋把父亲葬于“异乡”，不让父亲“叶落归根”？持这种观念的人，真让人怀疑他们争抢田秋的初心究竟何在！

二、为了生存，思南府城是他们一家唯一的选择

这个命题，绝不是危言耸听！

回溯那段历史，战争打破了北宋人的日常生活，无数人流离失所，成千上万的中原官员及民众像潮水一样仓皇向南逃亡，史称“宋南渡”。

田秋的祖父田永富也生长在中原发达地区，有较高的文化水平，随宋南渡官员逃到贵州思南。中原人根本不懂贵州的农事耕种，他的特长就是能写能算，那么逃往思南后，他是选择住在无文化需求的乡村还是选择府城呢？凭什么他不扬长避短？

田秋在其编撰的（嘉靖）《思南府志》中记载了其爷爷田万钟："工诗文楷书，以毛诗授教于乡三十余年。"田秋的父亲田显文也继承了他父辈的衣钵，以教《毛诗》《诗经》为业。而那时对中原文化，农村根本没有需求，如果说田秋不是思南人，请问：那时思南府哪个穷乡僻壤能够那么开化，让他两辈人都可以教书为业？而且（嘉靖）《思南府志》还记载了田秋之父田显文，"年十二受学江西孙善述，日记千余言，为诗对，有奇语，孙器之"。

从这段文字不难看出，除了田万钟这个教书人外，还有江西来的孙善述。教育如此普遍的现象究竟发生在500多年前的贵州乡村？还是府城所在地？

争抢田秋故里的人，真是闹腾得有些不着边际！把五百多年前的贵州乡村，想象得如此富有教育情怀，难道就不觉得害臊？要知道，朱元璋曾下令："今京师虽有太学，而天下学校未立，宜令郡县皆立。"全国教育尚且如此落后，而贵州建省较迟，最初朝廷连考试都不允许贵州人参加！若干年后才获准在武昌参加乡试，后又改附云南。所以，田秋故里密码揭开是不可避免的。因为，为了生存，他只能在相对开化的府城！而绝不可能居于府城之外遥远的乡村。

三、"门当户对"的婚姻，再次证明田秋故里在思南府城

中国几千年婚姻文化中，门当户对是择偶的标准。所谓门当户对，就是家庭经济和所居环境差不多，特别是男方所处的环境不可忽视，城市的女孩绝不可能嫁到乡村去，做官人家的女孩绝对不可能嫁给农民的儿子。就是开化了几千年的现在，门当户对都还是影响男女双方是否可婚配的重要依据。

田秋的女婿广西培州府通判、进士张钦辰，在《广东布政使田公行状》中记载："郡北李公，因访伯兄唤出谒见，历试偶辙，立应无难急。郡守公甚奇之，欲以女妻，不果。"想想：知府大人主动要将女儿嫁与田秋，如果田秋家居乡村，知府还会"主动"？这桩婚姻后来因为罗知府的女儿早年夭折而成为遗憾。

后来，田秋娶的第一任妻子是罗府张文建的长女，从这些史实可以说明，田秋一定居于府城，才可以与知府、罗府门当户对！

四、"正史""野史"都证实田秋葬于思南县关中坝街道昔乐溪村

这是正史记载。再看看田秋女婿张钦辰的亲历。田秋过世后的几日，他的大女婿张钦辰做了详细的记载："至嘉靖丙辰（1556年）冬10月24日，卒于正寝，先三日，招亲戚、诸子侄宴会永诀，章训子略，嘱后事，正衣冠，怡然。而化人以为盛德之报云，呜呼，公可以瞑目矣。"

三个月后，田秋的三儿田时都总是跑去他墓地哭吊，张钦辰记载："公卒三月余，时都恸哭于以本年十月二十四日葬于昔乐溪之原……且实待属纩躬殡敛，见公终始。"

这个从始至终见证了田秋死亡和丧葬的大女婿，不会把岳父的葬地写错吧？看看张钦辰对岳父田秋的生平记载（原为古文，笔者对原文做了直译）：秋公生于

1494年，享年63岁，娶妻张氏，侧室有魏氏、周氏、余氏、王氏。张氏被封为淑人。在那个年代，三品官员或将军的妻子（正室）才能享受这样的封号。郡君之妻子封为硕人、令人、恭人，县君之妻子封为室人、安人、孺人。张淑人为绿府张文建之女，生性慈祥孝敬老人，对公婆姑姑侍候得无微不至。秋公的母亲汪氏被封为太淑人——也是三品官员的母亲才会有这样的封号。汪太淑人特别喜欢张氏，因为她有生养子女的功德。张氏一共生了三个男孩，长子田时中，1534年考取举人，娶李氏，李氏为正九品官员驿丞李公之女。在明代，驿丞官虽小，但位置却很重要，朝廷每年拨给驿馆饷银3500余万两，年支马料30多石。驿馆下面驿卒十多人，负责保卫驿馆来往住宿的官员的安全，有驿马十余匹，备用轿子三顶，这些兵马、物资、银两均由驿承管理。秋公的第二个儿子田时龙，嘉靖十九年（1540）中乡试第一名（解元），后娶知府罗公之女为妻。三儿子田时都先与国子监李同野的长女约婚，后因早年夭折，又娶五品官安公之女为妻。

张淑人除有三个儿子外，还生有五个女儿。大女婿张钦辰，二女婿申守乾，四女婿张建辰，五女婿罗国贤。几个女婿都是文人。秋公的孙子辈中，有男三人，长孙娶申氏；二孙娶张氏，是秀才张公之女；三孙娶罗氏，为南京都察院绿历罗公之女。都是秀才出身。生孙女一人，孙女婿敖引，为梅坡敖中丞三儿子，与梅坡敖都是朝廷的官员。秋公过世三个多月后，田时都常常到秋公葬地昔乐溪哭吊，并嘱咐张钦辰为秋公生平写个传记。张钦辰毫不推卸，以孝诚之心著纪念文章。我的文字较之秋公的德行，显得是那么浅薄。

张钦辰是嘉靖三十六年（1557）进士，广西培州府通判。既有“正史”，又有“野史”，还有亲人的亲历，都证明田秋两代人葬于今思南县。所以，田秋故里应该是今之思南。

五、西麓小院与府文庙盖兆人文之盛

480多年前，思南发生了一件神秘的事件。（嘉靖）《思南府志·拾遗志》（木刻本）中记载：嘉靖甲午（1534），田秋的儿子田时中和田秋哥哥田谷的儿子田时雍，赴云南参加乡试同时中举。田时中为中试第八名，田时雍为中试第四十名。当年，与田时中同时赴考中举的还有思南人李渭（中试第三十名）、思南人敖宗庆（中试第五十名）。同科同门两人同时中举，这种事情本来就少有，而思南一府，同年同科四人同时中举，更是罕见了。故（嘉靖）《思南府志·拾遗志》中写道：“嘉靖甲午，田时中、李渭、田时雍、敖宗庆一举四人，前所未有。文庙前银杏二树，原无花实，是年夏，忽见结实四枚，皆并蒂。而西麓小园盆桃，偶有并蒂者八枚，盖兆人文之盛，而一门二子同登，亦非偶然也。”文中把这件事说得更加神乎其神。当时思南文化教育之盛况由此可见一斑。

“人间四月芳菲尽，山寺桃花始盛开。”如果田秋的家不在府城，就不会出现与府文庙“并蒂开花”之效，也不会“盖兆人文之盛”。此段中所记载之事奇就奇在同一地点发生的开花结实现象。如果两地相隔较远，就没有必要搅在一起了。

六、明代思南府水德江不是今之德江县

（嘉靖）《思南府志》载："田秋，水德司人。"那么，水德江司是今什么地方呢？（嘉靖）《思南府志》（木刻本）里收集有十一张地图，其中有一张思南府城图，视图可知在思南府下便是水德江司（现今思南县工会地址），与府东相邻的是水德司仓。原来，当时是府司同城而治。水德江司其实就是现在的思南县城。

有人认为：水德江司后来改为安化县，不是现在的思南了，田秋也就算不上思南人！幸好（嘉靖）《思南府志》（木刻本）记载了水德江司改为安化县的史实。原文载："在府城南门之右，明万历三十年改水德江长官司为安化县。"现在保存完好的思唐镇安化街就是历史的最好见证。安化县在今之思南，还有一个铁证：明神宗万历十三年（1585）举人，次年中进士的思南府人肖重望（初任河南阌乡县知县，再拜云南道监察御史）写有《修安化县治碑记》。碑文第一句话："安化县，思南附郭，故水德江长官司也。"碑文后面，详细介绍了安化县的位置："安化县在府城南门外咫尺，稍折而西，地虽宽平。"一个"附郭"就导出了安化县的地址。"附郭"是中国古代行政区划用语，指县政府治所与州、府、省等上级政府机构治所设置于同一城池内的状态。附郭现象，历朝历代均并不少见。明清两代也有不少例子：苏州府城有元和、长洲、吴县三县附郭，成都府有成都县、华阳县附郭，西安府有长安县、咸宁县附郭，顺天府则有宛平县、大兴县附郭。

那么，为什么有的人一看到"水德江"就说是今德江县呢？在今德江县文管所存有一通清光绪八年（1882）《移建安化县碑记》。碑文中讲了由于匪患，奏请将铜仁县改移至大江口，将安化县从思南府改移至大堡的史实。这就是说：弘治七年（1494），田秋出生在水德江司，水德江司后又改为安化县，均在思南县城。光绪八年（1882）才移建安化县到今之德江。也就是说，田秋死了326年后，安化县才搬迁到现在的德江县。这些史实都证明了水德江司、安化县治，在清光绪八年（1881）前均在今思南县域。所以，田秋是今思南县人。不能因为田秋死了326年后，其所在的安化县搬迁至德江而说田秋是今德江县人。那样就犯了刻舟求剑的错误。因为田秋生于思南，葬于思南，326年后安化县迁移至德江县，你在德江县找田秋，是绝对找不到的！"船"在动而"剑"未行！

田秋删定的（嘉靖）《思南府志》中有三十余处提到了"德江"两字，其所述的"德江"仍在今思南县。（嘉靖）《思南府志·地理门》记载了思南八景，同时还附有《府八景图》。思南八景：圣岭春耕、中和夏绿、人寿秋高、三台积雪、德江晚渡、雁塔标霞、鹭州泛月、五老撑云。这里提到的"德江晚渡"据《思南府续志卷之二·关梁》载："德江上渡在城南一里，由上渡而上二十里至掌溪渡，又十里至邵家桥渡，又十里至江口渡，由江口溯大江而上，又五里至思林土坨渡……"这些地名、位置至今都还在思南，一一对比，德江晚渡在思南什么地方已经很清楚了。

《思南府续志卷之十二·艺文门》中有嘉庆七年（1802）壬戌科进士、思南郡

人廪生冉中涵写的一首《德江晚渡》：

山城迩江流，夕阳分古渡。
嘈嘈人语间，一叶竟投暮。
往复亦何常，悠然随所遇。
前洲白鹭间，登岸频回顾。

再次说明德江晚渡就在思南白鹭洲上面不远处。

另据中国著名史学家周春元编撰的《贵州古代史》一书中所收录的贵州清代前期府、厅、州、县图，安化县在清代前期属于思南。

另外，说明古之“德江”不是现在的德江县，还有《明史·地理志》准确的记载为证。由于在乌江流域设置有以“黔”字命名的治署，因此，乌江亦被呼为黔江。《明史·地理志》曰：“乌江为古延江，今考乌江，一名黔江，源出威宁州东北山。”“至乌江城（今遵义乌江镇）始名乌江；至余庆县界名岩门江；过思南府城曰思南河，又名德江；至彭水县下曰黔江。”由史可鉴，以位于乌江流域乌江河畔地方署名而得其乌江各段的名称：以“乌江城（今遵义乌江镇）得“乌江”之名；以“思南府城”得“思南河”或“德江”之名；而彭水以下之所以得名为“黔江”，是因为早在“隋炀帝大业二年（606），置黔安郡”于彭水时。

七、田秋大哥田谷的墓碑在思南被发现

就在本论文即将完稿之际，又有惊人的发现：田秋大哥田谷（索齐）的墓碑在思南被笔者发现了。此墓碑不是一般的墓碑，而是一座神道碑。一般墓碑所刻碑文的文体多为散文体。而所谓神道碑，指的是立于墓道前记载死者生平事迹的石碑。多记录死者生平年月，所做贡献等。普通人不能立神道碑，一般要帝王、大臣才能立，用以记录帝王大臣生前的活动。后来发展到二品官员都可以立神道碑了。

这块神道碑正中书“明诰封奉政大夫任云南曲靖军民府通判索齐（田谷）田公神道”，左书“明进士出身，授吏部文选清吏司主事，任浙江温处道，移储广东参议，加太仆寺卿，巡抚四川、洛阳等处，总督漕运军务，进御前侍卫内大臣，太子太保兵部尚书，兼都察院副都御使，玄孙田仰立，右书“崇祯三年清明立”。

通过这块墓碑的发现，进一步找到了包括田仰在内的田氏八世墓葬，他们都在今思南境内，多在县城周围。始祖田永富，卒葬于县城西大岩关后今复烤厂处，墓仍存。二世祖田万钟墓，在思南县城东三公里田家坝。三世祖田显文，葬于城南 6 公里处赵家坝半月山。四世祖田谷，葬于城南 9 公里处官坡。田仰父田贡国墓在城南 38 公里处瓦窑咀官庄沟半坡，1977 年清理残墓时获田贡国墓志铭一方，详记其田贡国生平，墓志今存贵州省博物馆，思南文管所存有拓片和照片。田仰墓在田贡国墓下边约 50 米处，于 1972 年修公路毁，原墓形很大，墓主体正方形，

每方约10米，墓内壁浮雕有花草人物，外围有墙，前有华表。墓毁后，料石被取来拱砌公路涵洞使用，墓内陪葬8个魂瓶，7个被民工挖坏，只完整保存一个，今存贵州省博物馆。田仰墓在官庄沟，与（道光）《思南府续志》记载相符。1980年田仰墓被盗，出土了壬午举人前提督云南通省学政张子股题写的《太子太保兵部尚书讳忠伯田公墓志铭》。原文如下：

公讳仰，字百源。其先洪都吉安人也。一世祖讳永富，移居思唐。高祖讳谷（田秋大哥田谷——笔者注），登丙午乡榜，官别驾。曾祖讳时政，领岁荐湖广江陵县学博，赠宫保。祖父讳于渭，拔选四川大竹县主簿，赠宫保。考讳贡国，登万历戊子乡榜，河南归德府司理，赠宫保。母张氏，经魁讳国栋女，赠一品太夫人。妻张氏，进士及第讳守宗曾孙女，封一品夫人。弟倬，国学弟子监生。男之骏，端素温良，克荷家声，袭锦衣卫指挥佥事。三孙，长曰祖，府学弟子员；次子曰禄、曰祁，亦知拜午，矧之骏年富蕃衍若孙未艾也。

公性聪颖，幼好学，长工文。二十三登壬子（1612年），癸丑两科及第，初授山东汶上县令，终以尚书宫保讳忠伯，前后历官三十任，食禄几经十余万，外以儒行修己，内以忠孝治心。凡生平所慕、所感、所得、所长、所经、所遇、所为，一事一物，已布在行状，故不备书。

公明万历庚寅二月初五日生于思南府城郭宅，清顺治辛卯三月初七，终于北都正阳门官舍，妾朱氏扶梓丧，回江西吉安府什香时，子之骏幼居思，唐未与事，常思拜扫，往返维艰。康熙庚戌十月，自什香迁回，本年十二月十九日，葬于思南府城北五十里不浪窝。张子股忝戚谊辱命为志，略记丌事，质而不文。

铭曰：伟哉！太保。令文令仪，金璧丌掺，鸾凤丌姿。禄如斯、位如斯、寿如斯。呜呼！天爵人爵，实兼有之。伟绩丰功，大兴仁慈，卜告筮言，道行于时。封于兹，铭于兹。呜呼！太保之墓，迁葬于斯，既近既安，以利嗣人耳。墓，迁葬。

壬午举人前提督云南通省学政张子股顿首拜题（章）。

这里已经说得清清楚楚、明明白白了，田仰的家在思南府城附郭（今天的思唐镇）。

然而，历史往往有时喜欢开玩笑。后来又在德江县潮砥镇牌坊村（闭溪）发现一田仰墓，并获得田仰墓志铭一方，详记田仰生平，这又与田仰子田之骏为田仰撰写的《兵部尚书太子太田保昭考百源府君行略》记载相符。

这里出现了一个不可理解的问题：为什么德江又出现了田仰墓呢？这个问题让德江人不得其解！其实，思南民间盛传安葬田都堂（田仰，都御使之称）的那天，发了十八道丧。这是一种遮人耳目的葬人方法。现在，田仰墓在思南、德江都有发现，证明思南民间传说不是空穴来风。反过来说，能破解这道谜的，也只有知根知底的思南人，其他人怎么可以了解其中的奥妙呢？这不再次证明了田秋家族是思南人？

田仰祖孙十代世居思南府城，田仰住宅遗址在今思唐镇府后街职校一带，当时建筑宏大，占地面积7000余平方米，传说先修九重堂，后因不符朝制改建为七重堂。田仰的这所住宅遗址是思南城内人所共知的，田仰也就是出生在这里，在田仰墓志铭中也写有“时之骏幼居思唐”说明田仰在京城去世时，儿子田之骏还小，不能亲赴北京料理父亲丧事。

名人故里之争本质上是赤裸裸的经济利益“争抢”。在历史文化资源“助推”旅游经济发展的现在，一个文化名人的发掘足以让一座名不见经传的小山村刹那间“声名鹊起”。为此，名人故里之争其实是“醉翁之意不在酒”，表面看是文化之争，而本质上是文化遗产维权的“经济博弈”。

《文汇报》曾经也参与了一场名人故里之争：关于阮大铖的籍贯。大致是说，因为他是“阉党余孽、南明权奸、清朝贰臣”，弄得连自己的籍贯也没有。时至今日，桐城人还说他是怀宁人，怀宁人仍说他是桐城人。无论是说阮大铖出生于桐城，以后迁居怀宁，还是说阮大铖原籍为桐城，自他祖父迁徙居住怀宁后……出现他的籍贯争议的客观原因，大致都属于前面说的第二种。然而，出现名人籍贯的争议，往往也有主观原因。在阮氏的籍贯问题上，主观因素似乎更为突出。不是桐城与怀宁争相认其籍，恰恰相反，乃是二者争相不认其籍。操行不端，劣迹斑斑，连祖地故地都不想认你，如此这般，对于今人，自有其一定的警策意义。

有争名人故里的，有推卸不认名人的……因此，客观地、准确地评价历史人物，是寻求历史的真实、写真实的历史的关键问题，而寻求历史的真实、写真实的历史，则是严肃地对待历史问题的目标定位，也是严肃的史学工作者的自我价值追求。但是，在实际的研究工作中，史学工作者尽管主观上把寻求历史的真实作为秉承的宗旨，而能否写出真实的历史，仍然需要不断经受时间和实际的检验。不然就是一场大笑话！

一个城市，或一块土地，产生的一个历史名人，最重要的是土地的精神的一种体现，它的价值在精神。解密田秋故里，就是要传承田秋文化和精神，看历史人物，既要依据事实，做具体的分析，也要从历史的大时段上，综览全局，恰当把握，将这两方面予以辩证地结合，才能正确地把握历史，全面看待历史人物。

无度无序的田秋故里之争是一场灾难，不仅观众失去了文化的共鸣，历史也在被切割、破坏和颠覆。所以，要尊重历史，用史实说话。（本文重要佐证图片附后，图片均为作者亲摄。）

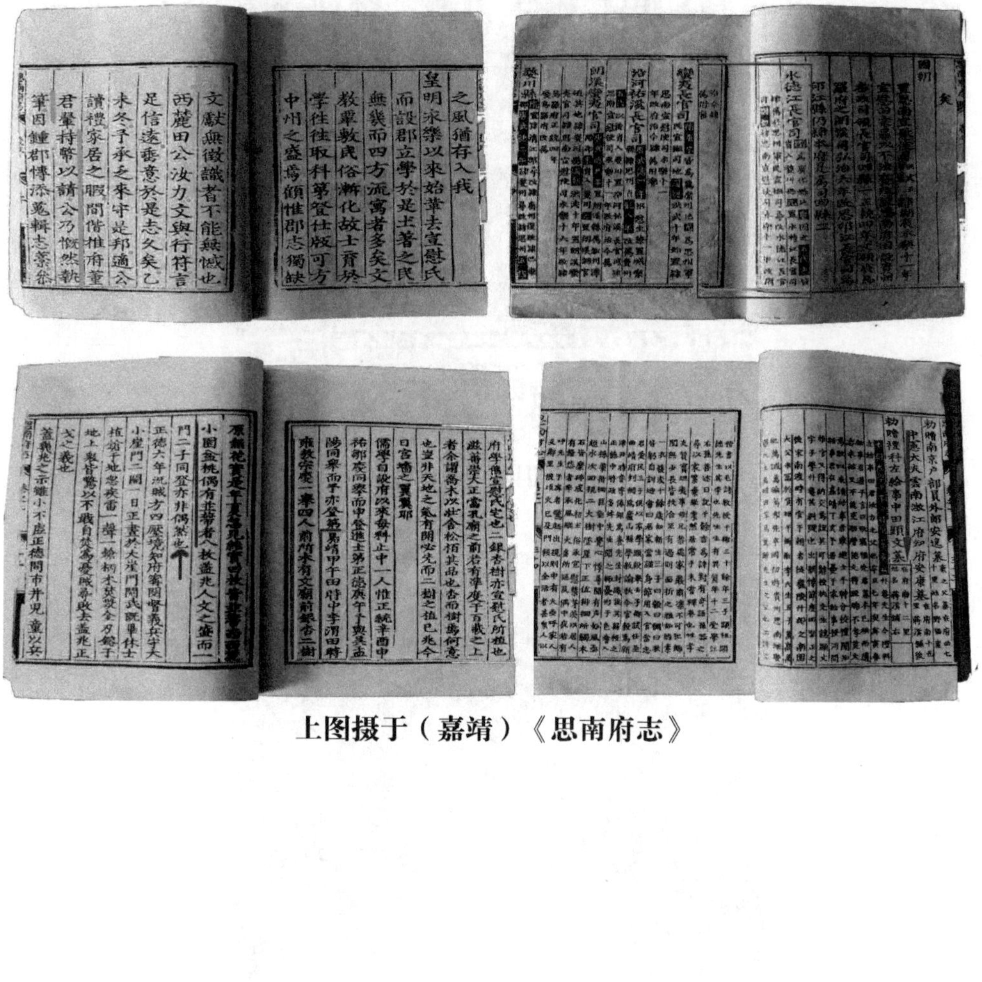

上图摄于（嘉靖）《思南府志》

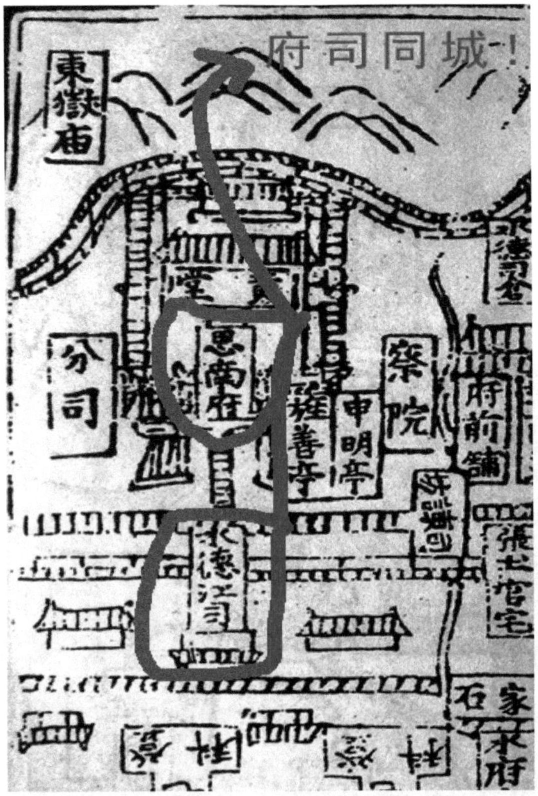

府司同城而治

田秋大哥（素齐）的墓碑

从历史角度看田秋在思南旅游开发中的价值

谢　敏[①]

摘　要： 在关于文化旅游助推贵州发展的讨论中，思南县进行了关于全域旅游发展、着力创建一批A级景区，提出了围绕“守底线、走新路、奔小康”总要求，立足“乌江、石林、温泉、历史文化”四张名片，打造“特色古郡·水上天堂”城市品牌，建成贵州省山地旅游重点县和全域旅游示范区的建设性设想。要把这个设想变为现实，理应首先对此文化现象的来龙去脉做一个准确的历史考察。笔者认为可以从以下几点入手：（1）关于田秋文化发展的历史考察；（2）田秋文化发展对思南的历史影响；（3）历史智慧对开发田秋文化区的启示。

关键词： 田秋　思南旅游　开发价值

当前，贵州正处于全面建成小康社会的决定性阶段，为了实现这一贵州发展史上的宏伟目标，全省各界人士积极建言献策，贡献自己的力量和智慧；各地方政府也创新发展理念，积极挖掘本地一切可供开发利用的资源。在此背景下，思南县进行了关于全域旅游发展、着力创建一批A级景区的思考，思南县委、县政府提出了围绕“守底线、走新路、奔小康”总要求，立足于“乌江、石林、温泉、历史文化”四张名片，打造“特色古郡·水上天堂”城市品牌，建成贵州省山地旅游重点县和全域旅游示范区的建设性设想。应该承认，这一设想非常富有创新意义，但是时至今日，这些文化几乎已经成为一个历史现象，昔日的辉煌景象已是过眼云烟。那么，要把想法变为现实，必须进行更多的理性思考，首先要做的就是对田秋文化进行一个准确的历史考察，要发挥田秋文化资源的最大效用，笔者认为，唯有在思南形成鲜活的田秋文化，为大众喜闻乐见，并能逐渐向周围或更远传播，才是捷径。

一、关于田秋文化发展的历史考察

由于史料的缺失，关于田秋文化的发展历程没有清晰的记载，现在只能揣测其基本情况。田秋（1494—1556），贵州教育的先贤，字汝力，号西麓，土家族，贵州思南人。正德五年（1510）举人，正德九年（1514）进士。授延平河间推官，

① 谢敏：贵州省社会科学院。

升户科给事中。历官广东左布政使。出身仕宦书香门第，自幼读书用功，聪敏过人。田秋一生，办了很多大事，其中开发贵州文教最有功劳。田秋在仕途上的主要品格是敢于直谏。田秋在朝廷做谏官时至少有两件事让他名留千秋。一是弹劾了大施虐政、大肆搜刮民脂民膏的云南镇守使，使万民欢庆，西南边陲安定。二是谏阻朝廷于京郊重建天地坛，免除了民间的疾苦，体现了一个知识分子身上应有的担当和责任。然而，让田秋声名远扬的不是他在仕途上的建树，而是他与乌江的血脉之缘。应该说是他的三次义行或壮举让乌江以及整个贵州高原感动。一是1530年上疏请于贵州开科，让贵州考生不再远徙两千余里奔赴云南应试，这对整个贵州文化是一次整体推进。二是1539年促川贵两台使上疏整治乌江河道。地处蛮荒之地的贵州开发较晚，受地理因素的制约，乌江成了贵州与外界沟通的主要渠道。三是不遗余力地振兴贵州教育，在《请建婺川、安顺、印江学疏》中，他认为“治国之道，教化为先；教化之道，学校为本”。人才的关键，在于学校教化。贵州置省以来，初只有府，卫建校，州、县尚无学校，至嘉靖时，边疆得到迅速开发，生产有所发展，然而，文化教育未能随之振兴，因有了田秋的多方努力，贵州文教事业才逐步发展起来，人才亦逐日旺盛，仅思南府从明代贵州开科到清朝末期，中举者就达360人，登进士第者32人，至此，贵州人心向学，人才辈出。

田秋在做四川提刑按察使期间，因天灾发生饥荒，当时四川巡抚听其大户所言，说有灾必有乱，有乱必治乱，治乱必用兵，用兵必有粮为由，将大户粮食仓储查封。灾民借贷无门，怨声沸腾。灾民扶老携幼逃荒者、街头路边昏倒者到处可见。田秋毅然向巡抚提议开仓救民的主张。巡抚执拗不许。田秋果断地对巡抚说；“古有奉命者便宜行事，矧我守土官乎。”为了百姓生存，一面下令揭下封皮，一面说服大户开仓。灾民有序借贷，大户慨然从之。田秋这一壮举，既保了灾民全活，又保了地方安定，士民歌颂于道，也是田秋为官爱民的一个范例。

在京做谏官时，朝廷要在京郊重建一座宏大的天地坛，这涉及迁村移寨、掘冢易灵，老幼闻之，哭泣不休。田秋闻讯而至，目睹现状，其心难忍。为解除百姓苦痛，于是上疏皇帝，其由，京都本有天地坛，何须再建，建坛本欲天地之享，天人之合，强迁村寨，活人不安，死人不宁，反伤天人之和。皇帝认为田秋说得有理，于是下旨停建。这是田秋为民做的又一件好事。

他在朝廷做谏官期间，以他亲赴云南应试之苦，耳闻目睹贵州学子远赴云南应试之辛劳向皇帝上疏《请开贤科以宏文教疏》。其曰：“各设乡试科场以抡选俊才，登之礼部，为之会试，然后进于大廷，命以官职，真得成周乡举里选之遗意，所以人才辈出，视古最盛者此也。惟贵州一省，远在西南，未曾设乡试科场，止附云南布政司科举，盖因永乐年间初设布政司，制度草创，且以远方之民，文教未尽及也。迨今涵濡列圣休明之治教百五十余年，而亲承皇上维新之化，又八年于兹，远方人士正如在山之木得雨露之润，日有生长，固非昔日之比矣。臣愚以为开科盛举，正有待于今日也。且以贵州至云南，相距两千余里；如思南、永宁等府卫，至云南有三四千里。而盛夏难行，山路险峻，瘴毒浸淫，生儒赴试，其苦最极。

中间有贫寒而无以为资历者；有幼弱而不能徒行者；有不耐辛苦而返于中道者；至于中冒瘴毒而疾于途次者往往有之。此皆臣亲见其苦，亲历其劳，今幸叨列侍从，乃得为陛下陈之。边方下邑之士，望天门于万里，扼腕叹息欲言而不能言者亦多矣。臣尝闻国初两广亦共一科场，其后各设乡试，渐增解额，至今人才之盛埒于中州。臣以为人性之善得于天者，本无远近之殊，特变通鼓舞之机，由于人者，有先后耳。今设科之后，人益向学，他日云贵又安知不如两广之盛大乎！议者曰：'科之不开，病于钱粮之少。'臣窃以为不然。盖贵州虽赴云南乡试，而举人坊牌之费，贵州自办也；'鹿鸣之宴'，贵州自备也；今所加者，不过三场供给试官聘礼耳。镇远、永宁等税课司，每岁不下数百两；思南府又有棉花税，若设一税课司，委一廉干府官监收之，每岁亦可得数百两。只此数项，足充其费，况求才大事，又可靳于区区之小费乎！且历年抚按官亦屡有，彼必有定议，乞敕该部再加详议。旧额：二省共取五十五名，云南三十四名，贵州二十一名。臣请开科之后，二省各于旧额之上，量增数名，以风励远人，使知激劝，则远方幸甚。"

在田秋的大力推动下，贵州地方官奏请了30多年的开闱乡试，终于提上了大明朝廷的议事日程。嘉靖十四年(1535)，朝廷正式批准贵州开科。嘉靖十六年(1537)贵州首科乡试，从此贵州有了自己的乡试科场。田秋为庆贺贵州有了自己的乡试科场，鼓励学子上进，为所有考生义买了首科考卷。之后，田秋为了发展贵州教育，培育贵州人才，从长计议，结合贵州山区人民多贫困的实际，率先拿出一笔钱，并倡导士绅共同捐买了卷田，免除了应试贫困学子缺钱买卷之忧。故贵州乡试自明嘉靖十六年（1537）首科至清末废除科举制度，360余年间，贵州应试学子从不自买试卷。

田秋认为，有了乡闱，还得有参加乡闱的学子，学子又只能通过学校教育。可是当时的贵州学校教育的状况不容乐观。据有关文献记载，建省以前，贵州有官学三所（包括思南府学）；从永乐建省至嘉靖中期，贵州有官学二十余所。可见，这百余年间，贵州官学从三所发展到二十余所，平均五年才建一所，这一发展速度远远落后于其他地区。不仅师资匮乏，校舍简陋，而且，教育体系很不健全。建省以后，明政府在贵州的教育对象主要是土司子弟和卫所官兵。从永乐到嘉靖年间，贵州只有府学、卫学，广大州县地区基本没有设学。在明代，官学具有较完整的教学设施和正规的教学秩序，集教学、督学、举试、藏书、教化于一身，既是文化教育的中心，又是思想教化的场所。对贵州而言，学校还是传播中原文化的主要载体。学校教育的严重滞后不仅制约了贵州人口素质的提高和区域文化的进步，而且也严重阻碍了贵州民族地区的经济发展和社会变迁。贵州社会经济要想有所发展，必须改变只有府卫学，没有州县学的局面。为了教育人才、造福桑梓，田秋慨然以帮助贵州兴学立教、移风易俗为己任。他认为："人才之用，虽有多寡之殊，而赋予之自天，原无彼此之异。特以教化之所及，有先后浅深，而人才系之焉耳！"地方文化的发展，关键在于培养人才，而培养人才关键在于兴办学校，推广教育。为了推动贵州少数民族地区教育的发展，田秋利用在庙堂之高担任礼部左给事中期间，向嘉靖皇帝呈上了《请建务川、安顺、印江学疏》，请求在贵州少数民族地区广设州县学校。田秋上疏称："臣秋谨题为乞恩建学以新化机、以广文教事。窃惟人才之用，虽有多寡之殊，而赋予之自天，原无彼此之异，特以教化之所及，有先后浅深，而人才系之焉耳！自古圣王皆致谨于庠序之教，有由然也。我太祖高皇帝即位之明年，即谕中书省臣以学校之事，必欲去元室之陋，回淳古之风。洪武八年(1375)，又命郡县凡闾里皆得启塾立师，守令以时程督之，即今社学是也。列圣相承，教法益备，虽山陬僻县，莫不有学，惟贵州一省，制度草创，止有府卫建学，而州县尚无。百年以来，休养生息之余，似乎富而未教，一方山川之秀，诚为郁而未舒，兹幸圣人在御，百度惟新，鸿化博洽，迩者以台谏进言，礼官上请，准于贵州设科取士，远方士子无不感戴天恩，垂白父老拭目以观文教之兴，椎髻夷酋，皆有遣子入学之志，臣生长其地，见得婺川县为黔南古邑，擅砂场之利，有鱼稻之饶；商贾辐辏，民庶殷实；而登科第者往往而有，只以离府五日，山行就学不便。是以闾阎俊秀虽不乏人，而奋庸致身，终于无路。臣愚以为婺川县宜立县学一区。又安顺州设有普定卫，其地上通云南，下接湖贵，实西南都会之所，号为多才，科目相望，而该州亦未有学，臣愚以为安顺州亦宜建学一区。又印江县，离府虽无百里之程，而有三江之隔，夏秋盛涨，未免病涉，且其邑多才，足以自成一学。"在田秋的努力下，朝廷接受了田秋的疏请，加大了对贵州的教育投入，自嘉靖十九年(1540)建立婺川县学起，明政府在贵州各州县相继设立了儒学校。嘉靖、万历年间，贵州学校教育出现了又一个发展高峰。

二、田秋文化发展对思南的历史影响

本文的立意角度是探讨现在思南开发利用田秋文化遗产的现实可能，并非是就其教育历史进行探讨。从这个角度出发，笔者认为田秋文化发展的历史影响主要有以下三点：一是成就了田秋的显著名声；二是留下了珍贵的文化遗产和艺术精品；三是初步促进了思南县的对外交流。

思南县位于贵州省东北部的乌江中下游，东临国家级自然保护区梵净山，西倚历史文化名城遵义，南靠泉都石阡县，北顺乌江达重庆涪陵入长江。铜遵公路干线横穿县境东西；黄金水道乌江纵贯南北，是黔东北联系湘、渝的水陆交通要塞。境内山川秀丽，气候温和，土地肥沃，县域面积约200平方公里，辖13个镇，14个民族乡，有汉、土家、仡佬、蒙古等17个民族，人口62万余人。乌江流域纵贯思南县境78.13公里，形成一道天然迷人的风景线，把武陵山脉与大娄山脉分割开来，形成地貌独特的喀斯特地形。思南历史悠久，源远流长。汉末置县，元设宣慰司，明清建府，民国设专员会署。司、府、署历经500多年。得乌江航运之便，思南自古商贾云集，经贸繁荣，是乌江中下游地区的商品集散地，政治经济文化中心，为贵州开发较早的县份之一，素有"黔东首郡"之称。

毫无疑问，田秋的声名鹊起与教育息息相关。正所谓"以在朝廷做谏官为最有名气，以开发贵州文教最为有功，以乐于兴办公益事业，施惠于民最为有德"

没有名士高人的文化底蕴彰显，无论多么美好的自然风景也只能是“长在深闺人未识”。而普普通通的一句则道尽了人与自然交相辉映的奥妙。田秋正是这样一个典型的例子。

田秋文化的发展还给后人留下了宝贵的文化遗产。根据有关学者的考证，较知名的有田秋在德江潮砥乌江边摩崖上留下的石刻“黔中砥柱”、田秋墓、《思南府志》、《西麓奏议》。田秋留存至今的文献虽然不多，但足以体现他的才华。《西麓奏议》（注：《千顷堂书目》题作《都监田公奏议》）反映了田秋对国事的关心。《思南府志》的创修，不仅凝聚着他对桑梓的深情厚谊，更反映了贵州“地方文化主体自我意识长期沉睡之后的存在性领悟与觉醒”为后世研究西南民族地区历史文化发展留下宝贵的第一手资料。

田秋文化发展还初步促进了思南县的对外交流。从思南开发的历史来看，汉末置县，元设宣慰司，明清建府，民国设专员会署主要是出于军事目的，辖区不仅人口稀少，而且主要居民是少数民族，在外人眼里完全是一块尚未开发的蛮夷之地，文明开化程度远远落后于中原各地。在这种情况下，教育的引进从客观上起到了促进对外交流的作用。

三、历史智慧对开发田秋文化区的启示

历史的作用在于为后世提供借鉴。通过以上的分析，基本了解了田秋文化发展的兴衰过程及其对历史的影响，这种背景知识对于现在探讨如何开发利用田秋文化具有很大的启示作用。

首先，田秋文化确实是一笔可供挖掘的宝贵历史财富。从“黔中砥柱”字面意思以及创作背景可以看出，田秋书摩崖石刻应是以物言志。既是修身、齐家、治国、平天下的情绪积累，又是立功、立德、立言的情感寄托；既是对其自己人生价值追求的终极定位，又是其精神内驱力，是外在客观物象与内在精神架构之高度重合。从情理上讲，对于能承载其志的具体物象的深度情感认同，需具有长期的生活体验和认知积累，也就是说，摩崖石刻应该在田秋长期的生活区域或活动范围。田秋对振兴贵州教育，挖掘家乡人才，是倾注了心血的。田秋身居庙堂，在桑梓开启后学，播撒教化，使贵州民智渐开，人文渐盛，使贵州经济发展进入了崭新的阶段。也正是田秋等一批人的推动，才使贵州区域文化不断发展。总结历史，开启后学，不可忽视以田秋为代表的黔贤为推动贵州社会文化发展所做出的重大贡献。

其次，田秋文化的兴起和重建都离不开县委、县政府的大力支持。思南加快实施全域旅游发展战略，着力创建一批A级景区、开发一批特色商品、优化一批精品线路、谋划一批经典赛事，形成全域化、特色化、一体化旅游发展格局，打造“山地公园”中的“水上天堂”，建成“多彩贵州”里的“特色古郡”。2016年12月15日贵州日报《打造“水上天堂”建成“特色古郡”——思南加快推进全域旅游发展策略解读》中提出：探索发展文化旅游。以“黔中首郡”为核心，推

进思南古城风貌改造，旅游商品一条街（盐市街）、文化产品一条街（安化街）等项目规范化建设。以田秋、李渭、旷继勋等历史名人为主线，规划建设以“田秋文化园”为核心的文化集聚区，打造历史名人纪念馆。

最后，应该清楚地认识到“冰冻三尺非一日之寒”，田秋地方文化名人，曾经为当地人民做出了巨大贡献，推动了思南地区文化教育事业的发展。现在对曾经的名人，不能只顾着去追忆他曾经的辉煌，更应该思考如何利用其文化影响力来为文化教育事业服务，把他们的事业继续发扬、传承。因此，要想再现昔日名人风貌尚需长远规划，全面统筹。当然，如果站在发展旅游业的角度，探讨将田秋文化如何与当地其他优质旅游资源结合，那又是另外一个课题了。

参考文献：

1.（道光）《思南府续志》，（点校本），思南县志办，1991 年。

2. 唐树义等编，关贤柱点校：《黔诗纪略》，贵阳：贵州人民出版社，1993 年。

3. 张新民：《贵州史学的兴盛与方志学的繁荣》，载《贵州日报》，2003 年 9 月 25 日，第 3 期。

4. 田秋：中文百科在线 http://www.zwbk.org/MyLemmaShow.

5. 汪育江、汪汉华：《历史深处的田秋》，载《当代贵州》，2012 年第 18 期。

6. 思南科学名师工作室的博客：《明代先贤田秋》，2010 年 7 月 29 日。

田秋与《思南府志》

张革生

历史有如一条永远奔流不息的河流，它跨越时间，漫无止境地向着未来奔去。随着时间的流逝，地球上的山川河谷、沧海桑田、故国家园都在不断地变化和重生，许多的人物、旧事都会逐渐地沉入时间的谷底被后世人们所遗忘。然而，后世的人们却又总是渴望了解在自己生活的土地上过去究竟是什么样？过去的人们怎样生活？过去的时间究竟都发生了什么？一个个巨大的问号在后世人们的心中被不断地放大，对过去、对历史、对真相的了解和认识是那么的渴望。在没有文字之前，只是口耳相传，留下了一些枝枝叶叶的东西。后来有了文字的出现，这些口耳相传的东西便有了真实的记载。因此，作为载述历史的志书、实录，便成了后人追溯历史、了解过去、追根溯源的珍贵资料，也成为历史发展、传承未来的桥梁和纽带。

西汉著名史学家司马迁撰写的纪传体史书《史记》，是中国历史上第一部纪传体通史。记载了上至上古传说中的黄帝时代，下至汉武帝元狩元年间共 3000 多年的历史，被列为“二十四史”之首，被鲁迅誉为“史家之绝唱，无韵之《离骚》”。正是有了《史记》的记载，中华民族这棵参天大树的历史脉络才能逐渐清晰地展现在后人面前。

思南，这块镶嵌在黔东北莽莽苍苍、雄山秀水之间的古老、神秘、美丽的土地，已有 1800 多年的建置历史。这片古老的土地，春秋战国时期，先属巴国南境，后属楚黔中地。秦时隶黔中郡，到汉时又属巴郡涪陵县。汉末，分涪陵县地置永宁县，县治就在现在的思南。晋时，永宁县仍属涪陵郡，郡治在汉复县。北周武帝宣政元年（578），以永宁县地置费州，亦名涪川郡。开皇五年（585），于费州地置涪川县（今思南）。贞观四年（630），分思州的涪川、扶阳二县置费州。贞观八年（1634）割思州的多田、城乐二县来属。天宝元年（742），改费州为涪川郡。乾元元年（758），复名费州，州治涪川县（今思南）。宋大观元年（1107），田佑恭归顺，又置思州。宣和三年（1121），废思州。绍兴二年（1131），婺川县辖今思南县地。元至元十五年（1277），称清江城为思州，而称故思州为思南。至正二十二年（1362），镇远州知州田茂安以其地献大夏明玉珍，以思州之南创设思南道都元帅府。到明永乐十一年（1413）明朝廷平定了思州、思南二田（田琛、田宗鼎）土司之乱，并选派流官，实行改土归流，设立思南府，属贵州布政司。在这之前，思南没有一本地方志书。思南，作为中华文明古国之一部分，在当时的史料和典籍记载中却少之又少，在它的这一片土地上到底发生了些什么呢？

时间到了明嘉靖十五年（1536），也是自明永乐十一年（1413）思南实行改土归流123年后，思南有史以来的第一部地方志书《思南府志》得以付梓完成。在这块土地上尘封了上千年的历史通过后人的辛勤搜集、整理终得以展现在后世人的面前。现在，在翻开这段历史的时候，不得不感念一个人，他就是思南人民的骄傲、贵州教育发展的先贤，被誉为贵州科举教育之父的——田秋！

田秋（1494—1556），字汝力，号西麓，明朝贵州思南府水德司（今思南县）人。出身于仕宦书香门第，幼读书用功，聪敏过人。明武宗正德五年（1510）十七岁时中云南乡试举人，正德九年（1514）二十岁时入朝考取进士。考取进士后，在家奉养双亲8年，到明世宗嘉靖元年（1522）才出任福建延平府推官。嘉靖六年（1527）任直隶河间府推官，次年授户科给事中，嘉靖九年（1530）授礼科左给事中，嘉靖十五年（1536）先后任吏科左给事中、户科都给事中、福建布政司参政，嘉靖十八年（1539），升任四川按察使，次年再升任广东布政使。嘉靖二十年（1541）六月，惊悉两子会试不第后相继丧于京城的消息后，万分悲痛，遂辞职还乡。后在家乡办学，直到嘉靖三十五年（1556）去世，享年六十三岁。

说到田秋，人们往往最先想到的就是他的那一纸泣血奏疏《请开贤科以宏文教疏》，该奏疏拉开了贵州开科取士的帷幕。之后，他又以《请建婺川、安顺、印江学疏》推动了贵州地方文化教育的发展而成为贵州教育发展史上的先贤。然而，田秋不仅关注贵州的教育发展，他也关注着生养他的这片古老土地上的过去和未来。

自明王朝平定二田之乱改土归流以后，饱受二田暴政肆虐的思南地方士民在明王朝休养生息的政策下相对过上了一段较为安定的生活。由于流官的推动和影响以及地方仕绅、学子的努力，思南文风渐盛，百姓安居乐业。俗话说盛世修志，以田秋为代表的一些官宦名流和鸿儒之士在竭力推动贵州教育发展的同时，把目光投向了为家乡、为地方、为思南修史立志的工作上。

田秋早在初入仕途之时就有为家乡修史立志的想法。在他看来，修史立志对于一个地方的现在以及未来都是一件功德无量的事情。所以他在嘉靖丙申年（1536）为思南有史以来的第一部地方志书《思南府志》作序时开篇便写道："志也者，识也，郡之史也，以弥物采域质所稽也，以撰风谣淳岩所识也，以永监观文献所属也。古有我邦，莫之克废也。思何阙焉？黔荒之遗习也，维是网罗之责，秋自叨第以来，窃有志矣，而未之逮也。……"

时任明分巡思仁道的田汝成（浙江钱塘人）在《〈思南府志〉序》中也写道："思南，故宣慰司治，永乐中罢司置府。与内郡比，百有余年，渐被文教，蔚然移风，而西麓田子以间出之才，追琢至行，领袖后生，于是荐绅之士彬彬焉，冠于全省矣。府故无志，田子喟然述作……"

所以，一个地方没有方志和史料记录，就没有历史的根源和传承，这在那些有识之士看来，莫不是一个地方最大的遗憾。

有言道："以史为镜，可知兴替。"唯有了解过去，才能更好地描绘未来。明嘉靖十四年（1535）冬，时任思南知府的洪价（江南歙县人）在思南府儒学教授钟添等人已经搜集整理了部分地方史料的基础上，恭请正在思南奔丧守孝的田秋共同开始编撰思南有史以来的第一部地方志书《思南府志》。洪价称之为"有思以来一举者也"，而田秋"乃慨然执笔"，表现出极大的热情并积极投身其中。

田秋也正是看到了修史立志对传承历史、教化后人、鉴往知来的意义，所以对编撰思南地方史志倾注了无尽的心血，竭力支持和参与搜集整理思南地方史志。他在为《思南府志》作序时写道："……西麓子曰：噫！方册之布永矣，予何言也？虽然，亦窃闻之矣，天下平则文物盛，统势一则图志明，斯典也，世运关焉者也，且有经邦之道焉。昔者，先王之御世也。立典式而观民，因风宜而设教，是故陈诗纳价以察趋也，五土有辨以致化也，书用识之以永风也，九丘之篇邈矣。职方之典，孔子述焉，大都为民治设也。此意而湮，即记载之功盛矣。……地理辨方而黜附会，以资理也；建置原始而明制则，以示守也；田赋经国而昭民隐，以长爱也；祠祀以崇典，存慎也；官师以著鉴，定趋也；人物以征教化，见仪表也；拾遗广异杂识，备政稽也。贯之治式，本乎国体，惟是而巳。乃若神面明之，则存乎其人者也，予何言也？……秋也，才浅力薄，学疏识陋，况岁月既深，系心北上，于是录也，虽略删其繁芜，间补其缺遗，然文多鄙俚，事全错杂，聊具草稿云耳。冀余他日得退归田里，尚当详辑更定，用备我思之全制焉。博览赡闻之士，其尚予正也。"

按田秋在《〈思南府志〉序》中所言，这部志书涉及时间跨度长，年代久远，而且涵盖的内容也很多，且他本人守孝时间已到，朝廷也在催促他尽快返任，很担心时间仓促不尽如人意。他还寄希望于将来辞官归里后，认认真真、详详细细，用全部心思来认真编撰。由此也体现出田秋对这部志书的高度重视和认真负责的态度。

也许是出于对这部志书的钟爱，也许是希望这部具有划时代意义的思南首部地方志早日面世，田秋以务实严谨的工作作风，夜以继日的工作态度，用渊深博广的才能学识，在钟添等人搜集整理的部分地方史料中认真分类、删定，并"参以故老之传闻，考以旧家之谱牒，质以贵阳一统诸图志，研精数月，逮明年（1536）春服阙还朝始脱稿"，使这部《思南府志》从搜集资料到"锓梓以传"历两年，涉及"地理、建置、田赋、祠祀、官师、人物、拾遗、诰敕八个方面"的浩瀚巨著，在他手里仅用了三个月时间在他奔丧守孝期满，还朝返任之前终于编撰完成了。这部《思南府志》具有浓郁的地域色彩，全木刻印刷，刻板精美（刻板也不存，但当时之刻印本现有书存于宁波天一阁）。

这部《思南府志》所记述的不仅有当时思南所属之地域等，而且包含自明永乐十一年（1413）思南实行改土归流时，思南全府含所辖的四司二县当时当地的地理沿革、田赋食货、人物艺文、风土人情等。这四司二县包括：水德江长官司

（时司治在思南县城，后改为安化县，迁现在的德江县）、蛮夷长官司（时司治在思南县城）、沿河祐溪长官司、朗溪蛮夷长官司、婺川县（现务川县）、印江县，以及隶属婺川县的都儒、五堡、三坑等处巡检司，隶属水德江长官司的覃韩偏刀水巡检司和后改隶思南府的板桥巡检司等。地域涵盖今思南、印江、德江、沿河以及遵义市之务川等地。

（嘉靖）《思南府志》全志共两册八卷十图。

卷一为《地理志》，内容为本府及府属司、县（下同）沿革、郡名、星野、疆域、道路、形胜、山川、井泉、里图、古迹、丘墓、风俗等。

卷二为《建置志》，内容为府署、学校、射圃、属治、公署、城郭、仓库、坊牌、铺舍、关隘、校场、庭院、楼阁、桥渡等。

卷三为《田赋志》，内容为廪禄、贡赋、户口、差役、土产等。

卷四为《祠祀志》，内容为祠庙、寺观、神祀、礼仪、器籍、坛壝等。

卷五为《官师志》，内容为正官、佐贰、首领、教职、属官、恩荫等。

卷六为《人物志》，内容为官贤、封赠、隐逸、贞节、耆寿、胥吏、义民等。

卷七为《拾遗志》。

卷八为《诰敕志》。

十图分别为：《思南府境图》《思南府署图》《兵备道署图》《儒学图》《水德江长官司署图》《蛮夷长官司署图》《沿河祐溪长官司署图》《朗溪蛮夷长官司署图》《婺川县图》《印江县图》。

《思南府志》编撰完成后，时任知府洪价在《〈思南府志〉后序》中高度评价道："思南……僻在万山中，民性质俚，而俗尚简陋，古昔朴略之风犹存。永乐以来，始革去宣慰司而设郡立学……文教覃敷、民俗渐化，故士育于学，往往取科第，登仕版，可方中州之盛焉。顾惟郡志独缺，文献无征，识者不能无憾也。……西麓田公汝力，文与行符，言足信远，垂意于是志久矣。……予观记载详明，删润严整，信可以补一郡之旷典也已。"

嘉靖十八年（1539）六月，新任思南知府张烈在府署衙门大厅"见有木，窿然其傍，询之侍吏"，得知是钟添纂次、田秋删定、洪价校刊的《思南府志》木刻原版时，又惊又喜，大为赞赏。在其《书〈思南府志〉后》文中评价道："有是哉！予之志也，三君子何先得我心之同然乎？"于是，取两册来看，竟"不能舍去，忻慰不能自制也"。他说："三君子兹志之成，岂特有功于思南，为一方之信史哉？是诚我之师也。"

正是田秋、洪价、钟添等有识之士的共同努力，才使祖国西南地区思南及周边这片古老的土地上所发生的一切由过去的只言片语或民间传闻变成了文字和图片实实在在地展现在后人面前。《思南府志》从地理沿革、发展变迁、乡土人情、宗教礼仪、政治军事等方面给这片古老土地的后人留下了了解思南、认识思南、发展思南不可多得的珍贵史实文献，成为当时思南府郡之"旷世宝典"，也成为中华民族史料库中不可或缺的重要一章，为思南的历史从过去向未来的传承架起了一座跨逾千年的长桥。这也是作为思南儿女的田秋奉献给家乡父老的另一份深情厚礼。

是历史成就了田秋，是田秋光彩了历史。田秋倡导文化教育先行，使贵州高原、思南故土文化教育蔚然成风。其呕心沥血修撰《思南府志》之功，时任明分巡思仁道的田汝成在序中给予了很高的评价："……阅田子所为志，知其有罧罧（mù，音沐）忧国之思焉……""田子任给事中时，尝建议于朝，……乃今法制浸周，而奸宄稍戢，是则田子有功于父母之邦也。志之作，宜首表焉……"

（嘉靖）《思南府志》的编撰完成，开启了思南地方修史立志之先河。自（嘉靖）《思南府志》编撰以后，在明万历，清康熙、雍正、道光以及中华民国这400多年间，思南曾八次修志。但由于朝代的更替、战乱的影响，这些史籍大多散失，现存志书仅有（嘉靖）《思南府志》、（道光）《思南府志续志》以及（民国）《思南县志稿》三部，这些志书记载了思南及其周边地区上千年的历史，是难得的宝贵文化遗产。

思南，这片历史久远、民风淳朴、文化发达、古迹众多、山水秀丽的古老土地随着时间的步伐跨入了又一个崭新的世纪，正迸发出无尽的生机和活力。当前，全县上下正在努力创建文化大县、中国历史文化名城、山水旅游城市等。古城恢复保护、文物修缮等构建思南传统文化发展之脉络的工作也在强势推进，这所做的一切工作，都需要去认识历史、研究历史、继承历史、发展历史。

（嘉靖）《思南府志》在现在的很多历史问题研究中仍在发挥着重要的史料支撑作用，帮助厘清了很多困扰后人的历史谜团和传闻谬误，指引着人们把这段辉煌的历史向未来传承和发展。因此，现在在认识、了解、探寻、回望思南历史的时候，一定要记住这位为思南编纂方志传世的先贤的名字——田秋！

参考文献：

（嘉靖）《思南府志》。

田秋的全国性和地方性实绩与影响举要

张子勇[①]

摘　要：田秋是一位出生在贵州思南的颇有影响力的历史人物，曾在中央和地方担任多个高级行政职务，回到家乡后教书育人、修路施药，既是一位不畏权势、名震朝野的忠臣谏士，又是一位爱民如子、崇文尚德的清官乡贤，在政治、文化、教育等方面都做出过惠及当代、影响长远的突出贡献。

关键词：田秋　明代　实绩　影响　举要

田秋，这位明代出生在贵州思南的成绩卓著、影响深远的历史人物，先后在中央和地方担任给事中、推官、参政、按察使、布政使等多个重要行政职务，还数次回到家乡服务群众、教书育人、修路施药，既是一位不畏权势、名震朝野、直声满天下的忠臣谏士，又是一位爱民如子、崇文尚德、殊勋炳世的清官乡贤，在政治、文化、教育等方面都做出过惠及当代、影响长远的突出贡献。但是，当今的人们对其勇立时代潮头、推动社会发展的历史事迹及其重要影响的研究，主要集中在教育方面特别是开设贵州乡试的地方性成绩上，其他方面包括全国性政治作为大多挖掘不深，评价不多。其实，作为一位引领时代良好风气的英才，其人生足迹、社会活动领域非常宽广。对他的全国性和地方性实绩与影响，仅用“贵州科举教育之父”这几个字来评价是不够的。现在，可以透过全国视野和贵州、思南等地方视角，站在政治文化、人才教育、家乡建设等方面，用“忠臣、良师、乡贤”进行总结，全面观察、评价其重要的历史地位。

一、从全国来看，田秋的贡献和影响主要反映在政治文化上，他是一位直言敢谏、秉公办事、敢于牺牲、忠君爱民的忠臣

田秋的全国性贡献及其影响主要在政治文化方面。他“居官虽二十年，历俸未及九”，真正在工作岗位上班的时间才九年。时间虽然不长，他先后在中央、地方担任过九个行政职务，平均每年调整一次工作岗位，仍然办成了许多人不敢办、不能办、办不了的实事、好事、大事，其“直谅之声久著谏垣，惠爱之实素孚闽

① 张子勇：现为铜仁幼儿师范高等专科学校党委宣传部长，有《乌江流域实现“中国梦”的路径研究》《田秋诗文校注》等专著。

广”[①]，是一位公认的直言敢谏、不畏权势、秉公办事、敢于牺牲、忠君爱民、卓有建树的青史留名的忠臣。

一是在朝廷任职期间大胆改革，革除了多项吏治弊端。他在中央工作时，先后担任了户科给事中、礼科左给事中、吏科左给事中、户科都给事中等谏臣职务，提出数十项改革建议并组织实施，如“请发大同边饷，而充三军挟纩；请赈川陕之灾伤，而使万姓生春；论合祭非正，而厘大典之乘……”[②]，等等。他直言敢谏，敢作敢为，“奉敕清查御马等监，裁缩至七万夫，食至七万石。查光禄太常庖厨力役，又裁二千四百余夫。因陈谨饲秣慎稽考十二事，斟酌未尽三事，皆塞冗食之孔，扼中贵之喉者”（郭子章《布政使田秋传》）[③]。这些改革措施，大都取得了明显成效，革除了多年弊政，降低了财政支出，减轻了百姓负担。需要强调的是，历朝谏臣，常遭文字狱陷害，被贬被杀者无数。田秋提出的许多改革措施，针对的对象涉及“中官近贵”，改革的目标是皇室事务、太监机构、达官贵族利益，他冒着贬官杀头甚至危及亲人性命的风险，体现了巨大的忠诚勇气和责任担当。清朝莫友芝在《黔诗纪略》中总结他的成绩说：“西麓在谏垣最有声：云南差镇内官肆虐，首奏劾停之；内府监多冗食，太常寺多冗役，光禄多不经之费，悉请裁汰；御马监用财无节酌，赢缩为之程，岁省费巨万计；议郊坛不应侵民冢，天地坛不当合祭，皆引议侃侃。”这些措施提出来后，引起了巨大反响。如《明史·李承勋传》就说：“御马监未汰，复因给事中田秋奏，多所裁减。而请以腾骧四卫属部，缴诡冒，制可。”对此，“中官益为切齿，而萋斐之口果进矣”，他遭到了太监们的切齿痛恨，累次向皇上说他的坏话，甚至出现“世皇曰‘抗君违旨’，公危甚矣”（李渭《〈西麓奏议〉序》）[④]的情况。但是，他所推动改革措施的效果也很明显，同时代的人评价说，“疏入，忤旨，而泽及枯骨矣”“当时贵戚为之敛手焉”。

二是在地方工作期间坚守正义、不畏强权、为民做主、秉公办事，做了许多维护社会利益、人民福祉的实事。田秋先后担任福建延平府推官、直隶河间府推官、福建布政司右参政、四川按察使、广东左布政使等重要职务，所到之处都留下了卓著的政绩和廉洁的美名。他凡事以群众利益为中心，以维护安定团结的社会大局为出发点，秉公执法办事。他在福建、直隶担任推官时，“洗冤毁成案而不惜，伸法虽豪右罔避”，后来还根据所了解的情况，上疏“请于延平而设县治，以控远人；请于河间少宽牧役，以舒民困”。在任福建参政时，他主管粮食运输，制定规则，加强管理，使“胥吏毫不能染指”，再不能从中贪污牟利；在担任四川按察使时，他促成两省主要领导共同向中央申请，获得批准后整治乌江航道，并

① 《田氏族谱》。

② 《田氏族谱》。

③ 郭子章《黔记》影印本。

④ 郭子章《黔记》影印本。

重赏运盐进贵州的商人，由此川盐入黔的乌江航道很快得以疏浚畅通，运量增大，运价减少，盐价相对降低，使官府获千百之税，民众获廉价之盐，商人获千百之利。当时，四川正发生饥荒，灾民集体向四川巡抚要求瓜分大户粮食，而“抚台皆听其请，尽将大户仓廒封固，令民搬运”，这样，就造成“大户怨声沸腾，将谋不轨”。田秋认为，“物各有主，如此欲以济民，反致激变”，他去向巡抚汇报，要求停止这种错误做法，但四川巡抚“直拗不许”。面对这种上级已经决断的情况，一般人就甩手不管了，但田秋出门就说“古有奉命者便宜行事，矧我守土官乎”，命令揭去封皮，劝导双方采取借贷方式发放粮食。这样一来大户顺从服气，而群众也得以生存活命。对于这种违背上级决策、打破官场常规的事情，为了社会稳定、百姓幸福，田秋毫不计较个人得失，义无反顾地做出了抉择，其大无畏的勇气至今让人钦佩不已。

三是田秋在中央和地方工作期间的政绩，还包括文化、教育等多方面的贡献。他建议在贵州开设乡试、建学校等，惠泽无穷。现在，去北京旅游，天坛、地坛、日坛等历史建筑群落是非常重要的景点，其实，这也要归功于田秋的建议。明代早期在北京建成的天地坛，是同时祭祀天、地、日、月的，田秋第一个写报告，他提出天地合祭不符合古制，请求进行调整。嘉靖皇帝于是在嘉靖七年（1530）决定，在北郊安定门外另建地坛，在东郊朝阳门外另建日坛，在西郊阜成门外另建月坛，并将原来的天地坛改建为祈谷坛，将原来长方形的大祀殿改建为圆形的大享殿，并将三重殿顶分别饰以蓝、绿、黄三色琉璃瓦，以象征上天、庄稼、土地。

二、从贵州来看，田秋的贡献和影响重点聚焦在人才教育上，他是一位为民请命、体贴关怀、循循善诱、言传身教的良师

田秋在贵州古代史上最广为人知的事迹，是他在人才教育方面的重要贡献，当时的人们就评价说：“碑记复囊，掖疏之功，公之有功于英才也。”400多年后的今天，其卓然不凡的风采还让后人津津乐道。

一是争取到中央政策支持，改善了古代贵州教育的办学条件。他利用自己担任礼科给事中的身份，写下《请开贤科以宏文教疏》这个奏疏，陈述了贵州应该独立开科的理由，反映了贵州知识分子远赴云南考试的痛苦，对比了贵州与两广在设立考区前后的人才增长变化情况，强调了设立乡试考场的重要性和必要性。如在谈到赶考的路途困难并与两广对比时，他说：“且以贵州至云南，相距且二千余里，如思南、永宁等府、卫，至云南且有三四千里者，而盛夏难行，山路险峻，瘴毒浸淫，生儒赴试，其苦最极。中间有贫寒而无以为资历者，有幼弱而不能徒行者，有不耐辛苦而返于中道者，至于中冒瘴毒而疾于途次者，往往有之。此皆臣亲见其苦，亲历其劳。今幸叨列侍从，乃得为陛下陈之。边方下邑之士，望天门于万里，扼腕叹息，欲言而不能言者，亦多矣。臣尝闻国初，两广亦共一科场。其后各设乡试，渐增解额，至今人才之盛，埒于中州……”[1] 田秋的这份奏疏，字字饱含深情，句

① （道光）《思南府续志》影印本。

句振聋发聩，处处充满期待，所请求事项既在田秋工作职责范围内，更是贵州一省所急需办理的文化教育的大事，所以才引起中央高度重视，按程序经过云贵两省、礼部论证后，获准在贵州独立设置乡试考区考场，增加举人录取名额，使明清两代的知识分子可以就近在贵阳参加乡试，大大减少了长途跋涉的痛苦，降低了读书人的考试成本，搭建了贵州人才加速成长的大舞台。他还写了《请建婺川、安顺、印江学疏》，内容用心良苦，文辞理直气壮，经中央批准，这三地相继建起了公办学校，分别设置了婺川县儒学、印江县儒学、安顺州儒学，为这三地读书人成才打开了方便之门。

二是关心鼓励学生成长，帮助知识分子解决实际的经济困难。他自掏腰包，个人捐款为首次在贵阳参加考试的考生们交了试卷费；他扶持贫困学子，带头拿钱并倡导绅士们捐钱购买了试卷田，解决了家庭经济困难学生因缺钱交不了试卷费的难题，从此一直到清代最后一次科举考试，贵州士子都不用自己花钱买试卷。

三是投身教育实践，教学成绩特别突出。他的学生很多，有明确记载参加科举考中举人的就有他自己的两个儿子、一个侄儿，其二儿子田时中还考取全省第一名。田秋家庭是教育世家，从曾祖田永富开始，田家历代都以教书育人为己任，走上杏坛讲台，传道受业解惑。田秋本人也非常重视教育，亲自授课讲学，诲人不倦，使家乡学生受益无穷，人才也逐日旺盛。如他在为母亲丁忧守孝期间，就亲自教授自己的两个儿子和一个侄儿，"以二子奇才，三年间惟草堂中，同长男时中、次男时龙，并素齐兄之子时雍，日夜课业"（张钦辰《广东右布政使田公行状》）。1537 年，田时中、田时雍考取举人。1540 年，田时龙参加贵州乡试，一举考取第一名，成为贵州历史上的第二位"解元"，要知道，恢复高考 40 年以来，铜仁市十个区县数十万考生中还没有一个人考取全省第一名。

四是有着先进的教育思想，强调教育的目的是培养健全人格。他说："读书，不止于应举取科第，内则以之涵养气质，薰陶德性，外则资之以抚世酧物。"（田秋《诫子书》）他强调读书不只是为了参加考试，它还可以滋润养育气质，薰染陶冶性格，正确治政理事，平等待人接物。他说："若修身慎行，不辱先人，虽不能成大名，亦为贤子。"他对孩子成才的要求，不以名利为标准，而是要求"修身慎行，不辱先人"。他要求："居官持廉者多深刻，吾廉而不刻也，宜有后人。"认为当官应坚持廉洁从政，分析问题很透彻、深入，自己为官清廉而不呆板，应该后继有人。这种不以考试论英雄的读书观，修身慎行的人才观，廉而不刻的从政观，在现在看来也还让人振聋发聩，值得认真学习借鉴。

三、从思南来看，田秋的贡献和影响集中倾注在家乡建设上，是一位情系桑梓、乐于奉献、崇文尚德、孝悌慈爱的乡贤

田秋作为田氏家族来到思南的第四代传人，秉承着"居家当谨身节用，入官当忠君爱民[①]"（李时《敕赠礼科左给事中田显文墓表》）的家训，不管是在家乡

① （嘉靖）《思南府志》影印本。

居住，还是在外做官，始终情系桑梓，关注思南发展，反哺家乡建设，用其嘉言懿行垂范乡里，弘扬文明新风。同时代的浙江人田汝成评价说，“是则田子有功于父母之邦也”（田汝成《〈思南府志〉序》）。

一是关心群众的生活疾苦，真心解决群众难题。一方面，他不断改善人民的生活条件，辞官回家后，“建先祠，置义田，以赡族之不能婚葬者；治桥道，设药局，以济乡之不能医药者”（莫友芝《田布政秋传》）。另一方面，他推动移风易俗，树立文明乡风，“乡人尚鬼，信浮屠，惑不可解，西麓一遵朱子家礼为倡，陋俗一变”。他勤于读书学习，生活简单朴素，待人温良如玉，“至今父老诫子孙，必引公之仪约为训”。

二是投身地方文化建设，为家乡留下宝贵的文化遗产。一方面，他重视教育发展，设立婺川印江两县学校，教育辅导学生，引领地方人才成长，明朝分巡思仁道的浙江人田汝成就说：“西麓田子以间出之才，追琢至行，领袖后生，于是荐绅之士彬彬焉，冠于全省矣！”（田汝成《思南府志序》）[①] 另一方面，他重视文化建设，“喟然述作”，“慨然执笔”，亲自操刀，“参以故老之传闻”，“考以旧家之谱牒”，“质以贵阳一统诸图志”，编纂完成（嘉靖）《思南府志》，为贵州留下了当地存世最早的一部府志，更为思南、为黔东北，为贵州留下了宝贵的文史资料，让数百年前的风土人情还能在人们眼前重现昔日神采。同时，他还咏物抒情、吟诗作序，创作文章、诗歌，为思南的自然风物、人文景观增色添彩，刻上了难忘的文化印记，留下了一段段佳话。

三是重视地方平安建设，保障一方群众安枕而卧。一方面，他未雨绸缪，强化制度预防，注重机构设置。在回乡探亲时，面对“四川灾民流入思南万余人，间有劫掠”的情况，他“请增设兵备副使”，并“授以抚民之任，驻扎思南府”，“抚辑以防不虞，报可”。另一方面，当给事中时，他上疏请求修建思南府城城墙，提出“边郡储蓄素少，原无军卫城池，乞于大仓之银，量运二三万两，前去赈济备警，精选民兵听用”。在辞官回家后，遇到“铜仁苗叛，入寇印江思南”的“艰危万状”情况时，“公出赞其谋，始议高城深池”，并且“罄私囊以助兵饷，脔耕牛以犒战卒，保障一方，今合郡士民安枕而卧”。

总之，田秋在他的一生中，用实际行动展示了“忠臣、良师、乡贤”的风采，书写了爱国、忠诚、清廉、奉献、关怀民生的诗行。这样的人生，让人们高山仰止，只堪心折，满含着见贤思齐、崇德向善的力量。

① （嘉靖）《思南府志》影印本。

试论田秋在推进贵州文化教育发展进程中的文化担当

张　进

摘　要：田秋作为明代贵州籍的高级知识分子和高级官员，具有良好的文化品质和道德修养，一生修身慎行，仁民爱物，在诸多方面“刚健有为”，尤其是在贵州文化教育发展上充分展现了文化担当，做出了促使贵州文化发展，实现历史性跨越的不朽功绩。

关键词：文化担当　刚健有为　田秋之争　时代精神

田秋作为西南蛮荒之地成长起来的明代贵州籍高级知识分子和高级官员，学识渊博，履历丰富，长期身居高位，受“刚健有为”的儒家思想浸润，以改变贵州文化教育落后境况为己任，不断作为，为贵州的古代教育发展做出了一系列贡献，显示了一个古代知识分子对于贵州社会经济发展的文化担当。

一、田秋文化品质的形成

学界认为，中国文化基本思想的要素主要有四点：刚健有为，和与中，崇德利用，天人协调。四者以“刚健有为”思想为纲，形成中国文化基本思想的体系。①田秋一生中，在居官、处世、孝亲和改善家乡文化落后局面诸方面的作为，及由其诗文表现的丰富内涵，无不反映出其思想中充分具备中国文化基本思想要素，以上要素进而塑造了田秋崇德、仁善、有为、精进的文化品质，促成田秋在贵州文化发展史上通过文化担当实现系列目标，创下有利于后世的不朽功绩。

田秋出身仕宦书香门第，幼好读书，“吾少颖敏，过目几于成诵”。“吾幼承父兄之教，十三廪于学，十七荐于乡，十八下第回，始毕姻，二十一登进士。”由此可见，他自幼读书用功，聪敏过人。父亲田显文要求其不以升官发达为学习目的，而以“效力明君，以行所志”为训。早期良好的教育不仅使其获取了学识，也接受了修齐治平的伦理哲学，积聚了“刚建有为”的道德修养。田秋在《诫子书》中称“读书，不止于应举取科第，内则以之涵养气质，薰陶德性，外则资之以抚世酧物。若修身慎行，不辱先人，虽不能成大名，亦为贤子”。在家乡初步树立“刚

① 张岱年、程宜山：《中国文化精神》，北京：北京大学出版社，2015 年，第 14 页。

健有为”的文化品质的田秋，凭借科举的途径实现了重大的人生飞跃，为后来的“有为”和担当创造了不可或缺的先决条件。

明代仕宦之途虽然如履薄冰，但考察田秋的履历，其职务则一直稳步升迁，总体而言较为平顺。然而对于田秋本人和贵州而言，更为重要的是，其任职的经历既是人生丰富的阅历，也是“有为”能量的积累、人格的完善和自我实现的必要过程。田秋先后在中央和地方都有过较长时间的官场历练，于体系内的六科中出任过负有稽查六部事务之责的给事中，并通过不断“有为”的上谏实绩，由给事中升任左给事中，继而升为都给事中。其地方任职地域多有变动，从河北（时属直隶）到福建，到四川，再到广东，大明东西南北的广阔大地都留有其体察民生和治理一方的印记。而田秋所到之处，均有显著作为。他廉洁奉公，直言敢谏，刚正不阿，功德卓著，政绩斐然。在中央期间，他所上疏获得采纳的谏言很多，如革除内府监滥支皇室膳食费，清理光禄寺浪费资财，裁减太常寺过多的人役，酌削御马监冗重开支，规劝皇帝在天地坛祭祀和迁冢中不要劳民伤财。云南镇官大施虐政，朝廷鞭长莫及，京中官员不敢过问，他心系苍生，具奏弹劾。正是这些履历，使其得以站在中央的角度和省外的视野观察贵州，认识贵州与其他地方的差距，持久地思考如何改变贵州文化落后的面貌，并屡次展现文化担当，特别是积极为贵州单独开科设考呼吁，为全省办学奔走，为乌江的整治谋划等，其“崇德利用”的思想得以通过各种形式充分实践，为后人留下了宝贵的遗产。田秋于乌江之麓遗有镌刻“黔中砥柱”四字的石刻，可谓田秋人格魅力的自我呈现。

二、田秋的文化担当实例之奏请贵州乡试开科

田秋的文化担当，首推促进贵州教育实现跨越性的发展，这也是田秋之于贵州的最大功绩，集中体现在田秋奏请中央在贵州开科取士和倡导并帮助贵州兴办学校上。

贵州自永乐年间建省至嘉靖前期，因地处西南，山高谷深，交通经济较落后，开化较晚。相比于其他省份，文化教育处于相当落后的状态。由于是新建省份，辖区土地由云南、四川、湖广等省边远地区拨入，加上元末明初战乱，中央政府更重视贵州在西南地区的军事作用。因此建省百余年间，贵州未独立举办乡试，而是依附云南、湖广。洪熙元年（1425），朝廷诏令有愿试者，到湖广就试。因为贵州到湖广（武昌）更远，而到云南较近，于是在宣德四年（1429），改为云南贵州合试，已酉科云贵共取十一名，贵州仅得一人。据《黔诗纪略》载：“先是，贵州未设乡闱，就试云南（昆明），近者二千里，远者三四千里。中隔盘江，夏秋多瘴，往试者不习水土，十病其九，士多裹足，文化不宣。”到湖广武昌，或到云南昆明参加乡试，都要跋涉数千里。参加一次乡试，时间至少三五个月，路费和试卷等需要巨大经费，除少数富贵家庭外，较多贫寒之士无能为力。加之乡试的名额少，人才多有埋没。贵州本来“以远方之民，文教未尽及也”，学子又依附云南进行乡试，客观上进一步制约了贵州人才的涌现以及教育的发展。

为扭转贵州文化教育持续落后的局面，贵州主政者多次上疏要求于本省乡试。弘治十二年（1499），巡按贵州监察御史张淳曾有上奏：“贵州，古荒服之地，我太祖高皇帝肇造区夏，列在疆域，于是设行都司，令四川带管，各学生员应试亦附四川。太宗文皇帝时，虽设都、布、按三司，亦未及开科，但应试生员改附云南。其额始自五名，累至十六名。弘治六年以镇巡官会奏，又增三名，然尚附云南应试。窃见贵州学校至二十四处，生徒至四千余人，前科赴云南乡试者，足逾四百之上，且每科中经魁并前列者，往往有之。科场之费，则镇远、永宁二处商税银，岁至一千三百余两，赃罚等项，又可二千五百两，用之有余。况本城内旧有公馆一座，地势轩敞，少加葺补，堪作试院。请各自开科为便。”未获朝廷批准，只是“命下所司知之”。

田秋于嘉靖九年（1530）上奏《请开贤科以宏文教疏》，奏请在贵州设考场、开乡试。作为乌江边的学子，田秋有从乌江边到云南乡试长途跋涉的切身体验，深知其中的艰难困苦。在这一奏疏中，描述了自己“亲见其苦，亲历其劳”的感受：“盛夏难行，山路险峻，瘴毒浸淫，生儒赴试，其苦最极。中间有贫寒而无以为资历者，有幼弱而不能徒行者，有不耐辛苦而返于中道者，至于中冒瘴毒而疾于途次者往往有之……（以致）边方下邑之士，望天门于万里，扼腕叹息欲言而不能言者亦多矣！”对于贵州不能开闱乡试，给本省教育和人才的压抑，田秋通过对比的方式做了显明呈现，“两京十二省，各设乡试科场以抡选俊才，登之礼部，为之会试……所以人才辈出……唯贵州一省，远在西南，未曾设有乡试科场，止附云南布政司科举”，道出了贵州人才不得脱颖而出的原委。而后，他以两广设科乡试后带动地方发展为例，增强贵州开设乡闱有益于世的说服力：“国初两广亦共一科场，其后各设乡试，解额渐增，至今人才之盛，埒于中州。臣窃以为人性之善，得于天者，本无远近之殊；特变通鼓舞之机，由于人者，有先后耳。今设科之后，人益向学，他日云贵又安知不若两广之盛乎？”

经过以田秋为代表的一批仁人志士的积极争取，嘉靖十四年（1535），朝廷经过多次调研后，批准贵州省开科举、设乡试的奏请。又经过两年时间准备，嘉靖十六年（1537），贵州首次开科，初定录取名额二十五名。开科本省，节劳省费，向学者日益增多，贵州此后人才辈出。更多的贵州籍人通过科举制度，走上更大的舞台。

三、田秋的文化担当实例之奏请开设州县儒学

明代中央较为重视教育，为“去元室之陋，回淳古之风”，明太祖曾要求广办社学，“凡闾里皆得启塾立师，守令以时程督之”。随着朝廷的科举政策的调整，科举与学校间的关系变得十分紧密。明代以前，科举与学校的关系是“相并而行”，明代进入“相辅而行”阶段。（陈青之《中国教育史》）知识分子求科得名，必须有学校出身。没有学校出身，则无资格科举。

田秋极为重视学校教育。他认为，“学校教化之本源，教化王者之先务”。

田秋清楚当时全国各地“列圣相承，教法益备，虽山陬僻县，莫不有学”，然而对比当下，贵州大为落后。“惟贵州一省，制度草创，止有府卫建学，而州县尚无。百年以来，休养生息之余，似乎富而未教，一方山川之秀，诚为郁而未舒。”田秋认为开科设考是为人才提供出口，而人才的孕育也就是人才的进口问题也需要解决，即同时需要解决人的教化问题。由于“人才之用，虽有多寡之殊，而赋予之自天，原无彼此之异，特以教化之所及，有先后浅深，而人才系之焉耳”，所以需要兴办学校。田秋在考察了婺川、安顺、印江的情况后，于嘉靖十年（1531），上奏《请建婺川、安顺、印江学疏》。田秋于疏中列举了三地的不同情况，有针对性地道出三地建儒学的必要性。婺川县“为黔南古邑，擅砂场之利，有鱼稻之饶，商贾辐辏，民庶殷实，士生其间者，类多向学，而登科第者往往而有。只以离府五日山行，就学不便，是以闾阎俊秀虽不乏人，而奋庸致身，终于无路”。安顺州“设有普定卫，其他上通云南，下接湖贵，实西南都会之所，号为多才，科目相望，而该州亦未有学”。印江县“离府虽无百里之程，而有三江之隔，夏秋盛涨，未免病涉。且其邑多才，足以自成一学”。田秋还阐明设州县儒学不仅可以培育人才，还可以改变社会风化，“教化行则风俗美”，可以解决一些需要刑罚和干戈才能解决的问题，更重要的是有利于地方安定，减少财政开支，肯定了在此三地开设州县儒学是利国利民之举。田秋的主张得到了批准，三地相继开设学校，拓宽了本地读书人的成长路径，通过选拔，获得童生、秀才等资格，确保了其安心求学。明末贵州巡抚郭子章所编的《黔记·学校志》中除列有思南府儒学外，还列有“婺川县儒学，印江县儒学”。而安顺府属的儒学，便有安顺府儒学和普安州儒学。

田秋的《请建婺川、安顺、印江学疏》，促进了地方教育事业的发展，引入了更加利于人才培养和选拔的机制，虽然着眼于教育，但其影响则是遍及贵州政治、经济、社会、文化的，对于推动土家族地区与中原汉族地区经济、社会、文化的同步发展，无疑具有极其重大的意义。

四、田秋的文化担当实例之删定《思南府志》

田秋是嘉靖年间修撰的《思南府志》的删定人，对于该志的编纂问世发挥了至关重要的作用。

古有“盛世修志”传统，在历代政治、经济、社会繁荣时期，多为志书编纂的兴盛时期。各级地方官府都把编修志书作为所谓“盛世”的标志。历代编修的志书，记载下了社会的历史，留下了时代的印记，已成为民族的文化宝库。明永乐十六年（1418），朝廷颁布了《纂修志书凡例》21条，督促各府、州、县纂修府县志书。嘉靖十五年（1536），思南府知府、府儒学教授着手修志，搜集了一些基础资料，却未成志。时逢田秋丁忧回乡，思南地方官携初稿登门礼请田秋编纂。田秋参阅了大量资料，又经数月精研，编纂成一部较为齐备的《思南府志》。志有田汝成、田秋作序各一，张烈、洪价、钟添作《后序》各一，记录了《思南府志》编纂的详细经过。其间不仅有田秋的家世记载和诗文呈现，还随处含有田秋的思想信息。